GTQ 1급

KB109158

시나공

길벗알앤디 지음

길벗

지은이 **길벗알앤디**

강윤석, 김용갑, 김우경, 김종일

IT 서적을 기획하고 집필하는 출판 기획 전문 집단으로, 2003년부터 길벗출판사의 IT 수험서인 〈시험에 나오는 것만 공부한다!〉 시리즈를 기획부터 집필 및 편집까지 총괄하고 있다.

30여 년간 자격증 취득에 관한 교육, 연구, 집필에 몰두해 온 강윤석 실장을 중심으로 IT 자격증 시험의 분야별 전문가들이 모여 국내 IT 수험서의 수준을 한 단계 높이기 위한 다양한 연구와 집필 활동에 전념하고 있다.

GTQ 1급 - 시나공 시리즈 ❷❽

Graphic Technology Qualification – Photoshop Advanced Level

초판 발행 · 2024년 2월 19일

발행인 · 이종원
발행처 · (주)도서출판 길벗
출판사 등록일 · 1990년 12월 24일
주소 · 서울시 마포구 월드컵로 10길 56(서교동)
주문 전화 · 02)332-0931   팩스 · 02)323-0568
홈페이지 · www.gilbut.co.kr   이메일 · gilbut@gilbut.co.kr

기획 및 책임 편집 · 강윤석(kys@gilbut.co.kr), 김미정(kongkong@gilbut.co.kr), 임은정, 정혜린(sunriin@gilbut.co.kr)
디자인 · 강은경, 윤석남   제작 · 이준호, 손일순, 이진혁, 김우식   마케팅 · 조승모
영업관리 · 김명자   독자지원 · 윤정아

편집진행 및 교정 · 길벗알앤디(강윤석 · 김용갑 · 김우경 · 김종일 · 김서희)   일러스트 · 윤석남
전산편집 · 예다움   CTP 출력 및 인쇄 · 예림인쇄   제본 · 예림바인딩

ISBN 979-11-407-0855-0 13000
(길벗 도서번호 030925)

가격 25,000원

독자의 1초까지 아껴주는 길벗출판사

(주)도서출판 길벗 | IT교육서, IT단행본, 경제경영서, 어학&실용서, 인문교양서, 자녀교육서 www.gilbut.co.kr
길벗스쿨 | 국어학습, 수학학습, 어린이교양, 주니어 어학학습, 학습단행본 www.gilbutschool.co.kr

인스타그램 · @study_with_sinagong

짜잔~ '시나공' 시리즈를 소개합니다~

자격증 취득, 가장 효율적으로 공부하고 싶으시죠?
보통 사람들의 공부 패턴과 자격증 시험을 분석하여 최적의 내용을 담았습니다.

첫째 **최대한 단시간에 취득할 수 있도록 노력했습니다.**

포토샵을 아무리 잘 사용해도 시험에서 사용하는 기능에 충분히 숙달되어 있지 않으면 90분내에 모든 작업을 완벽히 끝내기는 매우 어렵습니다. 이 책은 포토샵의 다양한 기능중에서 GTQ 시험에 출제되는 기능만을 선별하여 시험 문제의 지시사항을 최대한 빨리 끝낼 수 있는 방법으로 반복 숙달할 수 있도록 구성했습니다.

둘째 **공부하면서 답답해 하지 않도록 노력했습니다.**

포토샵 같은 컴퓨터 프로그램을 사용해 본 사람이라면 누구나 경험해 봤겠지만 모르는 기능을 배울 때 주어진 기능을 설명대로 따라 하다 중간에서 막히면 대책이 없습니다. 이 책에서는 따라하면 누구나 결과가 나오도록 한 단계도 빼놓지 않고 자세하게 설명했습니다. 특히 책 출간 전에 초보자 여러 명이 직접 따라해 보면서 수정에 수정을 거듭했기 때문에 안심하고 따라 하셔도 됩니다.

셋째 **학습 방향을 제시하기 위해 노력했습니다.**

이 시험을 준비하는 수험생이 대부분 비전공자이다 보니 학습 방향을 잡는 데 어려움이 있습니다. 교재에 수록된 내용을 학습 방향도 파악하지 못한 채 무작정 따라하는 것은 비효율적입니다. '전문가의 조언', '시나공 Q&A 베스트', '잠깐만요' 등의 코너를 두어 "지금 이것을 왜 하는지?", "왜 안 되는지?", "더 효율적인 방법은 없는지?" 등 옆에서 선생님이 지도하는 것처럼 친절한 가이드라인을 제공합니다.

넷째 **한 번에 합격할 수 있도록 전략을 세웠습니다.**

GTQ 시험에 사용되는 포토샵 기능을 문제별로 분석하여 중복된 기능을 제거하면 전체 문제 풀이에 사용되는 기능은 15가지 정도이고, 이 15가지를 이용해서 6가지 유형의 작업을 평균 130여 번 반복합니다. 즉 기능은 몇 개 안 되지만 시간이 턱없이 부족하므로 학습 전략이 필요합니다. 필터나 레이어 스타일처럼 사용법만 알고 있으면 바로 사용할 수 있는 기능과 선택 영역을 지정하거나 펜 도구처럼 숙달이 필요한 기능, 그리고 문제 풀이에 항상 사용되는 기능을 구분하여 학습 전략을 세웠습니다. 이 책에서 제시한 합격 전략대로 공부하세요. 반드시 합격할 것입니다.

끝으로 이 책으로 공부하는 모든 수험생들이 한 번에 합격할 수 있기를 기원합니다.

2024년 새로운 한 해를 시작하며

강윤석

Special thanks to …

이 책이 나오기까지 '감 놔라, 배 놔라' 미주알 고주알 참견해(?) 주시고 설문조사에 응해 주신 300여 명의 수험생, 길벗출판사 독자, 고등학교 선생님, 학원 선생님들께 깊이 감사드립니다.

기본기 다지기

동영상 강의

🎬 동영상 강의가 제공되는 내용입니다.

※ 동영상 강의는 7쪽의 '동영상 강의 수강 방법'에
안내되어 있는 방법에 따라 시청하시면 됩니다.

실전 모의고사

최신 기출유형

1등만이 드릴 수 있는 1등 혜택!!

수험생을 위한 아주 특별한 서비스

서비스 하나 | 시나공 홈페이지
시험 정보 제공!

IT 자격증 시험, 혼자 공부하기 막막하다고요? 시나공 홈페이지에서 대한민국 최대, 50만 회원들과 함께 공부하세요.

지금 sinagong.co.kr에 접속하세요!

시나공 홈페이지에서는 최신기출문제와 해설, 시험대비자료, 선배들의 합격 수기와 합격 전략, 책 내용에 대한 문의 및 관련 자료 등 IT 자격증 시험을 위한 모든 정보를 제공합니다.

서비스 둘 | 수험생 지원센터
무엇이든 물어보세요!

공부하다 답답하거나 궁금한 내용이 있으면, 시나공 홈페이지 '묻고 답하기' 게시판에 질문을 올리세요. 길벗알앤디의 전문가들이 빠른 시간 내에 답변해 드립니다.

서비스 셋 | 시나공 만의
동영상 강좌

독학이 가능한 친절한 교재가 있어도 준비할 시간이 부족하다면?

길벗출판사의 '동영상 강좌(유료)' 이용 안내

1. 시나공 홈페이지(sinagong.co.kr)에 접속하여 로그인 하세요.
2. 상단 메뉴 중 [동영상 강좌]를 클릭하세요.
3. '유료 강좌' 카테고리에서 원하는 강좌를 선택하고 [수강 신청하기]를 클릭하세요.
4. 우측 상단의 [마이길벗] → [나의 동영상 강좌]로 이동하여 강좌를 수강하세요.

※ 기타 동영상 이용 문의 : 독자지원(02-332-0931)

서비스 넷 합격 전략 동영상 강의 제공

한 번의 시험으로 합격할 수 있도록 시험의 전 과정을 따라하기 식으로 설명하는 '실제 시험장을 옮겨 놓았다!'를 동영상 강의로 제공합니다.

시나공 홈페이지에서는 이렇게 사용하세요!

1. 시나공 홈페이지(sinagong.co.kr)에 로그인하세요.
2. 상단 메뉴 중 [동영상 강좌] → [실기특강(무료)]을 클릭하세요!
3. 실기특강 목록에서 'GTQ 1급 - 실제 시험장을 옮겨 놓았다'를 클릭한 후 원하는 강좌의 〈강의보기〉를 클릭하여 시청하세요.

※ '실기특강' 서비스는 시나공 홈페이지 회원 중 구입 도서를 등록한 분께 제공됩니다.

QR코드는 이렇게 이용하세요!

1. 스마트폰의 QR코드 리더 앱을 실행하세요!
2. 시나공 실기특강 QR코드를 스캔하세요!
3. 스마트폰을 통해 실기특강이 시작됩니다!

시나공 서비스 이용을 위한 회원 가입 방법

1. 시나공 홈페이지(sinagong.co.kr)에 접속하여 우측 상단의 〈회원가입〉을 클릭하고 〈이메일 주소로 회원가입〉을 클릭합니다.
   ※ 회원가입은 소셜 계정으로도 가입할 수 있습니다.
2. 가입 약관 동의를 선택한 후 〈동의〉를 클릭합니다.
3. 회원 정보를 입력한 후 〈이메일 인증〉을 클릭합니다.

가입 정보 입력를 입력해주세요.
서비스 이용에 사용되는 정보입니다. 정확하게 입력해주세요.

이메일 주소
sinagong@gilbut.co.kr

✓ 사용가능한 이메일입니다.

비밀번호
••••••••••

✓ 사용가능한 비밀번호 입니다.

비밀번호 확인
••••••••••

이름
시나공

생년월일

1990	12월 ∨	24

성별

남성	여성

휴대전화(선택)
선택사항이지만 서비스 이용이 더 편리해집니다.

휴대전화번호 (-제외)	인증번호 받기

이메일 인증

4. 회원 가입 시 입력한 이메일 계정으로 인증 메일이 발송됩니다. 수신한 인증 메일을 열어 이메일 계정을 인증하면 회원가입이 완료됩니다.

한눈에 살펴보는 시나공의 구성

섹션 개요

기본 문제

전문가의 조언

따라하기

시험에 필요한 기본 기능, 완전 마스터 — **기본기 다지기 편**

이 책은 기초를 탄탄히 다질 수 있는 기본기 다지기 편과 다양한 실전 유형을 익힐 수 있는 실전처럼 연습하기 편으로 구성되었습니다.
여러분은 기본기 다지기 편의 예제와 따라하기를 통해 시험에 필요한 포토샵의 기본 기능을 익힐 수 있습니다.

포토샵 CS4/CS6 사용자

시나공 Q&A 베스트

연습문제

IT 자격증 전문가의 합격요령

GTQ 1급 시험, 이렇게 준

GTQ는 Graphic Technology Qualification의 약자로, 그래픽 기술자격을 뜻하는 ... 중요한 핵심 산업으로 자리 잡은 가운데, ... 민간 ... 를 모토로 한국 ... 시험입니다. 현재 1, 2, 3급이 시행되고 있으며 ... 자격증으로 ... 합격 ...

급수	시험방식	시험시			프로그램
1급	실무 작업형 실기시험			100점 만점에	CS4/CS6/CC(한글...
2급				90점 만점에	
3급			60...		

GTQ 1급은?

GTQ 1급은 그래픽 소프트웨어의 고급 기능을 사용하여 ... 문제를 작성하게 함으로 ... 이해와 수준을 한 단계 높여 역량 있는 인재를 양성한다는 한국생산성본부의 시험 목적에 잘 부합하는 시험입니다. 그래픽 소프트웨어의 고급 기능을 다양하게 평가하기 때문에 수험생에게는 학습해야 할 내용이 많다는 어려움이 있지만 시험의 난이도가 높은 만큼 더욱 도전해 볼 가치가 있으며, 실무에서도 바로 써먹을 수 있으므로 합격하면 일석이조의 효과가 있습니다. 이미 언급한 바와 같이 다양한 고급 기능을 테스트하고 작업량이 많기 때문에 정해진 시간 90분 내에 모든 문제를 완벽하게 작성하기 위해서는 정확한 시간 배분과 배분된 시간 안에 끝낼 수 있도록 철저한 반복 연습이 필요합니다. GTQ 1급은 총 4 문제가 출제되며 각 문...

실제 시험장을 옮겨 놓았다!

1 　**입실**(시험 시작 20분 전)

GTQ 시험은 90분 동안 치러지는데 보통 20분 전에는 시험장에 입실하여 수험생 인적사항을 확인받습니다. 수험표와 자신을 증명할 수 있는 신분증을 반드시 지참해야 합니다. 주민등... 증 등이 없는 초등학생은 건강보험카드나 주민등록등본을 ...

시험장에 입... 리 번호가 표시된 ... 앉아 기다리면 시험 감독 위 ...

2 　**환경 설정**(시... 선)

시험장에 ... 받은 후에는 ... 검을 받을 때까지 컴퓨터를 점검할 수 있습니... 꼭 필요한 눈... 간격, ... 한글로 표시 등의 환경 ... 는 것이 좋습니다...

1. Ctrl + Alt + ... Phot... 2022)를 클릭하여 포토샵을 ... 에요. ... 대한 ... 는 대화... 표시될 때까지 Ctrl + Alt + ... 어야 합니다...

수험서의 핵심은 문제 풀이, '실제시험 따라하기 & 실전 모의고사' — 실전처럼 연습하기 편

기본기 다지기 편에서 배운 내용이 시험에서는 어떻게 적용되는지 다양한 실전 문제를 통해 반복 학습함으로써 어느새 GTQ 1급 시험에 고수가 되어 있는 자신을 발견할 수 있을 것입니다.

실전 모의고사

온라인에서 만나는 또하나의 책
시나공 홈페이지
sinagong.co.kr

실습용 데이터 파일을 사용하려면?

1. 시나공 홈페이지(sinagong.co.kr)에 접속하여 위쪽의 메인 메뉴에서 [자료실]을 클릭하세요.

2. '자료실'에서 [GTQ]를 클릭한 후 하위 항목에서 [GTQ 1급 포토샵]만 남기고 체크 표시를 해제하세요.

3. '실습예제'에서 '시나공 GTQ 포토샵 1급'을 클릭한 후 파일을 다운로드 하세요.

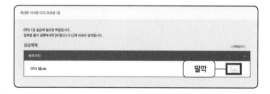

4. 압축 프로그램 창에서 〈압축풀기〉를 클릭하세요.

5. '압축풀기' 대화상자에서 압축파일을 풀어놓을 폴더를 '로컬 디스크 C:\'로 지정한 후 〈확인〉을 클릭하세요. '로컬 디스크 C:\'에 '길벗GTQ1급' 폴더가 생성됩니다.

6. 정상적으로 설치되었는지 '로컬 디스크 C:\길벗GTQ1급' 폴더를 확인하세요. 이 폴더에 저장된 파일은 책에 수록된 문제를 풀 때 사용됩니다.

폴더 및 파일의 용도

- **기출유형** : 최신 기출유형의 소스 이미지 파일
- **모의** : 실전 모의고사의 소스 이미지 파일
- **섹션** : 섹션의 소스 이미지 파일
- **시험장따라하기** : 기본기 다지기 2장 '실제 시험장을 옮겨 놓았다!'의 소스 이미지 파일
- **정답** : 책에 수록된 문제에 대한 정답 파일
- **AdbeRdr90_kor_full.exe** : PDF 파일을 읽고 인쇄할 수 있는 아크로벳 리더 프로그램의 설치용 파일로, 더블클릭하여 설치한 후 최신기출유형을 출력할 때 사용하세요.
- **섹션03_CS4따라하기.pdf** : 섹션03의 내용을 포토샵 CS4로 설명한 파일로, 아크로벳 리더 프로그램을 사용하여 출력하면 됩니다.
- **섹션03_CS6따라하기.pdf** : 섹션03의 내용을 포토샵 CS6으로 설명한 파일로, 아크로벳 리더 프로그램을 사용하여 출력하면 됩니다.
- **최신기출유형.pdf** : 최신기출유형 5회분이 수록된 파일로, 아크로벳 리더 프로그램을 사용하여 출력하면 됩니다.

준비운동

GTQ 1급 시험, 이렇게 준비하세요.

GTQ는 Graphic Technology Qualification의 약어로 그래픽기술자격을 뜻하며, 전 세계적으로 그래픽 콘텐츠가 매우 중요한 핵심 산업으로 자리 잡은 가운데, 전 국민적 디자인 역량강화를 모토로 한국생산성본부에서 주관하는 국가공인자격시험입니다. 현재 1, 2, 3급이 시행되고 있으며 1, 2급은 국가공인자격으로 인증되었습니다.

급수	시험방식	시험시간	합격점수	사용 프로그램
1급	실무 작업형 실기시험	90분	100점 만점에 70점 이상	Adobe Photoshop CS4/CS6/CC(한글, 영문)
2급		90분	100점 만점에 60점 이상	
3급		60분		

GTQ 1급은?

GTQ 1급은 그래픽 소프트웨어의 고급 기능을 사용하여 다양한 문제를 작성하게 함으로써 디자인에 대한 대중적 이해와 수준을 한 단계 높여 역량 있는 인재를 양성한다는 한국생산성본부의 시험 목적에 잘 부합되는 시험입니다. 그래픽 소프트웨어의 고급 기능을 다양하게 평가하기 때문에 수험생에게는 학습해야 할 내용이 많다는 어려움이 있지만 시험의 난이도가 높은 만큼 더욱 도전해 볼 가치가 있으며, 실무에서도 바로 써먹을 수 있으므로 합격하면 일석이조의 효과가 있습니다. 이미 언급한 바와 같이 다양한 고급 기능을 테스트하고 작업량이 많기 때문에 정해진 시간 90분 내에 모든 문제를 완벽하게 작성하기 위해서는 정확한 시간 배분과 배분된 시간 안에 끝낼 수 있도록 철저한 반복 연습이 필요합니다. GTQ 1급은 총 4 문제가 출제되며 각 문제에 대한 세부적인 내용은 다음과 같습니다.

문제	사용 기능		배점	사용 이미지 (평균)	작업횟수 (평균)	권장 작업시간 (분)
[문제1] 고급 Tool(도구) 활용	• Filter(필터) • Clipping Mask(클리핑 마스크) • Layer Style(레이어 스타일) • Type Tool(문자 도구)	• Pen Tool(펜 도구) • Selection Tool(선택 도구) • Shape Tool(모양 도구) • Free Transform(자유 변형)	20	3	26	17
[문제2] 사진 편집 응용	• Filter(필터) • Layer Style(레이어 스타일) • Type Tool(문자 도구)	• Hue(색조) • Shape Tool(모양 도구) • Free Transform(자유 변형)	20	3	22	14
[문제3] 포스터 제작	• 배경색 지정 • Gradient(그라디언트) • Blending Mode(혼합 모드) • Layer Style(레이어 스타일) • Shape Tool(모양 도구) • Free Transform(자유 변형)	• Layer Mask(레이어 마스크) • Opacity(불투명도) • Filter(필터) • Hue(색조) • Type Tool(문자 도구) • Pen Tool(펜 도구)	25	5	38	25
[문제4] 웹 페이지 제작	• 배경색 지정 • Opacity(불투명도) • Gradient(그라디언트) • Filter(필터) • Hue(색조) • Pen Tool(펜 도구) • Type Tool(문자 도구)	• Pattern(패턴) • Layer Mask(레이어 마스크) • Blending Mode(혼합 모드) • Layer Style(레이어 스타일) • Shape Tool(모양 도구) • Free Transform(자유 변형)	35	6	44	34

이렇게 공부하세요.

선택 도구와 펜 도구를 지배하라!

GTQ 1급 문제를 풀면서 평균 10번의 선택 영역 지정과 2번의 패스를 작성하게 됩니다. 여타 포토샵의 기능들은 사용법만 정확히 알고 있으면 한 번의 클릭이나 옵션 설정으로 끝나지만, 선택 영역을 지정하거나 펜 도구로 패스를 만드는 것은 수험생 여러분이 직접 이미지의 경계를 따라 필요한 부분만 선택하거나 정해진 모양을 그리는 것이므로 충분히 연습하지 않고서는 절대 제한된 시간 안에 작업을 끝낼 수 없습니다. 포토샵을 전혀 모르면 Section 01을 먼저 공부하고 그렇지 않으면 바로 Section 02와 03을 공부하세요. Section 02는 선택 도구 사용법과 다양한 예제, Section 03은 펜 도구 사용법과 다양한 예제를 수록했습니다. 연습 문제에 정해놓은 시간 안에 작업을 마칠 수 있도록 반복해서 연습하세요.

문제	선택 영역 지정 횟수(평균)	펜 도구 사용 횟수(평균)	작업 제한시간(분)
[문제1]	1	1	3 / 5
[문제2]	2		6 / 0
[문제3]	3	0~1	9 / 0~5
[문제4]	4	1	12 / 5

레이어의 개념을 이해하고 시작하자!

포토샵은 레이어에서 시작해서 레이어로 끝난다고 해도 과언이 아닙니다. 캔버스에 보이는 이미지의 원리를 이해하고 레이어 마스크와 클리핑 마스크를 능숙하게 수행하려면 레이어의 개념을 이해하는 건 필수입니다. 절대 어려운 내용이 아니니 모의고사를 풀어 보기 전에 Section 04를 한 번만 제대로 따라해 보세요.

'2장 실제 시험장을 옮겨 놓았다!'를 세 번만 반복하라!!

문제별로 중복된 기능을 제거하면 전체 문제 풀이에 사용되는 기능은 15가지 정도이고, 15가지를 이용해서 6가지 유형의 작업을 평균 130여 번 반복합니다. 앞에서 언급한 선택 영역 지정과 패스를 만드는 것을 제외한 모든 기능은 메뉴를 선택하거나 마우스를 클릭하는 동작만으로 기능 구현이 완료되므로 손에 익숙하게만 만들면 됩니다. 두 말 말고 '2장 실제 시험장을 옮겨놓았다!'를 세 번만 반복하세요.

• 유형 1 ➔ 이미지 전체나 일부를 작업 캔버스에 복사하고 필터, 색상 보정, 혼합 모드, 레이어 스타일, 불투명도, 클리핑 마스크, 레이어 마스크 중 하나 이상의 기능을 적용합니다.
• 유형 2 ➔ 사용자 정의 모양이나 모양 도구를 추가한 후 서식 지정, 불투명도, 레이어 스타일, 클리핑 마스크 중 하나 이상의 기능을 적용합니다.
• 유형 3 ➔ 펜 도구로 패스를 그리고 서식, 레이어 스타일, 클리핑 마스크 중 하나 이상의 기능을 적용합니다.
• 유형 4 ➔ 문자를 입력한 후 서식 지정, 레이어 스타일, 텍스트 변형 중 하나 이상의 기능을 적용합니다.
• 유형 5 ➔ 펜 도구로 만든 모양에 패턴을 만들어 적용하고 레이어 스타일, 불투명도 중 하나 이상의 기능을 적용합니다.
• 유형 6 ➔ 배경색을 지정합니다.

GTQ 1급 시험, 이렇게 준비하세요.

시간이 없습니다!!

4문제에 걸쳐 15가지 기능으로 130번의 작업을 90분 내에 완벽하게 처리하려면 시간이 턱없이 부족합니다. 문제 풀이에 항상 사용되는 기능은 고민하지 않고 바로 찾아 쓸 수 있도록 잘 기억해 둬야 합니다.

바로 가기 키

자주 사용하는 바로 가기 키는 몇 개 안 됩니다. 1초의 차이가 당락을 좌우한다는 것을 명심하고 꼭 외워서 사용하기 바랍니다.

기본 작업	포토샵 전체 초기화	Ctrl+Alt+Shift를 누른 채 포토샵 실행	도구 상자	표시/숨기기	Tab
	캔버스 만들기	Ctrl+N		이동 도구(⊕)	V
	저장	Ctrl+S		선택 윤곽 도구(▦, ⬭)	M
	사본 저장	Ctrl+Alt+S		올가미 도구(⬭, ⬭, ⬭)	L
	캔버스 크기	Ctrl+Alt+C		자동 선택 도구(⬭)	W
	이미지 크기	Ctrl+Alt+I		그라디언트 도구(▬)	G
	파일 열기	Ctrl+O		펜 도구(✒)	P
	눈금자 표시/숨기기	Ctrl+R		문자 도구(T)	T
	안내선 표시/숨기기	Ctrl+;		패스 선택 도구(▶, ▶)	A
	안내선 지우기	Alt+V, D		모양 도구 (▭, △, ⬭, ✏)	U
	격자 표시/숨기기	Ctrl+"			
	자유 변형	Ctrl+T	선택 작업	전체 선택	Ctrl+A
	복사	Ctrl+C		선택 영역 반전	Ctrl+Shift+I
	붙여넣기	Ctrl+V		선택 영역 추가	Shift를 누른 채 선택
	채우기	Shift+F5		선택 영역 제외	Alt를 누른 채 선택
	이전 작업 취소	Ctrl+Z		선택 영역 해제	Ctrl+D
화면 배율	창에 맞추기	Ctrl+0	펜 작업	이전 단계 취소	Delete, Backspace
	100%	Ctrl+Alt+0		패스 편집/선택 상태 해제	Esc 한 번 / Esc 두 번
	단계별 확대	Ctrl++		패스를 선택 영역으로	Ctrl+Enter, Ctrl+패스 클릭
	단계별 축소	Ctrl+-			

사용자 정의 모양 도구

사용자 정의 모양 도구를 이용해 추가할 그림은 그림의 모양만 제시되기 때문에 제시된 그림이 어느 그룹에 속해 있는지 빨리 찾아낼 수 있도록 각 그룹의 요소들을 파악하고 있어야 합니다. 시간에 쫓겨 당황하면 눈에 뻔히 보이는 것도 못 찾는 경우가 있다는 것을 잊지 마세요(빨강색으로 표시된 모양은 시험에 자주 출제되는 모양입니다.).

Animals(동물)

Arrows(화살표)

Banners and Awards(배너 및 상장)

Frames(프레임)

Music(음악)

Nature(자연)

Objects(물건)

Ornaments(장식)

Shapes(모양)

Symbols(기호)

Talk Bubbles(말 풍선)

Web(웹)

Tiles(타일)

필터

- 사용자 정의 모양 도구와 마찬가지로 필터도 필터의 이름만 제시되기 때문에 그 필터가 어느 그룹에 속해 있는지 빨리 찾아낼 수 있도록 각 그룹의 요소들을 파악하고 있어야 합니다(빨간색으로 표시된 필터는 시험에 자주 출제되는 필터입니다.).

- 필터는 종류에 따라 [필터 갤러리] 대화상자에서 선택하여 지정하거나 [필터] 메뉴 목록에서 선택하여 지정할 수 있습니다.

필터 갤러리(Filter Gallry) 대화상자에서 선택하는 필터

Artistic(예술 효과)

Brush Strokes(브러시 획)

Distort(왜곡)

Sketch(스케치 효과)

Stylize(스타일화)

Texture(텍스처화)

[필터] 메뉴에서 선택하는 필터

3D
- Generate Bump (Height) Map...
- Generate Normal Map...

Blur(흐림 효과)
- Average
- Blur
- Blur More
- Box Blur...
- Gaussian Blur...
- Lens Blur...
- Motion Blur...
- Radial Blur...
- Shape Blur...
- Smart Blur...
- Surface Blur...

Blur Gallery (흐림 효과 갤러리)
- Field Blur...
- Iris Blur...
- Tilt-Shift...
- Path Blur...
- Spin Blur...

Distort(왜곡)
- Displace...
- Pinch...
- Polar Coordinates...
- Ripple...
- Shear...
- Spherize...
- Twirl...
- Wave...
- ZigZag...

Noise(노이즈)
- Add Noise...
- Despeckle
- Dust & Scratches...
- Median...
- Reduce Noise...

Pixelate(픽셀화)
- Color Halftone...
- Crystallize...
- Facet
- Fragment
- Mezzotint...
- Mosaic...
- Pointillize...

Render(렌더)
- Flame...
- Picture Frame...
- Tree...
- Clouds
- Difference Clouds
- Fibers...
- Lens Flare...
- Lighting Effects...

Sharpen(선명 효과)
- Shake Reduction...
- Sharpen
- Sharpen Edges
- Sharpen More
- Smart Sharpen...
- Unsharp Mask...

Stylize(스타일화)
- Diffuse...
- Emboss...
- Extrude...
- Find Edges
- Oil Paint...
- Solarize
- Tiles...
- Trace Contour...
- Wind...

Vidoe(비디오)
- De-Interlace...
- NTSC Colors

Other(기타)
- Custom...
- High Pass...
- HSB/HSL
- Maximum...
- Minimum...
- Offset...

텍스트 뒤틀기

텍스트는 뒤틀린 모양만 제공되고 적용된 효과의 명칭이 제공되지 않으므로 확실하게 파악하고 있지 않을 경우 이것저것 다 눌러보다가 시험 시간이 끝나는 수가 있습니다.

기본	Arc(부채꼴)
Arc Lower(아래 부채꼴)	Arc Upper(위 부채꼴)
Arch(아치)	Bulge(돌출)
Shell Lower (아래가 넓은 조개)	Shell Upper (위가 넓은 조개)
Flag(깃발)	Wave(파형)
Fish(물고기)	Rise(상승)
Fisheye(어안)	Inflate(부풀리기)
Squeeze(양쪽 누르기)	Twist(비틀기)

작업 유형별 답안 작성 기준

시간이 턱없이 부족한 게 현실!

앞에서 언급한 6가지의 답안작성 유형을 채점 단위로 분류하면 9가지가 됩니다. 이 9가지 작업 유형을 전체적으로 40번 정도 수행해야 하는데, 한 가지 유형에 3~4번의 작업 공정이 필요하므로 전체적으로 130여 번의 포토샵 기능을 수행해야 합니다. 90분 안에 130여 번의 작업을 수행하려면 한 가지 기능을 40초 이내에 끝내야 합니다. 물론 충분히 연습하여 작업 유형과 관계없이 모든 작업을 제한된 시간안에 여유 있게 완성하면 좋겠지만 시험에 응시하는 수험생 대부분이 비전공자이므로 시간이 턱없이 부족한 게 현실입니다.

중요도에 따른 합격 전략을 세워야 합니다!

즉 비중을 높게 두고 수행해야 할 작업과 그렇지 않은 작업을 구분하지 않고 답안을 작성하면 열심히 하고도 합격 점수인 70점을 못 받는 경우가 발생할 수 있다는 거죠. 예를 들면, '유형 3'은 '이미지 선택 → 이미지 배치 → 레이어 스타일 적용'의 작업을 해야 하며, 이미지 선택에 소요되는 시간이 월등히 많지만 각각에 대한 채점 비중은 동일합니다. 즉 이미지를 얼마나 정확하게 선택하였느냐에 관계없이 레이어 스타일을 적용하지 않으면 채점 기준 미달로 인해 0점이라는 거죠. 또 하나 예를 든다면, 펜 사용에 능숙하지 않을 경우 '유형 2'를 처리하는데 많은 시간이 걸리지만 많아야 2회, 약 4~6점만 출제되므로 시간이 많이 부족할 경우 '유형 2'를 포기할 수도 있다는 거죠. 이제 답안 작성 전략이 왜 필요한지 알겠죠? 작업 유형별로 답안 작성 기준을 정리해 놓았으니 잘 읽어보고 자신의 강점과 약점을 고려한 자신만의 합격 전략을 세워 연습하기 바랍니다.

유형1 이미지 전체를 복사하여 배치한 후 필터 적용하기

- **평균 출제 개수** : 5개
- **배점** : 개당 2~3점이며, 부분 점수 없음. 즉 주어진 지시사항을 모두 수행하면 2~3점을 받고 하나라도 수행하지 않으면 0점임

최초 이미지   ❶ 이미지 배치   ❷ 필터 적용

❶ **이미지 배치** : 수검자가 전송한 JPG 파일을 출력하여 채점하기 때문에 〈출력형태〉에 그려 놓은 기준선을 크게 벗어나지 않으면 채점 기준을 통과할 수 있습니다. 실제 채점할 때는 수검자의 출력물과 〈출력형태〉의 정답을 6등분 또는 9등분한 후 배치 위치를 비교하며 검사합니다.

❷ **필터 적용** : 수검자가 전송한 PSD 파일을 열어 채점하기 때문에 지시사항으로 제시된 필터를 정확하게 지정해야 합니다. 하지만 필터의 적용 위치는 이미지 배치와 마찬가지로 수검자가 전송한 JPG 파일을 출력하여 채점하기 때문에 〈출력형태〉에 그려놓은 기준선을 크게 벗어나지 않으면 채점 기준을 통과할 수 있습니다.

작업 유형별 답안 작성 기준

- **평균 출제 개수**
  - 패스 만들기 : 2회
  - 클리핑 마스크와 레이어 스타일 : 3회

- **배점**
  - 패스 만들기 : 개당 2~3점이며, 부분 점수 없음
  - 클리핑 마스크와 레이어 스타일 : 개당 2~3점이며, 부분 점수 없음

최초 이미지

❶ 패스 작성

❷ 클리핑 마스크

❸ 레이어 스타일

❶ 패스 작성

- **위치 및 크기** : 수검자가 전송한 JPG 파일을 출력하여 채점하기 때문에 〈출력형태〉에 그려 놓은 기준선을 크게 벗어나지 않으면 됩니다.
- **이름** : 지시사항으로 이름이 지정되었을 경우에는 반드시 지정된 이름으로 저장하여야 합니다.
- **모양** : 최소한의 기준점(Anchor)을 찍지 않으면 〈출력형태〉와 비슷한 모양으로 만들 수 없으므로 최소한의 기준점이 필요합니다. 예를 들어 정답으로 제공된 지구본 모양은 29개의 기준점을 사용했지만 25개의 기준점만 이용해도 비슷하게 만들 수 있습니다. 하지만 17개 이하의 기준점을 사용할 경우 모양이 다르므로 채점 기준을 통과할 수 없습니다.

[기준점 29개]

[기준점 25개]

[기준점 17개]

답안 작성 팁
GTQ 1급 답안을 작성할 때 가장 많은 시간을 필요로 하는 작업 중 하나지만 배점은 다른 작업과 동일하며, 평균 2회 정도 출제되기 때문에 시간이 없을 때는 작업 수행 여부를 고민해 봐야 합니다. 즉 패스에 주어진 점수를 포기하는 셈 치고 모양에 연연하지 말고 빨리 만들어 저장해 놓고 다음 작업을 수행하는 전략도 나쁘지 않다는 것이죠. 주의할 점은 패스를 이용해 클리핑 마스크를 수행하고 레이어 스타일을 적용해야 하므로 대충이라도 꼭 만들어 놓아야 한다는 것입니다.

❷ 클리핑 마스크 : 두 개의 레이어를 이용해 지시사항대로 정확하게 처리하면 되며, 수검자가 전송한 PSD 파일을 열어 레이어를 검사하기 때문에 클리핑 마스크에 사용된 2개의 레이어가 반드시 레이어 패널에 있어야 합니다. 2개의 레이어를 병합하여 1개로 만들면 채점 기준 미달입니다.

❸ 레이어 스타일
- **스타일 종류** : 수검자가 전송한 PSD 파일을 열어 레이어 스타일의 종류를 채점하기 때문에 반드시 지시사항으로 주어진 스타일만 정확하게 적용해야 합니다. 다른 스타일이 추가되어 있으면 채점 기준 미달입니다.
- **적용 방향, 색상, 번짐 정도** : 지시사항이 없으므로 〈출력형태〉를 보고 비슷하게 지정하면 됩니다.

유형3 이미지의 일부를 가져온 후 레이어 스타일 적용하기

- **평균 출제 개수** : 5개
- **배점** : 개당 2~3점이며, 부분 점수 없음

최초 이미지

❶ 이미지 선택

❷ 이미지 배치

❸ 레이어 스타일 적용

❶ 이미지 선택 : 〈출력형태〉에 제시된 이미지만 선택해야 합니다. 수검자가 전송한 JPG 파일을 출력하여 채점하기 때문에 〈출력형태〉에 비해 눈에 띄게 다르게 선택하지 않으면 채점 기준을 통과할 수 있습니다.

답안 작성 팁
시간이 많이 소요되는 작업이지만 GTQ 1급 시험에서 가장 많이 사용하는 기능이므로 반드시 숙달해야 합니다. 〈출력형태〉와 비교하여 똑같이 선택하면 더할 나위 없이 좋지만 시간이 많이 소요되는 게 문제죠. 대체적으로 다음의 기준을 염두에 두고 신속히 작업하면 시간을 절약하면서 채점 기준을 통과할 수 있습니다.

이미지 안쪽에 배경이 포함되었으므로 채점 기준 미달입니다. 반드시 제거해야 합니다.

이미지 바깥쪽에 배경이 일부 포함되었지만 크게 눈에 띄지 않으므로 그대로 두어도 채점 기준을 통과할 수 있습니다.

※ 시간이 부족할 경우 마지막 이미지처럼 일단 넉넉하게 선택하여 가져온 후 다른 모든 작업을 모두 마친 다음, 남는 시간을 이용해 이미지의 모양을 정리하는 것도 한 가지 방법입니다. 완성된 이미지에서 제거할 부분을 선택하는 것이 더 어렵지 않나? 생각하시는 분은 아직 레이어의 개념이 없으신 분입니다. 먼저 본문을 공부한 다음 나중에 다시 읽어보세요.

❷ **이미지 배치** : 수검자가 전송한 JPG 파일을 출력하여 채점하기 때문에 〈출력형태〉에 그려 놓은 기준선을 크게 벗어나지 않으면 채점 기준을 통과할 수 있습니다. 실제 채점할 때는 수검자의 출력물과 〈출력형태〉의 정답을 6등분 또는 9등분한 후 배치 위치를 비교하며 검사합니다.

❸ **레이어 스타일**
• **스타일 종류** : 수검자가 전송한 PSD 파일을 열어 레이어 스타일의 종류를 채점하기 때문에 반드시 지시사항으로 주어진 스타일만 정확하게 적용해야 합니다. 다른 스타일이 추가되어 있으면 채점 기준 미달입니다.
• **적용 방향, 색상, 번짐 정도** : 지시사항이 없으므로 〈출력형태〉를 보고 비슷하게 지정하면 됩니다.

유형4 이미지의 일부를 가져온 후 색상 보정하기

• **평균 출제 개수** : 3개
• **배점** : 개당 2~3점이며, 부분 점수 없음

초기 이미지

❶ 이미지 선택

❷ 이미지 배치

❸ 색상 보정

❶ **이미지 선택** : 〈출력형태〉에 제시된 이미지만 선택해야 합니다. 수검자가 전송한 JPG 파일을 출력하여 채점하기 때문에 〈출력형태〉에 비해 눈에 띄게 다르게 선택하지 않으면 채점 기준을 통과할 수 있습니다.

❷ **이미지 배치** : 수검자가 전송한 JPG 파일을 출력하여 채점하기 때문에 〈출력형태〉에 그려 놓은 기준선을 크게 벗어나지 않으면 채점 기준을 통과할 수 있습니다.

❸ **색상 보정** : 수검자가 전송한 JPG 파일을 출력하여 채점하기 때문에 지시사항으로 제시된 색상 계열과 눈에 띄게 차이나는 색상이 아니라면 채점 기준을 통과할 수 있습니다.

유형5 이미지 일부에 클리핑 마스크 수행하기

- **평균 출제 개수** : 0~1개
- **배점** : 개당 2~3점이며, 부분 점수 없음

초기 이미지

❶ 범위 지정

❷ 클리핑 마스크

❶ 범위 지정
- **위치 및 크기** : 수검자가 전송한 JPG 파일을 출력하여 채점하기 때문에 〈출력형태〉에 그려 놓은 기준선을 크게 벗어나지 않으면 됩니다.
- **모양** : 〈출력형태〉의 클리핑 마스크 적용 범위를 확인하고 펜 툴 또는 선택 도구를 이용하여 지정합니다.
❷ 클리핑 마스크 : 두 개의 레이어를 이용해 지시사항대로 정확하게 처리하면 되며, 수검자가 전송한 PSD 파일을 열어 레이어를 검사하기 때문에 클리핑 마스크에 사용된 2개의 레이어가 반드시 레이어 패널에 있어야 합니다. 2개의 레이어를 병합하여 1개로 만들면 채점 기준 미달입니다.

유형6 입력한 텍스트에 서식을 지정하고 레이어 스타일을 적용한 후 텍스트 뒤틀기

- **평균 출제 개수** : 10개
- **배점** : 개당 2~3점이며, 부분 점수 없음

초기 이미지

❶ 텍스트 입력

❷ 레이어 스타일

❸ 텍스트 뒤틀기

❶ 텍스트 입력
- **내용, 글꼴(스타일, 크기, 색상)** : 수검자가 전송한 PSD 파일을 열어 채점하기 때문에 지시사항으로 주어진 대로 정확하게 처리해야 합니다. 하나라도 지시사항과 다르면 채점 기준 미달입니다.

- **위치 및 크기** : 수검자가 전송한 JPG 파일을 출력하여 채점하기 때문에 〈출력형태〉와 비교하여 크게 다르지 않으면 채점 기준을 통과할 수 있습니다.

② 레이어 스타일

- **스타일 종류** : 수검자가 전송한 PSD 파일을 열어 레이어 스타일의 종류를 채점하기 때문에 반드시 지시사항으로 주어진 스타일만 정확하게 적용해야 합니다. 다른 스타일이 추가되어 있으면 채점 기준 미달입니다.
- **적용 방향, 색상, 번짐 정도** : 지시사항이 없으므로 〈출력형태〉를 보고 비슷하게 지정하면 됩니다.

③ 텍스트 뒤틀기

- **뒤틀기 모양** : 뒤틀기 모양의 종류에 대한 지시사항이 없지만 수검자가 전송한 PSD 파일을 열어 채점하기 때문에 〈출력형태〉를 보고 판단하여 정확하게 지정해야 합니다. 텍스트 뒤틀기의 종류는 구분이 어렵지 않으므로 조금만 연습해 두면 쉽게 파악할 수 있습니다. 20쪽에 정리해 놓았으니 참고하세요.
- **구부리기 정도** : 문제지에 지시사항이 없으므로 〈출력형태〉를 보고 판단해야하는데, 수검자가 전송한 JPG 파일을 출력하여 채점하므로 〈출력형태〉에 그려 놓은 기준선을 크게 벗어나지 않으면 채점 기준을 통과할 수 있습니다.

유형7 패턴 적용하고 불필요한 부분 제거하기

- **평균 출제 개수** : 1개
- **배점** : 개당 2~3점이며, 부분 점수 없음

초기 이미지

❶ 패턴

❷ 불필요한 부분 제거

❶ 패턴

- **색상** : 수검자가 전송한 JPG 파일을 출력하여 채점하기 때문에 지시사항으로 제시된 색상과 눈에 띄게 차이나지 않는다면 채점 기준을 통과할 수 있습니다.
- **모양, 크기, 간격** : 문제지에 지시사항이 없으므로 〈출력형태〉를 보고 수검자가 파악해야 하는데, 이 부분도 수검자의 JPG 파일을 출력하여 채점하기 때문에 전체적인 패턴 적용 형태가 〈출력형태〉와 유사하고 일정한 간격을 유지하면 채점 기준을 통과할 수 있습니다. 예를 들어, 위의 ❶번 그림의 패턴 간격은 50 Pixel이지만 수험생의 패턴이 40~60 Pixel의 간격을 일정하게 유지했다면 채점 기준을 통과할 수 있습니다.

❷ 불필요한 부분 제거 : 문제에 지시사항이 없으므로 〈출력형태〉를 보고 수검자가 파악해야 하는데, 이 부분도 수검자의 JPG 파일을 출력하여 채점하기 때문에 불필요한 부분을 제거한 후 패턴이 남아있는 범위가 〈출력형태〉와 동일해야 합니다. 예를 들어 불필요한 부분을 제거한 후 패턴이 남아있는 범위가 ❷번 그림과 다르게 펜 도구로 작성한 모양을 벗어난 위치까지 남아있다면 채점 기준 미달입니다.

유형8 사용자 정의 모양에 서식을 지정한 후 레이어 스타일 적용하기

- **평균 출제 개수** : 10개
- **배점** : 개당 2~3점이며, 부분 점수 없음

초기 이미지 　❶ 모양 그리기 　❷ 서식 지정 　❸ 레이어 스타일

❶ 모양 그리기
- **모양** : 모양의 종류에 대한 지시사항이 없지만 수검자가 전송한 PSD 파일을 열어 채점하기 때문에 〈출력형태〉를 보고 판단하여 정확한 모양을 선택해서 배치해야 합니다. 사용자 정의 모양은 17쪽에 정리해 놓았으니 참고하세요.
- **위치 및 크기** : 수검자가 전송한 JPG 파일을 출력하여 채점하기 때문에 〈출력형태〉와 비교하여 크게 다르지 않으면 채점 기준을 통과할 수 있습니다.

❷ 서식 지정 : 수검자가 전송한 PSD 파일을 열어 채점하기 때문에 지시사항으로 주어진 색상을 정확하게 지정해야 합니다.

❸ 레이어 스타일
- **스타일 종류** : 수검자가 전송한 PSD 파일을 열어 레이어 스타일의 종류를 채점하기 때문에 반드시 지시사항으로 주어진 스타일만 정확하게 적용해야 합니다. 다른 스타일이 추가되어 있으면 채점 기준 미달입니다.
- **적용 방향, 색상, 번짐 정도** : 지시사항이 없으므로 〈출력형태〉를 보고 비슷하게 지정하면 됩니다.

유형9 이미지의 일부를 가져온 후 혼합 모드 지정하기

- **평균 출제 개수** : 2개
- **배점** : 개당 2~3점이며, 부분 점수 없음

초기 이미지 　❶ 이미지 배치 　❷ 혼합 모드 지정

❶ 이미지 배치 : 수검자가 전송한 JPG 파일을 출력하여 채점하기 때문에 〈출력형태〉에 그려 놓은 기준선을 크게 벗어나지 않으면 채점 기준을 통과할 수 있습니다.

❷ 혼합 모드 지정 : 수검자가 전송한 PSD 파일을 열어 채점하기 때문에 지시사항으로 주어진 혼합 모드를 정확하게 지정해야 합니다.

시험 접수부터 자격증을 받기까지 한눈에 살펴볼까요?

응시
조건

GTQ
시험

1 원서 접수

GTQ시험은 남녀노소 누구나 응시할 수 있습니다!

함께 준비했어요~

오~키!

나만 빼고 언제…

GTQ는 필기 시험없이 실기 시험만 봅니다.

GTQ 시험은 매달 시행됩니다.
◎ 포토샵 CS4/CS6/CC(한글,영문)
  ▶ 매 회차 응시 가능
◎ 검정 수수료
  ▶1급:31,000원 ▶2급:22,000원 ▶3급:15,000원

자격증
수령

☆ 자격증 신청 및 수령 ☆

신청방법
⇩
인터넷 신청만 가능!

수령 방법
⇩
등기우편으로만 수령가능!

• 자격증 신청 비용 : 6,900원
• 결제 수수료 및 배송비 포함

2 시험

3 합격여부 확인

한눈에 보는 GTQ 1급 시험 절차

 시험 시작 20분 전

시험장 입실

수험표 또는 자리배치표에 지정된 PC에 앉으세요.

컴퓨터 이상 유무 확인

컴퓨터를 켠 후 이상 유무를 점검합니다. 컴퓨터 시스템에 이상이 있으면 감독위원에게 즉시 자리 변경을 요청하세요.

시험 시작 5분 전

수험번호 입력

감독위원의 지시에 따라 바탕 화면에 있는 'KOAS 수험자용' 아이콘(🔳)을 실행하여 자신의 수험번호를 입력하고 〈확인〉을 클릭하세요.

시험 시작 1시간 30분 후

시험 종료

• 감독위원이 시험 종료를 예고하면 최종적으로 작업한 내용을 저장하고, 수검용 프로그램을 이용하여 답안을 전송하세요.
• 시험이 종료되면 〈수험자 시험 종료〉 단추를 클릭하세요.

문제 풀이

시험 시간은 90분입니다. 문제가 완성될 때마다 작성한 jpg와 psd 파일은 감독관 PC로 전송해야 합니다. 그래야 컴퓨터 고장으로 인해 다른 컴퓨터로 자리를 옮겨도 감독관 PC에 저장된 파일을 받아서 다시 작업할 수 있습니다.

퇴실

시험 종료 메시지가 화면에 표시되면 감독위원에게 시험지를 제출한 후 퇴실하세요.
※ 자세한 내용은 '2장 실제시험장을 옮겨 놓았다!' 부분을 참고하세요.

프로그램 버전 선택

시험에서 사용할 프로그램을 선택한 다음 〈확인〉을 클릭하면 수험자 정보가 표시됩니다. 정보에 이상이 없으면 〈확인〉을 클릭하세요.

시험 대기

'시험 시작 전 준비 화면'이 표시되면 키보드나 마우스를 사용할 수 없도록 PC가 잠금 상태로 됩니다. 감독위원의 지시에 따르세요.

 시험 시작

포토샵 실행하기

시험이 시작되면 포토샵 프로그램을 시행시킵니다. 문제를 풀 때마다 먼저 '수험번호-성명-문제번호'로 캔버스를 만든 후 작업을 시작합니다.

문제지 수령

4면으로 된 시험지가 배부됩니다. 1면은 지시사항, 2~4면은 완성할 문제입니다. 문제지를 받으면 평소 연습하던 내용과 다른 부분이 있는지 지시사항을 자세히 읽어보세요.

GTQ 시험, 이것이 궁금하다!

Q GTQ 자격증 취득 시 독학사 취득을 위한 학점이 인정된다고 하던데, 학점 인정 현황은 어떻게 되나요?

A

종목	학점	종목	학점
정보처리기사	20	워드프로세서	4
정보처리산업기사	16	ITQ A급	6
사무자동화산업기사	16	ITQ B급	4
컴퓨터활용능력 1급	14	GTQ 1급	5
컴퓨터활용능력 2급	6	GTQ 2급	3

※ 자세한 내용은 평생교육진흥원 학점은행 홈페이지(https://cb.or.kr)를 참고하세요.
※ ITQ A급 : 5과목 중 3과목이 모두 A등급인 경우
※ ITQ B급 : 5과목 중 3과목이 모두 B등급 이상인 경우

Q GTQ 시험 응시 수수료는 얼마인가요?

A 1급은 31,000원, 2급은 22,000원, 3급은 15,000원입니다.

Q GTQ 시험에서 사용하는 프로그램과 버전을 알고 싶어요.

A Adobe Photoshop CS4/CS6/CC(한글, 영문)입니다.

Q GTQ 시험은 1, 2, 3급으로 구분되어 있는데, 3급부터 순서대로 응시해야 하나요?

A 급수에 상관없이 1급 취득 후 2, 3급 응시도 가능합니다.

Q 시험 신청 후 시험 시간은 어디서 확인하나요?

A 원서 접수가 마감되면 약 10일 후 수험표가 공고됩니다. license.kpc.or.kr에 접속하여 접수내역 및 수험표를 조회하면 시험 시간, 시험 과목 및 고사장 정보를 확인할 수 있습니다.

Q 시험을 접수한 후 시험 시간이나 시험 장소를 변경할 수 있나요?

A GTQ 시험 시간은 컴퓨터에 의해 자동 배정되며, 배정된 시험 시간은 변경이 불가능합니다. 시험 장소는 접수 시 수험생이 선택하는 것으로 접수 기간 이후에는 장소를 변경할 수 없습니다.

Q 시험 합격 후에는 자격증이 집으로 배달되나요?

A 아닙니다. 시험에 합격해도 자격증 발급을 신청하지 않으면 자격증을 받을 수 없습니다.

Q 자격증 발급을 신청한 후 몇 일만에 자격증을 받을 수 있나요?

A 자격증은 신청 후 14일 이후에 받을 수 있습니다.

Q GTQ 시험의 합격 기준은 어떻게 되나요?

A 1급은 70점 이상, 2급과 3급은 60점 이상 점수를 얻어야 합격입니다.

Q 접수한 시험을 취소하고 환불받을 수 있나요? 받을 수 있다면 환불 방법을 알려주세요.

A 네, 가능합니다. 하지만 신청 기간 및 사유에 따라 환불 비율에 차이가 있습니다.

검정수수료 반환 사유	검정수수료 반환 규정
검정수수료 반환 규정수수료를 과오 납입한 경우	과오 납입한 금액 반환
검정 시행기관의 귀책사유로 인해 시험에 응시하지 못한 경우	재시험(다음 회차) 또는 100% 환불
접수 시작일로부터 13일(18시 기준) 이내로 접수를 취소한 경우	100% 환불(단, 여러 과목을 접수한 경우는 부분 과목 취소 불가능)
접수 시작일로부터 14일(10시 기준) 이후부터 시험 3일(18시 기준) 전까지 접수를 취소한 경우	50% 환불(단, 여러 과목을 접수한 경우는 부분 과목 취소 불가능)

Q 시험 점수를 확인할 수 있나요?

A GTQ 시험은 합격 여부만 확인할 수 있으며, 점수는 비공개입니다.

Q 시험 후 합격자는 언제쯤 발표하나요?

A 합격자 발표는 시험일로부터 3주 후에 license.kpc.or.kr에서 확인할 수 있습니다.

기본기 다지기

1장

기본 작업

SECTION 01

포토샵의 화면 구성 및 주요 패널

포토샵은 어도비 사에서 개발한 대표적인 이미지 편집 프로그램입니다. 이번 섹션에서는 포토샵의 화면 구성과 도구 상자 등 포토샵 사용에 있어 기본적인 내용을 배웁니다. GTQ 시험에서 자주 사용되는 도구와 패널은 비교적 자세히 설명했으니 잘 정리해 두세요.

전문가의 조언

포토샵 구성 요소들에 대한 기능이나 명칭이 시험에 나오는 것은 아니지만 교재에서 지시하는 내용이 무엇인지 파악하고 따르려면 명칭을 정확히 알고 있어야 합니다.

1 Photoshop CC 프로그램의 화면 구성

전문가의 조언

GTQ 시험에서 사용할 수 있는 소프트웨어는 Adobe Photoshop CS4(한글/영문) 이상이며, 이 교재는 Adobe Photoshop CC 2022 버전을 기준으로 설명합니다.

❶ 메뉴 표시줄 : 포토샵에서 제공하는 다양한 기능을 실행하는 메뉴들을 모아 놓은 곳

❷ 옵션 바 : 도구 상자에서 선택한 도구에 대한 세부적인 기능을 설정하는 곳

❸ 도구 상자 : 이미지 편집 작업에 사용되는 다양한 기능들을 각각의 아이콘으로 만들어 모아 놓은 곳으로, 아이콘 오른쪽 아래에 삼각형이 있는 아이콘은 누르고 있으면 숨은 메뉴가 표시됨

❹ 파일 이름 탭 : 작업중인 파일의 이름과 화면 확대 비율, 그리고 색상 모드가 표시됨

❺ 캔버스 : 실제적으로 이미지를 편집하는 작업 공간

❻ 상태 표시줄 : 화면 확대 비율, 파일 크기 등 현재 작업 중인 파일에 대한 정보가 표시됨

❼ 패널(Panel) : 자주 사용하는 기능들을 그룹별로 모아 놓은 곳으로, [Window] 메뉴에서 선택하여 구성할 수 있음

② 도구 상자

숨은 도구가 있는 도구는 아이콘 오른쪽 아래에 삼각형이 표시되어 있고, 해당 도구를 잠시 클릭한 상태로 있거나 마우스 오른쪽 버튼을 클릭하면 숨은 도구가 표시됩니다.

Marquee Tool(선택 윤곽 도구 M) : 사각형, 원형, 가로선, 세로선으로 영역을 선택함

Object Selection/Quick Selection/Magic Wand Tool(개체/빠른/자동 선택 도구 W) : 개체의 일부/ 가장자리 따라/ 비슷한 색상을 자동으로 선택함

Frame Tool(프레임 도구 K) : 사각형 또는 타원 프레임을 그려 프레임 안에 이미지를 채울 때 사용함

Spot Healing Brush/Healing Brush/Patch/ Content-Aware Move/Red Eye Tool(스팟 복구 브러시/복구 브러시/패치/내용 인식 이동/적목 현상 도구 J) : 이미지를 복원 및 수정하거나 자동으로 채우고 적목 현상을 제거함

Clone/Pattern Stamp Tool(복제/패턴 도장 도구 S) : 이미지나 패턴을 복제하여 다른 부분에 붙여넣음

Eraser/Background Eraser/Magic Eraser Tool(지우개/배경 지우개/자동 지우개 도구 E) : 이미지/샘플링된 색상/비슷한 색상을 지움

Blur/Sharpen/Smudge Tool(흐림/선명 효과/손가락 도구) : 이미지를 흐릿하거나 선명하게 만듦

Dodge/Burn/Sponge Tool(닷지/번/스폰지 도구 O) : 이미지의 색상이나 채도를 조절함

Type Tool(문자 도구 T) : 글자를 입력하거나 편집함

Shape Tool(모양 도구 U) : 정형적인 형태의 모양을 그림

Zoom Tool(돋보기 도구 Z) : 이미지를 확대하거나 축소함

Default Foreground and Background Colors(기본 전경색과 배경색) : 전경색을 검정색, 배경색을 흰색으로 지정함

보기 모드 : 빠른 마스크 모드와 표준 모드로 전환함

Move/Artboard Tool(이동/대지 도구 V) : 선택 영역 또는 아트보드, Layer(레이어), 안내선 등을 드래그 하여 이동시킴

Lasso Tool(올가미 도구 L) : 자유롭게 이미지를 선택함

Crop/Perspective Crop/Slice/Slice Select Tool(자르기/원근 자르기/분할 영역/분할 영역 선택 도구 C) : 이미지를 원하는 크기로 자름

Eyedropper/3D Material Eyedropper/Color Sampler/Ruler/Note/Count Tool(스포이드/3D 재질 스포이드/색상 샘플러/눈금자/메모/카운트 도구 I) : 원하는 색상을 추출하거나 각도와 길이 등을 잴 때 사용함

Brush/Pencil/Color Replacement/Mixer Brush Tool(브러시/연필/색상 대체/혼합 브러시 도구 B) : 붓이나 연필로 그림을 그리거나 색을 입힘

History/Art History Brush Tool(작업 내역/미술 작업 내역 브러시 도구 Y) : 원본 이미지로 복구하거나 붓 터치를 적용함

Gradient/Paint Bucket/3D Material Drop Tool(그레이디언트/페인트 통/3D 재질 놓기 도구 G) : 두가지 이상의 색상이나 재질을 자연스럽게 혼합하여 표현하거나 색을 채움

Pen Tool(펜 도구 P) : 패스(Path)를 만들거나 수정함

Selection Tool(선택 도구 A) : 패스(Path)나 모양(Shape)을 선택하거나 모양을 변경함

Hand/Rotate View Tool(손/회전 보기 도구 H/ R) : 화면내의 이미지를 이동함

Switch Foreground and Background Colors(전경색과 배경색 전환) : 전경색과 배경색을 서로 바꿈

Set Foreground/Background Color(전경색/배경색 설정) : 전경색과 배경색을 지정함

Change Screen Mode(화면 모드 변경) : Standard Screen Mode/Full Screen Mode With Menu Bar/Full Screen Mode(표준 화면 모드/메뉴 막대가 있는 전체 화면 모드/전체 화면 모드 F) : 포토샵 화면 표시 방법으로 표준 화면과 메뉴 막대가 있거나 없는 전체 화면 모드로 전환함

③ 주요 도구의 기능 및 옵션

01. ⊕(Move Tool(이동 도구, 바로 가기 키 : V))

선택 영역, 레이어, 안내선 등 캔버스의 개체들을 원하는 위치로 이동할 때 사용합니다. Alt를 누른 채 드래그 하면 복사됩니다.

 →

옵션 바

❶ ⊕(Tool Preset(도구 사전)) : 자주 사용하는 도구에 여러 가지 옵션들을 미리 설정하여 저장해 놓은 곳으로, 사용자는 일일이 옵션을 지정하지 않고도 필요한 옵션이 지정된 도구를 선택해 사용할 수 있음

❷ Auto-Select(자동 선택) : 체크 표시를 해 놓으면 캔버스의 이미지를 클릭했을 때 현재 작업 레이어에 관계없이 해당 이미지가 속해 있는 레이어가 선택됨

❸ Show Transform Controls(변형 컨트롤 표시) : 이미지를 크기, 방향, 회전 등을 변경할 수 있는 상태로 표시함

❹ Align(정렬) : 서로 다른 레이어에 있는 이미지들을 정해진 기준으로 정렬함

❺ Distribute(분포) : 서로 다른 레이어에 있는 이미지들의 간격을 조절함

02. Marquee Tool(선택 윤곽 도구, 바로 가기 키 : M)

사각형, 원 등 정해진 모양으로 선택 영역을 지정할 때 사용합니다.

• ▦(Rectangular Marquee Tool(사각형 선택 윤곽 도구))

 →

- (Elliptical Marquee Tool(원형 선택 윤곽 도구))

옵션 바

❶❷❸❹　　❺　　　❻　　　　　❼　　　　　　　　　❽

❶ ■(New selection(새 선택 영역)) : 선택 영역을 지정할 때 마다 그 영역을 새로운 영역으로 선택함

❷ ■(Add to selection(선택 영역에 추가)) : 이미 선택된 영역에 새로 선택하는 영역을 추가함

❸ ■(Subtract from selection(선택 영역에서 빼기)) : 이미 선택된 영역에서 새로 선택하는 영역을 제외함

❹ ■(Intersect with selection(선택 영역과 교차)) : 이미 선택한 영역과 새로 선택하는 영역이 교차하는 부분만을 선택 영역으로 지정함

❺ Feather(페더) : 선택하는 영역의 경계에 대한 부드러운 정도로, 수치가 클수록 경계가 부드러워짐. 0~1,000 픽셀까지 지정할 수 있음

　　원본 이미지　　　　　Feather 0　　　　　Feather 50　　　　　Feather 100

❻ Anti-alias(앤티 앨리어스) : 체크하면 곡선의 계단 현상을 최대한 부드럽게 처리하는 것으로, ■(Elliptical Marquee Tool(원형 선택 윤곽 도구))에서만 선택할 수 있음

　Anti-alias 선택　　　　Anti-alias 해제

❼ Style(스타일)
- Normal(표준) : 마우스를 원하는 대로 드래그 하여 영역을 선택함
- Fixed Ratio(고정비) : 가로(Width, 폭)와 세로(Height, 높이)의 비율을 지정하여 지정된 비율대로 영역을 선택함
- Fixed Size(크기 고정) : 가로(Width, 폭) 픽셀 수와 세로(Height, 높이) 픽셀 수를 입력하여 영역을 선택함

❽ Select and Mask(선택 및 마스크) : Radius(반경), Contrast(대비), Smooth(매끄럽게), Feather(페더) 등을 이용하여 선택 영역의 가장자리(테두리)를 자연스럽게 다듬어줌

03. Lasso Tool(올가미 도구, 바로 가기 키 : L)

자유 곡선, 다각형, 자석 효과 등을 이용하여 모양에 구애 받지 않는 영역을 선택 영역으로 지정할 때 사용합니다.

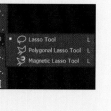
Lasso Tool(올가미 도구)

- (Lasso Tool(올가미 도구)) : 마우스를 자유롭게 드래그 하여 선택 영역을 지정함

- (Polygonal Lasso Tool(다각형 올가미 도구)) : 마우스로 클릭하는 지점들을 직선으로 연결하여 선택 영역을 지정함

- (Magnetic Lasso Tool(자석 올가미 도구)) : 자석에 붙는 것처럼 이미지간 색상 차가 나는 부분을 따라서 자동으로 선택 영역을 지정함

'올가미 도구/다각형 올가미 도구'의 옵션 바

'자석 올가미 도구'의 옵션 바

❶ Width(폭) : 경계 영역 색상 추출 정도를 지정하는 것으로 수치가 낮을수록 색상을 엄격하게 구분하여 선택함(1~256 px)

Width 10   Width 100

❷ Contrast(대비) : 경계 영역 간의 색상 대비 정도를 지정하는 것으로, 수치가 낮을수록 대비가 적은 색상의 차이를 감지하여 더 정밀하게 선택함(1~100%)

Contrast 10   Contrast 100

❸ Frequency(빈도 수) : 선택점의 개수로, 선택점이 많을수록 정밀하게 선택함(1~100)

Frequency 10   Frequency 100

04. (Magic Wand Tool(자동 선택 도구, 바로 가기 키 : W))

비슷한 색상이 있는 영역을 한 번에 선택할 때 사용합니다. 보통 단색의 배경이 있는
이미지의 경우 배경을 먼저 선택한 다음 선택 영역을 반전시켜 원하는 이미지를 선택
영역으로 지정합니다.

옵션 바

❶ Sample Size(샘플 크기) : 선택 영역을 기준으로 사용할 표본 샘플의 크기를 설정함
 – Point Sample(포인트 샘플) : 클릭한 위치의 색상을 기준으로 삼음
 – 숫자 by 숫자 Average(평균값) : 클릭한 위치의 범위 안 평균 색상 값을 기준으
  로 삼음

❷ Tolerance(허용치) : 클릭하는 부위의 색상을 기준으로 선택 영역에 포함시킬 색상의 범위를 지정하는 것으로, 수치가 클수록 선택 영역으로 지정되는 색의 범위가 늘어남(0~255)

원본 이미지

Tolerance 10

Tolerance 50

Tolerance 100

❸ Contiguous(인접) : 같은 색이어도 클릭하는 부위와 연결되어 있어야만 선택 영역으로 지정함. 이 옵션을 해제하면 전체 이미지에서 클릭한 부위와 비슷한 색상을 모두 선택함

Contiguous 선택

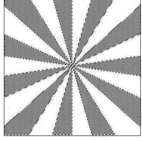
Contiguous 해제

❹ Sample All Layers(모든 레이어 샘플링) : 이 옵션을 선택하면 모든 레이어를 대상으로 클릭한 부분과 비슷한 색상을 선택 영역으로 지정함

레이어 1

레이어 2

레이어 3

Sample All Layer 선택

Sample All Layer 해제

❺ Select Subject(피사체 선택) : 이미지에서 가장 눈에 띄는 개체(피사체)를 선택함

05. ▧(Gradient Tool(그레이디언트 도구, 바로 가기 키 : G))

이미지에 그라데이션 효과를 줄 때 사용합니다.

옵션 바

❶ ▬▬▬▬(Click to edit to the gradient(클릭하여 그레이디언트 편집)) : 그레이디언트 효과에 사용할 색상과 모양 등을 편집할 수 있는 '그레이디언트 편집기' 대화상자가 나타남

❷ (Gradient(그레이디언트)) : 그레이디언트가 적용되는 모양

| 선형 | 방사형 | 각진형 | 반사형 | 다이아몬드형 |

❸ Mode(모드) : 그레이디언트를 적용할 때 함께 적용할 Blending Mode(혼합 모드)를 지정함

❹ Opacity(불투명도) : 불투명도를 지정함(0~100%). 불투명도가 낮을수록 투명해져서 배경이 드러남

❺ Reverse(반전) : 그레이디언트의 시작색과 끝색이 반대로 적용됨

❻ Dither(디더) : 색상이 연결되는 부분의 그레이디언트 색상을 매끄럽게 적용함

❼ Transparency(투명도) : 투명(불투명도 0%)한 그레이디언트를 적용하는 것으로, 투명 그레이디언트를 적용하려면 반드시 선택해야 함

❽ Method(방법) : 캔버스에서 그레이디언트가 표시되는 방식으로 Perceptual(가시 범위), Linear(선형), Classic(클래식)이 있음

　－ Perceptual(가시 범위) : 사람이 실제로 빛을 인식하여 혼합하는 방식과 가장 근접하게 표시(CC 버전의 기본 값)

　－ Linear(선형) : 자연광이 표시되는 방식에 가깝게 표시

　－ Classic(클래식) : CC 이전 버전의 기본 값

06. (Pen Tool(펜 도구, 바로 가기 키 : P))

패스(Path)를 만들거나 수정할 때 사용합니다.

❶ (Pen Tool(펜 도구)) : 점과 점을 연결하여 패스를 그림

❷ (Freeform Pen Tool(자유 형태 펜 도구)) : 자유로운 모양으로 패스를 그림

❸ (Curvature Pen Tool(곡률 펜 도구)) : 점을 사용하여 경로 또는 모양을 생성하거나 변경함

❹ (Add Anchor Point Tool(기준점 추가 도구)) : 완성된 패스에 기준점을 추가함

❺ (Delete Anchor Point Tool(기준점 삭제 도구)) : 완성된 패스에서 기준점을 제거함

❻ (Convert Point Tool(기준점 변환 도구)) : 기준점의 속성을 변환함

옵션 바

전문가의 조언

펜 도구 사용법은 '섹션 03'에서 자세하게 배우고 연습합니다.

❶ Pick tool mode(선택 도구 모드)

– ███ (Shape(모양)) : 레이어가 추가되며, 펜으로 그린 그림이 추가된 레이어
에 Shape(모양)로 만들어짐. 레이어 패널에는 Shape(모양)가, 패스 패널에는
Shape Path(모양 패스)가 생성됨

모양 레이어　　　　　　　　레이어 패널　　　　　　　　패스 패널

– ███ (Path(패스)) : 펜으로 그린 그림이 패스로 만들어지므로, 패스 패널에
Work Path(작업 패스)가 생성됨

패스　　　　　　　　　패스 패널

– ███ (pixels(픽셀)) : Shape Tool(모양 도구)을 클릭했을 때만 사용할 수 있는
도구로, 현재 레이어에 Shape(모양)를 그림

❷ Set shape fill type/stroke width/stroke type(모양 칠 유형/획 폭/획 유형 설정) : Pen
Tool(펜 도구), Selection Tool(선택 도구), Shape Tool(모양 도구)을 선택했을 때
만 활성화되며, Shape(모양)의 Fill(칠)과 Stroke(획)의 type(종류)과 width(폭)를
지정함

❸ Set shape width/height(모양 폭/높이 설정) : Pen Tool(펜 도구), Selection Tool(선택
도구), Shape Tool(모양 도구)을 선택했을 때만 활성화되며, Shape(모양)의
width(폭)와 height(높이)를 지정함

❹ Auto Add/Delete(자동 추가/삭제) : 펜 도구 사용 중에 기준점을 추가하거나 삭제할
수 있도록 함

07. ▧(Type Tool(문자 도구, 바로 가기 키 : ⊤))

문자를 입력하거나 수정할 때 사용합니다. 문자는 가로 또는 세로 방향으로 입력할
수 있습니다.

옵션 바

❶ ❷ ❸ ❹ ❺ ❻ ❼ ❽ ❾

❶ (Toggle text orientation(텍스트 방향 켜기/끄기)) : 문자의 방향을 변경함(가로, 세로)

❷ Set the font family(글꼴 모음 설정) : 문자의 서체를 지정함

❸ Set the font style(글꼴 스타일 설정) : 문자의 스타일을 지정함

❹ Set the font size(글꼴 크기 설정) : 문자의 크기를 지정함

❺ Set the anti-aliasing method(앤티 앨리어싱 방법 설정) : 문자의 경계 처리 방법을 지정함

❻ (Align Text(문단 정렬)) : 문자의 정렬 방식(왼쪽, 가운데, 오른쪽)을 지정함

❼ Set the text color(텍스트 색상 설정) : 문자의 색상을 지정함

❽ (Create warped text(뒤틀어진 텍스트 만들기)) : 문자열의 모양에 효과를 줌

기본(없음)

Arc(부채꼴)

Arc Lower(아래 부채꼴)

Arc Upper(위 부채꼴)

Arch(아치)

Bulge(돌출)

Shell Lower(아래가 넓은 조개)

Shell Upper(위가 넓은 조개)

Flag(깃발)

Wave(파형)

Fish(물고기)

Rise(상승)

Fisheye(어안)

Inflate(부풀리기)

Squeeze(양쪽 누르기)

Twist(비틀기)

❾ (Toggle the Character and Paragraph panels(문자 및 단락 패널 켜기/끄기)) : 문자 및 단락 패널의 표시/숨기기

08. Selection Tool(선택 도구, 바로 가기 키 : Ⓐ)

패스나 Shape(모양)를 선택하거나 패스의 모양을 변경할 때 사용합니다.

- (Path Selection Tool(패스 선택 도구)) : 패스를 선택하거나 이동함
- (Direct Selection Tool(직접 선택 도구)) : 패스의 모양을 변경함

패스 선택 도구 옵션 바

❶ Select(선택)
- Active Layers(활성 레이어) : 레이어 패널에서 현재 선택된 레이어의 패스만 선택함
- All Layers(모든 레이어) : 현재 이미지에 포함된 모든 패스를 선택할 수 있도록 자동으로 레이어 패널의 선택된 레이어가 변경됨

09. Shape Tool(모양 도구, 바로 가기 키 : Ⓤ)

사각형, 타원, 삼각형, 다각형, 선, 사용자가 만들어 놓은 모양 등 다양하지만 형태가 정해진 그림을 추가할 때 사용합니다.

❶ (Rectangle Tool(사각형 도구)) : 사각형 모양을 추가함
❷ (Ellipse Tool(타원 도구)) : 원이나 타원 모양을 추가함
❸ (Triangle Tool(삼각형 도구)) : 삼각형 모양을 추가함
❹ (Polygon Tool(다각형 도구)) : 다각형 모양을 추가함
❺ (Line Tool(선 도구)) : 선을 추가함
❻ (Custom Shape Tool(사용자 정의 모양 도구)) : 다양한 형태의 Shape(모양)[*]를 선택하여 사용함

옵션 바

사용자 정의 모양

④ Layers(레이어) 패널

전문가의 조언

레이어 패널 사용법은 121쪽에서 자세하게 배우고 연습합니다.

포토샵에서 현재 작업중인 파일의 모든 레이어를 순서대로 표시하며, 레이어의 추가/삭제/복사/그룹 지정 등 레이어를 관리하고 필요한 옵션을 설정할 수 있는 패널입니다. [Window(창)] → [Layers(레이어)]를 선택하거나 F7을 누르면 표시됩니다.

❶ Blending Mode(혼합 모드) : 선택된 레이어와 바로 아래쪽 레이어와의 합성 방법을 지정함

❷ Opacity(불투명도) : 선택된 레이어의 불투명도(0~100%)를 의미하는 것으로, 수치가 낮을수록 선택된 레이어가 투명해짐

❸ Lock(잠그기) : 선택된 레이어에서 작업을 할 수 없도록 레이어를 잠금

- ▨(Lock transparent pixels(투명 픽셀 잠그기)) : 투명 영역에서 작업할 수 없도록 잠금
- ▰(Lock image pixels(이미지 픽셀 잠그기)) : 채색 작업을 할 수 없도록 잠금
- ✛(Lock position(위치 잠그기)) : 레이어가 이동되지 않도록 잠금
- ▣(Prevent auto-nesting into and out of Artboards and Frames(대지와 프레임 내부 및 외부에 자동 중첩 방지)) : 이미지의 잠금을 대지에 할당하여 자동 중첩을 허용하지 않도록 하거나 특정 레이어에 자동 중첩을 허용하지 않도록 함
- 🔒(Lock all(모두 잠그기)) : 아무 작업도 할 수 없도록 잠금

❹ Fill(내부 불투명도) : 레이어의 실제 이미지에 대한 불투명도(0~100%)로 수치가 낮을수록 선택된 레이어의 이미지가 투명해짐

❺ Indicates layer visibility(레이어 가시성) : 해당 레이어의 표시 여부를 설정하는 것으로, 클릭하면 해당 레이어의 이미지가 캔버스에서 사라지고 다시 한 번 클릭하면 나타남

❻ ⇔(Link layers(레이어를 연결합니다.)) : 두 개 이상의 레이어를 서로 연결시킴

❼ fx(Add a layer style(레이어 스타일을 추가합니다.)) : 레이어에 스타일을 지정함

❽ ◙(Add layer mask(레이어 마스크를 추가합니다.)) : 레이어에 레이어 마스크를 추가함

❾ ◕(Create new fill or adjustment layer(새 칠 또는 조정 레이어를 만듭니다.)) : 레이어의 색상, 명도, 채도 등을 보정할 수 있는 보정 레이어를 추가함

⑩ (Create a new group(새 그룹을 만듭니다.)) : 레이어들을 그룹으로 묶음

⑪ (Create a new layer(새 레이어를 만듭니다.)) : 새 레이어를 만듦

⑫ (Delete layer(레이어를 삭제합니다.)) : 레이어를 삭제함

⑤ Paths(패스) 패널

펜 도구나 모양 도구를 이용해 만든 패스를 관리하는 패널입니다. [Window(창)] → [Paths(패스)]를 선택하면 표시됩니다.

클릭하면 해당 패스가 선택되고 더블클릭하면 이름을 지정할 수 있는 대화상자가 표시됩니다.

❶ (Fill path with foreground color(전경색으로 패스를 칠합니다.)) : 선택된 패스 내부가 전경색으로 채워짐

❷ (Stroke path with brush(브러시로 획 패스를 만듭니다.)) : 선택된 패스의 외곽선이 전경색으로 그려짐. 선의 두께는 브러시 도구에서 지정한 두께가 적용됨

❸ (Load path as a selection(패스를 선택 영역으로 불러옵니다.)) : 선택된 패스를 현재 레이어의 선택 영역으로 지정함

❹ (Make work path from selection(선택 영역으로부터 작업 패스를 만듭니다.)) : 현재 선택된 영역을 패스로 변환함

❺ (Create new path(새 패스를 만듭니다.)) : 새 패스를 만듦

❻ (Delete current path(현재 패스를 삭제합니다.)) : 선택된 패스를 삭제함

⑥ History(작업 내역) 패널

히스토리 패널은 말 그대로 작업 과정을 기록해 두는 패널로 필요시 원하는 단계로 되돌릴 수 있습니다. [Window(창)] → [History(작업 내역)]를 선택하면 표시됩니다.

작업 과정은 기본적으로 1,000단계가 기억되며, 1,000단계가 넘어가면 맨 앞 단계부터 지워집니다. 기억되는 단계를 늘리려면 [Edit(편집)] → [Preferences(환경 설정)] → [Performance(성능)]를 선택한 다음 History states(작업 내역 상태)를 변경하면 됩니다.

❶ Sets the source for the history brush(작업 내역 브러시의 소스를 설정합니다.) : History Brush Tool(작업 내역 브러시 도구)을 사용할 때 복구될 대상 이미지

❷ Snapshot(스냅숏) : 작업 내역 패널 하단의 📷 아이콘을 클릭하여 생성한 스냅숏을 표시함

❸ 🖼(Create new document from current state(현재 상태에서 새 문서를 만듭니다.)) : 현재 선택된 작업 내역만을 포함하는 새 문서를 생성함

❹ 📷(Create new snapshot(새 스냅숏을 만듭니다.)) : 현재 선택된 작업 내역까지의 작업 결과를 스냅숏으로 생성함

❺ 🗑(Delete current state(현재 상태를 삭제합니다.)) : 현재 선택된 작업 내역 이후의 작업 내역을 제거함

바로 전 상태로 되돌리기

작업 내역 패널에서 마지막 작업(6 입력)을 선택한 후 🗑(Delete current state(현재 상태를 삭제합니다.))를 클릭하면 바로 전 작업 상태(5 입력)로 돌아갑니다.

특정 작업 상태로 되돌리기

여섯 개의 레이어에 숫자 6까지 입력된 상태에서 3까지만 입력한 상태로 만들기 위해 작업 내역 패널에서 네 번째 작업(4 입력)을 클릭하면 화면에서 5와 6이 사라지며, 그 상태에서 🗑(Delete current state(현재 상태를 삭제합니다.))를 클릭하면 네 번째 작업 이후의 모든 작업이 제거되어 3까지만 입력한 상태로 돌아갑니다.

※ 작업 내역 패널에서 특정 작업 상태를 선택하면 이후 작업 상태는 비활성화가 되며, 캔버스와 레이어 패널에 표시되지 않습니다. 이 상태에서 🗑(Delete current state(현재 상태를 삭제합니다.))를 클릭하면 이후의 모든 작업 내역이 제거됩니다.

선택 도구 사용하기

선택은 원하는 영역에만 작업 효과가 미치도록 그 부분만을 범위로 지정하는 것으로, GTQ 시험에서는 선택 도구를 이용하는 작업이 많은 비중을 차지합니다. 제한된 시간 안에 완벽하게 작업을 마치려면 선택 도구 사용에 익숙해 져야 합니다. 여러 종류의 선택 도구 중 해당 작업에 맞는 적절한 도구를 선택하여 사용하려면 각 선택 도구의 특징도 잘 알고 있어야 합니다.

 기본문제 원본 이미지에서 필요한 부분만 복사하여 다음과 같이 합성하시오.

 전문가의 조언

GTQ 시험은 작업량에 비해 시간이 부족하기 때문에 단순히 선택 도구 사용법에 국한하는 것이 아니라 적절한 도구를 조합하여 빠르게 선택하는 방법을 익혀둬야 한다는 것을 염두에 두고 학습하세요.

미리보기

조건

· 원본 이미지 : C:\길벗GTQ1급\섹션\섹션02\섹션02기본-1.jpg, 섹션02기본-2.jpg, 섹션02기본-3.jpg
· 파일 저장 규칙
 − 파일명 : C:\길벗GTQ1급\섹션\섹션02\섹션02기본.psd
 − 파일 크기 : 400 × 500

⓪ 준비 작업

1. 먼저 작업 공간으로 사용할 캔버스를 만들어야 합니다. [File(파일)] → [New(새로 만들기)]([Ctrl] + [N])를 선택하세요.

2. 'New Document(새로운 문서 만들기)' 대화상자에서 Width(폭), Height(높이)의 단위를 Pixels(픽셀)로 변경하고 Name(이름), Width(폭), Height(높이), Resolution(해상도), Color Mode(색상 모드)를 다음과 같이 지정한 후 〈Create(만들기)〉를 클릭하세요.

전문가의 조언

GTQ 시험 형식대로 작업하기 위해 이름과 캔버스의 사이즈, 해상도 등을 지정했습니다. 실제 시험에서는 문제지에 제시된 대로 입력해야 합니다.

포토샵 CS4/CS6 사용자

'New(새 문서)' 대화상자의 'Name (이름)'에 **섹션02기본**을 입력한 후 Width(폭), Height(높이) 등을 지정하세요.

3. [File(파일)] → [Save As(다른 이름으로 저장)]([Ctrl] + [Shift] + [S])를 선택하세요.

4. 문서의 저장 위치를 선택하는 'Save on your computer or to cloud documents(내 컴퓨터 또는 Creative Cloud에 저장)' 창이 나타납니다. 저장할 때마다 창이 표시되지 않도록 창 하단의 'Don't show again(다시 표시 안 함)'을 체크하고, 〈Save on your computer(내 컴퓨터에 저장)〉를 클릭하세요.

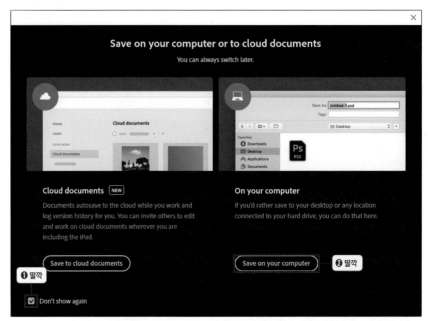

5. 이어서 'Save As(다른 이름으로 저장)' 대화상자가 표시되면, 저장 위치와 파일 이름을 다음과 같이 지정한 후 〈저장〉을 클릭하세요.

6. 작업할 이미지를 불러오기 위해 [File(파일)] → [Open(열기)]([Ctrl]+[O])을 선택합니다.

7. '열기' 대화상자에서 찾는 위치를 'C:\길벗GTQ1급\섹션\섹션02' 폴더로 지정한 다음 '섹션02기본-1.jpg', '섹션02기본-2.jpg', '섹션02기본-3.jpg' 파일을 선택하고 〈열기〉를 클릭하세요.

 전문가의 조언

여러 개의 파일 선택
• 서로 떨어져 있는 여러 개의 파일을 선택할 때는 [Ctrl]을 누른 채 선택할 파일들을 하나씩 클릭합니다.
• 연속적으로 나열되어 있는 여러 개의 파일을 선택할 때는 첫 번째 파일을 클릭하고 [Shift]를 누른 채 마지막 파일을 클릭하면 됩니다.

❶ ◎(Elliptical Marquee Tool(원형 선택 윤곽 도구))로 선택 영역 지정하기

1. 먼저 '섹션02기본-1.jpg'에서 파인애플을 선택하겠습니다. '섹션02기본-1.jpg' 탭을 클릭한 다음 도구 상자에서 ◎(Elliptical Marquee Tool(원형 선택 윤곽 도구)) ([M])을 선택하세요.

전문가의 조언

• 영역을 선택하는 도구에는 제한이 없으므로 사용하기 편리한 도구를 사용하면 됩니다. 여기서는 파인애플이 원형이므로 ◎(Elliptical Marquee Tool(원형 선택 윤곽 도구))을 이용합니다.
• 도구 상자에서 사용할 도구를 선택할 때 마우스 왼쪽 버튼을 누르고 있거나 마우스 오른쪽 버튼으로 클릭하면 하위 메뉴가 표시됩니다.

Q 정원으로만 지정돼요!

A [🔘](Elliptical Marquee Tool(원형 선택 윤곽 도구))의 Style(스타일)이 'Fixed Ratio(고정비)'로 지정되었기 때문입니다. [Ctrl] + [Z]를 눌러 바로 전 작업을 취소한 후 옵션 바에서 Style(스타일)을 'Normal(표준)'로 변경하고 다시 선택해 보세요.

Style(스타일)

• Normal(표준) : 드래그한 영역에 맞춰 선택 윤곽이 지정됩니다.

• Fixed Ratio(고정비) : 지정한 Width(폭)와 Height(높이)의 비율에 따라 선택 윤곽이 지정됩니다. Width(폭)를 2, Height(높이)를 1로 지정하면 Width(폭)가 Height(높이)의 두 배인 선택 윤곽이 그려집니다.

• Fixed Size(크기 고정) : 지정한 Width(폭)와 Height(높이)로 선택 윤곽이 지정됩니다.

전문가의 조언

화면에 눈금자가 표시되어 있지 않다면 [View(보기)] → [Rulers(눈금자)]([Ctrl] + [R])를 선택하세요.

2. 선택 영역으로 지정할 부분을 마우스로 드래그 하여 선택하세요.

잠깐만요
원형 선택 도구의 기준점

원형 모양을 선택 영역으로 지정할 때는 이미지의 위와 왼쪽에 안내선을 그린 후 두 선이 교차하는 부분을 시작점으로 해서 드래그 하면 한 번에 정확하게 지정할 수 있습니다. 안내선은 마우스로 가로 또는 세로 눈금자를 클릭한 채 캔버스 영역으로 드래그 하면 표시됩니다.

1. 가로 눈금자를 클릭한 채 선택할 이미지의 위 부분까지 드래그 하세요.

2. 세로 눈금자를 클릭한 채 선택할 이미지의 왼쪽 부분까지 드래그 하세요.

3. 가로 안내선과 세로 안내선이 교차하는 부분을 시작점으로 해서 드래그 하세요.

3. 선택된 영역을 '섹션02기본.psd' 파일로 복사하기 위해 Ctrl + C를 누른 후 탭 목록에서 '섹션02기본.psd' 탭을 클릭한 다음 Ctrl + V를 누릅니다.

전문가의 조언

• 선택 영역의 위치를 이동하려면 선택 도구가 선택된 상태에서 점선으로 표시된 안쪽 영역을 드래그 하면 됩니다.

드래그

• Ctrl + D를 누르면 선택 영역이 모두 해제됩니다.

❶ Ctrl + C를 누릅니다.

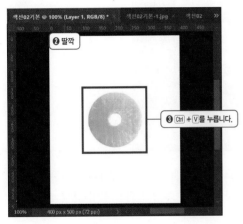

❷ 딸깍

❸ Ctrl + V를 누릅니다.

4. 도구 상자에서 ⊕(Move Tool(이동 도구))을 클릭한 후 복사된 이미지를 드래그 하여 적당한 위치에 배치하세요.

❶ 딸깍

❷ 드래그

전문가의 조언

실제 시험에서는 문제지에 기준선을 그어 문제지에 제시된 〈출력형태〉와 동일한 위치에 배치해야 합니다. 자세한 내용은 153쪽을 참조하세요.

② (Polygonal Lasso Tool(다각형 올가미 도구))로 선택 영역 지정하기

이번에는 '섹션02기본-2.jpg'에서 아이 모습만 선택하겠습니다. 그림처럼 선택할 이미지가 정형적인 모양이 아닌데다가 두 가지 이상의 색으로 구성된 경우는 사용자가 원하는 부분을 직접 클릭하여 선택 영역을 지정하는 (Polygonal Lasso Tool(다각형 올가미 도구))을 이용하면 편리합니다.

1. '섹션02기본-2.jpg' 탭을 클릭한 후 도구 상자에서 (Polygonal Lasso Tool(다각형 올가미 도구))(L)을 클릭하세요.

2. 이미지를 정교하게 선택하기 위해 Ctrl + + 를 눌러 화면을 확대한 다음 선택 영역으로 지정할 이미지의 경계선 부위를 클릭합니다. 처음 클릭한 곳이 선택 영역의 시작입니다.

3. (Polygonal Lasso Tool(다각형 올가미 도구))은 클릭하는 지점 사이를 직선으로 이어주기 때문에 선택하는 부위의 방향이 바뀔 때마다 마우스로 클릭하고 방향을 바꿔 다음 지점을 클릭하면 됩니다. 경계선 부위를 차례로 클릭하여 선택 영역을 넓혀 가세요.

전문가의 조언

화면이 커져서 안 보이는 영역이 있을 때는 Spacebar를 눌러 마우스 포인터가 모양으로 변경된 상태에서 해당 영역으로 드래그 하면 됩니다.

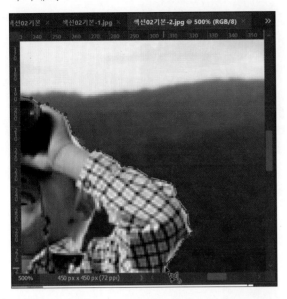

4. 선택할 영역을 모두 지정하고 처음 클릭했던 위치에 마우스 포인터를 놓으면 모양이 ☒으로 변경됩니다. 이 상태에서 마우스를 클릭하면 선택 작업이 완료됩니다.

5. 아이의 팔 안쪽처럼 선택 영역 안에 포함된 영역을 선택 영역에서 제외시킬 때는 Alt를 누른 채 해당 영역을 범위로 지정하면 됩니다.

전문가의 조언

• 선택된 영역에 새로운 선택 영역을 추가할 때는 Shift를 누른 채 새로운 영역을 클릭하면 됩니다.
• 선택 영역에서 제외시키기 위한 Alt나 추가하기 위한 Shift는 처음 시작할 때 한 번만 누르면 됩니다.
• Esc를 누르면 선택 작업이 모두 취소됩니다.
• Ctrl + D를 누르면 선택 영역이 해제됩니다.

선택 툴 옵션 바의 선택 모드

선택할 영역이 새로운 영역인지, 추가할 영역인지, 제거할 영역인지 등을 정하기 위해 사용합니다.

❶ New selection(새 선택 영역) : 영역을 지정할 때마다 기존 선택 영역은 없어지고 새로운 영역이 만들어집니다.

❷ Add to selection(선택 영역에 추가) : 선택 영역을 지정할 때마다 기존 영역에 새로운 선택 영역이 추가됩니다. Shift를 누르면 자동으로 ◨(Add to selection(선택 영역에 추가)) 아이콘이 선택됩니다.

❸ Subtract from selection(선택 영역에서 빼기) : 이미 선택된 영역 안에 선택 영역을 지정해야 하며, 새롭게 지정하는 선택 영역이 기존 선택 영역에서 제외됩니다. Alt를 누르면 자동으로 ◨(Subtract from selection(선택 영역에서 빼기)) 아이콘이 선택됩니다.

❹ Intersect with selection(선택 영역과 교차) : 기존의 선택 영역과 새로운 선택 영역의 겹치는 부분만 선택됩니다.

6. 선택된 영역을 '섹션02기본.psd' 파일로 복사하기 위해 Ctrl + C를 누른 후 탭 목록 에서 '섹션02기본.psd' 탭을 클릭한 다음 Ctrl + V를 누릅니다.

7. 도구 상자에서 ⊕(Move Tool(이동 도구))을 클릭한 후 복사된 이미지를 드래그 하여 적당한 위치에 배치하세요.

③ (Magic Wand Tool(자동 선택 도구))로 선택 영역 지정하기

이번에는 '섹션02기본-3.jpg'에서 배경을 제외한 나머지를 선택하기 위해 (Magic Wand Tool(자동 선택 도구))을 사용하겠습니다. (Magic Wand Tool(자동 선택 도구))은 마우스로 클릭한 지점의 색상과 같은 색상을 모두 선택 영역으로 지정하는 도구로 그림처럼 선택할 이미지의 배경이 단색 또는 같은 계열 색으로 구성된 경우에 사용하면 효율적입니다.

1. '섹션02기본-3.jpg' 탭을 클릭한 다음 도구 상자에서 (Magic Wand Tool(자동 선택 도구))을 선택하세요.

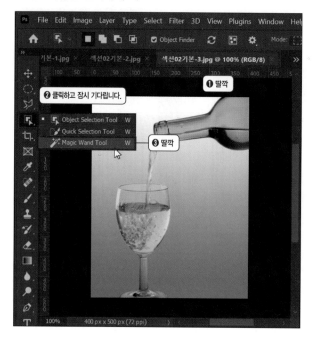

2. 옵션 바에서 Tolerance(허용치)를 32로 지정한 후 이미지의 배경 부분을 클릭하세요.

 전문가의 조언

Contiguous(인접)가 선택되어 있으면 같은 색상이어도 클릭하는 부위와 연결되어 있는 부분만 선택 영역으로 지정하므로 선택 영역을 조절하기 쉽습니다. 이 옵션이 해제되어 있으면 전체 이미지에서 클릭한 부위와 비슷한 색상을 모두 선택합니다.

잠깐만요

Tolerance(허용치)

(Magic Wand Tool(자동 선택 도구))은 Tolerance(허용치)에 따라 선택되는 영역의 범위가 달라집니다. Tolerance(허용치)를 낮출수록 클릭하는 부위의 색상과 일치하는 색상의 범위가 줄어들고, Tolerance(허용치)를 높일수록 클릭하는 부위의 색상과 일치하는 색상의 범위가 넓어집니다.

Tolerance(허용치) 10   Tolerance(허용치) 30   Tolerance(허용치) 50

전문가의 조언

• 이미 선택된 영역에 새로운 선택 영역을 추가할 때는 Shift를 누른 채 클릭하면 되고, 이미 선택된 영역에서 일부 영역을 해제할 때는 Alt를 누른 채 해제할 영역을 클릭하면 됩니다.

• Ctrl + D를 누르면 선택 영역이 해제됩니다.

3. 이어서 Shift를 누른 채 다른 부분을 클릭하여 나머지 배경 부분을 모두 선택하세요.

4. 선택 영역을 반전시키기 위해 [Select(선택)] → [Inverse(반전)](Ctrl + Shift + I)를 선택하세요. 이어서 '섹션02기본.psd' 파일로 복사하기 위해 Ctrl + C를 누릅니다.

③ [Ctrl]+[C]를 누릅니다.

5. '섹션02기본.psd' 탭을 클릭한 후 [Ctrl]+[V]를 눌러 이미지를 붙여 넣은 다음, 도구 상자에서 ✛(Move Tool(이동 도구))을 클릭하여 적당하게 배치하세요.

① 딸깍

③ 딸깍

② [Ctrl]+[V]를 누릅니다.

④ 드래그

선택 윤곽 도구

[:::] ·	⬚ Rectangular Marquee Tool M
▷	◯ Elliptical Marquee Tool M
⚲	⟺ Single Row Marquee Tool
	▯ Single Column Marquee Tool

- ▦(Rectangular Maruquee Tool(사각형 선택 윤곽 도구)) : 사각형 모양으로 선택 영역을 지정합니다.

- ◉(Elliptical Marquee Tool(원형 선택 윤곽 도구)) : 원형 모양으로 선택 영역을 지정합니다.

- ▱(Single Row Marquee Tool(단일 행 선택 윤곽 도구)) : 가로 방향으로 전체를 1픽셀 높이로 선택 영역을 지정합니다.

- ▯(Single Column Marquee Tool(단일 열 선택 윤곽 도구)) : 세로 방향으로 전체를 1픽셀 너비로 선택 영역을 지정합니다.

올가미 도구

- ◯(Lasso Tool(올가미 도구)) : 마우스를 자유롭게 드래그 하여 선택 영역을 지정합니다. 모양에 얽매이지 않고 자유롭게 선택 영역을 지정할 때 사용합니다.

- ■(Polygonal Lasso Tool(다각형 올가미 도구)) : 선택할 영역의 경계를 클릭하면, 클릭한 지점간을 직선으로 연결하여 선택 영역으로 지정합니다. 복잡한 모양을 정교하게 선택할 때 사용합니다.

- ■(Magnetic Lasso Tool(자석 올가미 도구)) : 이미지 경계 간의 색상차를 자동으로 인식해서 선택 영역을 지정합니다.

자동 선택

- ■(Object Selection Tool(개체 선택 도구)) : 이미지에 있는 개체를 인식하여 선택 영역으로 지정합니다.

- ■(Quick Selection Tool(빠른 선택 도구)) : 드래그한 영역에 있는 색상들과 동일한 색상들을 한꺼번에 선택 영역으로 지정합니다.

- ■(Magic Wand Tool(자동 선택 도구)) : 클릭한 부분에 있는 색상과 동일한 색상을 한꺼번에 선택 영역으로 지정합니다.

C:\길벗GTQ1급\섹션\섹션02\섹션02연습—1.jpg ~ 섹션02연습—12.jpg를 불러와 문제별로 제시된 그림과 같이 선택 영역을 지정하시오.

전문가의 조언

• GTQ 시험은 작업량에 비해 시간이 많이 부족합니다. 선택 도구를 이용하여 이미지를 선택하는 것은 가장 기초적이면서도 가장 많이 하는 작업입니다. 여기서 시간을 많이 소비하면 전체 작업을 완료할 수 없다는 것을 명심하고 각각의 문제를 모두 3분 안에 끝낼 수 있도록 노력하세요.

• 이미지를 선택하는 도구에는 제한이 없으므로 본인이 사용하기 편리한 도구를 사용하여 작업하면 됩니다.

• 선택 영역 작업에 자신이 있는 수험생은 문제를 풀지 않고 바로 다음 섹션으로 넘어가도 됩니다.

문제 1

(Magic Wand Tool(자동 선택 도구))의 Tolerance(허용치)를 5로 지정한 후 배경 부분을 클릭한 다음 반전시켜 선택하면 쉽습니다.

문제 2

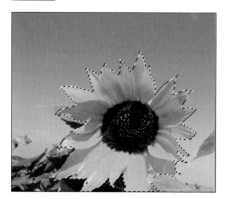

(Magic Wand Tool(자동 선택 도구))로 해바라기 꽃잎을 선택한 후 Shift를 누른 채 (Elliptical Marquee Tool(원형 선택 윤곽 도구))을 이용하여 꽃술을 선택하면 쉽습니다.

문제 3

문제 4

전문가의 조언

파일을 불러와 선택 영역을 지정했으면 다른 작업 없이 다음 이미지를 불러 그림대로 선택 영역을 지정하면 됩니다. 여기서는 저장할 필요도 없습니다. 선택 연습이 부족하다고 생각되면 연습했던 이미지를 다시 불러와 다시 연습하세요.

문제 5

(Magic Wand Tool(자동 선택 도구))을 이용하여 배경의 하늘 부분을 선택하고 반전시킨 다음 Alt를 누른 채 (Polygonal Lasso Tool(다각형 올가미 도구))을 이용하여 자전거를 제외한 나머지 부분을 선택 영역에서 제외시키면 쉽습니다.

문제 6

(Magic Wand Tool(자동 선택 도구))을 이용하여 모자와 옷을 선택한 후 Shift를 누른 채 (Polygonal Lasso Tool(다각형 올가미 도구))을 이용하여 나머지 부분을 추가로 선택하면 쉽습니다.

문제 7

(Quick Selection Tool(빠른 선택 도구))을 이용하여 선택하면 쉽습니다.

문제 8

문제 9

문제 10

문제 11

문제 12

SECTION 03 패스 그리기

패스는 기준점과 기준점을 잇는 하나 이상의 직선이나 곡선 또는 이것들로 이루어진 그림으로, 패스를 이용하면 다양한 모양의 그림을 자유자재로 그릴 수 있습니다. GTQ 시험에서는 패스를 이용하여 그림을 그리는 작업이 2개 정도 출제되는데 충분히 연습하지 않으면 제한된 시간 안에 완성할 수 없습니다. 이번 섹션에서는 패스의 개념을 이해하고 충분히 연습할 수 있도록 다양한 연습문제를 제공하니 확실히 연습하고 넘어가세요.

 기본문제

 전문가의 조언

실제 시험에서는 다양한 모양으로 패스를 그리는 문제가 출제되는데, 충분히 연습하지 않으면 제한된 시간 안에 완성할 수 없습니다. 처음에는 어려워 보이지만 몇 번 따라 그리다 보면 어렵지 않게 그릴 수 있습니다. 108쪽 '연습문제 2'로 제공된 각 모양의 패스를 5분 안에 그릴 수 있도록 반복해서 연습하세요.

문제 1 다음과 같은 패스를 그리시오.

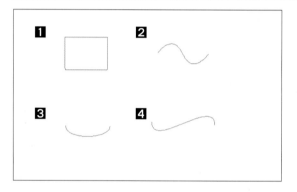

문제 2 'C:\길벗GTQ1급\섹션\섹션03' 폴더의 '섹션03기본-2.psd' 파일을 불러와 이미지에 맞게 패스를 그리시오.

문제 3 'C:\길벗GTQ1급\섹션\섹션03' 폴더의 '섹션03기본-3.psd' 파일을 불러와
다음 그림처럼 패스를 수정하시오.

문제 4 다음 제시된 그림과 같은 모양과 크기로 패스를 만드시오.

• 배경 : ff99ff
• 크기 : 400 × 500 pixels

 따라하기

문제 1

1 준비 작업

1. 패스를 그리기 전에 작업 공간으로 사용할 캔버스를 만들어야 합니다. [File(파일)]
→ [New(새로 만들기)]([Ctrl] + [N])를 선택하세요. 'New Document(새로운 문서 만들
기)' 대화상자가 나타납니다.

2. 'New Document(새로운 문서 만들기)' 대화상자에서 Width(폭), Height(높이)의 단위를 Pixels(픽셀)로 변경하고 Name(이름), Width(폭), Height(높이)를 임의로 지정한 후 〈Create(만들기)〉를 클릭하세요.

전문가의 조언

캔버스의 이름과 사이즈는 임의로 지정하면 됩니다. 여기서는 캔버스 이름은 기본값, 캔버스 크기는 제시된 패스를 그리기에 적당한 Width(폭) 500, Height(높이) 600 픽셀로 지정했습니다.

전문가의 조언

문서의 저장 위치를 선택하는 'Save on your computer or to cloud documents(내 컴퓨터 또는 Creative Cloud에 저장)' 창이 나타나면, 저장할 때마다 창이 표시되지 않도록 창 하단의 'Don't show again(다시 표시 안 함)'을 체크하고, 〈Save on your computer(내 컴퓨터에 저장)〉를 클릭하세요.

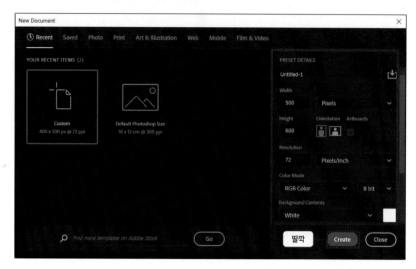

3. [File(파일)] → [Save As(다른 이름으로 저장)]([Ctrl] + [Shift] + [S])를 선택한 다음 임의의 파일 이름을 지정해 저장하세요.

② 패스 그리기

도구 상자에서 (Pen Tool(펜 도구))([P])을 클릭한 후 옵션 바에서 Pick tool mode(선택 도구 모드)를 Paths(패스), Path operations(패스 작업)를 (Combine Shapes(모양 결합))로 선택하세요.

포토샵 CS4/CS6 사용자

옵션 바에서 (Paths(패스)), (Add to shape area(모양 영역에 추가))를 선택하세요.

전문가의 조언

펜 도구의 옵션 바에 대한 설명은 45쪽을 참조하세요.

1번 그리기

직선 패스는 기준점을 클릭하고 다음 기준점을 클릭하면 됩니다.

2번 그리기

곡선 패스는 기준점을 클릭하고 다음 기준점을 클릭한 채로 드래그 하여 방향선의 길이와 각도를 조절하면 됩니다.

① 기준점을 클릭하고 다음 기준점을 클릭한 채로 마우스를 드래그 하여 위쪽으로 굽어진 곡선 패스를 그립니다.

② 이어서 다음 기준점을 클릭한 채로 드래그 하여 아래쪽으로 굽어진 곡선 패스를 그립니다.

③ Esc를 눌러 패스 작업을 마칩니다.

• 화면이 작을 경우 Ctrl + +를 눌러 화면을 확대해 놓고 작업하세요. Ctrl + +를 한 번 누를 때 마다 100%씩 화면이 확대되고, Ctrl + -를 한 번 누를 때마다 100%씩 화면이 축소됩니다.
• Delete를 한 번 누르면 이전 패스가 하나 지워지고, 두 번 누르면 작업하던 패스가 모두 지워집니다.
• 처음 클릭했던 기준점에 마우스 포인터를 놓으면 모양이 ⬚으로 변경됩니다. 이 상태에서 마우스를 클릭하면 닫힌 패스가 완성됩니다.

• 패스 작업을 마치려면 Esc를 누릅니다.
• 바로 전 작업을 취소하려면 Ctrl + Z를 누릅니다.

곡선 패스의 구성 요소

곡선 패스에는 곡선의 깊이와 기울기를 조절할 수 있는 방향선이 추가됩니다.

- **방향선의 각도** : 곡선의 기울기를 조절합니다. 아래 그림에서 보는 것처럼 방향선의 각이 커질수록 기울기가 오른쪽으로 향합니다.

- **방향선의 길이** : 곡선의 깊이를 조절하는 것으로, 곡선의 깊이와 방향선의 길이는 비례합니다.

- **방향점** : 방향선의 양쪽 끝에 있는 점으로, 이 점을 이용하여 방향선의 길이와 각도를 조절합니다.
- **핸들** : 방향선과 방향점을 통틀어 핸들이라고 합니다.

3번 그리기

C자 모양의 곡선을 그릴 때는 시작 기준점에 곡선의 깊이와 각도에 해당하는 핸들을 표시한 다음 곡선을 그려야 합니다. 시작 기준점을 클릭한 채로 드래그 하여 핸들을 표시한 후 다음 기준점을 클릭한 채로 드래그 하여 방향선의 길이와 각도를 조절하면 됩니다.

4번 그리기

S자 모양은 두 번째 기준점에서 C자 만들 때와 반대 방향으로 드래그 하면 됩니다. 시작 기준점을 클릭한 채로 드래그 하여 핸들을 표시한 후 다음 기준점을 클릭한 채로 드래그 하여 방향선의 길이와 각도를 조절하면 됩니다.

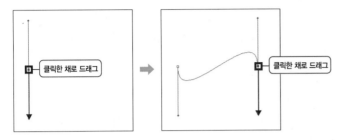

문제 2

1. 작업할 파일을 불러오기 위해 [File(파일)] → [Open(열기)]([Ctrl]+[O])을 선택합니다. '열기' 대화상자가 나타납니다.

2. '열기' 대화상자에서 찾는 위치를 'C:\길벗GTQ1급\섹션\섹션03'으로 지정하고, '섹션03기본-2.psd' 파일을 선택한 후 〈열기〉를 클릭하세요.

3. 패스를 정교하게 그리기 위해 [Ctrl]+[+]를 눌러 화면을 확대하고 패스로 만들 이미지의 경계선 부위를 클릭합니다. 처음 클릭한 곳이 패스의 시작입니다.

 전문가의 조언

S자 모양을 그릴 때의 마우스 드래그 방향은 S자 곡선을 그릴 때의 방향을 생각하며 드래그 하면 됩니다. 두 번째 기준점에서 마우스를 아래쪽으로 드래그 하세요.

 전문가의 조언

이번 문제는 밑 그림을 보며 패스를 그립니다. 이 문제를 따라하며 펜 사용에 대한 감각을 익히기 바랍니다.

 전문가의 조언

현재 펜 도구가 선택되어 있지 않으면 도구 상자에서 Pen Tool(펜 도구)([P])을 클릭하여 선택하세요.

 전문가의 조언

패스의 시작 위치는 직선이나 곡선이 시작되는 부분을 임의로 정해 클릭하면 됩니다.

4. 펜 도구는 기준점의 핸들을 제거하여 방향을 바꿀 경우가 아니라면 1번 문제의 패스를 그릴 때와 같은 방법으로 기준점을 클릭하고 방향선을 드래그 하여 패스를 그려나가면 됩니다.

5. 곡선 패스에서 곡선 패스로 이어질 때, 이전 패스의 방향에 영향을 받지 않고 그리려면 Alt 를 누른 채 현재 선택된 기준점을 클릭하여 진행 방향의 방향선을 제거합니다.

 잠깐만요

곡선 패스의 한 쪽 방향선 제거하기

이전 패스의 기준점에 방향선이 있으면 다음 패스가 곡선으로 그려지는데, 곡선 중 둥글게 휘어진 부분이 그 방향선에 인접하게만 그려지므로 원하는 모양으로 그릴 수 없는 경우가 있습니다. 이럴 때는 Alt 를 누른 채 현재 선택된 기준점을 클릭하여 진행 방향의 방향선을 제거하고 그리면 됩니다.

6. 이어서 다음 기준점을 클릭한 후 방향선의 길이와 각도를 조절하여 패스를 이미지의 경계선에 일치시킵니다.

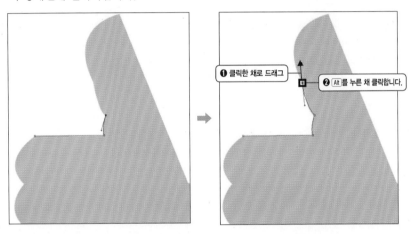

7. 곡선 패스에서 직선 패스로 이어질 때도 이전 패스의 방향에 영향을 받지 않고 그리려면 Alt 를 누른 채 현재 선택된 기준점을 클릭하여 진행 방향의 방향선을 제거하고 다음 번 기준점을 클릭합니다.

8. 패스를 모두 그린 다음 처음 클릭했던 위치에 마우스 포인터를 놓으면 마우스 포인터의 모양이 🔟로 변경됩니다. 이 상태에서 마우스를 클릭한 채 드래그 하여 패스 작업을 완료합니다.

잠깐만요

패스 연결하기

전문가의 조언

패스 선택 도구에 대한 자세한 설명
은 82쪽 '잠깐만요'를 참조하세요.

패스가 완성되지 않은 상태에서 패스 작업이 해제되었을 경우에는 패스 선택 도구(▶나 ▶)로 패스를
선택한 후 ✐(펜 도구)로 연결할 기준점을 클릭하고 패스를 그려 나가면 됩니다.

패스 선택 도구로 클릭　　　　펜 도구로 기준점 클릭

나머지 그리기

문제 3

전문가의 조언

기준점과 방향선을 이용한 패스 모
양 변경 방법 외의 기타 패스 수정
방법에 대해서는 104쪽 '잠깐만요'
를 참조하세요.

패스로 그림을 그리다 보면 기준점과 방향선을 조정하여 패스의 모양을 변경하는 경
우가 많이 생기므로 이번 문제에서는 기준점과 방향선만을 이용하여 패스의 모양을
변경하도록 하겠습니다.

1. 작업할 이미지를 불러오기 위해 [File(파일)] → [Open(열기)]([Ctrl]+[O])을 선택합
니다. '열기' 대화상자가 나타납니다.

2. '열기' 대화상자에서 찾는 위치를 'C:\길벗GTQ1급\섹션\섹션03'으로 지정한 후 '섹
션03기본-3.psd' 파일을 선택하고 〈열기〉를 클릭하세요. 빈 캔버스가 표시됩니다.

3. 화면 오른쪽 하단의 패스 패널을 클릭한 후 '연습' 패스를 클릭하세요. 빈 캔버스에
패스가 표시됩니다.

전문가의 조언

• 화면에 패스 패널이 보이지 않으
면 [Window(창)] → [Paths
(패스)]를 선택하세요.
• 패스를 표시하려면 패스 패널에
서 패스를 선택해야 합니다. 패스
를 선택하기 전에는 패스가 표시
되지 않습니다.
• 패스 선택을 해제하려면 패스 패
널 창의 빈 공간을 클릭하거나
[Esc]를 누르면 됩니다.

전문가의 조언

(Direct Selection Tool(직접 선택 도구))로 기준점을 클릭하면 기준점에 파랑색이 채워집니다. 색이 채워진 기준점이 현재 선택된 기준점입니다.

4. 도구 상자에서 (Direct Selection Tool(직접 선택 도구))을 클릭한 후 패스의 임의의 위치를 클릭하세요. 패스가 선택되며, 패스를 구성하고 있는 모든 기준점들이 표시됩니다.

패스 선택 도구

- (Paths Selection Tool(패스 선택 도구)) : 기준점들이 모두 파랑색으로 채워진 형태로 표시되며, 패스 전체를 대상으로 작업할 수 있습니다.
- (Direct Selection Tool(직접 선택 도구)) : 패스를 구성하는 각각의 요소를 개별적으로 선택할 수 있으며, 각 구성 요소를 대상으로 작업할 수 있습니다.

5. 이동할 기준점을 클릭한 후 그림과 같이 드래그 하세요. 기준점이 이동되면서 패스의 모양이 변경됩니다.

전문가의 조언

실제 시험에서는 문제지에 제시된 패스와 모양과 크기가 동일해야 하지만 지금은 패스 수정에 대한 기능을 연습하는 과정이니 비슷하게만 만들면 됩니다. 문제지에 기준선을 그려넣고 크기를 맞춰 그리는 방법은 153쪽을 참조하세요.

6. 이동할 기준점을 클릭한 후 그림과 같이 드래그 하세요. 기준점이 이동되면서 패스의 모양이 변경됩니다.

패스의 모양이 찌그러지는 이유는 기준점에 한쪽 방향선만 있으므로 방향선이 없는 쪽이 직선 형태로 표시되기 때문입니다.

한쪽 방향선이 없어 직선 형태로 표시됩니다.

7. 현재 선택된 기준점의 방향점을 클릭한 후 그림과 같이 드래그 하세요. 곡선 패스로 변경됩니다.

8. 위와 같은 방법으로 아래쪽 곡선 패스를 꽃잎 모양으로 변경하세요.

먼저 기준점을 이동시킨 후 방향선의 길이 및 각도를 조절하여 곡선을 만들면 됩니다.

9. 이제 왼쪽과 오른쪽 꽃잎을 만들어야 합니다. 그림과 같이 왼쪽 패스의 기준점을 모두 이동시키세요. 기준점이 이동되면서 패스의 모양이 변경됩니다.

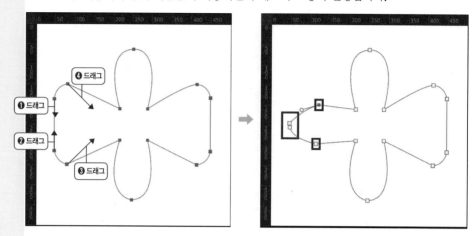

10. 곡선으로 만들 패스의 기준점을 클릭한 후 방향점을 그림과 같이 드래그 하세요. 곡선 패스로 변경됩니다.

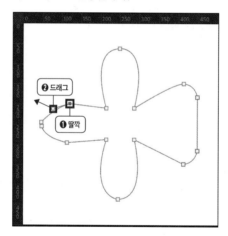

11. 곡선으로 만들 아래쪽 패스의 기준점을 클릭한 후 방향점을 그림과 같이 드래그 하세요. 곡선 패스로 변경됩니다.

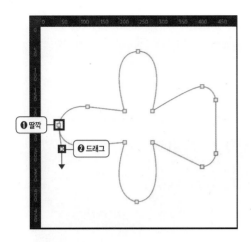

12. 위와 같은 방법으로 오른쪽 패스의 기준점들을 이동시킨 후 그림과 같이 곡선 패스를 만드세요.

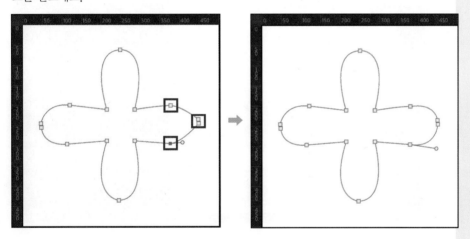

문제 4

이번 문제는 포토샵에서 제공하는 모양 도구와 펜 도구를 이용해 모양을 그린 후 복사하거나 모양을 변경하는 작업을 수행해 보겠습니다. 실제 시험 문제를 푸는 것처럼 크기도 비슷하게 만들어 보겠습니다. 따라하기 과정은 포토샵 CC를 기준으로 설명하겠습니다. 펜 도구를 이용한 모양 작성 및 변경 과정이 포토샵 버전별로 달라 CS4와 CS6 버전의 따라하기 과정은 별도의 PDF 파일로 제공하니 다운받아 학습하세요.

1 준비 작업

1. 패스를 그리기 전에 작업 공간으로 사용할 캔버스를 만들어야 합니다. [File(파일)] → [New(새로 만들기)]((Ctrl) + (N))를 선택하세요. 'New Document(새로운 문서 만들기)' 대화상자가 나타납니다.

포토샵 CS4/CS6 사용자

12쪽을 참조하여 데이터 파일을 다운받아 설치한 후 'C:\길벗GTQ1급\섹션' 폴더에서 '섹션03_CS4따라하기.PDF'나 '섹션03_CS6따라하기.PDF' 파일을 열어 학습하세요.

2. 'New Document(새로운 문서 만들기)' 대화상자에서 캔버스의 Name(이름)은 임의의 파일 이름, Width(폭)는 400, Height(높이)는 500으로 지정한 후 〈Create(만들기)〉를 클릭하세요.

3. [File(파일)] → [Save As(다른 이름으로 저장)]([Ctrl] + [Shift] + [S])를 선택한 다음 임의의 파일 이름을 지정하고 〈저장〉을 클릭하세요.

4. 배경색을 지정해야 합니다. [Edit(편집)] → [Fill(칠)]([Shift] + [F5])을 선택합니다.

5. 'Fill(칠)' 대화상자가 표시되면 Contents(내용) 항목을 클릭한 후 [Color(색상)]를 선택하세요.

6. 'Color Picker(Fill Color)(색상 피커(칠 색상))' 대화상자에서 색상을 #ff99ff로 지정하고 〈OK(확인)〉를 클릭하세요.

7. 이어서 'Fill(칠)' 대화상자에서도 〈OK(확인)〉를 클릭하세요.

8. 크기와 위치를 문제와 동일하게 만들기 위해 문제에는 기준선을 긋고, 캔버스에는 안내선을 표시한 다음 둘을 비교하면서 패스를 만들어야 합니다. 먼저 자와 연필을 이용하여 다음과 같이 교재의 문제지에 필요한 기준선을 그립니다.

전문가의 조언

화면에 눈금자가 표시되어 있지 않다면 [View(보기)] → [Ruler(눈금자)] (Ctrl + R)를 선택하세요

전문가의 조언

문제로 제시된 그림의 크기 및 위치를 가늠하기 위해 문제에 기준선을 그리는 것입니다. 크기를 측정할 수 있도록 그림의 외곽을 기준으로 기준선을 그리고 그림을 4개의 영역으로 분할하기 위해 가로 세로 하나씩 더 기준선을 추가합니다. 물론 더 정밀하게 모양을 맞추기 위해 기준선을 더 그려도 되지만 실제 시험에서도 완전히 일치하는 그림을 원하는 것이 아니므로 4개 정도로만 분할하여 균형있게 그리면 됩니다.

전문가의 조언

눈금자가 있어야만 안내선을 표시
할 수 있으므로 눈금자를 먼저 표
시해야 합니다. 화면에 눈금자가 표
시되어 있지 않다면 [View(보기)]
→ [Ruler(눈금자)]([Ctrl]+[R])를 선
택하세요. 안내선을 그리는 방법은
56쪽의 '잠깐만요'를 참조하세요.
• 안내선 이동 : 도구 상자에서 ⊕
  (Move Tool(이동 도구))을 선택한
  후 안내선을 클릭한 채 드래그
• 안내선 표시/숨기기: [Ctrl]+[:]
• 안내선 완전히 지우기 : [Alt] +
  [V], [D]

9. 이제 교재에 그림 기준선에 맞게 캔버스에 안내선을 표시해야 합니다. 마우스로 눈
금자의 아무곳이나 클릭한 채 캔버스 안으로 드래그 하면 안내선이 그려집니다.

10. 문제의 그림에 그려놓은 기준선과 동일하게 캔버스에 안내선을 추가하세요.

전문가의 조언

• ⊙(Ellipse Tool(타원 도구))([U])의
  옵션 바에서 Shape(모양)를 선택
  하는 이유는 펜 도구로 그리는
  패스가 레이어로 생성되도록 하
  기 위해서입니다. 시험에서 패스
  는 대부분 클리핑 마스크를 수행
  하기 위해서 만드는데, 클리핑 마
  스크를 적용할 때 새로운 레이어
  를 생성하지 않고 바로 클리핑
  마스크를 적용하려면 Shape(모
  양)를 선택해야 합니다. 레이어는
  바로 다음 섹션에서 공부합니다.
  클리핑 마스크에 대한 설명은
  139쪽을 참조하세요.
• 타원을 잘못 그린 경우에는
  [Ctrl]+[Z]를 눌러 작업을 취소한
  후 다시 그리세요.

② 타원 이용하여 열매 만들기

1. 도구 상자에서 ■(Rectangle Tool(사각형 도구))을 클릭하고 있으면 표시되는 ⊙
(Ellipse Tool(타원 도구))([U])을 클릭하세요. 이어서 옵션 바에서 Pick tool mode(선
택 도구 모드)를 Shape(모양)로 선택하고 Stroke(획)를 ⊿(No Color(색상 없음))로
지정합니다.

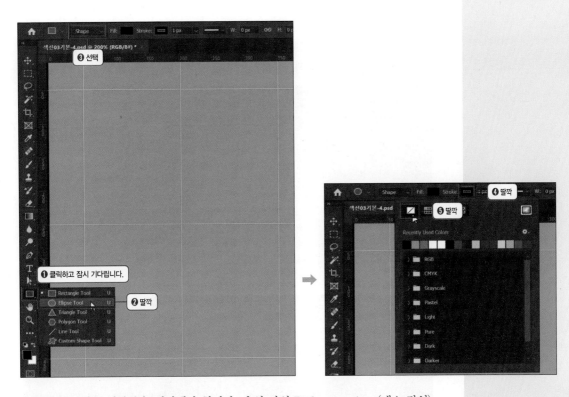

2. 타원을 그리고 일부분을 제거해야 합니다. 옵션 바의 Path operations(패스 작업)이 ■(New Layer(새 레이어))인 상태에서 다음과 같이 타원을 그립니다.

3. 이제 안쪽 타원 영역을 제거해야 합니다. Esc를 한 번 눌러 패스 편집 상태를 해제한 후 옵션 바의 Path operations(패스 작업)에서 ▣(Subtract Front Shape(전면 모양 빼기))를 선택하고 다음과 같이 타원을 그립니다.

Q 안쪽 타원 영역이 제거되지 않고 새로운 레이어가 만들어져요.

A Esc를 두 번 눌러 '패스 선택 상태'를 해제한 후 타원을 그렸기 때문입니다. 반드시 Esc를 한 번만 눌러
'패스 편집 상태'만 해제하고 타원을 그려야 현재 레이어에서 모양을 뺄 수 있습니다.

Esc를 한 번 눌렀을 때	Esc를 두 번 눌렀을 때

4. 안쪽 타원이 선택된 상태에서 [Edit(편집)] → [Free Transform Path(패스 자유 변
형)]를 선택하여 패스 자유 변형 상태로 만든 후 조절점을 드래그하여 위치와 방향을
적당하게 조절하세요.

❶ 오른쪽 상단의 회전 조절점을 좌우로 드래그하여 회전합니다.

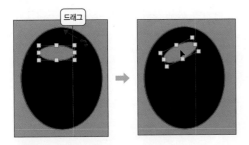

Q 회전이 안돼요.

A 마우스 포인터를 네 모서리의 조절점 중 하나의 바깥쪽에 놓아 포인터 모양이 회전 표시(↰)로 변경되었
을 때 드래그 해야 이미지가 회전됩니다.

❷ 키보드의 상하좌우 방향키를 누르거나 마우스로 드래그하여 이동합니다.

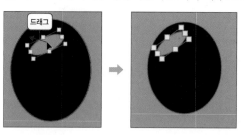

5. 조절을 마쳤으면 Enter 를 두 번 눌러 패스 자유 변형 상태를 해제하세요.

6. 이제 지금까지 만든 타원을 복사해야 합니다. 도구 상자에서 (Path Selection Tool(패스 선택 도구))(Ａ)을 선택하고 두 타원이 모두 포함되도록 마우스를 드래그하세요.

7. Alt 를 누른 채 오른쪽 상단으로 도형을 드래그하여 복사하세요.

 전문가의 조언

Alt 를 누른 채 도형을 드래그하면
도형이 복사됩니다.

8. 복사된 도형이 선택된 상태에서 방향과 위치를 조절하세요.

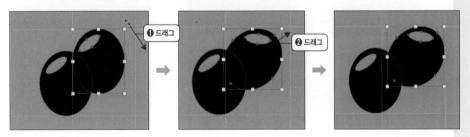

9. 복사한 도형 중 큰 타원의 모양을 변경해야 합니다. 도구 상자에서 ✐(Pen Tool(펜 도구))(P)을 클릭하고 있으면 하위 메뉴가 표시됩니다. ✐(Add Anchor Point Tool(기준점 추가 도구))을 선택하세요.

 전문가의 조언

기준점 추가, 삭제 등 기준점 변경
도구에 대한 내용은 105쪽의 [잠깐
만요]에 자세히 설명되어 있으니
참조하세요.

전문가의 조언

Alt 를 누른 상태에서 마우스 휠을
위쪽으로 돌려도 화면이 확대됩
니다.

10. 기준점을 추가해야 합니다. Ctrl + + 를 눌러 화면을 확대한 후 다음과 같이 두 곳
에 기준점을 추가하세요.

11. 필요없는 기준점을 삭제해야 합니다. 도구 상자에서 [아이콘](Delete Anchor Point
Tool(기준점 삭제 도구))을 선택하세요.

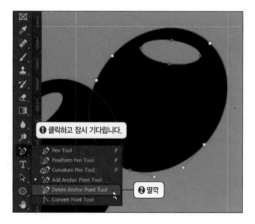

12. 삭제할 기준점을 마우스로 클릭하세요. 실시간 모양을 보통 패스로 변환할지 묻는
대화상자가 나타나면 〈Yes(예)〉를 클릭합니다.

13. 마우스를 움직이면 패스가 자유롭게 움직입니다. 기준점을 삭제하기 전 모양과 유사하게 되도록 마우스를 이동한 후 클릭하여 패스를 고정시키세요.

14. 필요 없는 방향점을 삭제해야 합니다. 도구 상자에서 (Convert Point Tool(기준점 변환 도구))을 선택하세요.

15. 삭제할 기준점을 마우스로 클릭하세요.

전문가의 조언

삭제할 기준점이 흰색 혹은 파랑색으로 표시될 수 있습니다. 색상에 관계없이 아래쪽에 있는 기준점을 클릭하세요.

16. 기준점과 방향선을 이용하여 모양을 변형해야 합니다. 도구 상자에서 ▶(Direct Selection Tool(직접 선택 도구))(ⓐ)을 선택하세요.

17. 다음과 같이 위쪽 기준점을 클릭하고 Alt 를 누른채 방향선을 오른쪽으로 드래그 하세요.

18. 이어서 아래쪽 기준점을 클릭하고 방향선을 드래그 하여 모양을 둥글게 만드세요.

전문가의 조언

Alt 를 누른 상태에서 마우스 휠을 아래쪽으로 돌려도 화면이 축소됩니다.

19. 도형을 복사해야 합니다. Ctrl + − 를 눌러 화면을 축소한 후 ▶(Path Selection Tool(패스 선택 도구))(ⓐ)을 선택한 다음 모양이 변형된 오른쪽 타원과 그 안쪽 타원이 모두 포함되도록 드래그 하세요. 이어서 Alt 를 누른 채 드래그 하여 복사하세요.

20. 복사된 도형이 선택된 상태에서 [Edit(편집)] → [Free Transform Path(패스 자유
변형)]([Ctrl] + [T])를 선택하여 패스 자유 변형 상태로 만든 후 방향과 위치를 조절하세
요. 조절을 마쳤으면 [Enter]를 한 번 눌러 패스 자유 변형 상태를 해제하세요.

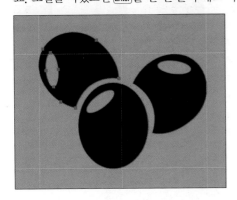

③ 펜 도구를 이용하여 줄기 만들기

1. 펜 도구를 이용하여 줄기를 그려야 합니다. [Esc]를 한 번 눌러 패스 편집 상태를 해
제한 후 도구 상자에서 ✐(Pen Tool(펜 도구))([P])을 선택하고, 옵션 바에서 Shape(모
양)를 선택한 다음 ▣(Combine Shapes(모양 결합))를 선택합니다.

2. 옵션 바의 Path Operations(패스 작업)이 ■(Combine Shapes(모양 결합))으로 변경되었는지 확인하세요. 이어서 다음과 같이 차례로 클릭하여 줄기를 완성한 후 Esc 를 한 번 눌러 패스 편집 상태를 해제하세요.

궁금해요

시나공 Q&A 베스트

Q 옵션 바에서 ■(Combine Shapes(모양 결합))를 선택하면 마지막에 작업한 앵두 안쪽이 채워져요.

A 옵션 바에서 ■(Combine Shapes(모양 결합))을 선택하기 전에 Esc 를 한 번 눌러 패스 편집 상태를 해제하지 않았기 때문입니다. 이 상태에서 Ctrl + Z 를 누르면 채워진 앵두 안쪽이 원래대로 비워지며 ■(Combine Shapes(모양 결합))가 선택된 상태가 유지되므로 바로 줄기를 그리는 작업을 수행하면 됩니다.

궁금해요

시나공 Q&A 베스트

Q 기준점을 그리면 안내선에 붙어 그려져요!

A Snap(스냅) 기능이 설정되어 있으면 격자, 안내선, 레이어 등의 경계선 근처에 마우스 포인터를 위치시킬 경우 자동으로 경계선에 붙게 됩니다. 그러면 패스를 그릴 때 안내선에 붙어 그려져 작업하기가 불편합니다. 안내선에 설정된 스냅 기능을 해제하려면 [View(보기)] → [Snap to(스냅 옵션)] → [Guides(안내선)]를 선택하면 됩니다. 스냅 기능을 해제하지 않고 기준점을 이동시키려면 기준점이 선택된 상태에서 키보드의 방향키(→, ←, ↑, ↓)를 누르면 됩니다.

④ ◣를 이용하여 나뭇잎 만들기

1. 도구 상자에서 ◯(Ellipse Tool(타원 도구))(U)을 클릭하고 있으면 표시되는 ◢(Custom Shape Tool(사용자 정의 모양 도구))을 선택하세요.

전문가의 조언

• 도구 상자에서 숨은 도구를 선택하여 사용한 경우, 다른 아이콘으로 변경하기 전까지는 해당 아이콘이 표시됩니다. 바로 전에 ◯(Ellipse Tool(타원 도구))(U)을 사용했으므로 현재 도구 상자에는 ◯(Ellipse Tool(타원 도구))(U)이 표시되어 있습니다.

• 포토샵에서 제공하는 나뭇잎 모양을 사용하기 위해서 ◢(Custom Shape Tool(사용자 정의 모양 도구))을 선택한 것입니다. 포토샵에서 제공하는 모양을 사용하지 않고 펜 도구를 이용하여 직접 그려도 됩니다.

• 나뭇잎 모양은 [Nature(자연)]에 포함되어 있습니다.

2. 시험에 출제되는 사용자 정의 모양은 대부분 'Legacy Shapes and More(레거시 모양 및 기타)' 항목에 속해 있습니다. Shape(모양) 목록에 'Legacy Shapes and More(레거시 모양 및 기타)' 항목을 추가하기 위해 [Window(창)] → [Shapes(모양)]를 선택하세요.

3. 'Shapes(모양)' 패널이 표시됩니다. 오른쪽 끝의 ▤를 클릭한 후 [Legacy Shapes and More(레거시 모양 및 기타)]를 선택하세요.

 전문가의 조언

'Shapes(모양)' 패널에 이미 'Legacy Shapes and More(레거시 모양 및 기타)' 항목이 추가된 상태라면 3번 과정을 수행하지 말고 100쪽의 4번 과정을 수행하세요.

4. 'Shapes(모양)' 패널에 'Legacy Shapes and More(레거시 모양 및 기타)' 항목이 표시되고 Custom Shape Tool(사용자 정의 모양 도구) 옵션 바의 Shape(모양) 항목에도 동일하게 'Legacy Shapes and More(레거시 모양 및 기타)' 항목이 표시됩니다. 'Shapes(모양)' 패널의 ⊠ 단추를 클릭하여 'Shape(모양)' 패널을 닫으세요.

5. 옵션 바에서 Shape(모양)의 목록 단추(■)를 클릭한 다음 [Legacy Shapes and More(레거시 모양 및 기타)] → [All Legacy Default Shapes(모든 레거시 기본 모양)]를 클릭하여 표시되는 메뉴에서 [Nature(자연)]를 선택하세요. 이어서 모양 목록에서 ■(Leaf 3(나뭇잎 3))을 더블클릭하세요.

포토샵 CS4/CS6 사용자

포토샵 CS4/CS6에서는 시험에 출제되는 사용자 정의 모양을 Shape(모양) 목록에서 바로 선택할 수 있습니다.

1. 옵션 바에서 Shape(모양)의 목록 단추(█)를 클릭한 다음 확장 단추(█)를 클릭하여 표시되는 메뉴에서 [Nature(자연)]를 선택하세요.

2. 선택한 모양으로 대치할지를 묻는 대화상자가 나타나면 〈OK(확인)〉를 클릭하세요.

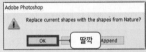

6. 옵션 바의 Path Operations(패스 작업)을 █(Combine Shapes(모양 결합))로 선택하세요.

7. █(Leaf 3(나뭇잎 3))이 선택된 상태에서 적당한 위치에 드래그 하여 나뭇잎을 추가하세요.

8. [Edit(편집)] → [Free Transform Path(패스 자유 변형)]($Ctrl$ + T)를 선택하여 패스 자유 변형 상태로 만든 후 방향과 위치를 다음과 같이 조절하세요. 조절을 마쳤으면 $Enter$를 한 번 눌러 자유 변형 상태를 해제한 후 Esc를 한 번 눌러 패스 편집 상태를 해제하세요.

9. 나뭇잎을 완성하기 위해 도구 상자에서 🖊(Pen Tool(펜 도구))(P)을 선택하고, 옵션 바에서 🔲(Subtract Front Shape(전면 모양 빼기))를 선택합니다.

10. 다음과 같이 차례대로 클릭하여 나뭇잎을 완성한 후 [Enter]를 누르세요.

11. 이제 안내선을 제거해 보겠습니다. [View(보기)] → [Clear Guides(안내선 지우기)]
([Alt] + [V], [D])를 선택하여 안내선을 제거합니다.

전문가의 조언

안내선 제거는 완성된 그림을 보기
좋게 하기 위한 작업으로 실행하지
않아도 됩니다.

잠깐만요
패스 변경

패스 구성 요소 선택

(Direct Selection Tool(직접 선택 도구))을 선택한 후 원하는 구성 요소를 클릭하거나 구성 요소들이 포함되도록 드래그 합니다.

• **선분 선택** : 선분을 클릭합니다. 곡선일 경우에는 선분과 연결된 핸들이 함께 선택됩니다.

• **기준점 선택** : 기준점을 클릭하면 기준점과 연결된 선분이 선택됩니다. 곡선일 경우에는 기준점, 선분, 핸들이 함께 선택됩니다.

• **방향선 선택** : 기준점이나 선분을 선택하면 방향선이 표시됩니다.

기준점/선분 이동

▶(Direct Selection Tool(직접 선택 도구))을 선택한 후 이동하려는 구성 요소를 마우스로 드래그 하면
됩니다.

• 기준점 이동

• 선분 이동 : 곡선 패스의 경우 선분과 연결된 방향선의 길이도 함께 변경됩니다.

방향선 분리하기

두 개의 방향점 중 하나를 드래그 하면 기준점과 연결된 양쪽의 곡선 패스가 모두 변경됩니다. Alt 를
누른 채 방향점을 드래그 하면 한쪽 방향의 곡선 패스만 변경됩니다.

방향선이 연결된 상태

방향선이 분리된 상태

기준점 변경 도구

❶ 기준점 추가 도구

▱(Add Anchor Point Tool(기준점 추가 도구))을 선택한 후 추가할 위치를 클릭한 다음 모양을 변경합
니다.

② 기준점 삭제 도구

(Delete Anchor Point Tool(기준점 삭제 도구))을 선택한 후 제거할 기준점을 클릭합니다.

③ 기준점 변환 도구

(Convert Point Tool(기준점 변환 도구))을 선택한 후 다음과 같이 수행합니다.

• **곡선 패스로 만들기** : 직선 패스의 기준점을 클릭한 후 드래그 하여 핸들을 표시합니다.

• **직선 패스로 만들기** : 곡선 패스의 기준점을 클릭합니다.

펜 도구/모양의 옵션 바

❶ (New Layer(새 레이어))를 선택한 후 모양을 추가하면 새로운 모양 레이어에 모양이 추가됩니다. Shape(모양)를 클릭한 상태에서만 표시됩니다.

❷ (Combine Shapes(모양 결합))를 선택한 후 모양을 추가하면 현재 레이어에 모양이 추가됩니다.

❸ (Subtract Front Shape(전면 모양 빼기))를 클릭한 후 모양을 추가하면 이미 삽입된 모양과 겹치는 부분을 제거합니다.

❹ (Intersect Shape Areas(모양 영역 교차))를 선택한 후 모양을 추가하면 이미 삽입된 모양과 새로 추가한 모양이 겹치는 부분을 제외한 나머지 영역을 제거합니다.

❺ (Exclude Overlapping Shapes(모양 오버랩 제외))를 선택한 후 이미 삽입된 모양과 새로 추가한 모양이 겹치는 부분을 제거하고 새로운 모양을 추가합니다.

연습문제 1

C:\길벗GTQ1급\섹션\섹션03\섹션03연습1-1.psd ~ 섹션03연습1-6.psd 파일을 불러와 이미지에 맞게 패스를 그리시오.

문제 **1**

문제 **2**

문제 **3**

문제 **4**

전문가의 조언

• 밑 그림을 놓고 그리는 작업이 쉽다고 판단되면 '연습문제 1'을 모두 그리지 말고 108쪽 '연습문제 2'로 이동하여 연습하세요.
• (Pen Tool(펜 도구))로 패스를 그리는 중에 패스의 모양을 변경하려면 Ctrl을 누른 채 변경할 패스의 기준점이나 방향점을 드래그 하면 됩니다. 펜 도구 사용 중에 Ctrl을 누르면 마우스 포인터가 (Direct Selection Tool(직접 선택 도구))로 변경됩니다.

연습문제 2 다음 제시된 그림과 같은 모양과 크기로 패스를 그리시오. **Section 03**

문제 **1**

문제 **2**

문제 3

문제 4

문제 5

• 배경색 : #ffcc00

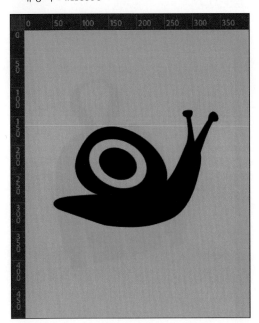

문제 6

• 배경색 : #ff9999

문제 7

- 배경색 : #0099ff

문제 8

문제 9

문제 10

'연습문제 2'는 실제 시험처럼 밑 그림 없이 패스를 만드는 문제입니다. 크기와 위치를 문제와 동일하게 그리기 위해 문제에 기준선을 긋고 그 기준선과 같은 위치로 화면에 안내선을 그린 다음 기준선과 안내선을 비교하면서 패스를 만들어야 합니다.

문제 1

1. [File(파일)] → [New(새로 만들기)]([Ctrl]+[N])를 선택한 후 캔버스의 크기(Width(폭) 400, Height(높이) 500)를 지정합니다.
2. 자와 연필을 이용하여 다음과 같이 교재의 문제지에 필요한 기준선을 그립니다.

3. [View(보기)] → [Ruler(눈금자)]([Ctrl]+[R])를 선택하여 눈금자를 표시한 후 다음과 같이 필요한 안내선을 그리세요.

4. 도구 상자에서 ⬭(Ellipse Tool(타원 도구))([U])을 선택하고, 옵션 바에서 Pick tool mode(선택 도구 모드)를 Shape(모양)로 선택한 후 다음과 같이 타원을 그립니다.

5. 도구 상자에서 ▨(Custom Shape Tool(사용자 정의 모양 도구))을 선택한 후 옵션 바에서 ▣(Exclude Overlapping Shapes(모양 오버랩 제외))를 선택합니다.
6. 옵션 바에서 Shape(모양)의 목록 단추(▮)를 클릭한 다음 [Legacy Shapes and More(레거시 모양 및 기타)] → [All Legacy Default Shapes(모든 레거시 기본 모양)]를 클릭하여 표시되는 메뉴에서 [Shapes(모양)]를 선택합니다.
7. Shape(모양) 목록에서 ◎(Circle Frame(원 프레임))를 더블클릭하여 선택한 후 다음과 같이 타원과 겹쳐지도록 그립니다.

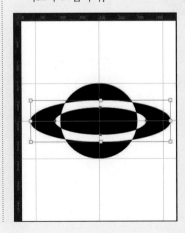

8. 도구 상자에서 ▶(Direct Selection Tool(직접 선택 도구))(ⒶA)을 선택한 후 Circle Frame(원 프레임)의 왼쪽 고리.안쪽 부분을 클릭하여 선택합니다.

9. Circle Frame(원 프레임) 왼쪽 안 테두리의 기준점을 클릭한 채 선택한 후 왼쪽 방향으로 드래그 하세요. 실시간 모양을 보통 패스로 변환할지 묻는 대화상자가 나타나면 〈Yes(예)〉를 클릭합니다.

10. 동일한 방법으로 Circle Frame(원 프레임) 오른쪽 안 테두리의 기준점을 클릭한 채 오른쪽 방향으로 드래그한 후 Enter를 눌러 선택을 해제하세요.

11. 이어서 [Edit(편집)] → [Free Transform(자유 변형)] (Ctrl+T)을 선택하고 회전 조절점을 반시계 방향으로 드래그하여 회전한 후 Enter를 눌러 선택을 해제하세요.

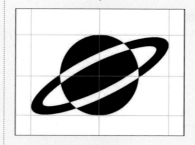

12. [Ctrl]+[+]를 눌러 화면을 확대합니다. 도구 상자에서 ⟨Add Anchor Point Tool(기준점 추가 도구)⟩([P]) 을 선택한 후 Circle Frame(원 프레임)의 테두리를 클릭하여 선택한 후 그림과 같이 4개의 기준점을 추가하세요.

13. 도구 상자에서 ⟨Direct Selection Tool(직접 선택 도구)⟩([A])을 선택한 후 추가한 기준점 사이에 있는 기준점을 클릭한 다음 [Delete]를 누르세요. 실시간 모양 을 보통 패스로 변환할지 묻는 대화상자에서 ⟨Yes(예)⟩를 클릭하면, 추가한 기준점 사이에 있는 패스가 삭제됩니다.

14. 동일한 방법으로 Circle Frame(원 프레임)의 안쪽 기준점을 선택한 후 [Delete]를 눌러 삭제합니다. 실시간 모양을 보통 패스로 변환할지 묻는 대화상자가 나타 나면 ⟨Yes(예)⟩를 클릭합니다.

15. 도구 상자에서 ⟨Pen Tool(펜 도구)⟩([P])을 선택하고 Circle Frame(원 프레임)에 추가한 왼쪽 위 기준점으로 마우스 포인터를 옮겨 포인터 아래 모양이 [모양]일 때 클릭하세요. 이어서 같은 방법으로 아래쪽 기준점을 클릭합니다.

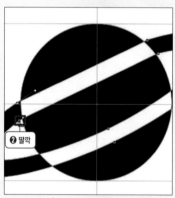

16. 도구 상자에서 ▶(Direct Selection Tool(직접 선택 도구))(A)을 선택한 후 Circle Frame(원 프레임)의 테두리를 클릭하여 기준점을 표시합니다.

17. 추가한 왼쪽 위 기준점을 선택한 후 오른쪽 방향점을 Alt를 누른 채 그림과 같이 왼쪽 하단으로 드래그 하세요.

18. 이번에는 왼쪽 아래 기준점을 선택하고 오른쪽 방향점을 Alt를 누른 채 그림과 같이 왼쪽 하단으로 드래그한 후 Enter를 눌러 선택을 해제하세요.

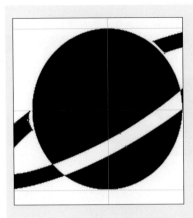

19. Ctrl + −를 눌러 화면을 축소하세요.

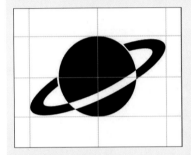

문제 **2**

1. 도구 상자에서 ✏(Pen Tool(펜 도구))(P)을 클릭하고, 옵션 바에서 Pick tool mode(선택 도구 모드)를 Shape(모양)로 선택한 후 다음과 같이 물고기를 그리고, Esc를 한 번 눌러 패스 편집 상태를 해제하세요.

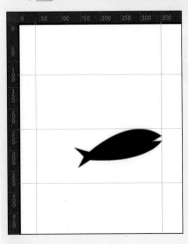

2. 도구 상자에서 ⬭(Ellipse Tool(타원 도구))(U)을 선택하고, 옵션 바의 Path operations(패스 작업)에서 ⬛(Subtract Front Shape(전면 모양 빼기))를 선택한 후 물고기 눈을 그립니다.

3. 도구 상자에서 ▶(Path Selection Tool(패스 선택 도구))(A)을 클릭한 후 추가한 도형을 모두 선택하세요.

4. Alt를 누른 채 물고기를 위쪽 방향으로 드래그 하여 복사합니다.

5. [Edit(편집)] → [Free Transform Path(패스 자유 변형)](Ctrl + T)을 선택한 후 크기와 방향을 조절하고 배치합니다. 이어서 Enter를 두 번 눌러 패스 자유 변형 상태를 해제하세요.

6. 도구 상자에서 (Add Anchor Point Tool(기준점 추가 도구))을 선택한 후 복사한 큰 물고기의 아래쪽 테두리를 클릭하여 기준점을 추가합니다.

7. 추가한 기준점의 왼쪽 방향점을 Alt 를 누른 채 왼쪽 상단으로 드래그 하세요.

8. (Add Anchor Point Tool(기준점 추가 도구))이 선택된 상태에서 복사한 큰 물고기의 아래쪽에 그림과 같이 두 개의 기준점을 추가합니다.

9. 추가한 두 개의 조절점 중 왼쪽 조절점의 오른쪽 방향점을 Alt 를 누른 채 왼쪽 상단으로 드래그 합니다.

문제 3

1. 도구 상자에서 ∅(Pen Tool(펜 도구))([P])을 클릭하고, 옵션 바에서 Pick tool mode(선택 도구 모드)를 Shape(모양)로 선택한 후 다음과 같이 전구의 일부를 그립니다.

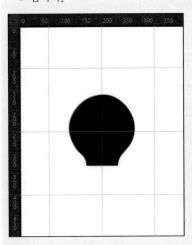

2. 도구 상자에서 ▣(Rectangle Tool(사각형 도구))을 선택하고, 옵션 바에서 Pick tool mode(선택 도구 모드)를 Shape(모양)로 선택한 후 Set radius of rounded corners(둥근 모퉁이 반경 설정)를 30px로 지정합니다. 이어서 Path operation(패스 작업)을 ▣(Combine Shapes(모양 결합))로 선택한 후 다음과 같이 전구의 아래 부분을 그립니다.

포토샵 CS4/CS6 사용자

도구 상자에서 ▢(Rounded Rectangle Tool(모서리가 둥근 직사각형 도구))을 클릭하세요.

3. 도구 상자에서 ▸(Path Selection Tool(패스 선택 도구))([A])을 선택한 후 [Alt] + [Shift]를 누른 채 모서리가 둥근 직사각형을 아래쪽으로 드래그하여 복사합니다.

4. ▸(Path Selection Tool(패스 선택 도구))([A])이 선택된 상태에서 [Alt]를 누른 채 모서리가 둥근 직사각형을 위쪽으로 드래그하여 복사합니다.

5. [Edit(편집)] → [Free Transform Path(패스 자유 변형)]([Ctrl] + [T])를 선택한 후 다음과 같이 크기와 방향을 조절하고 배치합니다. 이어서 [Enter]를 한 번 눌러 패스 자유 변형 상태를 해제하고 [Esc]를 한 번 눌러 패스 편집 상태를 해제하세요.

6. 4, 5번과 동일한 방법으로 나머지 불빛도 다음과 같이 그립니다.

7. 도구 상자에서 🖊(Pen Tool(펜 도구))(P)을 클릭한 후 옵션 바의 Path Operations(패스 작업)을 🔲(Combine Shapes(모양 결합))로 선택하고 다음과 같이 전구의 가장 아래 부분을 그립니다.

1. 도구 상자에서 🖊(Pen Tool(펜 도구))(P)을 클릭하고, 옵션 바에서 Pick tool mode(선택 도구 모드)를 Shape(모양)로 선택한 후 다음과 같이 주전자를 그립니다.

2. 도구 상자의 옵션 바에서 Path operations(패스 작업)을 🔲(Combine Shapes(모양 결합))로 선택한 후 다음과 같이 주전자의 뚜껑을 그리고, Esc를 한 번 눌러 패스 편집 상태를 해제하세요.

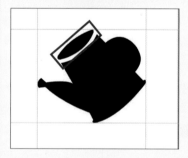

3. 이어서 옵션 바의 Path operations(패스 작업)에서 🔲 (Subtract Front Shape(전면 모양 빼기))를 선택한 후 손잡이 안쪽 부분을 그리세요.

문제 5

1. 캔버스를 만든 후 [Edit(편집)] → [Fill(칠)]((Shift)+(F5))
   을 선택하여 색상을 #ffcc00으로 지정하세요.
2. 도구 상자에서 ✐(Pen Tool(펜 도구))((P))을 클릭하
   고, 옵션 바에서 Pick tool mode(선택 도구 모드)를
   Shape(모양)로 선택한 후 다음과 같이 달팽이를 그리
   고, (Esc)를 한 번 눌러 패스 편집 상태를 해제하세요.

3. 도구 상자에서 ✐(Custom Shape Tool(사용자 정의
   모양 도구))을 선택한 후 옵션 바의 Path operations
   (패스 작업)을 🔲(Subtract Front Shape(전면 모양
   빼기))로 선택합니다.
4. 옵션 바에서 Shape(모양)의 목록 단추(■)를 클릭한 다
   음 [Legacy Shapes and More(레거시 모양 및 기타)]
   → [All Legacy Default Shapes(모든 레거시 기본 모
   양)]를 클릭하여 표시되는 메뉴에서 [Shapes(모양)]를
   선택하세요.

5. Shape(모양) 목록에서 ⭕(Circle Frame(원
   프레임))
   을 더블클릭하여 선택한 후 달팽이 집을 그립니다.

6. [Edit(편집)] → [Free Transform Path(패스 자유 변
   형)]((Ctrl)+(T))를 선택한 후 다음과 같이 크기와 방향
   을 조절하고 배치합니다. 이어서 (Enter)를 두 번 눌러 자
   유 변형 상태를 해제하세요.

문제 6

1. 캔버스를 만든 후 [Edit(편집)] → [Fill(칠)]((Shift)+(F5))
   을 선택하여 색상을 #ff9999로 지정하세요.
2. 도구 상자에서 ✐(Pen Tool(펜 도구))((P))을 클릭하
   고, 옵션 바에서 Pick tool mode(선택 도구 모드)를
   Shape(모양)로 선택한 후 다음과 같이 그리고, (Esc)를
   한 번 눌러 패스 편집 상태를 해제하세요.

3. 옵션 바의 Path operations(패스 작업)에서 ![] (Subtract Front Shape(전면 모양 빼기))을 선택한 후 안쪽 제거할 부분을 그리고, [Esc]를 한 번 눌러 패스 편집 상태를 해제하세요.

4. 도구 상자에서 ![](Custom Shape Tool(사용자 정의 모양 도구))을 선택한 후 옵션 바에서 ![](Combine Shapes(모양 결합))를 선택합니다.

5. 옵션 바에서 Shape(모양)의 목록 단추(![])를 클릭한 다음 [Legacy Shapes and More(레거시 모양 및 기타)] → [All Legacy Default Shapes(모든 레거시 기본 모양)]를 클릭하여 표시되는 메뉴에서 [Shapes(모양)]를 선택하세요.

6. Shape(모양) 목록에서 ![](Circle Frame(원 프레임))을 더블클릭하여 선택한 후 다음과 같이 그립니다.

7. 도구 상자에서 ![](Path Selection Tool(패스 선택 도구)) ([A])을 클릭하고 [Alt]를 누른 채 ![](Circle Frame(원 프레임))을 오른쪽으로 드래그하여 복사합니다.

SECTION 04 레이어

레이어는 매우 중요한 구성 요소로서 포토샵에서 모든 기능은 레이어를 통해 구현되고 표현됩니다. 이번 섹션에서는 레이어의 개념과, 레이어 마스크, 클리핑 마스크에 대해서 배웁니다. GTQ 시험 전반에 걸쳐 사용될 뿐만 아니라 포토샵 사용에 있어서 가장 기본이면서 중요한 개념이니 명확하게 정리하기 바랍니다.

 기본문제

문제 1 'C:\길벗GTQ1급\섹션\섹션04' 폴더의 섹션04기본-1.psd 파일을 열어 작업하시오.

미리보기

조건

• 레이어의 순서를 변경하여 도형의 순서를 재배열 하시오.
• "레이어의 구조"를 "레이어 순서 변경"으로 고치고 위치를 이동하시오.

전문가의 조언

포토샵을 처음 사용하는 사람이라면 레이어의 개념이 낯설 수 있지만 어렵지 않은 내용이니 따라하면서 잘 이해하기 바랍니다. 특히 레이어 마스크의 경우 개념을 명확히 익히면 간단하게 사용할 수 있지만 개념을 명확히 잡지 않으면 사용할 때 마다 혼동할 수 있습니다.

문제 2 레이어 마스크 기능을 이용하여 다음과 같이 합성하시오.

미리보기

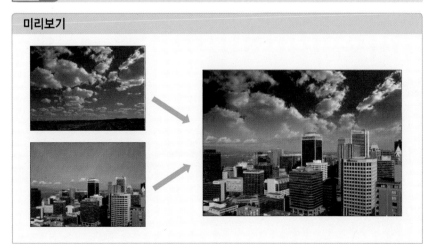

문제 3 클리핑 마스크 기능을 이용하여 다음과 같이 합성하시오.

미리보기

조건

- 원본 이미지 : C:\길벗GTQ1급\섹션\섹션04\석양.jpg, 동굴.jpg
- 파일 저장 규칙
  - 파일명 : C:\길벗GTQ1급\섹션\섹션04\섹션04기본-3.psd
  - 파일 크기 : 600 × 400

문제 1

⓪ 준비 작업

1. 작업할 파일을 불러오기 위해 [File(파일)] → [Open(열기)](Ctrl + O)을 선택합니다.

2. '열기' 대화상자에서 찾는 위치를 'C:\길벗GTQ1급\섹션\섹션04' 폴더로 지정한 다음 '섹션04기본-1.psd' 파일을 선택하고 〈열기〉를 클릭하세요.

1 레이어의 순서 변경하기

포토샵의 파일은 여러 개의 레이어로 되어 있으며, 각각의 레이어를 투명 셀로판지라
고 생각하면 이해하기 쉽습니다. 각각의 투명 셀로판지에 그려진 여러 개의 이미지들
을 겹쳐 놓고 위에서 본다고 생각하는 거죠. 그러므로 셀로판지의 순서를 변경하면
그림의 모습도 달라집니다.

현재 불러온 파일은 총 6개의 레이어, 즉 일반 레이어 4개, 문자 레이어 1개, 배경 레
이어 1개로 되어 있으며 구조는 다음과 같습니다.

1. '연두' 레이어를 맨 아래쪽으로 보내기 위해 레이어 패널에서 '연두' 레이어를 '검정' 레이어 아래쪽으로 드래그 합니다.

2. 이번에는 '노랑' 레이어를 '검정' 레이어 아래쪽으로 드래그 하세요.

3. 같은 방법으로 '빨강' 레이어를 '검정' 레이어 아래쪽으로 드래그 하여 레이어의 순서를 Background(배경), 연두, 노랑, 빨강, 검정, 문자 레이어 순서가 되게 합니다.

② 문자 레이어의 내용 및 위치 변경하기

문자 레이어는 썸네일 부분에 'T'자가 표시되어 일반 레이어와 구분되며, 입력된 내용을 수정하거나 글꼴, 색깔, 크기 등을 변경할 수 있습니다.

1. 레이어 패널에서 '제목' 레이어를 선택하고 도구 상자에서 **T**(Horizontal Type Tool(수평 문자 도구))(T)을 클릭한 다음 **레이어의 구조** 부분을 클릭하세요.

2. **의 구조**를 지우고 **순서 변경**을 입력한 다음 Ctrl + Enter를 눌러 문자 수정을 완료하세요.

3. 도구 상자에서 (Move Tool(이동 도구))(V)을 클릭한 다음 '제목' 레이어를 드래그 하여 이동하세요.

이미지를 이동할 때는 먼저 도구 상자에서 (Move Tool(이동 도구)을 선택해야 한다는 것 잊지 마세요.

레이어의 주요 기능

1. 레이어 추가

- 레이어 패널 하단의 ▣(Create a new layer(새 레이어를 만듭니다.))를 클릭하거나 메뉴에서 [Layer(레이어) → [New(새로 만들기)] → [Layer(레이어)](Ctrl + Shift + N)를 선택하면 현재 선택된 레이어 위쪽에 빈 레이어가 추가됩니다.
- 현재 선택된 레이어 아래쪽에 추가하려면 Ctrl을 누른 채 ▣(Create a new layer(새 레이어를 만듭니다.))를 클릭하면 됩니다.
- 투명한 빈 레이어가 추가되기 때문에 캔버스에는 변화가 없습니다.

현재 선택된 레이어 위쪽에 새로운 레이어가 추가됩니다.

- Ctrl + Delete를 눌러 새로 추가된 레이어에 배경색을 칠하면 현재 레이어의 모습을 확인할 수 있습니다.

새로 추가된 레이어에 흰색을 칠하면 아래쪽 레이어의 이미지는 가려서 보이지 않고 위쪽에 있는 '연두' 레이어와 '제목' 레이어만 표시됩니다.

포토샵을 사용하면서 정말 많이 사용하는 기능입니다. 꼭 숙지해 두세요.

2. 레이어 제거

- 삭제할 레이어를 선택하고 레이어 패널 하단의 🗑(Delete layer(레이어를 삭제합니다.))를 클릭하거나 메뉴에서 [Layer(레이어)] → [Delete(삭제)] → [Layer(레이어)]를 선택합니다.
- 삭제할 레이어를 🗑(Delete layer(레이어를 삭제합니다.))로 드래그 해도 삭제됩니다.
- 삭제된 레이어의 이미지가 화면에서 사라집니다.

3. 레이어 복사

- 복사할 레이어를 레이어 패널 하단의 🗐(Create a new layer(새 레이어를 만듭니다.))로 드래그 하거나 메뉴에서 [Layer(레이어)] → [Duplicate Layer(레이어 복제)]를 선택하면 현재 선택된 레이어 위쪽에 그 레이어가 복사됩니다.
- 선택된 레이어와 동일한 레이어가 복사되기 때문에 캔버스에는 변화가 없는 것처럼 보입니다.

4. 레이어 이름 변경

이름을 변경할 레이어의 이름 부분을 더블클릭한 다음 원하는 이름으로 변경하면 됩니다.

5. 레이어 숨기기

해당 레이어의 👁(Indicates layer visibility(레이어 가시성))를 클릭하면 해당 레이어의 이미지가 캔버스에서 사라지고 다시 클릭하면 나타납니다.

1 파일 불러와 배치하기

1. 작업 공간으로 사용할 캔버스를 만들기 위해 [File(파일)] → [New(새로 만들기)] (Ctrl + N)를 선택한 후 'New Document(새로운 문서 만들기)' 대화상자에서 다음과 같이 설정하고 〈Create(만들기)〉를 클릭합니다.

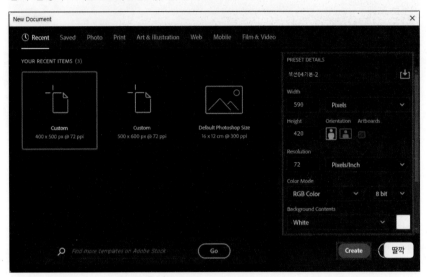

2. 작업할 파일을 불러오기 위해 [File(파일)] → [Open(열기)](Ctrl + O)을 선택합니다.

3. '열기' 대화상자에서 찾는 위치를 'C:\길벗GTQ1급\섹션\섹션04' 폴더로 지정하고 '구름.jpg'와 '도시.jpg'를 선택한 다음 〈열기〉를 클릭하세요.

전문가의 조언

레이어 마스크를 이용하여 이미지를 합성할 때 항상 새로운 캔버스를 만들어 작업할 필요는 없습니다. '구름.JPG'에 '도시.JPG'를 복사하거나 '도시.JPG'에 '구름.JPG'를 복사하거나에 관계없이 위쪽의 레이어에 레이어 마스크를 추가하고 위쪽 레이어에서 그레이디언트 효과를 지정하면 됩니다. 여기서는 시험 형식대로 작업하기 위해 새로운 캔버스를 만들었습니다.

포토샵 CS4/CS6 사용자

'New(새 문서)' 대화상자의 'Name(이름)'에 **섹션04기본-2**를 입력한 후 Width(폭), Height(높이) 등을 지정하세요.

전문가의 조언

여러 개의 파일 선택

• 서로 떨어져 있는 여러 개의 파일을 선택할 때는 Ctrl 을 누른 채 선택할 파일들을 하나씩 클릭합니다.

• 연속적으로 나열되어 있는 여러 개의 파일을 선택할 때는 첫 번째 파일을 클릭하고 Shift 를 누른 채 선택의 마지막 파일을 클릭하면 됩니다.

4. '구름.jpg' 탭을 클릭한 다음 도구 상자에서 ✛(Move Tool(이동 도구))(Ⅴ)을 클릭
합니다.

5. '구름.jpg' 파일을 '섹션04기본-2.psd' 탭으로 드래그 한 후 마우스에서 손을 떼지
말고 잠시 기다리세요. '섹션04기본-2.psd' 파일이 화면에 표시됩니다.

6. 그 상태에서 마우스를 '섹션04기본-2.psd' 파일의 작업 영역으로 드래그 한 후 마우스에서 손을 떼면, '구름.jpg' 파일이 '섹션04기본-2.psd' 파일로 복사됩니다.

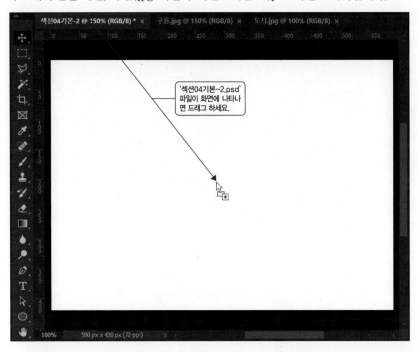

7. 복사된 구름 이미지를 드래그 하여 적당히 배치한 다음 '도시.jpg' 파일을 복사하기 위해 '도시.jpg' 탭을 클릭합니다.

바로 가기 키를 이용한 복사 방법
① '구름.jpg' 파일에서 Ctrl + A를 눌러 전체 이미지를 선택하고 Ctrl + C를 눌러 선택된 이미지를 복사합니다.

② '섹션04기본-2.psd' 파일을 선택한 다음 Ctrl + V를 눌러 붙여 넣습니다.

8. 같은 방법으로 '도시.jpg' 파일을 '섹션04기본-2.psd' 파일로 복사한 다음 적당하게 배치하세요.

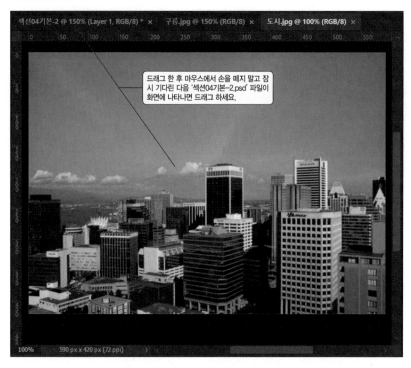

9. 레이어 패널에서 레이어의 이름 부분을 더블클릭한 다음 각각의 이름을 **도시**와 **구름** 으로 변경하세요.

② 레이어 마스크 수행하기

레이어 마스크는 레이어 전체에 마스크, 즉 레이어 아래쪽에 흰색의 불투명한 덮개를 씌워 놓은 것으로 마스크 부분을 오려내면 해당 레이어의 같은 부위가 오려져 아래쪽 레이어가 보이게 되는 원리를 이용합니다.

1. '도시' 레이어에 레이어 마스크를 추가하기 위해 '도시' 레이어를 클릭한 다음 레이 어 패널 하단의 ◘(Add layers mask(레이어 마스크를 추가합니다.))를 클릭합니다.

1 딸깍

2 딸깍

2. 도구 상자에서 ■(Gradient Tool(그레이디언트 도구))(G)을 클릭하세요. 이어서 옵션 바에서 Gradient(그레이디언트) 항목을 클릭하세요.

2 딸깍

'Linear Gradient(선형 그레이디언트)'가 선택되어 있어야 합니다.

1 딸깍

3. 'Gradient Editor(그레이디언트 편집기)' 대화상자가 표시되면 Presets(사전 설정) 항목에서 Basics(기본 사항)의 확장 단추(■)를 누르고 Black, White(검정, 흰색)를 클릭한 후 〈OK(확인)〉를 클릭하세요.

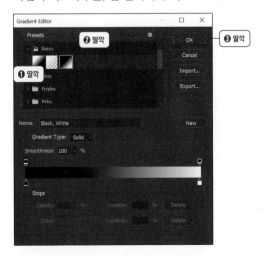

2 딸깍

1 딸깍

3 딸깍

전문가의 조언

전경색과 배경색을 이용한 그레이디언트 색상 지정 방법

① 도구 상자에서 ■를 클릭한 후 ■를 클릭하세요.

② 도구 상자에서 ■(Gradient Tool(그레이디언트 도구))(G)을 클릭하세요. 이어서 옵션 바에서 Gradient(그레이디언트) 항목을 클릭하세요.

③ 'Gradient Editor(그레이디언트 편집기)' 대화상자가 표시되면 Presets(사전 설정) 항목에서 Basics(기본 사항)의 'Foreground to Background(전경색에서 배경색으로)'를 클릭하고 〈OK(확인)〉를 클릭하세요.

포토샵 CS4/CS6 사용자

'Gradient Editor(그라디언트 편집기)' 대화상자가 표시되면 Presets(사전 설정) 항목에서 Black, White(검정, 흰색)를 클릭하고 〈OK(확인)〉를 클릭하세요.

4. 자연스럽게 겹쳐질 부분을 클릭한 채로 위쪽에서 아래쪽 방향으로 드래그 하세요.

그레이디언트가 표시되어 아래쪽으로 갈수록 점차 엷게 잘라지다가 중간 이후로는 잘라지지 않은 것을 나타냅니다.

Q '도시' 레이어에 그레이디언트 현상이 나타나요!

레이어 마스크에 대한 썸네일이 선택되어야 합니다.

A 위와 같은 현상이 발생하는 이유는 레이어 패널에서 '도시'의 레이어 마스크 썸네일이 아닌 레이어의 썸네일이 선택되어 있기 때문입니다. Ctrl + Z 를 눌러 실행을 취소하고 레이어 마스크의 썸네일을 클릭하여 선택한 다음 다시 시도해 보세요.

레이어 마스크된 레이어의 표현 원리

레이어 마스크는 레이어 뒤쪽을 흰색의 마스크로 덮어 레이어와 마스크가 한 몸처럼 움직이도록 만들어 놓았다고 생각하면 됩니다. 그래서 마스크 영역을 잘라내면 그 마스크에 붙어있는 레이어의 이미지도 같이 잘라지는 것이죠. 레이어가 잘라지면 그 잘라진 공간을 통해 아래쪽의 레이어가 표시됩니다. 여기서 마스크 영역을 잘라낸다는 것은 검정색과 흰색, 즉 색의 밝기(명도)로 적용됨을 이해해야 합니다. 마스크에 검정색을 칠하면 마스크에 붙어있는 레이어의 그 부분이 완전하게 잘라져 아래쪽 레이어의 이미지가 완전 뚜렷하게 보이고, 회색을 칠하면 그 부위의 레이어가 얇게 잘라져 아래쪽 레이어의 이미지가 희미하게 보이는 거죠. 그레이디언트 효과가 적용된 것은 불투명도의 정도에 따라 완전히 잘라낸 것에서 전혀 잘라내지 않은 것의 범위까지 점차적으로 얇게 잘라냈다고 생각하면 됩니다. 그리고 이렇게 마스크에 색이 칠해진 모양은 레이어 마스크의 썸네일에 표시되고 캔버스에는 결과만 나타납니다. 다음 예를 보면 좀 더 쉽게 이해할 수 있습니다.

원 모양의 검정색을 레이어 마스크에 적용했을 때

레이어 마스크에는 검정색 원이 표시되어 위쪽의 레이어가 원 모양으로 완전히 잘라졌음을 나타내고, 그 부분에는 아래쪽 레이어의 이미지가 뚜렷하게 표시됩니다.

아래쪽 레이어의 이미지가 뚜렷하게 보입니다.

검정색 원이 표시되어 '도시' 레이어의 해당 부분이 완전하게 잘라졌음을 나타냅니다.

레이어 패널의 이해

1.

'도시' 레이어의 마스크에 표시된 검정색 원은 '도시' 레이어의 해당 부분이 원형으로 완전하게 뚫려 있음을 나타냅니다.

'도시' 레이어	'도시' 레이어의 마스크	

2.

1의 결과와 '구름' 레이어가 겹쳐지면 마스크로 인해 완전히 뚫린 '도시' 레이어의 구멍을 통해 '구름' 레이어의 해당 부분이 표시됩니다.

마스크가 적용된 '도시' 레이어　　　'구름' 레이어

원 모양의 회색 55%를 레이어 마스크에 적용했을 때

레이어 마스크에는 회색의 원이 표시되어 '도시' 레이어가 원 모양으로 엷게 잘라졌음을 나타내고, 그 부분에는 아래쪽 레이어의 이미지가 희미하게 표시됩니다.

> 아래쪽 레이어의 이미지가 희미하게 보입니다.

> 회색의 원이 표시되어 '도시' 레이어의 해당 부분이 엷게 잘라졌음을 나타냅니다.

레이어 패널의 이해

1.

'도시' 레이어의 마스크에 표시된 회색의 원은 '도시' 레이어의 해당 부분이 밝기 55% 정도로 불투명하게 뚫려 있음을 나타냅니다.

'도시' 레이어　　　　　'도시' 레이어의 마스크

2.

1의 결과와 '구름' 레이어가 겹쳐지면 마스크로 인해 엷게 뚫린 '도시' 레이어의 구멍을 통해 '구름' 레이어의 해당 부분이 희미하게 표시됩니다.

마스크가 적용된 '도시' 레이어   '구름' 레이어

그레이디언트 효과를 레이어 마스크에 적용했을 때의 결과

레이어 마스크에는 위에서 중간 부분까지 검정색에서 흰색으로 변화하는 그레이디언트 효과가 적용되어 위쪽의 레이어가 아래쪽으로 내려올수록 점차적으로 엷게 잘라졌음을 나타내며, 그 부분에는 아래쪽 레이어의 이미지가 뚜렷하게 표시되다가 점차적으로 희미하게 표시됩니다.

> 아래쪽 레이어의 이미지가 뚜렷하게 보이다가 점차 희미하게 보입니다.

> 그레이디언트가 표시되어 아래쪽으로 갈수록 점차적으로 엷게 잘라진 것을 나타냅니다.

레이어 패널의 이해

1.

'도시' 레이어의 마스크에 표시된 그레이디언트는 '도시' 레이어의 해당 부분을 위 부분은 완전하게 잘라지고 아래쪽으로 내려올수록 점차적으로 엷게 잘라졌음을 나타냅니다.

'도시' 레이어   '도시' 레이어의 마스크

2.

1의 결과와 '구름' 레이어가 겹쳐지면 그레이디언트 형식으로 잘라진 '도시' 레이어의 잘라진 영역을 통해 '구름' 레이어의 이미지가 뚜렷하게 보이다가 점차 희미하게 보입니다.

마스크가 적용된 '도시' 레이어   '구름' 레이어

문제 3

① 파일 불러와 배치하기

1. 작업 공간으로 사용할 캔버스를 만들기 위해 [File(파일)] → [New(새로 만들기)]
([Ctrl] + [N])를 선택한 후 'New Document(새로운 문서 만들기)' 대화상자에서 다음과
같이 설정하고 〈Create(만들기)〉를 클릭합니다.

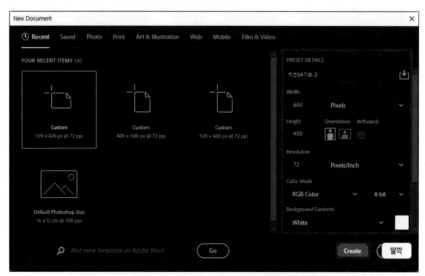

2. [File(파일)] → [Open(열기)]([Ctrl] + [O])을 선택한 다음 'C:\길벗GTQ1급\섹션\섹션
04' 폴더에서 '동굴.jpg'와 '석양.jpg'를 불러옵니다.

3. '동굴.jpg' 파일을 복사하기 위해 '동굴.jpg' 탭을 클릭한 다음 [Ctrl] + [A]와 [Ctrl] + [C]
를 차례대로 누릅니다.

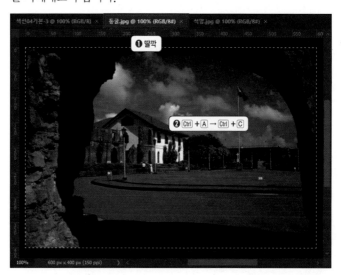

4. '섹션04기본-3.psd' 탭을 클릭한 다음 [Ctrl]+[V]를 눌러 복사한 이미지를 붙여 넣으세요.

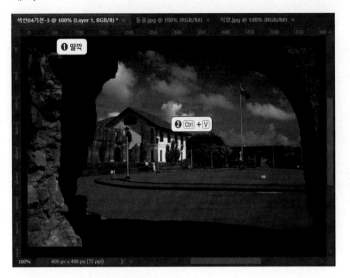

② 클리핑 마스크 수행하기

클리핑 마스크는 위 아래로 놓여 있는 두 개의 레이어에서 위쪽 레이어의 이미지를 아래쪽 레이어에 지정된 마스크 부분 만큼만 남겨놓고 잘라버리는 기능입니다. 즉 클리핑 마스크를 적용하려면 위쪽에는 잘라버릴 원본 이미지가, 그리고 아래쪽에는 잘라낼 모양의 마스크가 있는 상태에서 위쪽 레이어의 바로 가기 메뉴에서 [Create Clipping Mask(클리핑 마스크 만들기)]를 선택하면 됩니다.

1. 도구 상자에서 ✐(Pen Tool(펜 도구))을 선택한 다음 옵션 바에서 Pick tool mode(선택 도구 모드)를 Shape(모양), Stroke(획)를 ☑(No Color(색상 없음)), Path operations(패스 작업)을 ■(New Layer(새 레이어))로 선택한 후 그림과 같이 입구 부분에 패스를 만드세요.

전문가의 조언

클리핑 마스크를 이용하여 이미지를 합성할 때도 항상 새로운 캔버스를 만들어 작업할 필요는 없습니다. 펜 도구로 모양 레이어를 만들고 합성할 이미지가 그 위쪽에 오도록 복사하여 작업하면 됩니다. 여기서는 시험 형식대로 작업하기 위해 새로운 캔버스를 만들었습니다.

전문가의 조언

여기서는 석양 이미지가 잘라질 위쪽 레이어이고, 펜 도구로 그린 동굴 모양의 그림이 있는 'Shape 1 (모양 1)'이 아래쪽에 있는 레이어로서 마스크 역할을 합니다.

포토샵 CS4/CS6 사용자

옵션 바에서 ▤(Shape Layers(모양 레이어)), Style(스타일)을 ▨(Default Style(초기 스타일)), ▤(Create new shape layer(새 모양 레이어에 만들기))를 선택한 후 입구 부분에 패스를 만드세요

전문가의 조언

✐(Pen Tool(펜 도구))의 옵션 바에서 Shape(모양)를 선택하는 이유는 펜 도구로 그리는 패스가 레이어로 생성되도록 하기 위해서입니다. 시험에서 패스는 대부분 클리핑 마스크를 수행하기 위해서 만드는데, 새로운 레이어를 생성하지 않고 바로 클리핑 마스크를 적용하려면 Shape(모양)를 선택해야 합니다.

시나공 Q&A 베스트

Q 'Shape 1(모양 1)'에 가려서 다음에 클릭할 기준점 위치를 찾을 수 없어요!

A 위의 그림처럼 추가되는 모양 레이어로 인해 클릭할 지점이 가려지는 경우에는 레이어 패널에서 Opacity(불투명도)를 50% 정도로 지정하면 됩니다. 'Shape 1(모양 1)'을 다 그리고 나서 다시 Opacity(불투명도)를 100%로 지정하면 됩니다.

2. '석양.jpg' 파일을 복사하기 위해 '석양.jpg' 탭을 클릭한 다음 Ctrl + A와 Ctrl + C 를 차례대로 누릅니다.

3. '섹션04기본-3.psd' 탭을 클릭한 다음 Ctrl + V를 눌러 복사한 이미지를 붙여 넣으세요.

4. 레이어 패널의 'Layer 2(레이어 2)' 레이어의 바로 가기 메뉴에서 [Create Clipping
Mask(클리핑 마스크 만들기)]를 선택하여 클리핑 마스크를 수행합니다.

문제 1 'C:\길벗GTQ1급\섹션\섹션04' 폴더의 '섹션04연습-1.psd' 파일을 열어
작업하시오.

미리보기

레이어의 구조

문제 2 레이어 마스크 기능을 이용하여 다음과 같이 합성하시오.

미리보기

- 원본 이미지 : C:\길벗GTQ1급\섹션\섹션04\바다.jpg, 기차.jpg
- 파일 저장 규칙
  - 파일명 : C:\길벗GTQ1급\섹션\섹션04\섹션04연습-2.psd
  - 파일 크기 : 400 × 600

문제 **3** 클리핑 마스크 기능을 이용하여 다음과 같이 합성하시오.

미리보기

조건

- 원본 이미지 : C:\길벗GTQ1급\섹션\섹션04\우주.jpg, 비행기.jpg
- 파일 저장 규칙
  - 파일명 : C:\길벗GTQ1급\섹션\섹션04\섹션04연습-3.psd
  - 파일 크기 : 640 × 488

문제 1

결과

① 이미지 이동

도구 상자에서 ✛(Move Tool(이동 도구))을 클릭하고 레이어 패널에서 해당 이미지가 있는 레이어를 선택한 다음 원하는 방향으로 드래그 합니다.

문제 3

① 클리핑 마스크 수행

1. 도구 상자에서 ✎(Pen Tool(펜 도구))을 선택한 다음 옵션 바에서 Shape(모양), Stroke(획)를 ▨(No Color(색상 없음)), ■(New Layer(새 레이어))를 선택한 후 그림과 같이 비행기를 제외한 나머지 부분에 패스를 그립니다.

2. '우주.jpg' 파일을 복사하여 '섹션04-연습.psd'에 붙여 넣습니다.

3. 레이어 패널의 'Layer 2(레이어 2)' 레이어의 바로 가기 메뉴에서 [Create Clipping Mask(클리핑 마스크 만들기)]를 선택하여 클리핑 마스크를 수행합니다.

시나공 동영상 강좌

언제 어디서든
PLAY
나만의 강의실

▶ **동영상 강좌 특징**

선택 수강	기기 무제한	장소 불문	평균 10분
섹션별 강의 구성으로 듣고 싶은 강의만 빠르게 골라서 이용	PC와 모바일 기기의 기종, 개수에 제약 없이 편하게 수강	교재가 없어도 인터넷만 연결된다면 그곳이 내 강의실!	멀티태스킹이 가능한 세대를 위해 강의 시간은 평균 10분

▶ **강좌 종류** ※가격은 변동될 수 있으니, 사이트에서 확인하세요.

유료	컴퓨터활용능력 (필/실기, 1/2급 선택)
	정보처리 기사/산업기사/기능사 (필/실기 선택)
	사무자동화산업기사 (필/실기 선택)
	워드프로세서 (필/실기 선택)
	GTQ (1/2급 선택)
무료	<실제 시험장을 옮겨 놓았다> 실기 특강 • ITQ (엑셀/한글/파워포인트) • 엑셀 기본함수 특강 • GTQ (1/2급)

시험 적중률,
가격과 수강일 모두
시나공이
이상적·합리적

▶ **이용 방법**

1. **시나공 홈페이지(sinagong.co.kr)**에 접속하여 로그인 하세요.
2. 상단 메뉴 중 **[동영상 강좌]**를 클릭하세요.
3. 원하는 강좌를 선택하고 **[수강 신청하기]**를 클릭하세요.
4. 우측 상단의 **[마이길벗]** → **[나의 동영상 강좌]**로 이동하여 강좌를 수강하세요.

*동영상 강좌 이용 문의 : 독자지원 (02-332-0931) 또는 이메일 (content@gilbut.co.kr)

실제 시험장을
옮겨 놓았다!

1

입실(시험 시작 20분 전)

GTQ 시험은 90분 동안 치러지는데 보통 20분 전에는 시험장에 입실하여 수험생 인적사항을 확인받습니다. 수험표와 자신을 증명할 수 있는 신분증을 반드시 지참해야 합니다. 주민등록증, 학생증, 운전면허증 등이 없는 초등학생은 건강보험카드나 주민등록등본을 지참하면 됩니다.

시험장에 입실하여 자신의 인적사항과 자리 번호가 표시된 컴퓨터에 앉아 기다리면 시험 감독 위원이 여러분의 인적사항을 확인합니다.

2

환경 설정(시험 시작 10분전)

시험장에 입실하여 자리를 배정받은 후에는 문제지를 받을 때까지 컴퓨터를 점검할 수 있습니다. 이때 답안 작성에 꼭 필요한 눈금자, 격자 간격, 글꼴 이름 한글로 표시 등의 환경을 미리 설정해 놓는 것이 좋습니다.

1. Ctrl + Alt + Shift를 누른 채 [🪟] → [A]에서 [Adobe Photoshop 2022]를 클릭하여 포토샵을 실행하세요. 설정값에 대한 삭제 여부를 묻는 대화상자가 표시될 때까지 Ctrl + Alt + Shift를 누르고 있어야 합니다.

2. 이전 사용자가 설정해 놓은 설정값에 대한 삭제 여부를 묻는 대화상자가 나타납니다. 〈Yes(예)〉를 클릭하세요.

3. [Edit(편집)] → [Preferences(환경 설정)] → [General(일반)](Ctrl + K)을 선택한 다음 'Preferences(환경 설정)' 대화상자에서 Use Legacy Free Transform(레거시 자유 변형 사용)을 클릭하여 체크하세요. Use Legacy Free Transform(레거시 자유 변

형 사용)을 체크하면 자유 변형 상태에서 가로·세로 비율이 고정되지 않은 채로 자유롭게 이미지 크기를 조정할 수 있습니다.

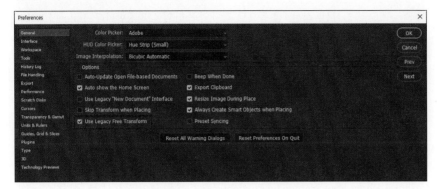

4. 눈금자와 문자의 단위를 pixels(픽셀)과 points(포인트)로 변경해야 합니다. 환경 설정 목록에서 Units & Rulers(단위와 눈금자)를 클릭한 후 Rulers(눈금자)와, Type(문자)의 단위를 다음과 같이 지정하세요.

5. 화면에 격자 모양의 기준선을 표시하기 위해 격자를 설정해야 합니다. 환경 설정 목록에서 Guides, Grid & Slices(안내선, 격자 및 분할 영역)를 클릭한 후 다음과 같이 설정하세요.

❶ Color(색상) : 격자의 색을 지정합니다. 빨강 같은 눈에 잘 띄는 색으로 지정했다가 문제를 받은 후 더 잘 보이는 색으로 변경하면 됩니다.

❷ Style(스타일) : 실선, 점선, 점 등으로 격자의 스타일을 지정합니다. Lines(선)을 선택하는 것이 작업하기 좋습니다.

❸ Gridline every(격자 간격) : 격자의 간격을 지정합니다. 100 픽셀 정도면 이미지의 크기와 위치를 문제지와 동일하게 지정하는 데 어려움이 없습니다.

❹ Subdivisions(세분) : 보조 격자를 지정합니다. 2를 지정하면 격자 간격으로 지정된 100 픽셀을 2로 나눠 보조 격자를 지정하고 3으로 지정하면 100 픽셀을 3으로 나눠 보조 격자를 지정합니다.

6. 글꼴 이름이 한글로 표시되도록 해야 합니다. 환경 설정 목록에서 Type(문자)을 선택하고 Show Font Names in English(글꼴 이름을 영어로 표시)를 클릭하여 해제한 다음 〈OK(확인)〉를 클릭하세요.

3 수험자 등록(시험 시작 5분 전)

1. 환경 설정을 위해 실행했던 포토샵 프로그램을 종료한 다음 감독위원의 지시에 따라 바탕 화면에 있는 'KOAS 수험자용' 아이콘을 더블클릭하여 수험관리 프로그램을 실행하세요. 화면에 '수험자 등록' 창이 표시됩니다.

2. 감독위원의 지시에 따라 수험표에 적혀있는 자신의 수험번호를 수험번호 난에 입력한 후 〈확인〉을 클릭하세요. 입력한 수험번호가 올바르면 화면에 작업할 프로그램 선택 창이 표시됩니다.

전문가의 조언

실제 시험장에서는 수험번호가 13 자리입니다.
 G100112345678

3. 작업할 프로그램을 '포토샵(Photoshop)'으로 선택한 후 〈확인〉을 클릭하세요. '수험자 정보' 창에 수험자 정보가 표시됩니다.

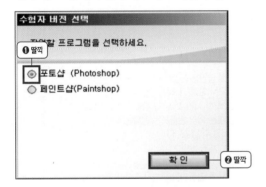

4. '수험자 정보' 창에 표시된 정보가 이상 없으면 〈확인〉을 클릭하세요.

5. 이제 키보드나 마우스를 사용할 수 없도록 PC가 잠금 상태로 됩니다. 임의로 행동하면 실격될 수 있으니 감독위원이 잠금을 해제할 때까지 기다리세요.

지급받은 문제는 문제의 전체 지시사항 1면, 완성할 문서 3면 이렇게 총 4면으로 구성되어 있습니다. 문제지를 받았으면 평소 연습하던 내용과 다른 점이 있는지 주요 사항을 체크하고 문제별로 문제 풀이를 위한 작업 계획을 세워보세요. 다음 문제는 가장 일반적인 GTQ 1급 문제입니다. 풀이 과정을 세 번 이상 반복해서 따라하면서 전반적인 시험 방식과 문제 풀이 방법을 익히세요.

GTQ(그래픽기술자격)-(S/W:포토샵)

급 수	문제유형	시험시간	수험번호	성 명
1급	A	90 분		

〈수험자 유의사항〉

- 수험자는 문제지를 받는 즉시 응시하고자 하는 **과목 및 급수가 맞는지 확인**한 후 수험번호와 성명을 작성합니다.
- 파일명은 본인의 "수험번호-성명-문제번호"로 공백 없이 정확히 입력하고 답안폴더(내 PC\문서\GTQ\)에 jpg 파일과 psd 파일의 2가지 포맷으로 저장해야 하며, jpg 파일과 psd 파일의 내용이 상이할 경우 0점 처리됩니다. 답안문서 파일명이 "수험번호-성명-문제번호"와 일치하지 않거나, 답안 파일을 전송하지 않아 미제출로 처리될 경우 불합격 처리됩니다.
- 문제의 세부조건은 '영문(한글)' 형식으로 표기되어 있으니 유의하시기 바랍니다.
- 수험자 정보와 저장한 파일명, 저장 위치가 다를 경우 전송이 되지 않으므로, 주의하시기 바랍니다.
- 답안 작성 중에도 <u>주기적으로 '저장'과 '답안 전송'</u>을 이용하여 감독위원 PC로 답안을 전송하셔야 합니다.
  (※ 작업한 내용을 <u>저장하지 않고 전송할 경우</u> 이전의 저장내용이 전송되오니 이점 반드시 유념하시기 바랍니다.)
- 답안문서는 지정된 경로 외의 다른 보조기억장치에 저장하는 행위, 지정된 시험 시간 외에 작성된 파일을 활용한 행위, 기타 통신수단(이메일, 메신저, 네트워크 등)을 이용하여 타인에게 전달 또는 외부 반출하는 행위는 부정으로 간주되어 자격기본법 제32조에 의거 본 시험 및 국가공인 자격시험을 2년간 응시할 수 없습니다.
- 시험 중 부주의 또는 고의로 시스템을 파손한 경우와 〈수험자 유의사항〉에 기재된 방법대로 이행하지 않아 생기는 불이익은 수험자의 책임임을 알려 드립니다.
- 시험을 완료한 수험자는 최종적으로 저장한 답안파일이 전송되었는지 확인한 후 감독위원의 지시에 따라 문제지를 제출하고 퇴실합니다.

〈답안 작성요령〉

- 온라인 답안 작성 절차
  수험자 등록 ⇒ 시험 시작 ⇒ 답안파일 저장 ⇒ 답안 전송 ⇒ 시험 종료
- 내 PC\문서\GTQ\Image폴더에 있는 그림 원본파일을 사용하여 답안을 작성하시고 최종답안을 답안폴더(내 PC\문서\GTQ)에 저장하여 답안을 전송하시고, 이미지의 크기가 다른 경우 감점 처리됩니다.
- 배점은 총 100점으로 이루어지며, 점수는 각 문제별로 차등 배분됩니다.
- 각 문제는 주어진 〈조건〉에 따라 작성하고, 언급하지 않은 조건은 《출력형태》와 같이 작성합니다.
- 배치 등의 편의를 위해 주어진 눈금자의 단위는 '픽셀'입니다.
  그 외는 출력 형태(효과, 이미지, 문자, 색상, 레이아웃, 규격 등)와 같게 작업하십시오.
- 문제 조건에 서체의 지정이 없을 경우 한글은 굴림이나 돋움, 영문은 Arial로 작업하십시오.
  (단, 그 외에 제시되지 않은 문자 속성을 기본값으로 작성하지 않은 경우는 감점 처리됩니다.)
- Image Mode(이미지 모드)는 별도의 처리조건이 없을 경우에는 RGB(8비트)로 작업하십시오.
- 모든 답안 파일은 해상도 72 pixels/inch 로 작업하십시오.
- Layer(레이어)는 각 기능별로 분할해야 하며, 임의로 합칠 경우나 각 기능에 대한 속성을 해지할 경우 해당 요소는 0점 처리됩니다.

01. 〈출력형태〉에 기준선 그리기

준비해 간 연필과 자를 이용하여 〈출력형태〉에 이미지 배치를 위한 기준선을 100 픽셀 단위로 그려 놓으세요. 1번 문제에서 마스크로 사용할 패스에 추가로 그린 기준선처럼 기본 기준선으로 크기나 위치를 가늠하기 어려운 경우에는 추가로 기준선을 그려도 됩니다. 기준선을 그릴 때는 가로 세로 눈금이 그려진 플라스틱 투명 방안자를 사용하는 것이 편리합니다.

 문제 1   **[기능평가] 고급 Tool(도구) 활용**   (20점)

다음의 〈조건〉에 따라 아래의 〈출력형태〉와 같이 작업하시오.

출력형태

> 실제 문제지에는 그려져 있지 않습니다.
> 이미지 배치의 기준을 잡기 위해 수험생이 직접 그려야 할 선입니다.

조건

원본 이미지		문서\GTQ\Image\1급-1.jpg, 1급-2.jpg, 1급-3.jpg
파일 저장 규칙	JPG	파일명
		문서\GTQ\수험번호-성명-1.jpg
		크기
		400 × 500 pixels
	PSD	파일명
		문서\GTQ\수험번호-성명-1.psd
		크기
		40 × 50 pixels

1. 그림 효과
① 1급-1.jpg : 필터 – Texturizer(텍스처화) ② Save Path(패스 저장) : 지구본 모양
③ Mask(마스크) : 지구본 모양, 1급-2.jpg를 이용하여 작성
  레이어 스타일 – Stroke(선/획)(1px, 그라디언트(#333333, #3333cc)),
  Inner Shadow(내부 그림자)
④ 1급-3.jpg : 레이어 스타일 – Drop Shadow(그림자 효과)
⑤ Shape Tool(모양 도구) :
  – 새 모양 (#ffcc00, 레이어 스타일 – Outer Glow(외부 광선))
  – 풀 모양 (#009966, #336600, 레이어 스타일 – Stroke(선/획)(2px, #ffffff))

2. 문자 효과
① Safari World (궁서, 45pt, 레이어 스타일 – 그라디언트 오버레이(#3366ff, #ff6666), Stroke(선/획)(3px, #ffffff))

문제 2   **[기능평가] 사진편집 응용**   (20점)

다음의 〈조건〉에 따라 아래의 〈출력형태〉와 같이 작업하시오.

조건

원본 이미지		문서₩GTQ\Image\1급-4.jpg, 1급-5.jpg, 1급-6.jpg
파일 저장 규칙	JPG	파일명
		문서\GTQ\수험번호-성명-2.jpg
		크기
		400 × 500 pixels
	PSD	파일명
		문서\GTQ\수험번호-성명-2.psd
		크기
		40 × 50 pixels

출력형태

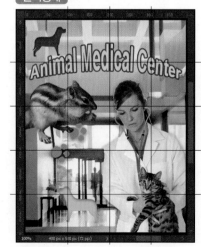

1. 그림 효과
① 1급-4.jpg : 필터 – Facet(단면화)
② 색상 보정 : 1급-5.jpg – 노란색, 녹색 계열로 보정
③ 1급-5.jpg : 레이어 스타일 – Drop Shadow(그림자 효과)
④ 1급-6.jpg : 레이어 스타일 – Inner Shadow(내부 그림자)
⑤ Shape Tool(모양 도구) :
  – 발자국 모양 (#9999ff, 레이어 스타일 – Drop Shadow(그림자 효과))
  – 개 모양 (#cc3333, #ffcccc, 레이어 스타일 – Inner Shadow(내부 그림자))

2. 문자 효과
① Animal Medical Center (Arial, Bold, 35pt, #ffff00,
  레이어 스타일 – Stroke(선/획)(3px, 그라디언트(#cc0066, #3333cc)))

문제 3   [실무응용] 포스터 제작   (25점)

다음의 〈조건〉에 따라 아래의 〈출력형태〉와 같이 작업하시오.

조건

원본 이미지		문서\GTQ\Image\1급-7.jpg, 1급-8.jpg, 1급-9.jpg, 1급-10.jpg, 1급-11.jpg	
파일 저장 규칙	JPG	파일명	문서\GTQ\수험번호-성명-3.jpg
		크기	600 × 400 pixels
	PSD	파일명	문서\GTQ\수험번호-성명-3.psd
		크기	60 × 40 pixels

1. 그림 효과

① 배경 : #ddf2ff
② 1급-7.jpg : Blending Mode(혼합 모드) – Multiply(곱하기), Opacity(불투명도)(80%)
③ 1급-8.jpg : 필터 – Film Grain(필름 그레인), 레이어 마스크 – 가로 방향으로 흐릿하게
④ 1급-9.jpg : 필터 – Texturizer(텍스처화), 레이어 스타일 – Stroke(선/획)(4px, 그라디언트(#003366, 투명으로))
⑤ 1급-10.jpg : 레이어 스타일 – Outer Glow(외부 광선), Inner Shadow(내부 그림자)
⑥ 1급-11.jpg : 색상 보정 – 파란색 계열로 보정, 레이어 스타일 – Drop Shadow(그림자 효과)
⑦ 그 외 《출력형태》 참조

2. 문자 효과

① 2022 동물 사랑 축제 (궁서, 60pt, 35pt, 레이어 스타일 – 그라디언트 오버레이(#009900, #ff9900), Stroke(선/획)(2px, #333333), Drop Shadow(그림자 효과))
② Love Animals Festival (Arial, Bold, 20pt, #ff0099, 레이어 스타일 – Stroke(선/획)(2px, #ffffff))
③ 다양한 동물들과 함께하는 시간 (돋움, 16pt, 레이어 스타일 – 그라디언트 오버레이(#330099, #990066), Stroke(선/획)(2px, #99cccc))
④ Zoo Story (Times New Roman, Bold, 18pt, #ffffff, Stroke(선/획)(1px, #330000))

출력형태

Shape Tool(모양 도구) 사용
#ffff00, 레이어 스타일 –
Drop Shadow(그림자 효과)

Shape Tool(모양 도구) 사용
레이어 스타일 –그라디언트 오버레이(#66cccc, ff9999),
Drop Shadow(그림자 효과)

Shape Tool(모양 도구) 사용
#ff0000, #ffffff,
레이어 스타일 –
Outer Glow(외부 광선),
Opacity(불투명도)(70%)

문제 4 [실무응용] 웹 페이지 제작 (35점)

다음의 〈조건〉에 따라 아래의 〈출력형태〉와 같이 작업하시오.

조건

원본 이미지	문서\GTQ\Image\1급-12.jpg, 1급-13.jpg, 1급-14.jpg, 1급-15.jpg, 1급-16.jpg, 1급-17.jpg		
파일 저장 규칙	JPG	파일명	문서\GTQ\수험번호-성명-4.jpg
		크기	600 × 400 pixels
	PSD	파일명	문서\GTQ\수험번호-성명-4.psd
		크기	60 × 40 pixels

1. 그림 효과

① 배경 : #cc9966
② 패턴(하트, 지구 모양) : #cc9966, #ff6666
③ 1급-12.jpg : Blending Mode(혼합 모드) – Hard Light(하드 라이트), 레이어 마스크 – 가로 방향으로 흐릿하게
④ 1급-13.jpg : 필터 – Crosshatch(그물눈), 레이어 마스크 – 대각선 방향으로 흐릿하게
⑤ 1급-14.jpg : 레이어 스타일 – Bevel and Emboss(경사와 엠보스), Drop Shadow(그림자 효과)
⑥ 1급-15.jpg : 필터 – Dry Brush(드라이 브러시), 레이어 스타일 – Drop Shadow(그림자 효과)
⑦ 1급-16.jpg : 색상 보정 – 파란색 계열로 보정, 레이어 스타일 – Bevel and Emboss(경사와 엠보스)
⑧ 그 외 《출력형태》 참조

2. 문자 효과

① Share love for animals (Times New Roman, Bold, 24pt, #ffcccc, 레이어 스타일 – Stroke(선/획)(2px, 그라디언트(#330066, #ff6600))
② 유기동물에게 관심과 사랑을 (궁서, 32pt, 레이어 스타일 – 그라디언트 오버레이(33ffff, 993366, 000099), Stroke(선/획)(2px, #ffffcc))
③ 유기동물협회 (굴림, 20pt, #cc9966, 레이어 스타일 – Drop Shadow(그림자 효과))
④ 기관소개 공지사항 입양문의(돋움, 18pt, #000000, 레이어 스타일 – Stroke(선/획)(2px, #666666))

출력형태

Pen Tool(펜 도구) 사용
#ffff00, #99ff99, #33cc33,
레이어 스타일 –
Drop Shadow(그림자 효과)

Shape Tool(모양 도구) 사용
#cccc66, 레이어 스타일 –
Stroke(선/획)(2px, #333333)

Shape Tool(모양 도구) 사용
레이어 스타일 – 그라디언트
오버레이(#99cccc, #ffffff),
Stroke(선/획)(2px, #339999)

Shape Tool(모양 도구) 사용
#cc9966, 레이어 스타일 –
Inner Shadow(내부 그림자)

5 시험 시작

시험이 시작되면 시험 관리 도구로 서버와 고사실간 연결을 확인하고, 포토샵을 실행시켜 본격적인 답안 작성을 시작합니다.

01. 시험 관리 도구

감독위원이 시험 시작을 알리면 시험 관리 도구가 화면 오른쪽 상단에 표시됩니다.

❶ **수험자 정보 조회** : '수험자 정보' 창이 화면에 표시됩니다.

❷ **답안 전송** : 작성된 답안 파일을 감독위원 PC로 전송합니다.

❸ **답안 가져오기** : 답안 파일의 이상 유무를 확인하거나, 다른 컴퓨터로 자리를 옮겨 작업할 때 그때까지 작업한 파일을 감독위원 PC에서 다시 가져오기 위해 사용합니다.

❹ **첨부파일 폴더 보기** : 문제에 사용할 그림 파일이 있는 폴더를 표시합니다.

❺ **첨부파일 가져 오기** : 시험중 돌발 상황으로 인해 첨부파일을 수험자 PC로 다시 가져와야 할 경우에 사용합니다.

❻ **수험자 시험 종료** : 화면에 시험 종료 메시지가 표시되고 수험자 PC는 잠금 상태가 됩니다.

※ 〈고사실 연결 테스트〉와 〈프로그램 종료〉 버튼은 감독위원이 확인합니다.

02. 포토샵 실행

[⊞] → [A]에서 [Adobe Photoshop 2022]를 클릭하여 포토샵을 실행하세요.

포토샵 실행 메뉴
컴퓨터에 따라 [⊞] → [최근에 추가한 앱] 목록에 보일 수도 있고, [⊞] → [A] 목록에 보이기도 합니다.

문제지를 받으면 어떤 순서로 작업을 해야할지 문제별로 전반적인 수행 계획을 세우고 시작하는 것이 좋습니다.
[문제1]은 문제에서 주어진 이미지들을 사용하여 다음과 같은 작업 과정을 거쳐 완성하면 됩니다.

미리보기

사용할 이미지

1급−1.jpg　　1급−2.jpg　　1급−3.jpg　　펜 도구로 그리기　모양 도구로 추가하기

작업 과정

❶ '1급−1.jpg'를 복사한 후 〈출력형태〉와 동일하게 배치한다.

❷ 'Texturizer(텍스처화)' 필터를 적용한다.

❸ 지구본 모양의 패스를 그린 후 저장한다.

❹ '1급−2.jpg'를 복사한 후 지구본 모양을 이용해 클리핑 마스크를 수행하고 레이어 스타일을 적용한다.

❺ '1급−3.jpg'에서 코끼리를 복사한 후 레이어 스타일을 적용한다.

❻ 새와 풀 모양을 추가한 후 레이어 스타일을 적용한다.

❼ Safari World를 입력하고 모양을 변형한 후 레이어 스타일을 적용한다.

⓿ 준비 작업

1. 먼저 작업 공간으로 사용할 캔버스를 만들어야 합니다. [File(파일)] → [New(새로 만들기)]([Ctrl] + [N])를 선택하세요.

2. 'New Document(새로운 문서 만들기)' 대화상자에서 Name(이름), Width(폭), Height(높이) 등을 다음과 같이 지정한 후 〈Create(만들기)〉를 클릭하세요.

3. [File(파일)] → [Save As(다른 이름으로 저장)]((Ctrl) + (Shift) + (S))를 선택하세요.

4. 문서의 저장 위치를 선택하는 'Save on your computer or to cloud documents (내 컴퓨터 또는 Creative Cloud에 저장)' 창이 나타납니다. 저장할 때마다 창이 표시 되지 않도록 창 하단의 'Don't show again(다시 표시 안 함)'을 체크하고, 〈Save on your computer(내 컴퓨터에 저장)〉를 클릭하세요.

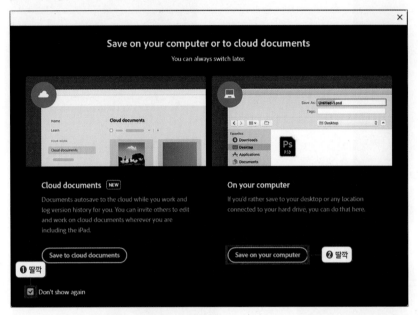

5. 이어서 'Save As(다른 이름으로 저장)' 대화상자가 표시되면, 저장 위치와 파일 이 름을 다음과 같이 지정한 후 〈저장〉을 클릭하세요.

 전문가의 조언

• 새로운 캔버스를 만들었으면 바로 이름을 지정해서 파일을 저장 하는 것이 좋습니다. 파일을 저장 하면 Photoshop의 기본 저장 형식인 PSD로 저장됩니다.

• 파일 이름은 '수험번호–성명–문제번호'로 이름을 지정해야 합니다.
데 G100112345678–홍길동–1

포토샵 CS4/CS6 사용자

4번 과정이 없이 바로 5번 과정을 수행하면 됩니다.

 전문가의 조언

'Save on your computer or to cloud documents(내 컴퓨터 또는 Creative Cloud에 저장)' 창에서 〈Save to cloud documents(Creative Cloud에 저장)〉를 클릭하여 'Save to Creative Cloud(Creative Cloud 저장)' 창이 표시됐다면, 창 왼쪽 하단 의 〈On your computer(내 컴퓨터에서)〉를 클릭하세요. 'Save As(다른 이름으로 저장)' 대화상자가 표시됩니다.

전문가의 조언

정답 파일은 PSD와 JPG 두 가지 형식으로 저장해서 제출해야 하는 데, 먼저 PSD 형식으로 저장하여 작업한 후 작업이 완료되면 JPG 형식으로 변환하여 저장하면 됩니다.

• Photoshop(*.PSD;*.PDD;*.PSDT) : 포토샵의 기본 파일 형식으로 레이어, 채널, 패스를 작업한 상태 그대로 저장함

• JPEG(*.JPG;*.JPEG;*.JPE) : 표현할 수 있는 색상이 많고 압축 률이 뛰어나지만 압축률을 높이면 이미지가 손상되는 특징이 있음. 파일 크기가 작아 웹에서 많이 사용함

6. 눈금자를 표시하기 위해 [View(보기)] → [Rulers(눈금자)]([Ctrl] + [R])를 선택합니다.

7. 격자를 표시하기 위해 [View(보기)] → [Show(표시)] → [Grid(격자)]((Ctrl) + ('))를 선택합니다.

 전문가의 조언

눈금자의 단위가 픽셀이 아니거나, 격자의 간격이 100 픽셀이 아닐 경우 149쪽을 참조하여 변경하세요.

8. 안내선, 격자, 레이어에는 스냅 기능이 적용되지 않도록 해야 합니다. [View(보기)] → [Snap To(스냅 옵션)]에서 [Guides(안내선)], [Grid(격자)], [Layers(레이어)]를 차례로 선택하여 해제하세요.

 전문가의 조언

Snap(스냅) 기능은 개체를 안내선, 격자, 레이어 등의 경계선 근처에 근접시킬 경우 자동으로 경계선에 붙이는 기능입니다. 펜이나 올가미로 경계선 근처에 있는 이미지를 선택하거나 기준점을 설정할 때 자동으로 경계선에 붙어 작업하기 불편하기 때문에 해제하는 것입니다.

① 이미지를 복사한 후 배치하기

'1급-1.jpg'를 'G1234-홍길동-1.psd' 파일로 복사한 후 〈출력형태〉와 동일하게 배치합니다.

1. 이미지를 불러오기 위해 [File(파일)] → [Open(열기)](Ctrl + O)을 선택합니다.

2. '열기' 대화상자에서 찾는 위치를 'C:\길벗GTQ1급\시험장따라하기\Image' 폴더로 지정한 다음 '1급-1.jpg', '1급-2.jpg', '1급-3.jpg' 파일을 선택하고 〈열기〉를 클릭하세요.

전문가의 조언

격자를 설정하면 모든 캔버스에 표시되는데, 작업에 방해가 될 경우 Ctrl + ˮ를 이용해 간단하게 제거하거나 다시 표시할 수 있으니 바로 가기 키를 기억해 두세요. ˮ는 Enter 바로 왼쪽에 있는 작은 따옴표를 입력하는 키를 말합니다.

3. '1급-1.jpg' 이미지를 'G1234-홍길동-1.psd' 파일로 복사하기 위해 '1급-1.jpg' 탭을 클릭한 다음 [Select(선택)] → [All(모두)](Ctrl + A)을 선택합니다.

4. 선택된 영역을 복사하기 위해 [Edit(편집)] → [Copy(복사)]([Ctrl]+[C])를 선택합니다.

5. 복사된 이미지를 'G1234-홍길동-1.psd' 파일로 붙여넣기 위해 'G1234-홍길동-1.psd' 탭을 클릭한 다음 [Edit(편집)] → [Paste(붙여넣기)]([Ctrl]+[V])를 선택합니다.

6. 이미지를 이동하기 위해 도구 상자에서 (Move Tool(이동 도구))(⩔)을 클릭합니다.

😊 **전문가의 조언**

• 키보드의 ⩔를 눌러도 도구 상자에서 ✛(Move Tool(이동 도구))이 선택됩니다. ⩔를 눌렀을 때 ✛(Move Tool(이동 도구))이 선택되지 않는다면 [한/영]을 눌러 입력 상태를 영문으로 변경한 후 ⩔를 눌러보세요.

• 펜 도구, 모양 도구 등 몇 개의 도구가 선택되어 있을 때를 제외하고는 이동 도구를 선택하지 않아도 [Ctrl]을 누른 채 드래그하여 이미지를 이동할 수 있습니다.

7. 이미지는 〈출력형태〉와 동일하게 배치해야 하는데, 〈출력형태〉에 그려놓은 기준선
과 작업 영역의 격자를 기준으로 삼아 이미지를 옮기면 됩니다. 여기서는 소나무 잎
사귀의 끝과 기준선을 비교하면서 배치하면 됩니다.

〈출력형태〉에 그려 놓은 기
준선에서 나무 잎사귀가
떨어진 정도를 격자와 비
교하여 위치를 맞춥니다.

궁금해요

시나공 Q&A 베스트

Q 이미지를 배치할 때 〈출력형태〉와 완전히 동일해야 하나요?

A 아닙니다. 수검자가 전송한 JPG 파일을 출력하여 채점하기 때문에 〈출력형태〉에 그려 놓은 기준선을 크
게 벗어나지 않으면 채점 기준을 통과할 수 있습니다. 실제 채점할 때는 수검자의 출력물과 〈출력형태〉의
정답을 6등분 또는 9등분한 후 배치 위치를 비교하며 검사합니다.

② 필터 적용하기

미리보기

이미지에 Texturizer(텍스처화) 필터를 적용합니다. Texturizer(텍스처화) 필터는 이미지에 나무의
결이나 옷감 등의 질감(Texture)을 표현해주는 기능입니다.

 →

1. Texturizer(텍스처화) 필터를 적용하기 위해 [Filter(필터)] → [Filter Gallery(필터 갤러리)]를 선택합니다.

Q 필터를 적용할 때 주의할 점은 무엇인가요?

A 필터는 수검자가 전송한 PSD 파일을 열어 채점하기 때문에 지시사항으로 제시된 필터를 정확하게 지정해야 합니다. 하지만 필터의 적용 위치는 이미지 배치와 마찬가지로 수검자가 전송한 JPG 파일을 출력하여 채점하기 때문에 〈출력형태〉에 그려놓은 기준선을 크게 벗어나지 않으면 채점 기준을 통과할 수 있습니다.

2. 'Filter Gallery(필터 갤러리)' 창에서 [Texture(텍스처)] → [Texturizer(텍스처화)]를 클릭한 후 〈OK(확인)〉를 클릭하세요.

③ 지구본 모양 그리기

전문가의 조언

펜 도구를 이용해 패스를 그리는 작업은 많은 연습이 필요하여 별도의 섹션으로 구성하였으니 펜 도구 사용이 익숙하지 않은 수험생은 72쪽의 '섹션 03'을 먼저 공부하고 오세요.

미리보기

Pen Tool(펜 도구)로 지구본 모양의 패스를 만들어 저장합니다.

 →

궁금해요

시나공 Q&A 베스트

Q 패스 작성 기준이 궁금합니다.

A 패스는 위치 및 크기, 이름, 모양에 신경을 써서 작업해야 합니다.

- **위치 및 크기** : 수검자가 전송한 JPG 파일을 출력하여 채점하기 때문에 〈출력형태〉에 그려 놓은 기준선을 크게 벗어나지 않으면 됩니다.
- **이름** : 지시사항으로 이름이 지정되었을 경우에는 반드시 지정된 이름으로 저장해야 합니다.
- **모양** : 최소한의 기준점(Anchor)을 찍지 않으면 문제지와 비슷한 모양으로 만들 수 없으므로 최소한의 기준점이 필요합니다. 예를 들어 정답으로 제공된 지구본은 29개의 기준점을 사용했지만 25개의 기준점만 이용해도 비슷하게 만들 수 있습니다. 하지만 25개 미만의 기준점을 사용할 경우 모양이 다르므로 채점 기준을 통과할 수 없습니다.

[기준점 29개]

[기준점 25개]

[기준점 17개]

[답안 작성 팁]
GTQ 1급 답안을 작성할 때 가장 많은 시간을 필요로 하는 작업 중 하나지만 배점은 다른 작업과 동일하며, 평균 2회 정도 출제되기 때문에 시간이 없을 때는 작업 수행 여부를 고민해 봐야 합니다. 즉 패스에 주어진 점수를 포기하는 셈 치고 모양에 연연하지 말고 빨리 만들어 저장해 놓고 다음 작업을 수행하는 전략도 나쁘지 않다는 것이죠. 주의할 점은 패스를 이용해 클리핑 마스크를 수행하고 레이어 스타일을 적용해야 하므로 모양은 대충이라도 꼭 만들어 놓아야 한다는 것입니다.

1. 도구 상자에서 (Pen Tool(펜 도구))([P])을 클릭하고, 옵션 바에서 Pick tool mode(선택 도구 모드)로 Shape(모양)를 선택하세요. 그리고 Stroke(획)를 클릭하여 'No Color(색상 없음)'를 선택한 후 Stroke(획)를 다시 한 번 클릭하세요.

2. 문제지의 〈출력형태〉에 그려 놓은 기준선을 참조하여 다음과 같이 안내선을 표시하세요.

 전문가의 조언

Pen Tool(펜 도구)의 옵션 바에서 Shape(모양)를 선택하는 이유는 펜 도구로 그리는 패스가 레이어로 생성되도록 하기 위해서입니다. 그래야 새로운 레이어의 생성 없이 바로 클리핑 마스크를 적용할 수 있기 때문이죠.

 포토샵 CS4/CS6 사용자

Stroke(획)가 Style(스타일)로 표시되며, Style(스타일)의 기본 값이 Default Style(초기 스타일)입니다. 기본 값이 Default Style(초기 스타일)이 아닌 경우에만 선택하세요.

전문가의 조언

• 눈금자의 아무 곳이나 클릭한 채 작업 영역 안으로 마우스를 드래그 하면 안내선이 그려집니다.

• (Pen Tool(펜 도구))이 선택된 상태에서 안내선을 이동하려면 [Ctrl]을 누른 채 안내선을 드래그 해야 합니다. [Ctrl]을 누르지 않고 안내선을 클릭하면 기준점이 생성됩니다.

• 안내선과 격자가 같이 표시되어 혼동되면 [Ctrl]+[']를 눌러 격자를 제거하세요

• [Ctrl]+[']를 눌렀을 때 격자가 제거되지 않는다면 [한/영]을 눌러 입력 상태를 영문으로 변경한 후 [Ctrl]+[']를 눌러보세요

전문가의 조언

펜 도구로 패스 작업을 할 때는 화
면 배율을 확대하는 것이 편리합
니다.

화면 배율과 관련된 바로 가기 키

· Ctrl + + : 100%씩 화면 배율을
  확대함
· Ctrl + − : 100%씩 화면 배율을
  축소함
· 화면 배율이 100% 미만인 경우
  에는 66.6%, 50%, 33.3%, 25%
  …로 축소되거나 그 반대로 확
  대됨
· Ctrl + Alt + ↕ : 현재 화면 배
  율에 관계없이 화면 배율을
  100%로 변경함
· Ctrl + ↕ : 현재 작업 창 크기에
  맞게 화면 배율을 조절함

전문가의 조언

· 바로 전 작업을 취소할 때는
  Ctrl + Z 혹은 Delete 를 누르면
  됩니다.
· 작업 과정을 단계별로 취소할 때
  는 히스토리(작업 내역) 패널을
  이용하여 하나씩 제거하면 됩니
  다. 히스토리(작업 내역) 패널 사
  용 방법은 50쪽을 참고하세요.

3. Ctrl + + 를 눌러 화면을 확대한 다음 가로, 세로 이동 막대를 드래그 하여 작업 영
역이 화면의 가운데로 오도록 하세요.

4. 이제 지구본 모양을 그리면 됩니다. 시작될 위치를 마우스로 클릭하여 기준점을 생
성하고 이어서 다음 위치를 클릭하세요.

5. 세 번째 기준점 위치를 클릭한 후 아래쪽으로 드래그하여 곡선을 만듭니다.

6. 네 번째 기준점도 곡선으로 이어야 하는데, 곡선이 이어지는 경우 진행 방향의 방향선을 제거해야 합니다. Alt 를 누른 채 현재 선택된 기준점을 클릭하여 진행 방향의 방향선을 제거하세요.

7. 네 번째 기준점을 클릭한 후 드래그하여 곡선 모양을 만든 후 Alt 를 누른 채 기준점을 클릭하여 방향선을 제거하세요.

8. 위와 같은 방법으로 다음과 같이 지구본 모양의 받침대를 완성합니다.

처음 시작한 기준점을 클릭하여 모양을 완성하세요.

9. 이제 지구본의 원 모양을 그려야 합니다. 도구 상자에서 ▣(Rectangle Tool(사각형 도구))을 클릭하고 있으면 하위 메뉴가 표시됩니다. ◉(Ellipse Tool(타원 도구))(U)를 클릭하고 옵션 바에서 ▣(Combine Shapes(모양 결합))을 선택한 후 다음과 같이 타원을 그립니다.

10. Ctrl + ─를 눌러 화면 배율을 축소하고, [View(보기)] → [Clear Guides(안내선 지우기)](Alt + V, D)를 선택하여 안내선을 제거하세요.

11. 패스에 이름을 지정하기 위해 패스 패널을 클릭한 다음 방금 작성한 Shape 1 Shape Path(모양 1 모양 패스)를 더블클릭합니다.

 전문가의 조언

지구본 패스는 반드시 하나의 패스로 작성되어야 합니다. 원 모양을 그리기 전에 옵션 바에서 Path operations(패스 작업)을 ▣(Combine Shapes(모양 결합))으로 선택하지 않으면, 지구본 받침대와 원이 각각의 패스로 작성됩니다.

포토샵 CS4/CS6 사용자

옵션 바에서 ▣(Add to shape area(모양 영역에 추가))를 선택한 후 타원을 그리세요.

 전문가의 조언

패스 패널이 화면에 표시되어 있지 않으면 [Window(창)] → [Paths (패스)]를 선택하세요.

포토샵 CS4/CS6 사용자

패스 패널을 클릭한 다음 Shape 1 Vector Mask(모양 1 벡터 마스크)를 더블클릭하세요.

 전문가의 조언

• 격자를 제거한 상태에서 패스를 작성했다면, Ctrl + '를 눌러 격자를 다시 표시하세요.
• Ctrl + '를 눌렀을 때 격자가 표시되지 않는다면 한/영을 눌러 입력 상태를 영문으로 변경한 후 Ctrl + '를 눌러보세요.

12. 'Save Path(패스 저장)' 대화상자에서 Name(이름)을 **지구본 모양**으로 지정한 후 〈OK(확인)〉를 클릭하세요.

13. Esc를 두 번 눌러 패스 선택 상태를 해제하세요.

④ 클리핑 마스크를 수행하고 레이어 스타일 적용하기

미리보기

• '1급-2.jpg'를 'G1234-홍길동-1.psd' 파일로 복사한 후 지구본 모양을 이용해 클리핑 마스크를 수행합니다.
• 지구본 모양에 Stroke(선/획)와 Inner Shadow(내부 그림자) 스타일을 적용합니다. 선/획을 적용하면 이미지에 테두리가 그려지고, 내부 그림자 스타일을 적용하면 이미지 안쪽으로 그림자가 표시됩니다.

1. 클리핑 마스크를 적용할 '1급-2.jpg'를 'G1234-홍길동-1.psd' 파일로 복사해야 합니다. '1급-2.jpg' 탭을 클릭하고 Ctrl + A와 Ctrl + C를 차례로 눌러 전체 이미지를 복사하세요.

2. 'G1234-홍길동-1.psd' 탭을 클릭한 후 Ctrl + V를 눌러 복사한 이미지를 붙여 넣으세요.

3. [Edit(편집)] → [Free Transform(자유 변형)](Ctrl + T)을 선택하여 자유 변형 상태로 만든 후 위치를 조절하세요.

전문가의 조언

복사한 나무 무늬의 이미지는 지구본 모양을 이용하여 클리핑 마스크를 수행할 때 사용할 것이므로 위치는 중요하지 않습니다. 지구본 모양을 덮어 안 보이기만 하면 됩니다.

궁금해요

 시나공 Q&A 베스트

Q [Edit(편집)] → [Free Transform(자유 변형)]을 선택하면 지구본 모양이 선택됩니다. 왜 그렇죠?

A 패스를 저장한 후 Esc를 두 번 눌러 패스 선택 상태를 해제하지 않았기 때문입니다. Ctrl + Z를 눌러 자유 변형 상태를 취소하고 Esc를 두 번 누른 후 다시 [Edit(편집)] → [Free Transform(자유 변형)]을 선택하세요.

4. 클리핑 마스크를 수행하기 위해 레이어 패널을 클릭한 다음 나무 무늬의 이미지가
있는 'Layer 2(레이어 2)'의 바로 가기 메뉴에서 [Create Clipping Mask(클리핑 마스크
만들기)]를 선택합니다.

5. 지구본 모양에 레이어 스타일을 적용하기 위해 레이어 패널에서 'Shape 1(모양 1)'을 클릭한 다음 하단의 ▣(Add a layer style(레이어 스타일을 추가합니다.)) 아이콘을 클릭합니다.

6. 표시되는 레이어 스타일 중에서 [Stroke(획)]를 선택하세요.

😺 **포토샵 CS4/CS6 사용자**

Position(위치)의 기본값이 Outside (바깥쪽)입니다. Position(위치)이 Outside(바깥쪽)이 아닌 경우에만 선택하세요.

7. 'Layer Style(레이어 스타일)' 대화상자에서 Size(크기)를 4로 지정하고, Position(위치)을 Outside(바깥쪽)로 선택하세요.

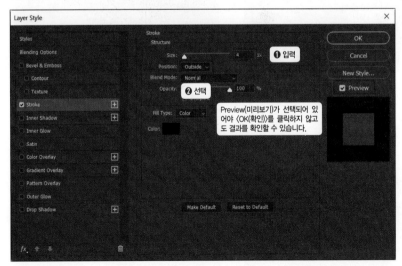

🧑‍🏫 **전문가의 조언**

• 문제지에 제시된 값이 없어서 기본 값을 그대로 사용하여 레이어 스타일을 적용했는데 결과가 〈출력형태〉와 눈에 띄게 차이가 날 때는 옵션 값들을 조정하여 〈출력형태〉와 비슷하게 만들어야 합니다. 그러므로 평소 연습할 때 주요 옵션 값을 변경했을 때 결과가 어떻게 달라지는지 파악해 두는 것이 좋습니다.

• Position(위치)을 Inside(안쪽)로 선택하면 아래와 같이 지구본 모양 안쪽으로 테두리가 그려져 지구본 받침대 부분이 얇아집니다.

8. 이어서 Fill Type(칠 유형)을 'Gradient(그레이디언트)'로 선택하고 'Gradient(그레이디언트)' 항목을 클릭하세요.

9. 'Gradient Editor(그레이디언트 편집기)' 대화상자의 왼쪽 아래 Color Stop(색상 정지점)을 더블클릭한 다음 색상을 #333333으로 지정한 후 〈OK(확인)〉를 클릭하세요.

10. 이번에는 'Gradient Editor(그레이디언트 편집기)' 대화상자의 오른쪽 아래 Color Stop(색상 정지점)을 더블클릭한 다음 색상을 #3333cc로 지정한 후 〈OK(확인)〉를 클릭하세요.

11. 'Gradient Editor(그레이디언트 편집기)' 대화상자에서 〈OK(확인)〉를 클릭하세요. 'Layer Style(레이어 스타일)' 대화상자로 돌아옵니다.

12. 이어서 Inner Shadow(내부 그림자) 스타일을 적용하기 위해 스타일 목록에서 [Inner Shadow(내부 그림자)]를 클릭한 후 〈OK(확인)〉를 클릭합니다.

포토샵 CS4/CS6 사용자

그레이디언트 각도의 기본값이 0° 입니다. 작업한 결과물이 〈출력형 태〉와 눈에 띄게 다른 부분은 속성 값을 변경해야 합니다. 'Gradient Editor(그레이디언트 편집기)' 대화 상자에서 〈OK(확인)〉를 클릭한 후 'Layer Style(레이어 스타일)' 대화 상자에서 'Angle(각도)'을 90°로 지 정하세요.

전문가의 조언

• 레이어 스타일을 적용하면 레이 어 스타일이 적용된 레이어 아래 쪽에 적용된 효과가 표시됩니다.

• 레이어 스타일을 수정하려면, 적 용된 효과를 더블클릭한 후 표시 되는 'Layer Style(레이어 스타일)' 대화상자를 이용하면 됩니다.

궁금해요

시나공 Q&A 베스트

Q 레이어 스타일을 적용할 때 적 용 방향이나 색상, 번짐 정도는 지 시사항에 없던데 어떻게 처리해야 하나요?

A 레이어 스타일은 다음을 참고 하여 작업하세요.

• **스타일 종류** : 수검자가 전송한 PSD 파일을 열어 레이어 스타 일의 종류를 채점하기 때문에 반드시 지시사항으로 주어진 스 타일만 정확하게 적용해야 합니 다. 다른 스타일이 추가되어 있 으면 채점 기준 미달입니다.

• **적용 방향, 색상, 번짐 정도** : 지 시사항이 없으므로 〈출력형태〉 를 보고 비슷하게 지정하면 됩 니다.

⑤ 코끼리를 복사한 후 레이어 스타일 적용하기

'1급-3.jpg'에서 코끼리를 복사한 후 Drop Shadow(그림자 효과) 스타일을 적용합니다. 코끼리에 그림자 스타일을 적용하면, 코끼리 테두리에 그림자가 표시됩니다.

1. 복사할 코끼리가 맨 위의 레이어로 놓이도록 하기 위해 레이어 패널에서 'Layer 2(레이어 2)'를 선택한 다음 '1급-3.jpg' 탭을 클릭합니다.

전문가의 조언

현재 작업 레이어가 'Shape 1(모양 1)'이기 때문에 코끼리를 복사하면 'Shape 1(모양 1)' 위쪽, 즉 클리핑 마스크된 사이로 복사되어 코끼리가 보이지 않기 때문에 'Layer 2(레이어 2)'를 선택하는 것입니다.

2. 도구 상자에서 ⬭(Lasso Tool(올가미 도구))을 클릭하고 있으면 하위 메뉴가 표시됩니다. ⬭(Polygonal Lasso Tool(다각형 올가미 도구))(Ⓛ)을 선택하세요.

3. Ctrl+＋를 눌러 화면 배율을 확대한 다음 정교하게 작업하세요. 선택된 영역 중 특정 영역을 제외할 때는 Alt를 누른 채 제외할 영역을 범위로 지정하면 됩니다

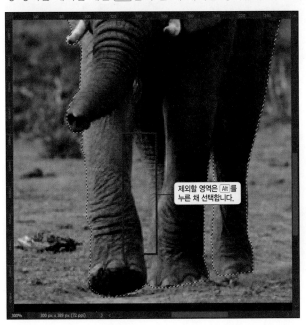

제외할 영역은 Alt를 누른 채 선택합니다.

• 선택에 사용할 도구는 선택할 이미지를 보고 판단하면 됩니다. 배경과 이미지가 확연히 구분되는 경우에는 ⬭(Magic Wand Tool(자동 선택 도구))을 사용하고, 배경이 있으면서 정교한 선택이 필요한 작업에는 ⬭(Polygonal Lasso Tool(다각형 올가미 도구))이나 ⬭(Pen Tool(펜 도구))을 사용하세요.

• 선택 도구를 이용해 필요한 부분만 선택하는 작업은 많은 연습이 필요하여 별도의 섹션으로 구성하였으니 선택 도구 사용이 익숙하지 않은 수험생은 52쪽의 '섹션 02'를 먼저 공부하고 오세요.

• 문제지에 지시사항이 없어도 이미지는 〈출력형태〉와 동일한 모양으로 선택해야 합니다.

• 격자가 작업에 방해가 된다고 생각되면 Ctrl+’를 눌러 제거하세요.

• Delete나 Backspace를 누를 때마다 이전 선택 작업이 한 단계씩 취소됩니다.

• Esc를 누르면 선택 작업이 모두 취소됩니다.

4. 선택 작업을 마쳤으면, Ctrl + C 를 눌러 선택 영역으로 지정된 코끼리를 복사하세요.

5. 'G1234-홍길동-1.psd' 탭을 클릭한 다음 Ctrl + V 를 눌러 복사한 코끼리를 붙여 넣으세요.

 전문가의 조언

이미지를 복사하는 작업은 모든 문제에 걸쳐 자주 사용되므로 바로 가기 키를 외워두는 것이 좋습니다.

· **전체 선택** : Ctrl + A
· **복사** : Ctrl + C
· **붙여넣기** : Ctrl + V

Q 작업에 사용할 이미지를 선택하는 데 시간이 너무 많이 걸립니다. 무슨 좋은 방법이 없나요?

A 시간이 많이 소요되는 작업이지만 GTQ 1급 시험에서 가장 많이 사용하는 기능이므로 반드시 숙달해야 합니다. 〈출력형태〉와 비교하여 똑같이 선택하면 더할 나위 없이 좋지만 시간이 많이 소요되는 게 문제죠. 대체적으로 다음의 기준을 염두에 두고 신속히 작업하면 시간도 절약하고 채점 기준도 통과할 수 있습니다.

• 선택한 이미지의 안쪽에 배경이 포함되지 않아야 합니다.

이미지 안쪽에 배경이 포함되었으므로 채점 기준 미달입니다. 반드시 제거해야 합니다.

• 이미지 바깥쪽에는 배경이 일부 포함되어도 눈에 띄게 많지 않으면 채점 기준을 통과할 수 있습니다.

이미지 바깥쪽에 배경이 일부 포함되었지만 크게 눈에 띄지 않으므로 그대로 두어도 채점 기준을 통과할 수 있습니다.

※ 시간이 부족할 경우 마지막 이미지처럼 일단 넉넉하게 선택하여 가져온 후 다른 모든 작업을 모두 마친 다음, 남는 시간을 이용해 이미지의 모양을 정리하는 것도 한 가지 방법입니다.

6. 코끼리 이미지에 레이어 스타일을 적용하기 위해 'Layer 3(레이어 3)'이 선택된 상태에서 레이어 패널 하단의 (Add a layer style(레이어 스타일을 추가합니다.)) 아이콘을 클릭합니다.

7. 표시되는 레이어 스타일 중에서 [Drop Shadow(그림자)]를 선택하세요.

8. 'Layer Style(레이어 스타일)' 대화상자에서는 별도의 옵션 설정 없이 〈OK(확인)〉를 클릭하세요.

9. 이미지 크기를 조정하기 위해 [Edit(편집)] → [Free Transform(자유 변형)] (Ctrl + T)을 선택하여 자유 변형 상태로 만든 후 〈출력형태〉에 그려놓은 기준선과 작업 영역의 격자를 기준으로 삼아 〈출력형태〉와 동일하게 이미지의 크기를 조절하세요. 이어서 Enter를 눌러 자유 변형 상태를 해제하세요.

그림을 세밀하게 이동할 때는 키보드의 방향키를 이용하세요.

 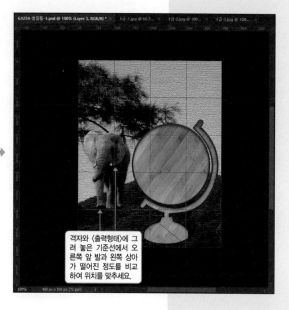

격자와 〈출력형태〉에 그려 놓은 기준선에서 오른쪽 앞 발과 왼쪽 상아가 떨어진 정도를 비교하여 위치를 맞추세요.

⑥ 새와 풀 모양을 추가한 후 레이어 스타일 적용하기

문제지에 특별히 언급한 지시사항이 없어도 캔버스에 추가한 개체는 〈출력형태〉와 동일하게 위치와 방향을 지정해야 합니다.

미리보기

• 새 모양을 추가한 후 Outer Glow(외부 광선) 스타일을 적용합니다.
• 풀 모양을 추가한 후 Stroke(선/획)와 스타일을 적용하고 한 번 복사합니다.

01. 새 모양을 추가한 후 레이어 스타일 적용하기

1. 도구 상자에서 ◯(Ellipse Tool(타원 도구))을 클릭하고 있으면 하위 메뉴가 표시됩니다. ✿(Custom Shape Tool(사용자 정의 모양 도구))(U)을 선택하세요.

2. 옵션 바에서 Pick tool mode(선택 도구 모드)로 Shape(모양)를 선택하세요.

3. 시험에 출제되는 사용자 정의 모양은 대부분 'Legacy Shapes and More(레거시 모양 및 기타)' 항목에 속해 있습니다. Shape(모양) 목록에 'Legacy Shapes and More(레거시 모양 및 기타)' 항목을 추가하기 위해 [Window(창)] → [Shapes(모양)]를 선택합니다.

4. 'Shapes(모양)' 패널이 표시됩니다. 오른쪽 끝의 를 클릭한 후 [Legacy Shapes and More(레거시 모양 및 기타)]를 선택하세요.

5. 'Shapes(모양)' 패널에 'Legacy Shapes and More(레거시 모양 및 기타)' 항목이 표시되고 Custom Shape Tool(사용자 정의 모양 도구) 옵션 바의 Shape(모양) 항목에도 동일하게 'Legacy Shapes and More(레거시 모양 및 기타)' 항목이 표시됩니다. 'Shape(모양)' 패널의 단추를 클릭하여 'Shapes(모양)' 창을 닫으세요.

6. 옵션 바에서 Shape(모양)의 목록 단추(■)를 클릭한 다음 [Legacy Shapes and More(레거시 모양 및 기타)] → [All Legacy Default Shapes(모든 레거시 기본 모양)]를 클릭하여 표시되는 메뉴에서 [Animals(동물)]을 클릭하세요.

전문가의 조언

작업 화면이 작은 경우 'Shapes(모양)' 창이 불편할 수 있으니 이후 작업은 Custom Shape Tool(사용자 정의 모양 도구) 옵션 바의 Shape(모양) 항목을 이용하도록 하겠습니다.

전문가의 조언

'Shapes(모양)' 패널에 ✕ 단추가 표시되지 않은 경우에는 ≫를 클릭하거나 ■를 클릭한 후 [Close(닫기)]를 선택하여 'Shapes(모양)' 패널을 닫으세요.

전문가의 조언

Shape(모양) 목록 창 오른쪽 아래를 마우스로 드래그하면 크기를 조절할 수 있습니다.

포토샵 CS4/CS6에서는 시험에 출제되는 사용자 정의 모양을 Shape(모양) 목록에서 바로 선택할 수 있습니다.

1. 옵션 바에서 Shape(모양)의 목록 단추(▼)를 클릭한 다음 확장 단추(⚙)를 클릭하여 표시되는 메뉴에서 [Animals(동물)]을 선택하세요.

2. 선택한 모양으로 대치할지를 묻는 대화상자가 나타나면 〈OK(확인)〉를 클릭하세요.

7. 모양 목록에서 ▼(Bird 2(새 2)) 모양을 더블클릭하여 선택한 다음 〈출력형태〉의 기준선을 참조하여 적당한 위치에 드래그 하여 새 모양을 추가하세요.

8. 새 모양에 색상을 지정하기 위해 옵션 바에서 Fill(칠)을 클릭한 다음 Color Picker (색상 피커)를 클릭합니다.

9. 'Color Picker(Fill Color)(색상 피커(칠 색상))' 대화상자에서 색상을 #ffcc00으로 지정한 후 〈OK(확인)〉를 클릭하세요.

Q 사용자 정의 모양 도구를 이용하여 모양을 그릴 때 주의할 점은 무엇인가요?

A 다음과 같은 점에 신경을 써서 작업하면 됩니다.

• **모양** : 모양의 종류에 대한 지시사항이 없지만 수검자가 전송한 PSD 파일을 열어 채점하기 때문에 〈출력형태〉를 보고 판단하여 정확한 모양을 선택해서 배치해야 합니다.

• **색상** : 수검자가 전송한 PSD 파일을 열어 채점하기 때문에 지시사항에 주어진 색상을 정확하게 지정해야 합니다.

• **위치 및 크기** : 수검자의 JPG 파일을 출력하여 채점하기 때문에 〈출력형태〉와 비교하여 크게 다르지 않으면 채점 기준을 통과할 수 있습니다.

레이어 스타일은 문제에 제시된 대로 Outer Glow(외부 광선)를 적용하면 됩니다.

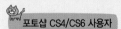 포토샵 CS4/CS6 사용자

'Shape 2(모양 2)'가 선택된 상태에서 'Outer Glow(외부 광선)' 효과를 지정하세요.

10. 새 모양에 레이어 스타일을 적용하기 위해 'Bird 2 1(새 2 1)'이 선택된 상태에서 레이어 패널 하단의 (Add a layer style(레이어 스타일을 추가합니다.)) 아이콘을 클릭한 후 [Outer Glow(외부 광선)]를 선택합니다.

11. 'Layer Style(레이어 스타일)' 대화상자에서는 별도의 옵션 설정 없이 〈OK(확인)〉를 클릭합니다.

12. 캔버스에 추가한 개체는 크기, 위치, 방향을 문제지의 〈출력형태〉와 동일하게 해야 합니다. [Edit(편집)] → [Free Transform Path(패스 자유 변형)](Ctrl + T)를 선택하여 패스 자유 변형 상태로 만든 후 다음의 5가지 방법을 이용하여 조절하세요.

❶ 위치 이동 : 키보드의 상하좌우 방향키를 눌러 위치를 조절합니다.

마우스로 드래그 하여 이동해도
되지만 키보드의 방향키를 이용하
면 좀 더 세밀하게 이미지의 위치
를 조절할 수 있습니다.

❷ 회전 : 오른쪽 상단의 회전 조절점을 좌우로 드래그 하여 조절합니다.

마우스 포인터를 조절점 밖에 놓
아 포인터 모양이 회전 표시로
변경되었을 때 드래그 해야 이미
지가 회전됩니다.

❸ 가로 크기 조절 : 좌우의 크기 조절점을 좌우로 드래그 하여 조절합니다.

❹ 세로 크기 조절 : 상하의 크기 조절점을 상하로 드래그 하여 조절합니다.

❺ 전체 크기 조절 : Shift를 누른 채 모서리의 크기 조절점을 드래그 하면 이미지의 가로와 세로 비율이 고정된 채로 조절됩니다.

Ctrl + T는 개체를 자유 변형 상태로 만들 때 뿐만 아니라 개체를 이동할 때도 유용하게 사용되므로 꼭 기억해 두는 것이 좋습니다.

13. 크기, 위치, 방향 등의 조절을 마쳤으면 Enter를 두 번 눌러 패스 자유 변형 상태를 해제하세요.

02. 풀 모양을 추가한 후 레이어 스타일 적용하기

1. 옵션 바에서 Shape(모양)의 목록 단추(∨)를 클릭한 다음 [Legacy Shapes and More(레거시 모양 및 기타)] → [All Legacy Default Shapes(모든 레거시 기본 모양)]를 클릭하여 표시되는 메뉴에서 [Nature(자연)]를 선택하세요.

전문가의 조언

풀 모양은 Nature(자연)에 포함되어 있습니다. 모양이 어느 그룹에 속하는지 알아두면 작업 시간을 단축할 수 있습니다.

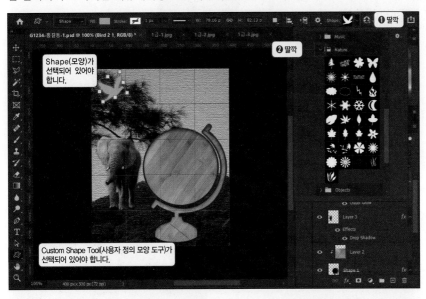

포토샵 CS4/CS6 사용자

Shape(모양) 목록에서 [Nature(자연)]를 선택한 후 선택한 모양으로 대치할지를 묻는 대화상자가 나타나면 〈OK(확인)〉를 클릭하세요.

2. 모양 목록에서 ▨(Grass 2(풀 2)) 모양을 더블클릭하여 선택한 다음 〈출력형태〉의 기준선을 참조하여 적당한 위치에 드래그 하여 풀 모양을 추가하세요.

3. 옵션 바에서 Fill(칠)을 클릭한 다음 Color Picker(색상 피커)를 클릭합니다. 이어서 'Color Picker(Fill Color(색상 피커(칠 색상))' 대화상자에서 색상을 #009966으로 지정한 후 〈OK(확인)〉를 클릭하세요.

포토샵 CS4/CS6 사용자

옵션 바에서 Color(색상)를 클릭한 다음 'Pick a solid color: (단색 선택)' 대화상자에서 색상을 지정한 후 〈OK(확인)〉를 클릭하세요.

전문가의 조언

• 풀 모양에 색상과 레이어 스타일을 지정한 다음 크기와 위치를 세밀하게 조정할 것이므로 지금은 크기와 위치에 신경 쓰지 말고 적당하게 추가하면 됩니다.
• 문제지에 풀 모양의 색상을 #009966으로 지정하도록 되어 있습니다.

포토샵 CS4/CS6 사용자

'Shape 3(모양 3)'이 선택된 상태
에서 'Stroke(획)' 스타일을 지정하
세요.

4. 'Grass 2 1(풀 2 1)'이 선택된 상태에서 레이어 패널 하단의 [fx](Add a layer style(레이어 스타일을 추가합니다.)) 아이콘을 클릭한 후 [Stroke(획)]를 선택하세요.

5. 'Layer Style(레이어 스타일)' 대화상자에서 Size(크기)를 2로 지정한 다음 Fill Type(칠 유형)에서 Color(색상) 항목을 선택하고 색상을 #ffffff로 지정한 후 〈OK(확인)〉를 클릭하세요. 이어서 'Layer Style(레이어 스타일)' 대화상자의 〈OK(확인)〉를 클릭하세요.

6. [Edit(편집)] → [Free Transform Path(패스 자유 변형)]([Ctrl]+[T])를 선택하여 패스 자유 변형 상태로 만든 후 방향키와 조절점을 이용하여 크기와 위치를 조절하세요.

7. 위치와 크기를 조절한 다음에는 [Enter]를 두 번 눌러 패스 자유 변형 상태를 해제하세요.

8. 도구 상자에서 ⊕(Move Tool(이동 도구))([V])을 클릭합니다.

9. [Shift]+[Alt]를 누른 채 풀 모양을 오른쪽 방향으로 드래그 하여 복사하세요.

 전문가의 조언

[Alt]를 누른 채 마우스를 드래그 하여 복사하려면 개체를 이동할 수 있는 도구인 ⊕(Move Tool(이동 도구))이 선택되어 있어야 합니다.

 전문가의 조언

• 풀 모양을 복사하면 새로운 레이어가 생성되면서 복사됩니다.
• 복사된 풀 모양의 위치를 조절할 때는 해당 레이어를 선택하고 좌우 방향 키를 이용하면 됩니다.
• [Shift]는 복사되는 방향으로 수평을 유지하기 위한 기능을, [Alt]는 복사 기능을 수행하는 키입니다.

포토샵 CS4/CS6 사용자

'Shape 3(모양 3)'과 마찬가지로
'Shape 3 copy(모양 3 복사)'의 서
식을 지정하세요.

10. 'Grass 2 1(풀 2 1)'과 마찬가지로 'Glass 2 1 copy(풀 2 1 복사)'의 서식을 지정하기 위해 ✿(Custom Shape Tool(사용자 정의 모양 도구))(U)을 선택하고 옵션 바에서 Fill(칠)을 클릭한 다음 Color Picker(색상 피커)를 클릭합니다.

11. 'Color Picker(Fill Color)(색상 피커(칠 색상))' 대화상자에서 색상을 #336600으로 지정한 후 〈OK(확인)〉를 클릭하세요.

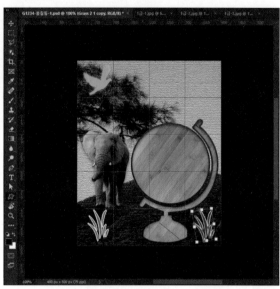

12. [Edit(편집)] → [Free Transform Path(패스 자유 변형)](Ctrl+T)를 선택하여 자유 변형 상태로 만든 후 방향키와 조절점을 이용하여 크기와 위치를 조절하세요.

13. 위치와 크기를 조절한 다음에는 Enter를 눌러 자유 변형 상태를 해제하세요.

시나공 Q&A 베스트

Q 풀이 복사되지 않고 배경과 풀
이 이동돼요!

A Shift+Alt 대신, Shift+Ctrl을
누르고 드래그한 경우입니다.
Shift+Ctrl은 현재 작업 중인 레이
어와 마우스로 클릭한 위치에 있
는 레이어를 함께 선택하는 기능
으로 풀과 풀 근처에 있는 'Layer
1(레이어 1)'이 함께 선택되어 이동
되는 것입니다.

⑦ Safari World를 입력하고 레이어 스타일 적용하기

Safari World를 입력하고 텍스트 모양을 Rise(상승) 스타일로 변경한 후 Gradient Overlay(그레이디언트 오버레이)와 Stroke(선/획) 스타일을 적용합니다.

시나공 Q&A 베스트

Q 텍스트 입력 작업은 어떤 점에 신경을 써서 작업하면 되나요?

A 다음 내용을 참고하세요.

- **내용, 글꼴(스타일, 크기, 색상)** : 수검자가 전송한 PSD 파일을 열어 채점하기 때문에 지시사항으로 주어진 대로 정확하게 처리해야 합니다. 하나라도 지시사항과 다르면 채점 기준 미달입니다.
- **위치 및 크기** : 수검자가 전송한 JPG 파일을 출력하여 채점하기 때문에 〈출력형태〉와 비교하여 크게 다르지 않으면 채점 기준을 통과할 수 있습니다.

1. 도구 상자에서 ⊤(Horizontal Type Tool(수평 문자 도구))(⊤)을 클릭한 다음 〈출력형태〉의 기준선을 참조하여 적당한 위치를 클릭하고 **Safari World**를 입력하세요.

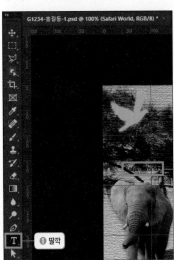

❷ 클릭 후 Safari World 입력

❶ 딸깍

전문가의 조언

- 가로로 문자를 입력할 때는 ⊤(Horizontal Type Tool(수평 문자 도구))을 이용합니다.
- 글자에 서식과 레이어 스타일을 지정한 다음 위치와 크기를 세밀하게 조정할 것이므로 지금은 위치에 신경 쓰지 말고 적당하게 입력하면 됩니다.

전문가의 조언

Photoshop CC버전 이상의 영문 버전에서는 ⊤(Horizontal Type Tool(수평 문자 도구))을 선택하고, 문자를 입력하기 위해 캔버스를 클릭하면 다음과 같이 블록이 지정된 샘플 텍스트가 표시됩니다. 블록이 지정된 상태이므로 바로 텍스트를 입력하면 샘플 텍스트가 지워진 후 텍스트가 입력됩니다. 한글 버전에서는 샘플 텍스트가 표시되지 않습니다.

2. Ctrl + Enter 를 눌러 입력을 완료한 다음 옵션 바에서 Font(글꼴)를 '궁서', Size(크기)를 45로 지정합니다. 이어서 Create warped text(뒤틀어진 텍스트 만들기)를 클릭하세요.

3. 'Warp Text(텍스트 뒤틀기)' 대화상자에서 Style(스타일)을 'Rise(상승)'로 지정하고 〈출력형태〉와 모양이 비슷하도록 Bend(구부리기) 값을 조절한 후 〈OK(확인)〉를 클릭하세요.

 궁금해요

시나공 Q&A 베스트

Q 텍스트 뒤틀기에 대해서는 별도의 지시사항이 없는데, 어떤 기준으로 작업을 해야 하나요?

A 다음의 두 가지를 신경 써서 작업하세요.

• **뒤틀기 모양** : 변형 모양의 종류에 대한 지시사항이 없지만 수검자가 전송한 PSD 파일을 열어 채점하기 때문에 〈출력형태〉를 보고 판단하여 정확하게 지정해야 합니다. 텍스트 뒤틀기의 종류는 구분이 어렵지 않으므로 조금만 연습해 두면 쉽게 파악할 수 있습니다. 교재의 맨 앞에 붙어있는 별지에 정리해 놓았으니 참고하세요.

• **구부리기 정도** : 문제지에 지시사항이 없으므로 〈출력형태〉를 보고 판단해야하는데, 수검자가 전송한 JPG 파일을 출력하여 채점하므로 〈출력형태〉에 그려놓은 기준선을 크게 벗어나지 않으면 채점 기준을 통과할 수 있습니다.

Q1 텍스트 입력 후 서식을 지정하면 텍스트가 잘려서 표시돼요. 왜 그렇죠?

A1 문자 입력에 사용된 텍스트 상자의 너비가 충분하지 않아서 그렇습니다. 너비가 충분하지 않으므로 서식을 적용하여 텍스트의 크기가 커지면 일부 텍스트가 다음 줄로 이동하여 보이게 않게 되는 것이죠.

이런 경우 텍스트 상자의 너비를 넓혀주면 텍스트가 다시 나타나지만 번거로우므로, 처음부터 이런 문제가 발생하지 않게 하려면 텍스트 상자의 크기를 고정시키지 않으면 됩니다. ▣(Horiziontal Type Tool(수평 문자 도구))을 클릭한 다음 입력될 영역을 마우스로 드래그하여 텍스트가 입력될 영역을 지정하지 말고, 입력될 위치를 그냥 한 번 클릭한 다음 텍스트를 입력하면 입력되는 텍스트의 양에 맞게 너비가 자동으로 조절됩니다.

Q2 글꼴 크기를 지시사항대로 지정하였는데 문제지의 〈출력형태〉보다 크게 표시되는 이유는 뭐죠?

A2 해상도의 차이 때문입니다. 글꼴의 크기가 동일하더라도 캔버스의 해상도(Resolution)에 따라 화면에 표시되는 크기가 달라집니다. 캔버스의 해상도가 72 pixels이 아니라면 다음과 같은 방법으로 수정하세요.

❶ [Image(이미지)] → [Image Size(이미지 크기)]([Alt] + [Ctrl] + [I])를 선택하세요.

❷ 'Image Size(이미지 크기)' 대화상자에서 'Resample(리샘플링)'을 클릭하여 선택을 해제하고 Resolution(해상도)에 72를 입력한 후 〈OK(확인)〉를 클릭하세요.

전문가의 조언

Resample(리샘플링)이 체크되어 있는 상태에서 해상도를 변경하면 해상도에 맞게 Dimensions(디멘션) 값이 자동으로 바뀌므로, 현재까지 작업한 이미지에 영향을 주지 않으면서 해상도만 변경하기 위해 Resample(리샘플링)을 해제하고 해상도를 변경하는 것입니다.

궁금해요

시나공 Q&A 베스트

Q [fx](Add a layer style(레이어 스타일을 추가합니다.)) 아이콘을 클릭할 수 없어요!

A Safari World를 입력한 후 Ctrl + Enter를 누르지 않아 입력 상태가 유지되고 있기 때문입니다. Ctrl + Enter를 눌러 입력을 완료한 다음 다시 클릭해 보세요.

4. 'Safari World'가 선택된 상태에서 레이어 스타일을 지정하기 위해 레이어 패널 하단의 [fx](Add a layer style(레이어 스타일을 추가합니다.)) 아이콘을 클릭한 후 [Gradient Overlay(그레이디언트 오버레이)]를 선택합니다.

5. 'Layer Style(레이어 스타일)' 대화상자에서 Gradient(그레이디언트) 항목을 클릭하세요.

6. 'Gradient Editor(그레이디언트 편집기)' 대화상자의 왼쪽 아래 Color Stop(색상 정지점)을 더블클릭한 다음 색상을 #3366ff로 지정한 후 〈OK(확인)〉를 클릭하세요.

7. 이번에는 'Gradient Editor(그레이디언트 편집기)' 대화상자의 오른쪽 아래 Color Stop(색상 정지점)을 더블클릭한 다음 색상을 #ff6666으로 지정한 후 〈OK(확인)〉를 클릭하세요.

8. 'Gradient Editor(그레이디언트 편집기)' 대화상자에서 〈OK(확인)〉를 클릭하세요. 'Layer Style(레이어 스타일)' 대화상자로 돌아옵니다.

9. 'Layer Style(레이어 스타일)' 대화상자에서 Angle(각도)을 0으로 지정하세요. Stroke(획) 효과를 지정해야 하니 〈OK(확인)〉를 클릭하지 마세요.

전문가의 조언

Angle(각도)와 같이 지시사항에는
없지만 〈출력형태〉와 다른 부분은
여러분이 직접 판단해야 합니다.

10. Style(스타일) 목록에서 [Stroke(획)]를 클릭하세요. 이어서 Size(크기)를 3으로 지
정한 다음 Position(위치)을 Outside(바깥쪽)으로 지정하고 Color(색상)를 클릭하여 색
상을 #ffffff로 지정한 후 〈OK(확인)〉를 클릭하세요.

11. (Move Tool(이동 도구))(V)을 클릭한 다음 위치를 조정하기 위해 드래그 합니다.

⑧ 파일 저장 및 이미지 크기 조절하기

 전문가의 조언

1. 문제의 조건으로 제시된 JPG 형식으로 저장하기 위해 [File(파일)] → [Save a Copy(사본 저장)]([Ctrl] + [Alt] + [S])를 선택합니다.

2. 'Save a Copy(사본 저장)' 대화상자에서 저장 위치 및 파일 이름과 형식을 다음과 같이 지정한 후 〈저장〉을 클릭하세요.

3. 'JPEG Options(JPEG 옵션)' 대화상자에서 Quality(품질)를 8로 지정한 후 〈OK(확인)〉를 클릭하세요.

> 전문가의 조언
>
> 작업을 마친 PSD 파일은 JPG와 PSD 두 가지 형식으로 저장해서 제출해야 합니다. JPG는 PSD 파일을 형식만 JPG로 바꾸면 되고, PSD는 이미지 크기를 1/10로 줄여 저장하면 됩니다.

> 포토샵 CS4/CS6 사용자
>
> JPG 형식으로 저장하기 위해 [File(파일)] → [Save As(다른 이름으로 저장)]([Ctrl] + [Shift] + [S])를 선택하세요.

> 전문가의 조언
>
> • 실제 시험에서는 '저장 위치'를 '문서\GTQ'로 지정해야 합니다.
> • 현재 작업한 psd 파일의 이름이 'G1234−홍길동−1.psd'이므로 다른 이름으로 저장할 때 형식을 'JPG'로 변경하고 파일 이름에서 "copy"만 제거해주면 됩니다.

> 전문가의 조언
>
> • JPEG 형식의 Quality(품질)는 8 또는 9 정도로 지정하면 되며, 이미지 크기는 캔버스를 만들 때 400 × 500 pixels로 지정했기 때문에 별도로 지정하지 않아도 됩니다.
> • JPG 형식으로 저장해도 현재 작업창의 PSD 파일은 그대로 유지되고 별도의 JPG 파일이 생성되므로 제목 표시줄에는 'G1234−홍길동−1.psd'가 그대로 표시되어 있습니다.

4. 이제 이미지의 크기를 40 × 50 pixels로 변경한 후 PSD 형식으로 저장해야 합니다. [Image(이미지)] → [Image Size(이미지 크기)](Ctrl + Alt + I)를 선택하세요.

5. 'Image Size(이미지 크기)' 대화상자에서 Width(폭)와 Height(높이)의 단위를 Pixels(픽셀)로 변경하고 입력되어 있는 값에서 0만 하나씩 제거한 후 〈OK(확인)〉를 클릭하세요.

6. 이미지 크기에 맞게 캔버스가 작아집니다. [File(파일)] → [Save(저장)](Ctrl + S)를 선택하세요.

⑨ [문제 1] 답안 파일 전송하기

1. 완성한 답안 파일을 전송해야 합니다. 메뉴 표시줄의 최소화 단추를 클릭하여 포토샵 프로그램을 최소화하세요.

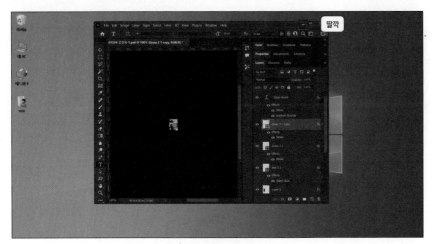

2. '시험 관리 도구'에서 〈답안 전송〉을 클릭한 다음 '고사실 PC로 답안 파일 보내기' 대화상자에서 'G1234-홍길동-1.jpg'와 'G1234-홍길동-1.psd' 파일을 선택하고 〈답안 전송〉을 클릭하세요.

 전문가의 조언

파일을 전송한 후 잘못된 내용을 발견하여 내용을 수정했다면 수정한 파일을 다시 전송하면 됩니다. 그러면 이전에 전송했던 파일이 새로 전송한 파일로 대체됩니다.

3. 전송을 마쳤으면 다음 작업을 위해 포토샵 창에 불러놓은 이미지들과 작업창을 모두 닫으세요.

미리보기

사용할 이미지

1급-4.jpg   1급-5.jpg   1급-6.jpg   모양 도구로 추가하기

작업 과정

❶ '1급-4.jpg'를 복사하고 'Facet(단면화)' 필터를 적용한다.

❷ 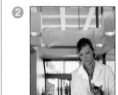 '1급-5.jpg'에서 사람을 복사한 후 레이어 스타일을 적용하고 색상을 노란색, 녹색 계열로 보정한다.

❸ '1급-6.jpg'에서 다람쥐를 복사한 후 레이어 스타일을 적용한다.

❹ 발바닥, 개 모양을 추가한 후 레이어 스타일을 적용한다.

❺ Animal Medical Center를 입력하고 모양을 변형한 후 레이어 스타일을 적용한다.

⓪ 준비 작업

1. 먼저 작업 공간으로 사용할 캔버스를 만들어야 합니다. [File(파일)] → [New(새로 만들기)]([Ctrl] + [N])를 선택하세요.

2. 'New Document(새로운 문서 만들기)' 대화상자에서 Name(이름), Width(폭), Height(높이) 등을 다음과 같이 지정한 후 〈Create(만들기)〉를 클릭하세요.

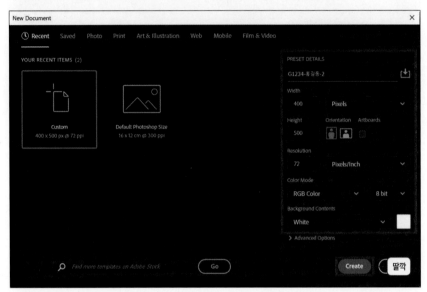

3. [File(파일)] → [Save As(다른 이름으로 저장)]([Ctrl] + [Shift] + [S])를 선택한 다음 'Save As(다른 이름으로 저장)' 대화상자에서 저장 위치를 '시험장따라하기', 파일 이름을 'G1234-홍길동-2'로 지정한 후 〈저장〉을 클릭하세요.

4. 작업 창에 눈금자와 격자가 표시되어 있지 않으면, [View(보기)] → [Rulers(눈금자)] ([Ctrl] + [R])와 [View(보기)] → [Show(표시)] → [Grid(격자)]([Ctrl] + ['])를 선택하세요.

① 필터 적용하기

미리보기

'1급-4.jpg'를 'G1234-홍길동-2.psd' 파일로 복사한 후 Facet(단면화) 필터를 적용합니다. Facet (단면화) 필터를 적용하면 유사한 색상의 픽셀들이 묶여서 추상화 같은 느낌으로 표현됩니다.

 →

전문가의 조언

• Name(이름), Width(폭), Heigh(높이), Resolution(해상도), Color Mode(색상 모드)는 문제에 제시된 대로 정확히 입력하면 됩니다.

• 새로운 캔버스를 만들었으면 바로 이름을 지정해서 파일을 저장하는 것이 좋습니다. 파일을 저장하면 Photoshop의 기본 저장 형식인 PSD로 저장됩니다.

• 실제 시험에서는 '수험번호-성명-문제번호'로 이름을 지정해야 합니다.
  예 G100112345678-홍길동-2

• 정답 파일은 PSD와 JPG 두 가지 형식으로 저장해서 제출해야 하는데, 먼저 PSD 형식으로 저장하여 작업한 후 작업이 완료되면 JPG 형식으로 변환하여 저장하면 됩니다.

포토샵 CS4/CS6 사용자

'New(새 문서)' 대화상자의 'Name (이름)'에 **G1234-홍길동-2**를 입력한 후 Width(폭), Height(높이) 등을 지정하세요.

전문가의 조언

격자와 눈금자가 표시되어 있어야 이미지의 위치 및 크기를 문제지와 동일하게 지정할 수 있습니다.

전문가의 조언

이미지가 왜곡되거나 흐려지는 필터는 먼저 필터를 적용하고 〈출력 형태〉에 맞게 배치하는 것이 효율적입니다.

1. 작업할 이미지를 불러오기 위해 [File(파일)] → [Open(열기)]([Ctrl]+[O])을 선택합니다.

2. '열기' 대화상자에서 찾는 위치를 'C:\길벗GTQ1급\시험장따라하기\Image' 폴더로 지정한 다음 '1급-4.jpg', '1급-5.jpg', '1급-6.jpg' 파일을 선택하고 〈열기〉를 클릭하세요.

3. '1급-4.jpg' 이미지를 'G1234-홍길동-2.psd' 파일로 복사하기 위해 '1급-4.jpg' 탭을 클릭한 다음 [Ctrl]+[A]와 [Ctrl]+[C]를 차례로 누릅니다.

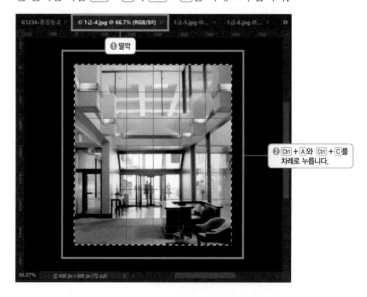

❶ 딸깍

❷ [Ctrl]+[A]와 [Ctrl]+[C]를
차례로 누릅니다.

4. 'G1234-홍길동-2.psd' 탭을 클릭한 다음 Ctrl + V 를 눌러 복사한 '1급-4.jpg' 파일을
붙여 넣으세요.

5. Facet(단면화) 필터를 적용하기 위해 [Filter(필터)] → [Pixelate(픽셀화)] →
[Facet(단면화)]를 선택합니다.

전문가의 조언

Facet(단면화) 필터는 단색이나 유
사한 색상의 픽셀을 유사한 색상
의 픽셀 블럭으로 묶습니다. 이 필
터를 사용하면 이미지를 손으로
그린 것처럼 만들어 사실적인 이
미지가 추상화처럼 보입니다.

6. 이미지를 이동하기 위해 도구 상자에서 ✛(Move Tool(이동 도구))(V)을 클릭합니다.

7. 〈출력형태〉에 그려놓은 기준선과 작업 영역의 격자를 기준으로 삼아 이미지를 배치하세요.

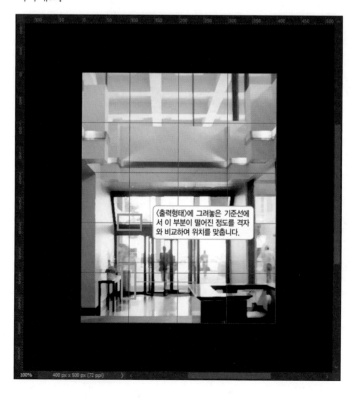

〈출력형태〉에 그려놓은 기준선에서 이 부분이 떨어진 정도를 격자와 비교하여 위치를 맞춥니다.

② 사람을 복사한 후 레이어 스타일을 적용하고 색상 보정하기

미리보기

'1급-5.jpg'에서 고양이를 안고 있는 사람을 복사하여 Drop Shadow(그림자 효과) 스타일을 적용한 다음 노란색과 녹색 계열로 색상을 보정합니다.

01. 사람을 복사한 후 레이어 스타일 지정하기

1. 탭 목록에서 '1급-5.jpg' 탭을 클릭하세요. 이어서 도구 상자에서 (Magic Wand Tool(자동 선택 도구))(W)을 선택하세요.

2. 옵션 바에서 Tolerance(허용치)를 10으로 지정하세요.

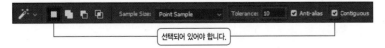

선택되어 있어야 합니다.

3. 마우스로 배경 부분을 클릭하세요. 이어서 선택 영역을 반전시키기 위해 [Select(선택)] → [Inverse(반전)]([Ctrl]+[Shift]+[I])를 선택합니다.

4. [Ctrl]+[+]를 눌러 화면 배율을 확대한 다음 선택에서 제외할 영역을 범위로 지정하세요. 선택된 영역 중 특정 영역을 제외할 때는 [Alt]를 누른 채 제외할 영역을 범위로 지정하면 됩니다.

전문가의 조언

이미지 아래쪽의 책상 부분은 'G1234-홍길동-2.psd' 파일에 복사하여 배치할 때 화면에 표시되지 않는 부분이므로 신경쓰지 않아도 됩니다.

5. 선택 작업을 마쳤으면, 선택된 사람을 복사한 후 'G1234-홍길동-2.psd' 파일에 붙여넣기 하세요.

· 복사 : Ctrl + C
· 붙여넣기 : Ctrl + V

6. 사람에 레이어 스타일을 지정하기 위해 'Layer 2(레이어 2)'가 선택된 상태에서 레이어 패널 하단의 *fx*(Add a layer style(레이어 스타일을 추가합니다.)) 아이콘을 클릭한 후 [Drop Shadow(그림자)]를 선택하세요.

레이어 패널이 화면에 표시되어 있지 않으면 [Window(창)] → [Layers(레이어)]([F7])를 선택하세요. 또한 레이어 패널이 닫혀있다면 LAYER(레이어) 탭을 더블클릭하세요.

문제지에 제시된 값이 없어서 기
본 값을 그대로 사용하여 레이어
스타일을 적용했는데 결과가 〈출
력형태〉와 눈에 띄게 차이가 날 때
는 옵션 값들을 조정하여 〈출력형
태〉와 비슷하게 만들어야 합니다.
그러므로 평소 연습할 때 주요 옵
션 값을 변경했을 때 결과가 어떻
게 달라지는지 파악해 두는 것이
좋습니다.

7. 'Layer Style(레이어 스타일)' 대화상자에서 Spread(스프레드)와, Size(크기)를 다음
과 같이 지정한 후 〈OK(확인)〉를 클릭하세요.

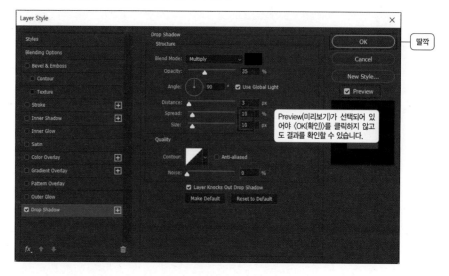

8. 도구 상자에서 ✛(Move Tool(이동 도구))(V)을 선택한 다음 〈출력형태〉와 동일하
게 이미지를 배치하세요.

Q 사람 이미지를 드래그 했는데, 왜 배경 이미지가 이동되죠?

A Move Tool(이동 도구) 옵션 바의 Auto-Select(자동 선택) 옵션이 체크되어 있는지 확인해 보세요.

Auto-Select(자동 선택) 옵션이 체크되어 있으면 마우스를 클릭한 위치의 레이어가 자동으로 선택됩니다. 현재 레이어 패널에 'Layer 2(레이어 2)'가 선택되어 있지만 마우스 포인터는 'Layer 1(레이어 1)'에 포함된 배경 이미지 위치에 있습니다. 이 상태에서 마우스를 클릭하면 Auto-Select(자동 선택) 옵션에 의해 클릭한 위치인 'Layer 1(레이어 1)'이 자동으로 선택되며, 드래그하면 'Layer 1(레이어 1)'에 포함된 배경 이미지가 이동됩니다. 마우스 포인터의 위치에 관계없이 현재 레이어 패널에 선택된 레이어가 이동되게 하려면 Move Tool(이동 도구) 옵션 바의 Auto-Select(자동 선택) 옵션을 해제하면 됩니다.

02. 색상 보정하기

1. 도구 상자에서 ◢(Pen Tool(펜 도구))(P)을 클릭하고 옵션 바에서 Path(패스)를 선택하세요. 이어서 Path opernation(패스 작업)을 클릭한 다음 ◪(Combine Shapes(모양 결합))를 클릭하세요.

2. 왼쪽 옷깃 부분을 선택 영역으로 지정합니다. Ctrl+표를 눌러 화면을 확대한 다음 정교하게 선택하세요.

3. 선택 작업을 마쳤으면, 완성된 패스를 선택 영역으로 지정하기 위해 패스 패널에서 Ctrl을 누른 채 'Work Path(작업 패스)'를 클릭합니다.

4. 색상 보정을 위해 레이어 패널을 클릭하고 레이어 패널 하단의 ◙(Create new fill or adjustment layer(새 칠 또는 조정 레이어를 만듭니다.) 아이콘을 클릭합니다.

5. 표시되는 목록 중에서 [Hue/Saturation(색조/채도)]을 선택하세요.

6. 조정 패널이 표시되면 Colorize(색상화)를 체크한 후 Hue(색조)와 Saturation(채도)을 조절하여 노란색 계열로 보정하세요.

 전문가의 조언

조정 레이어를 추가해 색상을 보정하는 것은 실제 이미지에 색상을 칠해 보정하는 것이 아니므로 언제든지 원래 색상으로 복구할 수 있습니다. 실제로 레이어에 색을 적용하면서 보정하려면 [Image(이미지)] → [Adjustment(조정)] (Ctrl)+(U) 메뉴를 선택하여 작업하면 됩니다.

전문가의 조언

대상 이미지의 색상에 따라 조절해야 하는 Hue(색조) 값이 달라지므로 Hue(색조)의 값을 직접 조절하면서 이미지의 색상 변화를 확인하세요.

잠깐만요

Colorize(색상화)

선택된 영역 전체를 대상으로 색상을 보정하려면 Colorize(색상화) 옵션이 선택된 상태에서 Hue(색조)와 Saturation(채도)를 조절해야 합니다. 다음은 Colorize(색상화) 옵션 적용 여부에 따른 보라색 계열 색상 보정의 차이입니다.

원본   보라색 계열 보정   Colorize(색상화)   Colorize(색상화), 보라색
계열 보정

7. 이어서 녹색으로 색상을 보정할 오른쪽 옷깃 부분을 선택 영역으로 지정한 다음 완성된 패스를 선택 영역으로 지정하기 위해 패스 패널에서 Ctrl을 누른 채 'Work Path(작업 패스)'를 클릭합니다.

8. 색상 보정을 위해 레이어 패널을 클릭하고 레이어 패널 하단의 (Create new fill or adjustment layer(새 칠 또는 조정 레이어를 만듭니다.)) 아이콘을 클릭한 후 [Hue/Saturation(색조/채도)]을 선택합니다.

9. 조정 패널이 표시되면 Colorize(색상화)를 체크한 후 Hue(색조)와 Saturation(채도)을 조절하여 녹색 계열로 보정하세요.

③ 다람쥐를 복사한 후 레이어 스타일 적용하기

'1급-6.jpg'에서 다람쥐를 복사하여 Inner Shadow(내부 그림자) 스타일을 적용합니다.

 ➡

1. 탭 목록에서 '1급-6.jpg' 탭을 클릭하세요. 이어서 도구 상자에서 (Polygonal Lasso Tool(다각형 올가미 도구))(L)을 선택하세요.

격자가 작업에 방해되면 Ctrl + '를 눌러 격자를 제거하세요. Ctrl + '을 다시 누르면 격자가 다시 표시됩니다.

2. Ctrl + +를 눌러 화면 배율을 확대한 다음 정교하게 작업하세요. 선택된 영역 중 특정 영역을 제외할 때는 Alt를 누른 채 제외할 영역을 범위로 지정하면 됩니다.

• Delete나 Backspace를 누를 때마다 이전 작업이 한 단계씩 취소됩니다.
• Esc를 누르면 선택 작업이 모두 취소됩니다.

3. 선택 작업을 마쳤으면, 선택된 다람쥐를 복사한 후 'G1234-홍길동-2.psd' 파일에 붙여넣기 하세요.

 전문가의 조언

· 복사 : Ctrl + C
· 붙여넣기 : Ctrl + V

4. 다람쥐에 레이어 스타일을 적용하기 위해 'Layer 3(레이어 3)'이 선택된 상태에서 레이어 패널 하단의 ☒(Add a layer style(레이어 스타일을 추가합니다.)) 아이콘을 클릭한 후 [Inner Shadow(내부 그림자)]를 선택하세요.

5. 'Layer Style(레이어 스타일)' 대화상자에서는 별도의 옵션 설정 없이 〈OK(확인)〉를 클릭합니다.

6. [Edit(편집)] → [Free Transform(자유 변형)]([Ctrl]+[T])을 선택하여 자유 변형 상태로 만든 후 이미지의 바로 가기 메뉴에서 [Flip Horizontal(가로로 뒤집기)]을 선택하세요.

 전문가의 조언

문제지에 특별히 언급한 지시사항이 없어도 캔버스에 추가한 개체는 〈출력형태〉와 동일하게 위치와 방향을 지정해야 합니다.

7. 〈출력형태〉에 그려놓은 기준선과 작업 영역의 격자를 참조하여 〈출력형태〉와 동일하게 이미지의 크기를 조절한 후 배치하세요. 이어서 Enter를 눌러 자유 변형 상태를 해제하세요.

④ 발자국과 개 모양을 추가한 후 레이어 스타일 적용하기

미리보기

- 발자국 모양을 추가한 후 Drop Shadow(그림자 효과) 스타일을 적용합니다.
- 개 모양을 추가한 후 Inner Shadow(내부 그림자) 스타일을 적용하고 한 번 복사합니다.

01. 발자국 모양을 추가한 후 레이어 스타일 적용하기

1. 도구 상자에서 ▨(Custom Shape Tool(사용자 정의 모양 도구))(U)을 클릭하고 옵션 바에서 Pick tool mode(선택 도구 모드)로 Shape(모양)를 선택하세요.

2. Shape(모양)의 목록 단추(▼)를 클릭한 다음 [Legacy Shapes and More(레거시 모양 및 기타)] → [All Legacy Default Shapes(모든 레거시 기본 모양)] → [Tiles(타일)]을 클릭하세요.

3. 모양 목록에서 (Pow Prints(동물 발자국)) 모양을 더블클릭하여 선택한 다음 〈출력 형태〉의 기준선을 참조하여 적당한 위치에 드래그 하여 발자국 모양을 추가하세요.

4. 이어서 〈출력형태〉와 같이 발자국 모양을 다람쥐 이미지 뒤쪽으로 배치하기 위해 레이어 패널에서 발자국 모양이 담긴 'Paw Prints 1(동물 발자국 1)'을 'Layer 3(레이어 3)' 아래쪽으로 드래그 합니다.

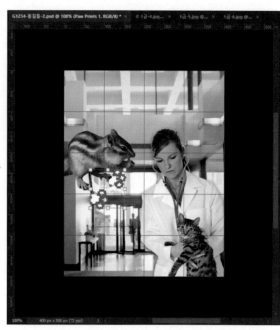

🐱 **포토샵 CS4/CS6 사용자**

옵션 바에서 Color(색상)를 클릭한 다음 'Pick a solid color: (단색 선택:)' 대화상자에서 색상을 지정한 후 〈OK(확인)〉를 클릭하세요.

5. 발자국 모양에 색상을 지정하기 위해 옵션 바에서 Fill(칠)을 클릭한 다음 Color Picker(색상 피커)를 클릭합니다.

6. 이어서 Color Picker(Fill Color)(색상 피커(칠 색상)) 대화상자에서 색상을 #9999ff 로 지정한 후 〈OK(확인)〉를 클릭하세요.

7. 발자국 모양에 레이어 스타일을 지정하기 위해 레이어 패널 하단의 ⓕ (Add a layer style(레이어 스타일을 추가합니다.)) 아이콘을 클릭한 후 [Drop Shadow(그림자)]를 선택합니다.

8. 'Layer Style(레이어 스타일)' 대화상자에서는 별도의 옵션 설정 없이 〈OK(확인)〉를 클릭합니다.

전문가의 조언

'Color Picker(Fill Color)(색상 피커 (칠 색상))' 대화상자에서 〈OK(확인)〉를 클릭하면 Fill(칠) 목록이 표시되어 있습니다. 마우스로 Fill(칠) 목록이 아닌 다른 부분을 클릭하면 Fill(칠) 목록이 사라집니다.

9. [Edit(편집)] → [Free Transform Path(패스 자유 변형)](Ctrl + T)를 선택하여 패스 자유 변형 상태로 만드세요.

10. 〈출력형태〉에 그려놓은 기준선과 작업 영역의 격자를 참조하여 크기를 조절한 후 배치하고 Enter를 두 번 눌러 패스 자유 변형 상태를 해제하세요.

02. 개 모양을 추가한 후 레이어 스타일 적용하기

1. 옵션 바에서 Shape(모양)의 목록 단추(▾)를 클릭한 다음 [Legacy Shapes and More(레거시 모양 및 기타)] → [All Legacy Default Shapes(모든 레거시 기본 모양)] → [Animals(동물)]을 클릭하세요.

2. Shape(모양) 목록에서 🐕(Dog(개)) 모양을 더블클릭하여 선택한 다음 〈출력형태〉의 기준선을 참조하여 적당한 위치에 드래그 하여 개 모양을 추가하세요.

3. 개 모양에 색상을 지정하기 위해 옵션 바에서 Fill(칠)을 클릭한 다음 Color Picker(색상 피커)를 클릭합니다.

4. 이어서 Color Picker(Fill Color)(색상 피커(칠 색상)) 대화상자에서 색상을 #cc3333 으로 지정한 후 〈OK(확인)〉를 클릭하세요.

5. 개 모양에 레이어 스타일을 지정하기 위해 레이어 패널 하단의 fx(Add a layer style(레이어 스타일을 추가합니다.)) 아이콘을 클릭한 후 [Inner Shadow(내부 그림자)]를 선택합니다.

6. 'Layer Style(레이어 스타일)' 대화상자에서는 별도의 옵션 설정 없이 〈OK(확인)〉를 클릭합니다.

7. [Edit(편집)] → [Free Transform Path(패스 자유 변형)]([Ctrl]+[T])를 선택하여 패스 자유 변형 상태로 만드세요.

8. 〈출력형태〉에 그려놓은 기준선과 작업 영역의 격자를 참조하여 크기를 조절한 후 배치하고 [Enter]를 두 번 눌러 패스 자유 변형 상태를 해제하세요.

9. 작성된 개 모양을 복사하기 위해 도구 상자에서 ⊹(Move Tool(이동 도구))([T])을 클릭한 후 [Alt]를 누른 채 드래그 하여 복사하세요.

10. 복사한 개 모양에 색상을 지정하기 위해 도구 상자에서 Custom Shape Tool(사용자 정의 모양 도구)([U])을 선택하고 옵션 바에서 Fill(칠)을 클릭하세요. 이어서 Color Picker(색상 피커)를 클릭하고 'Color Picker(Fill Color)(색상 피커(칠 색상))' 대화상자에서 색상을 #ffcccc로 지정한 후 〈OK(확인)〉를 클릭하세요.

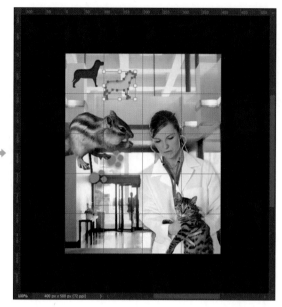

11. [Edit(편집)] → [Free Transform Path(패스 자유 변형)]([Ctrl]+[T])를 선택하여 자유 변형 상태로 만든 후 복사한 개 모양의 바로 가기 메뉴에서 [Flip Horizontal(가로로 뒤집기)]을 선택하세요.

12. 이어서 〈출력형태〉에 그려놓은 기준선과 동일하게 개 모양 크기를 조절한 후 배치하고, [Enter]를 두 번 눌러 패스 자유 변형 상태를 해제하세요.

⑤ Animal Medical Center를 입력하고 레이어 스타일 적용하기

Animal Medical Center를 입력하고 텍스트 모양을 Arc Upper(위 부채꼴) 스타일로 변경한 후 Stroke(선/획) 스타일을 적용합니다.

1. 도구 상자에서 🇹(Horizontal Type Tool(수평 문자 도구))(🇹)을 클릭한 다음 〈출력 형태〉의 기준선을 참조하여 적당한 위치를 클릭하고 **Animal Medical Center**를 입력하세요.

전문가의 조언

• 가로로 문자를 입력할 때는 🇹 (Horizontal Type Tool(수평 문자 도구))을 이용합니다.

• 글자에 서식과 레이어 스타일을 지정한 다음 위치와 크기를 세밀하게 조정할 것이므로 위치나 크기에 신경 쓰지 말고 적당하게 입력하면 됩니다.

• 글꼴이 영문으로 표시되면 150쪽을 참조하여 변경하세요.

2. [Ctrl]+[Enter]를 눌러 입력을 완료한 다음 옵션 바에서 Font(글꼴)를 'Arial', Font Style(글꼴 스타일)을 'Bold', Size(크기)를 35, Color(색상)를 #ffff00으로 지정합니다. 이어서 Create warped text(뒤틀어진 텍스트 만들기)를 클릭하세요.

궁금해요

시나공 Q&A 베스트

Q **텍스트 뒤틀기에 대해서는 별도의 지시사항이 없는데, 어떤 기준으로 작업을 해야 하나요?**

A 다음의 두 가지를 신경 써서 작업하세요.

• **변형 모양** : 변형 모양의 종류에 대한 지시사항이 없지만 수검자가 전송한 PSD 파일을 열어 채점하기 때문에 〈출력형태〉를 보고 판단하여 정확하게 지정해야 합니다. 텍스트 뒤틀기의 종류는 구분이 어렵지 않으므로 조금만 연습해 두면 쉽게 파악할 수 있습니다. 교재의 맨 앞에 붙어있는 별지에 정리해 놓았으니 참고하세요.

• **구부리기 정도** : 문제지에 지시사항이 없으므로 〈출력형태〉를 보고 판단해야하는데, 수검자가 전송한 JPG 파일을 출력하여 채점하므로 〈출력형태〉에 그려 놓은 기준선을 크게 벗어나지 않으면 채점 기준을 통과할 수 있습니다.

3. 'Warp Text(텍스트 뒤틀기)' 대화상자에서 Style(스타일)을 'Arc Upper(위 부채꼴)'로 지정하고 〈출제형태〉와 모양이 비슷하도록 Bend(구부리기) 값을 조절한 후 〈OK(확인)〉를 클릭하세요.

4. 'Animal Medical Center'가 선택된 상태에서 레이어 패널 하단의 *fx* (Add a layer style(레이어 스타일을 추가합니다.)) 아이콘을 클릭한 후 [Stroke(획)]를 선택하세요.

5. 'Layer Style(레이어 스타일)' 대화상자에서 Size(크기)를 3으로 지정하고, Fill Type(칠 유형)에서 Gradient(그레이디언트) 항목을 선택한 다음 아래 Gradient(그레이디언트)를 클릭하세요.

6. 'Gradient Editor(그레이디언트 편집기)' 대화상자의 왼쪽 아래 Color Stop(색상 정지점)을 더블클릭한 다음 색상을 #cc0066으로 지정한 후 〈OK(확인)〉를 클릭하세요.

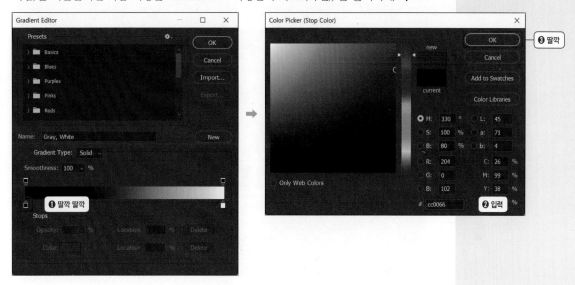

7. 이번에는 'Gradient Editor(그레이디언트 편집기)' 대화상자의 오른쪽 아래 Color Stop(색상 정지점)을 더블클릭한 다음 색상을 #3333cc로 지정한 후 〈OK(확인)〉를 클릭하세요.

8. 'Gradient Editor(그레이디언트 편집기)' 대화상자에서 〈OK(확인)〉를 클릭한 후 'Layer Style(레이어 스타일)' 대화상자에서도 〈OK(확인)〉를 클릭하세요.

9. 도구 상자에서 (Move Tool(이동 도구))([V])을 클릭한 다음 〈출력형태〉와 동일하게 배치하세요.

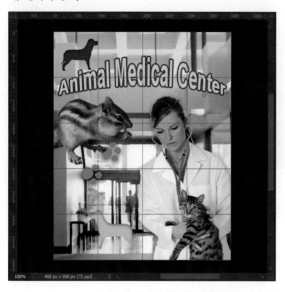

⑥ 파일 저장 및 이미지 크기 조절하기

1. 문제의 조건으로 제시된 JPG 형식으로 저장하기 위해 [File(파일)] → [Save a Copy(사본 저장)]([Ctrl]+[Alt]+[S])를 선택합니다.

2. 'Save a Copy(사본 저장)' 대화상자에서 저장 위치 및 파일 형식을 다음과 같이 지정한 후 〈저장〉을 클릭하세요.

3. 'JPEG Options(JPEG 옵션)' 대화상자에서 Quality(품질)를 8로 지정한 후 〈OK(확인)〉를 클릭하세요.

4. 이제 캔버스의 크기를 40 × 50 pixels로 변경한 후 PSD 형식으로 저장해야 합니다. [Image(이미지)] → [Image Size(이미지 크기)](Ctrl + Alt + I)를 선택하세요.

5. 'Image Size(이미지 크기)' 대화상자에서 Width(폭)와 Height(높이)에 입력되어 있는 값에서 0 하나씩만 제거한 후 〈OK(확인)〉를 클릭하세요.

6. 이미지 크기에 맞게 캔버스가 작아집니다. [File(파일)] → [Save(저장)](Ctrl + S)를 선택하세요.

7 [문제 2] 답안 파일 전송하기

1. 완성한 답안 파일을 전송해야 합니다. 메뉴 표시줄의 최소화 단추를 클릭하여 포토샵 프로그램을 최소화한 후 '시험 관리 도구'에서 〈답안 전송〉을 클릭하세요.

2. '고사실 PC로 답안 파일 보내기' 대화상자에서 'G1234-홍길동-2.jpg'와 'G1234-홍길동-2.psd' 파일을 선택한 후 〈답안 전송〉을 클릭하세요.

파일을 전송한 후 잘못된 내용을 발견하여 내용을 수정했다면 수정한 파일을 다시 전송하면 됩니다. 그러면 이전에 전송했던 파일이 새로 전송한 파일로 대체됩니다.

3. 전송을 마쳤으면 다음 작업을 위해 포토샵 창에 불러놓은 이미지들과 작업창을 모두 닫으세요.

미리보기

사용할 이미지

1급-7.jpg

1급-8.jpg

1급-9.jpg

1급-10.jpg

1급-11.jpg

모양 도구로 추가하기

작업 과정

① 빈 캔버스에 배경색을 지정한다.

②
'1급-7.jpg'를 복사한 후 혼합 모드를 지정한다.

③
'1급-8.jpg'를 복사한 후 필터를 적용하고 레이어 마스크를 수행한다.

④
얼룩 모양을 추가한 후 레이어 스타일을 적용하고, '1급-9.jpg'를 복사한 다음 필터와 클리핑 마스크를 지정한다.

⑤
'1급-10.jpg'에서 소를 복사한 후 레이어 스타일을 적용한다.

⑥
'1급-11.jpg'에서 무당벌레를 복사한 후 레이어 스타일을 적용하고 파란색 계열로 색상을 보정한다.

⑦
꽃 장식, 색종이 조각, 고사리 모양을 추가한 후 레이어 스타일을 적용한다.

⑧
문자를 입력한 후 레이어 스타일을 적용한다.

⓪ 준비 작업

1. 캔버스를 만들기 위해 [File(파일)] → [New(새로 만들기)]([Ctrl] + [N])를 선택합니다.

2. 'New Document(새로운 문서 만들기)' 대화상자에서 Name(이름), Width(폭), Height(높이) 등을 다음과 같이 지정한 후 〈Create(만들기)〉를 클릭하세요.

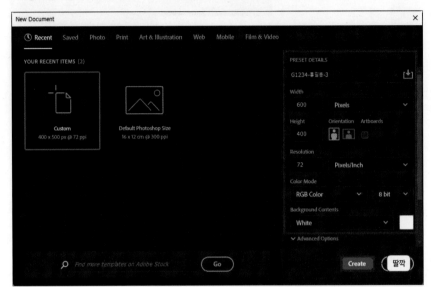

🐱 **포토샵 CS4/CS6 사용자**

'New(새 문서)' 대화상자의 'Name(이름)'에 **G1234-홍길동-3**을 입력한 후 Witdth(폭), Height(높이) 등을 지정하세요.

3. [File(파일)] → [Save As(다른 이름으로 저장)]([Ctrl] + [Shift] + [S])를 선택한 다음 'Save As(다른 이름으로 저장)' 대화상자에서 저장 위치를 '시험장따라하기', 파일 이름을 'G1234-홍길동-3'으로 지정한 후 〈저장〉을 클릭하세요.

4. 작업 창에 눈금자와 격자가 표시되어 있지 않으면, [View(보기)] → [Rulers(눈금자)]([Ctrl] + [R])와 [View(보기)] → [Show(표시)] → [Grid(격자)]([Ctrl] + ['])를 선택하세요.

👩 전문가의 조언

실제 시험장에서는 답안 파일을 '문서\GTQ' 폴더에 저장해야 합니다.

① 배경색 지정하기

👩 전문가의 조언

배경색은 문제지에 지시된 대로 지정하면 됩니다.

미리보기

1. 배경색을 지정하기 위해 [Edit(편집)] → [Fill(칠)]([Shift] + [F5])을 선택합니다.

2. 'Fill(칠)' 대화상자가 표시되면 Contents(내용) 항목을 클릭한 후 [Color(색상)]를 선택하세요.

3. 'Color Picker(Fill Color)(색상 피커(칠 색상))' 대화상자에서 색상을 #ddf2ff로 지정하고 〈OK(확인)〉를 클릭하세요.

Contents(내용)에 Color(색상)가 선택되어 있다면 Color(색상) 부분을 더블클릭해도 'Color Picker(Fill Color)(색상 피커(칠 색상))' 대화상자가 나타납니다.

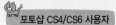

포토샵 CS4/CS6 사용자

'Fill(칠)' 대화상자가 표시되면 Use(사용) 항목을 클릭하여 [Color(색상)]를 선택하고 'Choose a color(색상 선택)' 대화상자에서 색상을 지정한 후 〈OK(확인)〉를 클릭하세요.

4. 이어서 'Fill(칠)' 대화상자에서도 〈OK(확인)〉를 클릭하세요.

② 이미지를 복사한 후 혼합 모드 지정하기

'1급-7.jpg'를 'G1234-홍길동-3.psd' 파일로 복사한 다음 〈출력형태〉와 같게 배치하고 Blending Mode(혼합 모드)로 Multiply(곱하기)를 지정합니다.

1. 작업할 이미지를 불러오기 위해 [File(파일)] → [Open(열기)](Ctrl + O)을 선택합니다.

2. '열기' 대화상자에서 찾는 위치를 'C:\길벗GTQ1급\시험장따라하기\Image' 폴더로 지정한 다음 '1급-7.jpg', '1급-8.jpg', '1급-9.jpg', '1급-10.jpg', '1급-11.jpg' 파일을 선택하고 〈열기〉를 클릭하세요.

전문가의 조언

실제 시험에서는 사용할 이미지가 '문서\GTQ\Image' 폴더에 들어있습니다.

3. '1급-7.jpg' 이미지를 복사한 후 'G1234-홍길동-3.psd' 파일에 붙여넣기 하세요.

4. 도구 상자에서 ⊕(Move Tool(이동 도구))을 클릭한 다음, 〈출력형태〉에 그려놓은 기준
선과 작업 영역의 격자를 기준으로 삼아 이미지를 배치하세요.

5. 'Layer 1(레이어 1)'이 선택된 상태에서 레이어 패널 상단의 혼합 모드 목록에서 [Multiply(곱하기)]를 선택하세요.

 전문가의 조언

혼합 모드 목록에서 마우스로 혼합 모드를 가리킬 때마다 이미지에 적용될 형태를 작업 화면에서 미리 확인할 수 있습니다.

6. 이어서 Opacity(불투명도)를 80%로 지정하세요.

 전문가의 조언

• 불투명도는 문제에 제시된 대로 80%를 지정하면 됩니다.
• Opacity(불투명도) 입력 난을 더블클릭한 다음 80을 입력하면 '%' 기호가 자동으로 붙어 80%로 표시됩니다.

③ 이미지를 복사한 후 필터를 적용하고 레이어 마스크 수행하기

미리보기

'1급-8.jpg'를 'G1234-홍길동-3.psd' 파일로 복사한 다음 〈출력형태〉와 같게 배치하고 Film Grain(필름 그레인) 필터를 적용한 후 가로 방향으로 흐릿하게 레이어 마스크를 수행합니다.

1. '1급-8.jpg' 이미지를 복사한 후 'G1234-홍길동-3.psd' 파일에 붙여넣기 하세요.

2. 도구 상자에서 ✜(Move Tool(이동 도구))을 클릭한 다음, 〈출력형태〉에 그려놓은 기준 선과 작업 영역의 격자를 기준으로 삼아 이미지를 배치하세요.

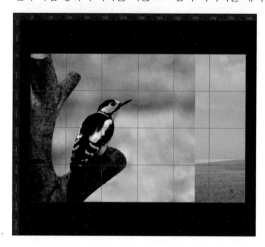

3. Film Grain(필름 그레인) 필터를 적용하기 위해 [Filter(필터)] → [Filter Gallery(필터 갤러리)]를 선택합니다.

4. 'Filter Gallery(필터 갤러리)' 대화상자에서 [Artistic(예술 효과)] → [Film Grain(필름 그레인)]을 선택하고 별도의 옵션 설정 없이 〈OK(확인)〉를 클릭합니다.

5. 'Layer 2(레이어 2)'에 레이어 마스크를 지정하기 위해 'Layer 2(레이어 2)'가 선택된 상태에서 레이어 패널 하단의 ▣(Add layer mask(레이어 마스크를 추가합니다.)) 아이콘을 클릭합니다.

6. 가로 방향으로 흐릿하게 이미지를 표현하기 위해 도구 상자에서 ▧(Gradient Tool(그레이디언트 도구))([G])을 클릭합니다.

7. 옵션 바에서 Gradient(그레이디언트) 항목을 클릭하세요.

8. 'Gradient Editor(그레이디언트 편집기)' 대화상자가 표시되면 Presets(사전 설정) 항목에서 Basic(기본 사항)의 확장 단추(▣)를 클릭한 후 Black, White(검정, 흰색)를 선택하고 〈OK(확인)〉를 클릭하세요.

9. 이제 마우스를 오른쪽에서 왼쪽 방향으로 드래그 하세요.

Q 레이어 마스크에서 '흐릿한 정도'는 지시사항이 없습니다. 어떻게 작업해야 하나요?

A 레이어 마스크는 다음의 두 가지를 신경 써서 작업하세요.
- **수행 방향** : 수검자가 전송한 PSD 파일을 열어 채점하기 때문에 반드시 지시된 방향으로 수행되어야 합니다.
- **흐릿한 정도** : 문제지에 지시사항이 없으므로 〈출력형태〉를 보고 수검자가 파악해야 하는데, 이 부분 수검자가 전송한 JPG 파일을 출력하여 채점하기 때문에 〈출력형태〉와 크게 다르지 않으면 채점 기준을 통과할 수 있습니다.

④ 얼룩 모양을 추가한 후 레이어 스타일을 적용하고 클리핑 마스크를 수행한 다음 필터 적용하기

- 얼룩 모양을 추가하고 Stroke(선/획) 스타일을 적용합니다.
- '1급-9.jpg'를 복사하여 Texturizer(텍스처화) 필터를 적용하고, 얼룩 모양에 클리핑 마스크를 수행합니다.

01. 얼룩 모양을 추가한 후 레이어 스타일 적용하기

1. 도구 상자에서 ![](Custom Shape Tool(사용자 정의 모양 도구))(U)을 선택하세요.

2. 옵션 바에서 Shape(모양)의 목록 단추(￭)를 클릭한 다음 Legacy Shapes and More(레거시 모양 및 기타) → All Legacy Default Shapes(모든 레거시 기본 모양)를 클릭하여 표시되는 메뉴에서 [Shapes(모양)]를 선택하세요.

3. 모양 목록에서 ![](Blob 1(얼룩 1)) 모양을 더블클릭하여 선택한 다음 〈출력형태〉의 기준선을 참조하여 적당한 위치에 드래그 하여 얼룩 모양을 추가하세요.

포토샵 CS4/CS6 사용자

Shape(모양) 목록에서 [Shapes(모양)]를 선택한 후 선택한 모양으로 대치할지를 묻는 대화상자가 나타나면 〈OK(확인)〉를 클릭하세요.

4. 얼룩 모양에 레이어 스타일을 지정하기 위해 레이어 패널 하단의 (Add a layer style(레이어 스타일을 추가합니다.)) 아이콘을 클릭한 후 [Stroke(획)]를 선택하세요. 이어서 'Layer Style(레이어 스타일)' 대화상자에서 Size(크기)를 4로 지정한 다음 Gradient(그레이디언트)를 클릭하세요.

전문가의 조언

문제지에 세부 옵션 값이 제시되지 않아 기본 값을 그대로 사용하여 레이어 스타일을 적용했는데 결과가 〈출력형태〉와 눈에 띄게 차이가 날 때는 옵션 값들을 조정하여 〈출력형태〉와 비슷하게 만들어야 합니다. 그러므로 평소 연습할 때 주요 옵션 값을 변경했을 때 결과가 어떻게 달라지는지 파악해 두는 것이 좋습니다.

5. 'Gradient Editor(그레이디언트 편집기)' 대화상자가 표시되면 Presets(사전 설정) 항목에서 Basics(기본 사항)의 확장 단추(█)를 클릭한 후 Foreground to Transparent(전경색에서 투명으로)를 클릭하세요.

6. 이어서 왼쪽 아래 Color Stop(색상 정지점)을 더블클릭하고 색상을 #003366으로 지정한 후 〈OK(확인)〉를 클릭하세요. 'Gradient Editor(그레이디언트 편집기)' 대화상자에서도 〈OK(확인)〉를 클릭하세요.

포토샵 CS4/CS6 사용자

'Gradient Editor(그레이디언트 편집기)' 대화상자가 표시되면 Presets(사전 설정) 항목에서 Foreground to Transparent(전경색에서 투명으로)를 클릭하세요.

7. 'Layer Style(레이어 스타일)' 대화상자에서 Angle(각도)을 0으로 지정한 후 〈OK(확인)〉를 클릭하세요.

8. [Edit(편집)] → [Free Transform Path(패스 자유 변형)](Ctrl + T)를 선택하여 자유 변형 상태로 만드세요.

9. 〈출력형태〉와 같이 크기를 조절한 후 배치하세요. 이어서 Enter를 두 번 눌러 패스 자유 변형 상태를 해제하세요.

02. 필터를 적용하고 클리핑 마스크 수행하기

1. '1급−9.jpg' 이미지를 복사한 후 'G1234−홍길동−3.psd' 파일에 붙여넣기 하세요.

2. Texturizer(텍스처화) 필터를 적용하기 위해 [Filter(필터)] → [Filter Gallery(필터 갤러리)]를 선택합니다.

3. 'Filter Gallery(필터 갤러리)' 대화상자에서 [Texture(텍스처)] → [Texturizer(텍스처화)]를 선택하고 별도의 옵션 설정 없이 〈OK(확인)〉를 클릭합니다.

4. 클리핑 마스크를 수행하기 위해 레이어 패널에서 'Layer 3(레이어 3)'의 바로 가기 메뉴를 호출한 후 [Create Clipping Mask(클리핑 마스크 만들기)]를 선택합니다.

5. [Edit(편집)] → [Free Transform(자유 변형)]([Ctrl] + [T])을 선택한 다음 〈출력형태〉와 같이 크기를 조절한 후 배치합니다. 이어서 [Enter]를 눌러 자유 변형 상태를 해제하세요.

⑤ 소를 복사한 후 레이어 스타일 적용하기

미리보기

'1급-10.jpg'에서 소를 복사한 후 Outer Glow(외부 광선)와 Inner Shadow(내부 그림자) 스타일을 적용합니다.

 ➡

1. 탭 목록에서 '1급-10.jpg' 탭을 클릭한 다음 도구 상자에서 ▧(Polygonal Lasso Tool(다각형 올가미 도구))(ㄴ)을 선택합니다.

2. Ctrl + +를 눌러 화면 배율을 확대한 다음 선택 영역을 정교하게 지정하세요.

 전문가의 조언

'1급-10.jpg' 목록 탭이 보이지 않을 경우에는 목록 탭 가장 오른쪽의 ≫를 클릭한 후 [1급-10.jpg]를 선택하거나 이미 작업이 완료된 '1급-7.jpg', '1급-8.jpg', '1급-9.jpg' 탭을 닫으세요.

3. 선택 작업을 마쳤으면, 선택된 영역을 복사한 후 'G1234-홍길동-3.psd' 파일에 붙여 넣기 하세요.

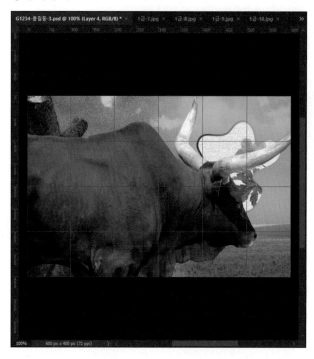

4. 소에 레이어 스타일을 적용하기 위해 'Layer 4(레이어 4)'가 선택된 상태에서 레이어 패널 하단의 _fx_(Add a layer style(레이어 스타일을 추가합니다.)) 아이콘을 클릭한 후 [Outer Glow(외부 광선)]를 선택하세요.

5. 'Layer Style(레이어 스타일)' 대화상자에서 Inner Shadow(내부 그림자)를 추가로 선택한 후〈OK(확인)〉를 클릭하세요.

6. [Edit(편집)] → [Free Transform(자유 변형)]([Ctrl]+[T])을 선택하여 자유 변형 상태로 만든 후 복사한 'Layer 4(레이어 4)'의 바로 가기 메뉴에서 [Flip Horizontal(가로로 뒤집기)]을 선택하세요.

7. 〈출력형태〉에 그려놓은 기준선과 작업 영역의 격자를 참조하여 〈출력형태〉와 동일하게 이미지의 크기를 조절한 후 배치하세요. 이어서 [Enter]를 눌러 자유 변형 상태를 해제하세요.

⑥ 무당벌레를 복사한 후 레이어 스타일을 적용하고 색상 보정하기

미리보기

• '1급-11.jpg'에서 무당벌레를 복사한 후 Drop Shadow(그림자 효과) 스타일을 적용합니다.
• 무당벌레 등에 있는 빨간 점을 파란색 계열로 보정합니다.

01. 이미지를 복사한 후 레이어 스타일 적용하기

1. 탭 목록에서 '1급-11.jpg' 탭을 클릭한 다음 도구 상자에서 ⬇(Polygonal Lasso Tool(다각형 올가미 도구))([L])을 선택하세요.

2. `Ctrl` + `+`를 눌러 화면 배율을 확대한 다음 선택 영역을 정교하게 지정하세요.

3. 선택 작업을 마쳤으면, 선택된 영역을 복사한 후 'G1234-홍길동-3.psd' 파일에 붙여 넣기 하세요.

4. 무당벌레에 레이어 스타일을 적용하기 위해 'Layer 5(레이어 5)'가 선택된 상태에서 레이어 패널 하단의 [fx](Add a layer style(레이어 스타일을 추가합니다.)) 아이콘을 클릭한 후 [Drop Shadow(그림자)]를 선택하세요.

5. 'Layer Style(레이어 스타일)' 대화상자에서 Spread(스프레드)를 15, Size(크기)를 10
으로 지정한 후 〈OK(확인)〉를 클릭하세요.

전문가의 조언

문제지에 세부 옵션 값이 제시되
지 않아 기본 값을 그대로 사용하
여 레이어 스타일을 적용했는데
결과가 〈출력형태〉와 눈에 띄게 차
이가 날 때는 옵션 값들을 조정하
여 〈출력형태〉와 비슷하게 만들어
야 합니다. 그러므로 평소 연습할
때 주요 옵션 값을 변경했을 때 결
과가 어떻게 달라지는지 파악해
두는 것이 좋습니다.

2장 실제 시험장을 옮겨 놓았다! **257**

6. [Edit(편집)] → [Free Transform(자유 변형)]([Ctrl]+[T])을 선택하여 자유 변형 상태로 만드세요.

7. 〈출력형태〉에 그려놓은 기준선과 작업 영역의 격자를 참조하여 〈출력형태〉와 동일하게 크기를 조절한 후 배치하세요. 이어서 [Enter]를 눌러 자유 변형 상태를 해제하세요.

02. 색상 보정하기

1. 무당벌레의 등에서 빨강색만 선택하기 위해 도구 상자에서 ✎(Magic Wand Tool(자동 선택 도구))([W])을 클릭합니다.

2. 옵션 바에서 Tolerance(허용치)를 40으로 지정하고 Contiguous(인접)를 클릭하여 체크하세요.

3. [Ctrl]+[+]를 눌러 화면 배율을 확대한 다음 [Shift]를 누른 채 마우스로 클릭하여 무당벌레의 빨간 점들을 선택하세요.

전문가의 조언

'Contiguous(인접)'를 체크하면 같은 색이어도 클릭하는 부위와 연결되어 있어야만 선택 영역으로 지정됩니다. 인접을 해제하면 전체 이미지에서 클릭한 부위와 비슷한 색상을 모두 선택합니다.

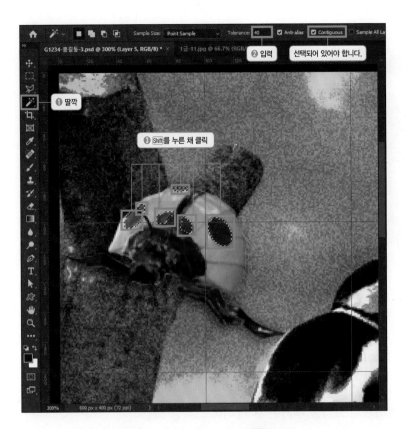

4. 선택 작업을 마쳤으면, 레이어 패널 하단의 (Create new fill or adjustment layer(새 칠 또는 조정 레이어를 만듭니다.)) 아이콘을 클릭한 다음 [Hue/Saturation (색조/채도)]을 선택하세요.

전문가의 조언

조정 레이어를 추가해 색상을 보정하는 것은 실제 이미지에 색상을 칠해 보정하는 것이 아니므로 언제든지 원래 색상으로 복구할 수 있습니다. 실제로 레이어에 색을 적용하면서 보정하려면 [Image(이미지)] → [Adjustments (조정)] → [Hue/Saturation(색조/채도)]([Ctrl]+[U]) 메뉴를 선택하여 작업하면 됩니다.

5. 조정 패널이 표시되면 Hue(색조)를 조절하여 파란색 계열로 보정하세요.

마우스를 드래그하면 Hue (색조) 값이 조절됩니다.

전문가의 조언

대상 이미지의 색상에 따라 지정해야 할 Hue(색조) 값이 달라지므로 Hue(색조)의 값을 직접 조절하면서 이미지의 색상 변화를 확인해야 합니다.

⑦ 여러가지 모양을 추가한 후 레이어 스타일 적용하기

미리보기

- 꽃 모양을 추가한 후 Drop Shadow(그림자) 스타일을 적용합니다.
- 색종이 조각 모양을 추가한 후 Gradient Overlay(그레이디언트 오버레이)와 Drop Shadow(그림자) 스타일을 적용합니다.
- 고사리 모양을 추가한 후 Outer Glow(외부 광선) 스타일을 적용합니다.

 →

01. 꽃 모양을 추가한 후 레이어 스타일 적용하기

1. 도구 상자에서 ✷(Custom Shape Tool(사용자 정의 모양 도구))(U)을 선택하고 옵션 바에서 Pick tool mode(선택 도구 모드)로 Shape(모양)를 선택하세요.

2. 옵션 바에서 Shape(모양)의 목록 단추(▮)를 클릭한 다음 Legacy Shapes and More(레거시 모양 및 기타) → All Legacy Default Shapes(모든 레거시 기본 모양)를 클릭하여 표시되는 메뉴에서 [Ornaments(장식)]를 선택하세요.

포토샵 CS4/CS6 사용자

Shape(모양) 목록에서 [Ornaments(장식)]를 선택한 후 선택한 모양으로 대치할지를 묻는 대화상자가 나타나면 〈OK(확인)〉를 클릭하세요.

3. 장식 목록에서 ✿(Floral Ornament 4(꽃 장식 4)) 모양을 더블클릭하여 선택한 다음 〈출력형태〉의 기준선을 참조하여 적당한 위치에 드래그 하여 꽃 장식 모양을 추가하세요. 이어서 Enter를 눌러 자유 변형 상태를 해제하세요.

4. 옵션 바에서 Fill(칠)을 클릭한 다음 Color Picker(색상 피커)를 클릭하고 색상을 #ffff00으로 지정한 후 〈OK(확인)〉를 클릭하세요.

5. 꽃 장식 모양에 레이어 스타일을 지정하기 위해 레이어 패널 하단의 fx(Add a layer style(레이어 스타일을 추가합니다.)) 아이콘을 클릭하고 [Drop Shadow(그림자)]를 선택하세요.

6. 'Layer Style(레이어 스타일)' 대화상자에서 〈OK(확인)〉를 클릭하세요.

7. [Edit(편집)] → [Free Transform(자유 변형)]([Ctrl]+[T])을 선택하여 자유 변형 상태로 만드세요.

8. 〈출력형태〉에 그려놓은 기준선과 작업 영역의 격자를 참조하여 〈출력형태〉와 동일하게 크기를 조절한 후 배치하세요. 이어서 [Enter]를 두 번 눌러 패스 자유 변형 상태를 해제하세요.

02. 색종이 조각 모양을 추가한 후 레이어 스타일 적용하기

1. 도구 상자에서 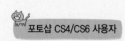(Custom Shape Tool(사용자 정의 모양 도구))([U])을 선택하세요.

2. 옵션 바에서 Shape(모양)의 목록 단추(·)를 클릭한 다음 Legacy Shapes and More(레거시 모양 및 기타) → All Legacy Default Shapes(모든 레거시 기본 모양)를 클릭하여 표시되는 메뉴에서 [Objects(물건)]를 선택하세요.

3. 물건 목록에서 ■(Confetti(색종이 조각)) 모양을 더블클릭하여 선택한 다음 〈출력형태〉의 기준선을 참조하여 적당한 위치에 드래그 하여 색종이 조각 모양을 추가하세요.

포토샵 CS4/CS6 사용자

Shape(모양) 목록에서 [Objects(물건)]를 선택한 후 선택한 모양으로 대치할지를 묻는 대화상자가 나타나면 〈OK(확인)〉를 클릭하세요.

4. 색종이 조각 모양에 레이어 스타일을 지정하기 위해 레이어 패널 하단의 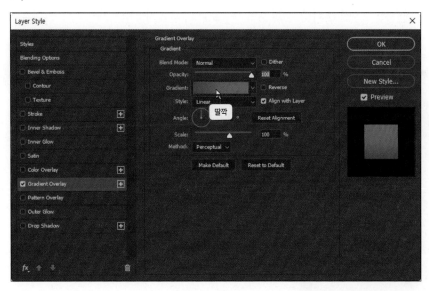(Add a layer style(레이어 스타일을 추가합니다.)) 아이콘을 클릭한 후 [Gradient Overlay(그레이디언트 오버레이)]를 선택하세요.

5. 'Layer Style(레이어 스타일)' 대화상자에서 Gradient(그레이디언트) 항목을 클릭하세요.

6. 'Gradient Editor(그레이디언트 편집기)' 대화상자의 왼쪽 아래 Color Stop(색상 정지점)을 더블클릭한 다음 색상을 #66cccc로 지정하고 〈OK(확인)〉를 클릭하세요.

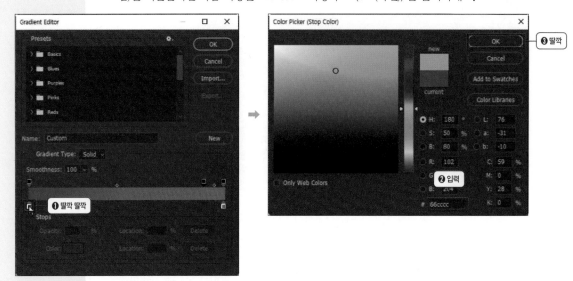

7. 이번에는 'Gradient Editor(그레이디언트 편집기)' 대화상자의 오른쪽 아래 Color Stop(색상 정지점)을 더블클릭한 다음 색상을 #ff9999로 지정하고 〈OK(확인)〉를 클릭하세요.

8. 이어서 'Gradient Editor(그레이디언트 편집기)' 대화상자에서도 〈OK(확인)〉를 클릭하세요.

9. Drop Shadow(그림자) 스타일을 적용하기 위해 'Layer Style(레이어 스타일)' 대화상자의 스타일 목록에서 [Drop Shadow(드롭 섀도)]를 클릭한 후 〈OK(확인)〉를 클릭합니다.

10. [Edit(편집)] → [Free Transform Path(패스 자유 변형)](Ctrl + T)를 선택하여 패스 자유 변형 상태로 만들고, 기준선과 작업 영역의 격자를 참조하여 〈출력형태〉와 동일하게 크기를 조절한 후 배치하세요. 이어서 Enter를 두 번 눌러 패스 자유 변형 상태를 해제하세요.

03. 고사리 모양을 추가한 후 레이어 스타일 적용하기

1. 도구 상자에서 (Custom Shape Tool(사용자 정의 모양 도구))(U)을 선택하세요.

2. 옵션 바에서 Shape(모양)의 목록 단추(를) 클릭한 다음 Legacy Shapes and More(레거시 모양 및 기타) → All Legacy Default Shapes(모든 레거시 기본 모양)를 클릭하여 표시되는 메뉴에서 [Nature(자연)]를 선택하세요.

3. 자연 목록에서 (Fern(고사리)) 모양을 더블클릭하여 선택한 다음 〈출력형태〉의 기준선을 참조하여 적당한 위치에 드래그 하여 고사리 모양을 추가하세요.

포토샵 CS4/CS6 사용자

Shape(모양) 목록에서 [Nature(자연)]를 선택한 후 선택한 모양으로 대치할지를 묻는 대화상자가 나타나면 〈OK(확인)〉를 클릭하세요.

4. 이어서 옵션 바에서 Fill(칠)을 클릭한 다음 Color Picker(색상 피커)를 클릭하고 색상을 #ff0000으로 지정한 후 〈OK(확인)〉를 클릭하세요.

5. 고사리 모양에 레이어 스타일을 지정하기 위해 레이어 패널 하단의 (Add a layer style(레이어 스타일을 추가합니다.)) 아이콘을 클릭한 후 [Outer Glow(외부 광선)]를 선택하고 이어서 〈OK(확인)〉를 클릭하세요.

6. 레이어 상단의 혼합 모드에서 Opacity(불투명도)를 70%로 지정하세요.

포토샵 CS4/CS6 사용자

옵션 바에서 Color(색상)를 클릭한 다음 'Pick a solid color: (단색 선택:)' 대화상자에서 색상을 지정한 후 〈OK(확인)〉를 클릭하세요.

7. [Edit(편집)] → [Free Transform Path(패스 자유 변형)](Ctrl + T)를 선택하여 패스 자유 변형 상태로 만든 후 방향키와 조절점을 이용하여 크기와 위치를 조절한 다음 Enter를 두 번 눌러 패스 자유 변형 상태를 해제하세요.

8. 도구 상자에서 (Move Tool(이동 도구))(V)을 클릭하고, Shift + Alt를 누른 채 고사리 모양을 오른쪽 방향으로 드래그 하여 복사하세요.

9. (Custom Shape Tool(사용자 정의 모양 도구))([U])을 클릭하고, 옵션 바에서 Fill(칠)을 클릭한 다음 Color Picker(색상 피커)를 클릭하고 색상을 #ffffff로 지정한 후 〈OK(확인)〉를 클릭하세요.

10. [Edit(편집)] → [Free Transform Path(패스 자유 변형)]([Ctrl]+[T])을 선택하여 패스 자유 변형 상태로 만든 후 방향키와 조절점을 이용하여 크기와 위치를 조절하세요. 이어서 [Enter]를 두 번 눌러 패스 자유 변형 상태를 해제하세요.

 포토샵 CS4/CS6 사용자

옵션 바에서 Color(색상)를 클릭한 다음 'Pick a solid color: (단색 선택:)' 대화상자에서 색상을 지정한 후 〈OK(확인)〉를 클릭하세요.

⑧ 문자를 입력한 후 레이어 스타일 적용하기

미리보기

- 2022 동물 사랑 축제, Love Animals Festival, 다양한 동물들과 함께하는 시간, Zoo Story를 입력합니다.
- 문자열 각각에 서식과 레이어 스타일을 지정합니다.
- 각각의 문자열을 〈출력형태〉와 동일하게 배치합니다.

 →

01. 문자 입력하기

1. 문자를 입력하기 위해 도구 상자에서 ![T](Horizontal Type Tool(수평 문자 도구))([T])을 클릭합니다.

2. 옵션 바에서 문자를 입력하기 좋은 크기와 색상을 지정합니다. 여기서는 글꼴을 '굴림', 크기를 12, 색상을 검정(#000000)으로 지정합니다.

전문가의 조언

레이어 스타일이 같을 경우 복사해서 사용해도 되지만, 촌각을 다투는 시험장에서는 여러 개의 문자 레이어를 분석하여 어떤 것과 어떤 것이, 무엇이 같고 무엇이 다른지를 파악하여 복사하고 새로 만들고를 분석하고 판단할 마음의 여유가 없습니다. 이런 경우 레이어 별로 모든 글자들을 다 입력해 놓고 차례대로 서식과 레이어 스타일을 적용하는 것이 효율적입니다.

전문가의 조언

문자 도구의 옵션 바에는 이전 작업에 사용했던 속성들이 남아 있어 그대로 글자를 입력할 경우 글씨가 커져 화면을 벗어나거나 색상이 겹쳐 보이지 않는 등의 문제가 발생할 수 있습니다. 여기서는 글꼴을 '굴림', 크기를 12, 색상을 검정색으로 했지만 시험장에서는 여러분이 눈에 잘 띄는 색으로 아무 색이나 지정하면 됩니다.

3. 입력되는 문자의 색상과 구분이 잘되는 배경을 클릭하고 다음과 같이 〈출력형태〉에 제시된 각각의 문자열을 입력하고 [Ctrl]+[Enter]를 눌러 입력을 마칩니다.

02. 서식 및 레이어 스타일 적용하기

위에서부터 차례로 서식과 레이어 스타일을 적용하면 됩니다.

1. '다양한 동물들과 함께하는 시간'에 서식 및 레이어 스타일 적용

① 레이어 패널에서 '다양한 동물들과 함께하는 시간'을 선택하고 옵션 바에서 Font(글꼴)를 '돋움', Size(크기)를 16으로 지정합니다.

② 레이어 패널 하단의 ▣(Add a Layer style(레이어 스타일을 추가합니다.)) 아이콘을 클릭한 후 [Gradient Overlay(그레이디언트 오버레이)]를 선택합니다.

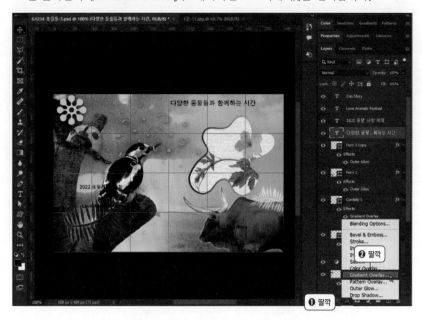

③ 'Layer Style(레이어 스타일)' 대화상자에서 Gradient(그레이디언트) 항목을 클릭하세요.

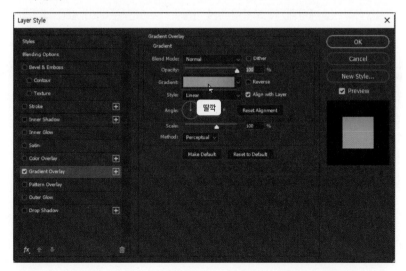

④ 'Gradient Editor(그레이디언트 편집기)' 대화상자의 왼쪽 아래 Color Stop(색상 정지점)을 더블클릭한 다음 색상을 #330099로 지정하고 〈OK(확인)〉를 클릭하세요.

⑤ 이번에는 오른쪽 아래 Color Stop(색상 정지점)을 더블클릭한 다음 색상을 #990066으로 지정하고 〈OK(확인)〉를 클릭하세요.

⑥ Gradient Editor(그레이디언트 편집기)' 대화상자에서 〈OK(확인)〉를 클릭한 후 Angle(각도)을 0으로 지정하세요.

⑦ 이어서 Stroke(획) 스타일을 적용하기 위해 스타일 목록에서 [Stroke(획)]를 클릭한 후 Size(크기)를 2px, Fill Type(칠 유형)에서 Color(색상) 항목을 선택하고 색상을 #99cccc로 지정한 후 〈OK(확인)〉를 클릭하세요.

⑧ 옵션 바에서 Create warped text(뒤틀어진 텍스트 만들기)를 클릭한 후 'Warp Text(텍스트 뒤틀기)' 대화상자에서 Style(스타일)을 'Arc Lower(아래 부채꼴)'로 지정하고 〈출제형태〉와 모양이 비슷하도록 Bend(구부리기) 값을 조절한 후 〈OK(확인)〉를 클릭하세요.

2. '2022 동물 사랑 축제'에 서식 및 레이어 스타일 적용

① 레이어 패널에서 '2022 동물 사랑 축제'를 선택하고 옵션 바에서 Font(글꼴) '궁서', Size(크기) 35pt로 지정합니다.

② '동물'을 블록으로 지정하고 옵션 바에서 Size(크기)를 60pt로 지정한 후 [Esc]를 눌러 편집 상태를 해제한다.

③ 레이어 패널 하단의 ▣(Add a Layer style(레이어 스타일을 추가합니다.)) 아이콘을 클릭한 후 [Gradient Overlay(그레이디언트 오버레이)]를 선택합니다.

④ 'Layer Style(레이어 스타일)' 대화상자에서 Gradient(그레이디언트) 항목을 클릭하세요.

⑤ 'Gradient Editor(그레이디언트 편집기)' 대화상자의 왼쪽 아래 Color Stop(색상 정지점)을 더블클릭한 다음 색상을 #009900으로 지정하고 〈OK(확인)〉를 클릭하세요. 다음으로 오른쪽 아래 Color Stop(색상 정지점)을 더블클릭한 다음 색상을 #ff9900으로 지정하고 〈OK(확인)〉를 클릭하세요.

⑥ Gradient Editor(그레이디언트 편집기)' 대화상자에서 〈OK(확인)〉를 클릭하고, 'Layer Style(레이어 스타일)' 대화상자에서 Angle(각도)을 90으로 지정하세요.

⑦ 이어서 Stroke(획) 스타일을 적용하기 위해 스타일 목록에서 [Stroke(획)]를 클릭한 후 Size(크기)를 2px, Fill Type(칠 유형)에서 Color(색상) 항목을 선택하고 색상을 #333333으로 지정하세요.

⑧ 스타일 목록에서 [Drop Shadow(드롭 섀도)]를 클릭한 후 〈OK(확인)〉를 클릭합니다.

⑨ 옵션 바에서 Create warped text(뒤틀어진 텍스트 만들기)를 클릭한 후 'Warp Text(텍스트 뒤틀기)' 대화상자에서 Style(스타일)을 'Flag(깃발)'로 지정하고 〈출제형태〉와 모양이 비슷하도록 Bend(구부리기) 값을 조절한 후 〈OK(확인)〉를 클릭하세요.

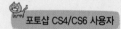

포토샵 CS4/CS6 사용자

'Wrap Text(텍스트 변형)' 대화상자에서 Bend(구부리기) 값을 −55로 조절하세요.

3. 'Love Animals Festival'에 서식 및 레이어 스타일 적용

① 레이어 패널에서 'Love Animals Festival'을 선택하고 옵션 바에서 Font(글꼴)를 'Arial', Font Style(글꼴 스타일)을 Bold(굵게), Size(크기)를 20, Color(색상)를 #ff0099로 지정합니다.

② 레이어 스타일로 [Stroke(획)]를 선택한 다음 'Layer Style(레이어 스타일)' 대화상자에서 Size(크기)를 2px, Color(색상)를 #ffffff로 지정합니다.

4. 'Zoo Story'에 서식 및 레이어 스타일 적용

① 레이어 패널에서 'Zoo Story'를 선택하고 옵션 바에서 Font(글꼴)를 'Times New Roman', Font Style(글꼴 스타일)을 Bold, Size(크기)를 18, Color(색상)를 #ffffff로 지정합니다.

② 레이어 스타일로 [Stroke(획)]를 선택한 다음 'Layer Style(레이어 스타일)' 대화상자에서 Size(크기)를 1, Color(색상)를 #330000으로 지정합니다.

03. 〈출력형태〉와 동일하게 배치하기

위에서부터 차례로 〈출력형태〉에 그려 놓은 기준선과 작업 영역의 격자를 비교하여 〈출력형태〉와 동일하게 배치하면 됩니다.

1. 레이어 패널에서 '다양한 동물들과 함께하는 시간'을 선택한 다음 [Edit(편집)] → [Free Transform(자유 변형)]([Ctrl]+[T])을 선택하여 자유 변형 상태로 만든 후 위치를 조절하세요.

2. 위치를 조절한 다음 [Enter]를 눌러 자유 변형 상태를 해제하세요.

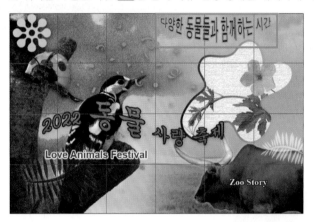

3. 나머지 글자도 위와 같은 방법으로 〈출력형태〉와 동일하게 방향이나 크기를 조절한 후 배치하세요.

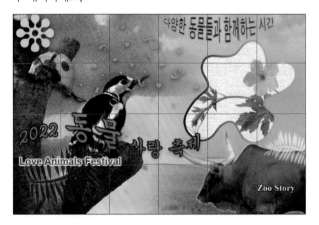

⑨ 파일 저장 및 이미지 크기 조절하기

1. 문제의 조건으로 제시된 JPG 형식으로 저장하기 위해 [File(파일)] → [Save a Copy(사본 저장)]([Ctrl]+[Alt]+[S])를 선택합니다.

2. 'Save a Copy(사본 저장)' 대화상자에서 저장 위치를 '시험장따라하기', 파일 이름을 'G1234-홍길동-3', Format(형식)을 'JPEG(*.JPG;*.JPEG;*.JPE)'로 지정한 후 〈저장〉을 클릭하세요.

3. 'JPEG Options(JPEG 옵션)' 대화상자에서 Quality(품질)를 8로 지정한 후 〈OK(확인)〉를 클릭하세요.

4. 이미지의 사이즈를 줄인 후 PSD 형식으로 저장하기 위해 [Image(이미지)] → [Image Size(이미지 크기)]([Ctrl]+[Alt]+[I])를 선택합니다.

5. 'Image Size(이미지 크기)' 대화상자에서 Width(폭)와 Height(높이)를 다음과 같이 지정하고 〈OK(확인)〉를 클릭하세요.

6. 이미지 크기에 맞게 캔버스가 작아집니다. [File(파일)] → [Save(저장)]([Ctrl]+[S])를 선택하세요.

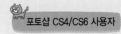

포토샵 CS4/CS6 사용자

JPG 형식으로 저장하기 위해 [File(파일)] → [Save As(다른 이름으로 저장)]([Ctrl]+[Shift]+[S])를 선택하세요.

⑩ [문제 3] 답안 파일 전송하기

1. 완성한 답안 파일을 전송해야 합니다. 포토샵 프로그램을 최소화한 후 '시험 관리 도구'에서 〈답안 전송〉을 클릭하세요.

2. '고사실 PC로 답안 파일 보내기' 대화상자에서 'G1234-홍길동-3.jpg'와 'G1234-홍길동-3.psd' 파일을 선택한 후 〈답안 전송〉을 클릭하세요.

3. 전송을 마쳤으면 다음 작업을 위해 포토샵 창에 불러놓은 이미지들과 작업창을 모두 닫으세요.

미리보기

사용할 이미지

1급-12.jpg

1급-13.jpg

1급-14.jpg

1급-15.jpg

1급-16.jpg

1급-17.jpg

펜 도구로 그리기

모양 도구로 추가하기

작업 과정

① 빈 캔버스에 배경색을 지정한다.

② '1급-12.jpg'를 복사한 후 혼합 모드를 지정하고 레이어 마스크를 수행한다.

③ '1급-13.jpg'를 복사한 후 필터를 적용하고 레이어 마스크를 수행한다.

④ Pen Tool(펜 도구)로 꽃과 잎을 그린 후 레이어 스타일을 적용한다.

⑤ 하트 모양 카드, WWW 모양으로 패턴을 만들어 꽃과 잎에 적용하고 불필요한 부분을 제거한다.

⑥ '1급-14.jpg'에서 개를 복사한 후 레이어 스타일을 적용한다.

⑦ '1급-15.jpg'에서 일부 이미지를 복사한 후 필터와 레이어 스타일을 적용한다.

⑧ '1급-16.jpg'에서 풍선을 복사한 후 레이어 스타일을 적용하고 파란색 계열로 색상을 보정한다.

⑨ '1급–17.jpg'에서 칠판을 복사한 후 불필요한 부분을 제거한다.

 ⑪ 문자를 입력한 후 레이어 스타일을 적용한다.

 ⑩ 왕관, 배너, 오른쪽 표시 모양을 추가한 후 레이어 스타일을 적용한다.

ⓞ 준비 작업

1. 캔버스를 만들기 위해 [File(파일)] → [New(새로 만들기)]([Ctrl] + [N])를 선택합니다.

2. 'New Document(새로운 문서 만들기)' 대화상자에서 Name(이름), Width(폭), Height(높이) 등을 다음과 같이 지정한 후 〈Create(만들기)〉를 클릭하세요.

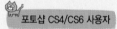
포토샵 CS4/CS6 사용자

'New(새 문서)' 대화상자의 'Name(이름)'에 **G1234-홍길동-4**를 입력한 후 Witdth(폭), Height(높이) 등을 지정하세요.

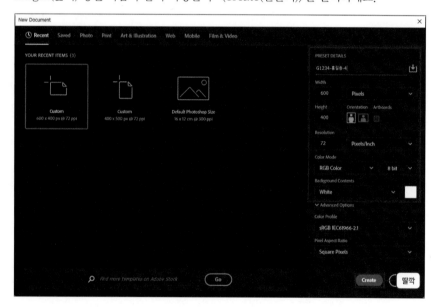

3. [File(파일)] → [Save As(다른 이름으로 저장)]([Ctrl] + [Shift] + [S])를 선택한 다음 'Save As(다른 이름으로 저장)' 대화상자에서 저장 위치를 '시험장따라하기', 파일 이름을 'G1234-홍길동-4'로 지정한 후 〈저장〉을 클릭하세요.

4. 작업 창에 눈금자와 격자가 표시되어 있지 않으면, [View(보기)] → [Rulers(눈금자)]([Ctrl] + [R])와 [View(보기)] → [Show(표시)] → [Grid(격자)]([Ctrl] + ['])를 선택하세요.

① 배경색 지정하기

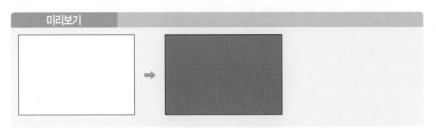

1. 배경색을 지정하기 위해 [Edit(편집)] → [Fill(칠)]((Shift) + (F5))을 선택합니다.

2. 'Fill(칠)' 대화상자가 표시되면 Contents(내용) 항목을 클릭한 후 [Color(색상)]를 선택하세요.

3. 'Color Picker(Fill Color)(색상 피커(칠 색상))' 대화상자에서 색상을 #cc9966으로 지정하고 〈OK(확인)〉를 클릭하세요.

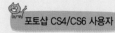

포토샵 CS4/CS6 사용자

'Fill(칠)' 대화상자의 Use(사용) 목록에서 [Color(색상)]를 선택하세요.

4. 이어서 'Fill(칠)' 대화상자에서도 〈OK(확인)〉를 클릭하세요.

② **이미지를 복사한 후 혼합 모드를 지정하고 레이어 마스크 수행하기**

미리보기

'1급-12.jpg'를 'G1234-홍길동-4.psd' 파일로 복사한 후 Blending Mode(혼합 모드)를 Hard Light (하드 라이트)로 지정하고, 가로 방향으로 흐릿하게 레이어 마스크를 수행합니다.

01. 혼합 모드 지정하기

1. 작업할 이미지를 불러오기 위해 [File(파일)] → [Open(열기)](Ctrl + O)을 선택합니다.

2. '열기' 대화상자에서 찾는 위치를 'C:\길벗GTQ1급\시험장따라하기\Image' 폴더로 지정하세요. 이어서 '1급-12.jpg', '1급-13.jpg', '1급-14.jpg', '1급-15.jpg', '1급-16.jpg', '1급-17.jpg' 파일을 선택하고 〈열기〉를 클릭하세요.

3. '1급-12.jpg' 이미지를 복사한 후 'G1234-홍길동-4.psd' 파일에 붙여넣기 하세요.

전문가의 조언

· 전체 선택 : Ctrl + A
· 복사 : Ctrl + C
· 붙여넣기 : Ctrl + V

4. 'Layer 1(레이어 1)'이 선택된 상태에서 레이어 패널 상단의 혼합 모드 목록에서 [Hard Light(하드 라이트)]를 선택하세요.

5. [Edit(편집)] → [Free Transform(자유 변형)](Ctrl + T)을 선택하여 자유 변형 상태로 만드세요.

6. 〈출력형태〉에 그려놓은 기준선과 작업 영역의 격자를 기준으로 삼아 〈출력형태〉와 동일하게 이미지를 배치하세요. 이어서 Enter를 눌러 자유 변형 상태를 해제하세요.

02. 레이어 마스크를 적용한 후 이미지 배치하기

1. 레이어 마스크를 수행하기 위해 'Layer 1(레이어 1)'이 선택된 상태에서 레이어 패널 하단의 ▣(Add layer mask(레이어 마스크를 추가합니다.)) 아이콘을 클릭합니다.

2. 가로 방향으로 흐릿하게 레이어 마스크를 표현하기 위해 도구 상자에서 ▣(Gradient Tool(그레이디언트 도구))(G)을 클릭합니다.

3. 이어서 옵션 바에서 Gradient(그레이디언트) 항목을 클릭하세요.

4. 'Gradient Editor(그레이디언트 편집기)' 대화상자가 표시되면 Presets(사전 설정) 항목에서 Basics(기본 사항)의 확장 단추(▶)를 클릭한 후 Black, White(검정, 흰색) 를 클릭하고 〈OK(확인)〉를 클릭하세요.

 포토샵 CS4/CS6 사용자

'Gradient Editor(그레이디언트 편집 기)' 대화상자가 표시되면 'Presets (사전 설정)' 항목에서 Black, White(검정, 흰색)를 클릭하고 〈OK(확인)〉를 클릭하세요.

5. 이제 마우스를 왼쪽에서 오른쪽 방향으로 드래그 하세요.

전문가의 조언

가로 방향으로 얼마나 드래그 해 야 하는지는 조건으로 제시되어 있지 않으므로 〈출력형태〉를 보고 직접 판단해야 합니다. 〈출력형태〉 의 왼쪽부터 어느 부분까지 흐리 게 되어 있는지 확인한 후 〈출력형 태〉와 비슷해지도록 드래그 하면 됩니다.

③ 이미지를 복사한 후 필터와 레이어 마스크 수행하기

'1급-13.jpg'를 복사하여 Crosshatch(그물눈) 필터를 적용하고, 대각선 방향으로 흐릿하게 레이어 마스크를 수행합니다.

 →

1. '1급-13.jpg' 이미지를 복사한 후 'G1234-홍길동-4.psd' 파일에 붙여넣기 하세요.

2. Crosshatch(그물눈) 필터를 적용하기 위해 [Filter(필터)] → [Filter Gallery(필터 갤러리)]를 선택합니다.

3. 'Filter Gallery(필터 갤러리)' 대화상자에서 [Brush Strokes(브러시 획)] → [Crosshatch(그물눈)]를 클릭한 후 〈OK(확인)〉를 클릭하세요.

전문가의 조언

Crosshatch(그물눈) 필터는 원본 이미지의 세부적인 묘사와 특징을 유지하면서 색상 영역의 가장자리를 거칠게 만드는 기법입니다.

4. [Edit(편집)] → [Free Transform(자유 변형)]([Ctrl]+[T])을 선택하여 자유 변형 상태로 만드세요.

5. 〈출력형태〉에 그려놓은 기준선과 작업 영역의 격자를 참조하여 이미지를 배치하고 [Enter]를 눌러 자유 변형 상태를 해제하세요.

포토샵 CS4/CS6 사용자

281쪽에서 레이어 마스크를 수행하기 위해 Gradient(그레이디언트)의 Presets(사전 설정)을 Black, White(검정, 흰색)로 지정했기 때문에 지정한 색상이 유지되어 있습니다. 옵션 바의 Gradient(그레이디언트) 항목의 색상이 ▬▬▬ 이 아닌 경우에만 클릭한 후 Presets(사전 설정)을 Black, White(검정, 흰색)로 지정하세요.

6. 레이어 마스크를 수행하기 위해 'Layer 2(레이어 2)'가 선택된 상태에서 레이어 패널 하단의 ▣(Add layer mask(레이어 마스크를 추가합니다.)) 아이콘을 클릭합니다.

7. 대각선 방향으로 흐릿하게 레이어 마스크를 표현하기 위해 도구 상자에서 ▣(Gradient Tool(그레이디언트 도구))(G)을 클릭합니다.

8. 이제 마우스를 대각선 방향으로 드래그 하세요.

④ 꽃과 잎 모양의 패스를 만든 후 레이어 스타일 적용하기

미리보기

Pen Tool(펜 도구)을 사용해 꽃과 잎 모양의 패스를 그린 후 Drop Shadow(그림자) 스타일을 적용
합니다.

 →

01. 펜 도구를 이용하여 꽃 만들기

1. 도구 상자에서 ✒(Pen Tool(펜 도구))(P)을 클릭하고 옵션 바에서 Pick tool
mode(선택 도구 모드)로 Shape(모양)를 선택한 다음 Fill(칠)을 #ffff00으로 지정하세
요.

포토샵 CS4 사용자

옵션 바의 Color(색상)에서 색상을
지정하세요.

2. 문제지의 〈출력형태〉에 그려 놓은 기준선을 참조하여 다음과 같이 안내선을 표시하세요.

3. Ctrl + + 를 눌러 화면을 확대한 다음 가로, 세로 이동 막대를 드래그 하여 작업 영역이 화면의 가운데로 오도록 하세요.

4. 이제 꽃 모양을 그리면 됩니다. 시작될 위치를 마우스로 클릭하여 기준점을 생성하고 다음 기준 점을 클릭한 채로 드래그 하여 다음 방향선의 길이와 각도를 조절합니다.

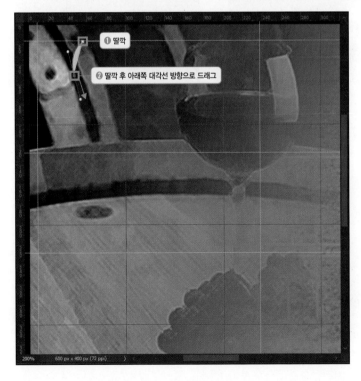

5. 이전 패스의 방향에 영향을 받지 않게 Alt 를 누른 채 현재 기준점을 클릭하여 진행 방향의 방향선을 제거하고, 다음 기준점을 클릭하여 방향선의 길이와 각도를 조절하며 그립니다.

6. 다음과 같이 차례로 기준점을 생성하고 방향선의 조절과 제거를 반복하여 꽃 모양을 완성하고 Enter 를 누르세요.

딸깍하여 완성

02. 펜 도구를 이용하여 잎1 만들기

1. 펜 도구를 이용하여 잎1 모양을 그려야 합니다. (Pen Tool(펜 도구))이 선택된 상태에서 다음과 같이 차례로 기준점을 생성하고 방향선의 조절과 제거를 반복하여 잎1 모양을 그리세요.

2. 같은 색을 지정하는 모양은 한 레이어에 그려야 하므로 옵션 바에서 🔲(Combine Shapes(모양 결합))를 선택하고, 차례대로 잎1 모양을 완성한 후 Enter를 누르세요.

3. 잎1 모양의 색상을 변경해야 합니다. 옵션 바의 Fill(칠)에서 색상을 #99ff99로 지정합니다.

 포토샵 CS4사용자

옵션 바의 Color(색상)에서 색상을 지정하세요.

03. 펜 도구를 이용하여 잎2 만들기

1. 펜 도구를 이용하여 잎2 모양을 그려야 합니다. 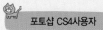(Pen Tool(펜 도구))이 선택된 상태에서 옵션 바에서 ▣(New Layer(새 레이어))를 클릭하고 다음과 같이 차례로 기준점을 생성한 후 방향선의 조절과 제거를 반복하여 잎2 모양을 그리세요.

포토샵 CS4사용자

옵션 바에서 ▣(Create new shape layer(새 모양 레이어에 만들기))를 선택하세요.

2. 잎1 모양과 마찬가지로 잎2도 같은 색을 지정하는 모양은 한 레이어에 그려야 하므로 옵션 바에서 ▣(Combine Shapes(모양 결합))을 선택하고, 차례대로 잎2 모양을 완성한 후 [Enter]를 누르세요.

🐱 **포토샵 CS4 사용자**

옵션 바의 Color(색상)에서 색상을 지정하세요.

3. 잎2 모양의 색상을 변경해야 하므로 옵션 바의 Fill(칠)에서 색상을 #33cc33으로 지정합니다.

04. 레이어 스타일 지정하기

1. [Ctrl] + [-]를 눌러 화면 배율을 축소하고, [View(보기)] → [Clear Guides(안내선 지우기)]([Alt] + [V], [D])를 선택하여 안내선을 제거하세요.

2. 꽃과 잎1, 잎2 모양에 레이어 스타일을 적용하기 위해 레이어 패널에서 'Shape 1(모양 1)'을 선택한 후 상태에서 하단의 (Add a layer style(레이어 스타일을 추가합니다.)) 아이콘을 클릭하고 [Drop Shadow(그림자)]를 선택합니다.

3. 'Layer Style(레이어 스타일)' 대화상자에서는 별도의 옵션 설정 없이 〈OK(확인)〉를 클릭합니다.

4. 나머지 Pen Tool(펜 도구)로 그린 모양에도 레이어 스타일을 적용해야 합니다. 마찬가지로 'Shape 2(모양 2)', 'Shape 3(모양 3)'을 각각 선택하여 Drop Shadow(그림자) 스타일을 적용합니다.

⑤ 패턴 만들어 적용하기

미리보기

 →

1. [File(파일)] → [New(새로 만들기)]([Ctrl] + [N]) 메뉴를 선택한 후 'New Document (새로운 문서 만들기)' 대화상자에서 Width(폭)와 Height(높이)에 **50**을 입력하고 Background Contents(배경 내용)를 Transparent(투명)로 지정한 후 〈Create(만들기)〉를 클릭하세요.

2. 폭과 높이가 50 픽셀이라 크기가 작습니다. Ctrl + 0 을 눌러 화면 배율을 화면 크기에 맞게 확대하세요.

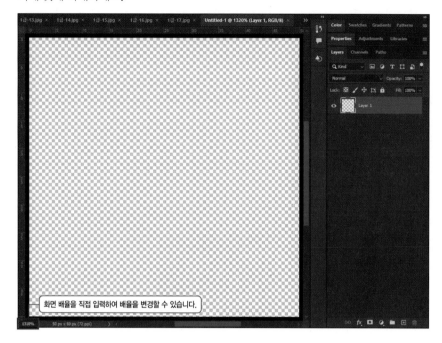

3. 도구 상자에서 (Custom Shape Tool(사용자 정의 모양 도구))(U)을 클릭하고 옵션 바에서 Pick tool mode(선택 도구 모드)로 Shape(모양)를 선택하세요.

4. Shape(모양)의 목록 단추(∨)를 클릭한 다음 [Legacy Shapes and More(레거시 모양 및 기타)] → [All Legacy Default Shapes(모든 레거시 기본 모양)] → [Shapes(모양)]의 확장 단추(▶)를 클릭하고 모양 목록에서 ♥(Heart Card(하트 모양 카드)) 모양을 더블클릭하여 선택한 다음 〈출력형태〉를 참조하여 적당한 위치에 드래그 하여 하트 모양 카드 모양을 추가하세요.

5. 하트 모양 카드 모양에 색상을 지정하기 위해 옵션 바의 Fill(칠)에서 색상을 #cc9966으로 지정하세요.

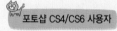

포토샵 CS4/CS6 사용자

Shape(모양) 목록에서 [Shapes(모양)]를 선택한 후 선택한 모양으로 대치할지를 묻는 대화상자가 나타나면 〈OK(확인)〉를 클릭하세요.

포토샵 CS4 사용자

옵션 바에서 Color(색상)를 클릭한 다음 'Pick a solid color: (단색 선택:)' 대화상자에서 색상을 지정한 후 〈OK(확인)〉를 클릭하세요

6. WWW 모양은 하트 모양과 색상을 다르게 지정해야 하므로 새 레이어에 작성해야 합니다. 레이어 패널에서 ▣(Create a new layer(새 레이어를 만듭니다.)) 아이콘을 클릭하세요.

7. 이어서 WWW 모양을 추가하기 위해 Shape(모양)의 목록 단추(⌄)를 클릭한 다음 [All Legacy Default Shapes(모든 레거시 기본 모양)] → [Web(웹)]의 확장 단추(❯)를 클릭하고 모양 목록에서 🌐(World Wide Web(WWW)) 모양을 더블클릭하여 선택한 다음 〈출력 형태〉를 참조하여 적당한 위치에 드래그 하여 WWW 모양을 추가하세요.

8. WWW 모양에 색상을 지정하기 위해 옵션 바의 Fill(칠)에서 색상을 #ff6666으로 지정하세요.

9. 완성된 패턴을 저장하기 위해 [Edit(편집)] → [Define Pattern(패턴 정의)]을 선택합니다.

10. 'Pattern Name(패턴 이름)' 대화상자가 표시되면, 이름을 변경하지 말고 바로 〈OK(확인)〉를 클릭하세요.

포토샵 CS4/CS6 사용자

Shape(모양) 목록에서 [Web(웹)]을 선택한 후 선택한 모양으로 대치할지를 묻는 대화상자가 나타나면 〈OK(확인)〉를 클릭하세요.

포토샵 CS4 사용자

옵션 바에서 Color(색상)를 클릭한 다음 'Pick a solid color: (단색 선택:)' 대화상자에서 색상을 지정한 후 〈OK(확인)〉를 클릭하세요.

전문가의 조언

• 특정한 이름을 사용하도록 지시되지 않은 것은 기본 값을 그대로 사용하는 것이 효율적입니다. 단 저장한 다음 다시 사용해야 하는 경우에는 이름을 꼭 기억하고 있어야 합니다.
• 'Pattern Name(패턴 이름)' 대화상자에 표시되는 이름은 작업 환경에 따라 달라질 수 있습니다.

11. 패턴을 적용하기 위해 'G1234-홍길동-4.psd' 탭을 클릭한 다음 레이어 패널 하단의 ▣(Create a new layer(새 레이어를 만듭니다.)) 아이콘을 클릭합니다.

전문가의 조언

패턴은 현재 선택된 레이어에 적용되는데, 현재 선택된 레이어는 'Shape 3(모양 3)'입니다. 답안 작성 요령에 레이어를 각 기능별로 분할하도록 지시하고 있기 때문에 패턴을 적용할 레이어를 추가한 후 적용하는 것입니다.

포토샵 CS4/CS6 사용자

'Fill(칠)' 대화상자가 표시되면 'Use(사용)'의 목록 단추를 클릭하여 [Pattern(패턴)]을 선택합니다.

12. 패턴을 적용하기 위해 [Edit(편집)] → [Fill(칠)]([Shift] + [F5])을 선택한 다음 'Fill(칠)' 대화상자에서 Contents(내용) 항목을 클릭한 후 [Pattern(패턴)]을 선택합니다.

13. Custom Pattern(사용자 정의 패턴)의 목록 단추를 클릭한 후 앞서 정의한 패턴(Pattern 1(패턴 1))을 더블클릭하여 선택하고 〈OK(확인)〉를 클릭하세요.

14. 꽃과 꽃잎 모양 패스를 이용해 패턴의 불필요한 부분을 제거하기 위하여 'Layer 3(레이어 3)'을 클릭합니다.

시나공 Q&A 베스트

Q 패턴 작업을 할 때 신경 써야 할 부분을 알려주세요.

A 패턴은 색상, 모양, 크기, 간격에 신경 써서 작업하세요.

• 색상 : 수검자가 전송한 PSD 파일을 열어 채점하기 때문에 지시사항대로 정확하게 지정해야 합니다.

• 모양, 크기, 간격 : 문제지에 지시사항이 없으므로 〈출력형태〉를 보고 수검자가 파악해야 하는데, 이 부분도 수검자가 전송한 JPG 파일을 출력하여 채점하기 때문에 전체적인 패턴 적용 형태가 〈출력형태〉와 유사하고 일정한 간격을 유지하면 채점 기준을 통과할 수 있습니다. 예를 들어, 〈출력형태〉에 제시된 그림의 패턴 간격은 5 Pixel 이지만 수험생의 패턴이 3~8 Pixel의 간격을 일정하게 유지했다면 채점 기준을 통과할 수 있습니다.

15. 레이어 패널에서 Ctrl + Shift 를 누른채 'Shape 1(모양 1)', 'Shape 2(모양 2)', 'Shape 3(모양 3)'의 썸네일을 차례대로 클릭하여 선택 영역으로 지정합니다.

전문가의 조언

저장해 놓은 패스를 이용하면 언제든지 원하는 레이어에 패스 모양으로 선택 영역을 지정할 수 있습니다. 현재 'Layer 3(레이어 3)'이 선택되어 있기 때문에 'Layer 3(레이어 3)'에 선택 영역이 지정되는 것입니다.

16. 선택 영역을 반전시키기 위해 [Select(선택)] → [Inverse(반전)](Ctrl + Shift + I)를 선택하세요.

17. Delete 를 눌러 선택된 영역을 삭제한 다음 Ctrl + D 를 눌러 선택 영역을 해제하세요.

6 개를 복사한 후 레이어 스타일 적용하기

미리보기

'1급-14.jpg'에서 개를 복사한 후 Bevel and Emboss(경사와 엠보스)와 Drop Shadow(그림자) 스타일을 적용합니다.

1. 탭 목록에서 '1급-14.jpg' 탭을 클릭한 다음 도구 상자에서 ✦(Magic Wand Tool(자동 선택 도구))(W)을 클릭하세요.

2. 옵션 바에서 Tolerance(허용치)를 50으로 지정하세요.

선택되어 있어야 합니다.

3. 배경 부분을 클릭한 다음 선택 영역을 반전시키기 위해 [Select(선택)] → [Inverse(반전)](Shift + Ctrl + I)를 선택합니다.

① 딸깍
② 딸깍
③ 딸깍
④ 딸깍
⑤ 딸깍

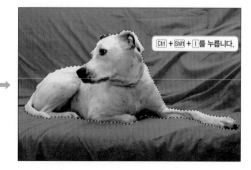

Ctrl + Shift + I를 누릅니다.

4. 선택된 영역을 '복사한 후 G1234-홍길동-4.psd' 파일에 붙여넣기 하세요.

5. [Edit(편집)] → [Free Transform(자유 변형)]([Ctrl] + [T])을 선택하여 자유 변형 상태로 만드세요.

6. 〈출력형태〉에 그려놓은 기준선과 작업 영역의 격자를 참조하여 크기를 조정한 후 배치하고 [Enter]를 눌러 자유 변형 상태를 해제하세요.

전문가의 조언

문제지에 세부 옵션 값이 제시되지 않아 기본 값을 그대로 사용하여 레이어 스타일을 적용했는데 결과가 〈출력형태〉와 눈에 띄게 차이가 날 때는 옵션 값들을 조정하여 〈출력형태〉와 비슷하게 만들어야 합니다. 그러므로 평소 연습할 때 주요 옵션 값을 변경했을 때 결과가 어떻게 달라지는지 파악해 두는 것이 좋습니다.

7. 개 이미지에 레이어 스타일을 지정하기 위해 레이어 패널 하단의 *fx*(Add a layer style(레이어 스타일을 추가합니다.)) 아이콘을 클릭한 후 [Bevel & Emboss(경사와 엠보스)]를 선택합니다.

8. 'Layer Style(레이어 스타일)' 대화상자에서는 별도의 옵션 설정 없이 Drop Shadow(그림자 효과) 스타일을 적용하기 위해 스타일 목록에서 [Drop Shadow(드롭 섀도)]를 클릭한 후 〈OK(확인)〉를 클릭합니다.

7 선물상자를 복사한 후 필터와 레이어 스타일 적용하기

미리보기

'1급−15.jpg'에서 선물상자 일부를 복사한 후 Dry Brush(드라이 브러시) 필터와 Drop Shadow(그림자) 스타일을 적용합니다.

 ➡

1. 탭 목록에서 '1급-15.jpg' 탭을 클릭한 다음 도구 상자에서 ⬝(Polygonal Lasso Tool(다각형 올가미 도구))(Ⓛ)을 선택하세요.

2. Ctrl+++를 눌러 화면 배율을 확대한 다음 선택 영역을 정교하게 지정하세요.

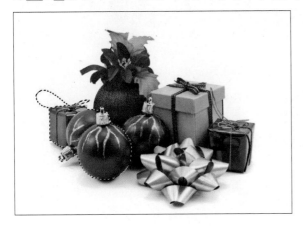

3. 선택 작업을 마쳤으면, 선택된 영역을 복사한 후 'G1234-홍길동-4.psd' 파일에 붙여 넣기 하세요.

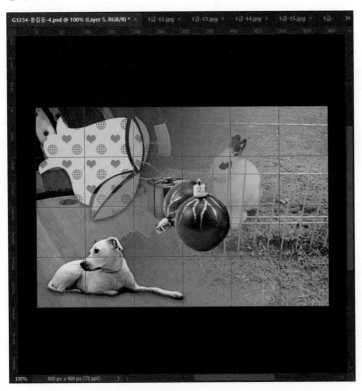

4. Dry Brush(드라이 브러시) 필터를 적용하기 위해 'Layer 5(레이어 5)'가 선택된 상태에서 [Filter(필터)] → [Filter Gallery(필터 갤러리)]를 선택합니다.

다른 선택 방법

① ✎(Magic Wand Tool(자동 선택 도구))을 사용하여 배경 부분을 클릭한 후 Ctrl+Shift+Ⅰ를 누릅니다.

② Alt를 누른 채 ✎(Magic Wand Tool(자동 선택 도구))을 사용하여 선택 영역에서 제외할 범위를 지정합니다.

③ ⬝(Polygonal Lasso Tool(다각형 올가미 도구))을 선택한 후 Alt를 누른 채 선택 영역에서 제외할 범위를 지정합니다.

5. 'Filter Gallery(필터 갤러리)' 대화상자에서 [Artistic(예술 효과)] → [Dry Brush(드라이 브러시)]를 선택하고 별도의 옵션 설정 없이 〈OK(확인)〉를 클릭합니다.

6. 이어서 레이어 스타일을 적용하기 위해 패널 하단의 ▨(Add a layer style(레이어 스타일을 추가합니다.)) 아이콘을 클릭한 후 [Drop Shadow(그림자)]를 선택하세요.

7. 'Layer Style(레이어 스타일)' 대화상자가 표시되면 별도의 옵션 설정 없이 〈OK(확인)〉를 클릭하세요.

8. [Edit(편집)] → [Free Transform(자유 변형)](Ctrl + T)을 선택하여 자유 변형 상태로 만드세요.

9. 〈출력형태〉에 그려놓은 기준선과 작업 영역의 격자를 참조하여 크기를 조절한 후 배치하고 Enter를 눌러 자유 변형 상태를 해제하세요.

8 풍선을 복사한 후 레이어 스타일을 적용하고 색상 보정하기

미리보기

- '1급-16.jpg'에서 일부 풍선을 복사한 후 Bevel and Emboss(경사와 엠보스) 스타일을 적용합니다.
- 복사된 풍선 중 하나를 파란색 계열로 색상을 보정합니다.

 →

01. 이미지를 복사하고 레이어 스타일 적용한 후 배치하기

1. 탭 목록에서 '1급-16.jpg' 탭을 클릭하세요.

2. 도구 상자에서 ✏(Pen Tool(펜 도구))(P)을 클릭하고 옵션 바에서 Pick tool mode(선택 도구 모드)로 Path(패스)를 선택하세요.

클릭하여 선택　　선택되어 있어야 합니다.

전문가의 조언

풍선처럼 대부분이 곡선으로 구성된 이미지는 펜 도구를 이용해 선택 영역을 지정하는 것이 빠릅니다. 펜 도구 사용이 서투른 수험생은 72쪽의 '섹션 03'을 꼭 공부하세요.

전문가의 조언

풍선 안쪽의 제외할 영역은 Path
Operations(패스 작업)이 Exclude
Overlapping Shapes(모양 오버랩
제외)로 선택된 상태에서 작업해야
합니다.

전문가의 조언

패스 모양이 곡선에서 곡선으로 이
어지는 경우 현재 패스의 방향이
다음 패스에 영향을 주지 않도록
Alt 를 누른 채 현재 기준점을 클릭
하여 방향선을 제거하세요.

3. Ctrl + + 를 눌러 화면 배율을 확대한 다음 선택 영역을 정교하게 지정하세요.

4. 펜으로 만든 패스를 선택 영역으로 지정하기 위해 패스 패널을 클릭한 다음 Ctrl 을
누른 채 Work Path(작업 패스)의 썸네일을 클릭합니다.

5. 선택된 풍선을 복사한 후 'G1234-홍길동-4.psd' 파일에 붙여넣기 하세요.

6. 풍선에 레이어 스타일을 지정하기 위해 'Layer 6(레이어 6)'이 선택된 상태에서 레이어 패널 하단의 ***fx***(Add a layer style(레이어 스타일을 추가합니다.)) 아이콘을 클릭한 후 [Bevel & Emboss(경사와 엠보스)]를 선택하세요.

7. 'Layer Style(레이어 스타일)' 대화상자가 표시되면 별도의 옵션 설정 없이 〈OK(확인)〉를 클릭하세요.

8. [Edit(편집)] → [Free Transform(자유 변형)]([Ctrl] + [T])을 선택하여 자유 변형 상태로 만드세요.

9. 〈출력형태〉에 그려놓은 기준선과 작업 영역의 격자를 참조하여 크기를 조절한 후 이미지를 배치하고 [Enter]를 눌러 자유 변형 상태를 해제하세요.

02. 색상 보정하기

1. 도구 상자에서 (Pen Tool(펜 도구))(P)을 클릭하고 옵션 바에서 Pick tool mode(선택 도구 모드)로 Paths(패스)를 선택하세요.

2. 풍선 1개를 선택 영역으로 지정합니다. Ctrl+++를 눌러 화면을 확대한 다음 정교하게 선택하세요.

3. 선택 작업을 마쳤으면, 완성된 패스를 선택 영역으로 지정하기 위해 패스 패널에서 Ctrl을 누른 채 'Work Path(작업 패스)'의 썸네일을 클릭합니다.

4. 색상 보정을 위해 레이어 패널 하단의 (Create new fill or adjustment layer(새 칠 또는 조정 레이어를 만듭니다.)) 아이콘을 클릭한 후 [Hue/Saturation(색조/채 도)]을 선택하세요.

5. 조정 패널이 표시되면 Colorizer(색상화)를 클릭하고, Hue(색조)와 Saturation(채 도)을 조절하여 파란색 계열로 보정하세요.

9 칠판을 복사한 후 배치하기

미리보기

'1급-17.jpg'에서 칠판을 복사하여 배치한다.

1. 탭 목록에서 '1급-17.jpg' 탭을 클릭한 다음 도구 상자에서 (Magic Wand Tool(자동 선택 도구))(W)을 클릭하세요.

2. 옵션 바에서 Tolerance(허용치)를 5로 지정하세요.

선택되어 있어야 합니다.

3. 배경 부분을 클릭한 다음 선택 영역을 반전시키기 위해 [Select(선택)] → [Inverse(반전)](Ctrl + Shift + I)를 선택합니다.

전문가의 조언

Tolerance(허용치)는 클릭하는 부위의 색상을 기준으로 선택 영역에 포함시킬 색상의 범위를 지정하는 것으로, 수치가 클수록 선택 영역으로 지정되는 색의 범위가 늘어납니다. 선택의 경계가 되는 부분의 색상차가 뚜렷하지 않을 경우에는 Tolerance(허용치)를 낮추세요.

전문가의 조언

칠판 다리 안쪽 흰 배경 부분은 'G1234-홍길동-4.psd' 파일에 배치할 때 화면에 표시되지 않으므로 신경쓰지 않아도 됩니다.

4. 선택된 영역을 복사한 후 'G1234-홍길동-4.psd' 파일에 붙여넣기 하세요.

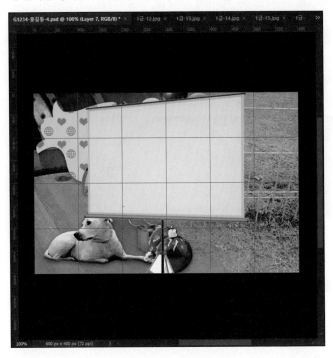

5. [Edit(편집)] → [Free Transform(자유 변형)]([Ctrl]+[T])을 선택하여 자유 변형 상태로 만드세요.

6. 〈출력형태〉에 그려놓은 기준선과 작업 영역의 격자를 참조하여 크기를 조절한 후 배치하고 [Enter]를 눌러 자유 변형 상태를 해제하세요.

⑩ 여러 가지 모양을 추가한 후 레이어 스타일 적용하기

- 왕관 모양을 추가한 후 Stroke(선/획) 스타일을 적용합니다.
- 배너 모양을 추가한 후 Gradient Overlay(그레이디언트 오버레이)와 Stroke(선/획) 스타일을 적용하고, 두 번 복사합니다.
- 오른쪽 표시 모양을 추가한 후 Inner Shadow(내부 그림자) 스타일을 적용합니다.

01. 왕관을 추가한 후 레이어 스타일 적용하기

1. 도구 상자에서 (Custom Shape Tool(사용자 정의 모양 도구))(U)을 클릭하고 옵션 바에서 Pick tool mode(선택 도구 모드)로 Shape(모양)를 선택하세요.

2. Shape(모양)의 목록 단추(▪)를 클릭한 다음 [Legacy Shapes and More(레거시 모양 및 기타)] → [All Legacy Default Shapes(모든 레거시 기본 모양)] → [Objects(물건)]의 확장 단추(▪)를 클릭하고 모양 목록에서 (Crown 2(왕관 2)) 모양을 더블클릭하여 선택하세요.

3. 〈출력형태〉를 참조하여 적당한 위치에 드래그 하여 왕관 모양을 추가하세요.

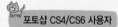

포토샵 CS4/CS6 사용자

Shape(모양) 목록에서 [Objects(물건)]를 선택한 후 선택한 모양으로 대치할지를 묻는 대화상자가 나타나면 〈OK(확인)〉를 클릭하세요.

전문가의 조언

왕관 모양에 색상과 레이어 스타일을 지정한 다음 크기와 위치를 세밀하게 조정할 것이므로 크기와 위치에 신경 쓰지 말고 적당하게 그리면 됩니다.

4. 옵션 바에서 Fill(칠)를 클릭한 다음 색상을 #cccc66으로 지정하세요.

5. 왕관 모양에 레이어 스타일을 적용하기 위해 'Crown 2 1(왕관 2 1)'이 선택된 상태에서 레이어 패널 하단의 (Add a layer style(레이어 스타일을 추가합니다.)) 아이콘을 클릭한 후 [Stroke(획)]를 선택하세요.

6. 'Layer Style(레이어 스타일)' 대화상자가 표시되면 Size(크기)를 2px, 색상을 #333333으로 지정하고 〈OK(확인)〉를 클릭하세요.

7. [Edit(편집)] → [Free Transform Path(패스 자유 변형)](Ctrl + T)를 선택하여 패스 자유 변형 상태로 만드세요.

8. 〈출력형태〉에 그려놓은 기준선과 작업 영역의 격자를 참조하여 이미지를 배치하고 Enter를 두 번 눌러 패스 자유 변형 상태를 해제하세요.

포토샵 CS4/CS6 사용자

옵션 바에서 Color(색상)를 클릭한 다음 색상을 지정하세요.

시나공 Q&A 베스트

Q 옵션 바에 Fill(칠) 항목이 없어요!

A 옵션 바의 옵션 모드에 Shape(모양)가 선택되어 있지 않기 때문입니다. Shape(모양)를 클릭한 후 색상을 지정하세요.

02. 배너 모양을 추가한 후 레이어 스타일 적용하기

1. 도구 상자에서 (Custom Shape Tool(사용자 정의 모양 도구))(U)을 클릭하세요.

2. Shape(모양)의 목록 단추()를 클릭한 다음 [All Legacy Default Shapes(모든 레거시 기본 모양)] → [Banners and Awards(배너 및 상장)]의 확장 단추()를 클릭하고 모양 목록에서 (Banner 4(배너 4)) 모양을 더블클릭하여 선택하세요.

3. 〈출력형태〉의 기준선을 참조하여 적당한 위치에 드래그 하여 배너 모양을 추가하세요.

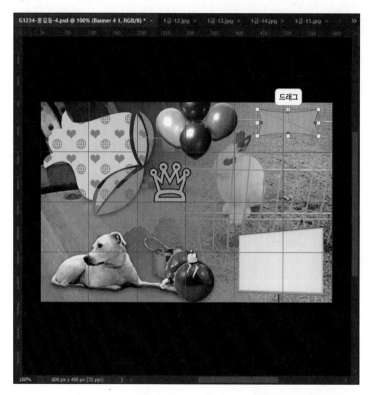

4. 배너 모양에 레이어 스타일을 적용하기 위해 레이어 패널 하단의 (Add a layer style(레이어 스타일을 추가합니다.)) 아이콘을 클릭한 후 [Gradient Overlay(그레이디언트 오버레이)]를 선택하세요.

5. 'Layer Style(레이어 스타일)' 대화상자에서 Gradient(그레이디언트) 항목을 클릭하세요.

6. 'Gradient Editor(그레이디언트 편집기)' 대화상자의 왼쪽 아래 Color Stop(색상 정지점)을 더블클릭한 다음 색상을 #99cccc로 지정한 후 〈OK(확인)〉를 클릭하세요.

7. 〈출력형태〉와 동일하게 하기 위해서는 Color Stop(색상 정지점) 추가해야 합니다. 'Gradient Editor(그레이디언트 편집기)' 대화상자의 가운데 아래를 클릭하여 Color Stop(색상 정지점)을 추가하고, 색상을 #ffffff로 지정합니다.

8. 이번에는 오른쪽 아래 Color Stop(색상 정지점)을 더블클릭한 다음 색상을 #99cccc로 지정한 후 'Gradient Editor(그레이디언트 편집기)' 대화상자에서 〈OK(확인)〉를 클릭하세요.

9. 'Layer Style(레이어 스타일)' 대화상자에서 Angle(각도)을 0으로 지정하고, Stroke(획) 스타일을 적용하기 위해 스타일 목록에서 [Stroke(획)]를 클릭합니다.

10. Size(크기)를 2px, Fill Type(칠 유형)에서 Color(색상) 항목을 선택하고 색상을 #339999로 지정한 후 〈OK(확인)〉를 클릭하세요.

11. 'Layer Style(레이어 스타일)' 대화상자에서도 〈OK(확인)〉를 클릭하세요.

12. [Edit(편집)] → [Free Transform Path(패스 자유 변형)]([Ctrl]+[T])를 선택하여 패스 자유 변형 상태로 만드세요.

13. 〈출력형태〉에 그려놓은 기준선과 작업 영역의 격자를 참조하여 크기를 조절한 후 배치하고 [Enter]를 두 번 눌러 패스 자유 변형 상태를 해제하세요.

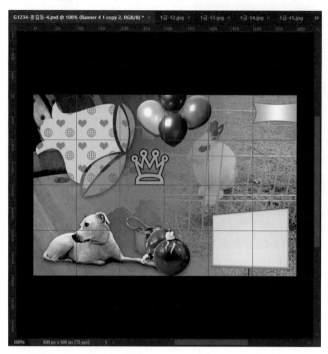

14. 작성된 배너 모양을 복사하기 위해 도구 상자에서 ✛(Move Tool(이동 도구))([V])을 클릭합니다.

15. [Shift]+[Alt]를 누른 채 아래쪽으로 드래그 하여 두 번 복사한 후 〈출력형태〉와 동일하게 위치를 조절하세요.

03. 오른쪽 표시 모양을 추가한 후 레이어 스타일 적용하기

1. 도구 상자에서 (Custom Shape Tool(사용자 정의 모양 도구))(U))을 클릭하고 옵션 바에서 Pick tool mode(선택 도구 모드)로 Shape(모양)를 선택하세요.

2. Shape(모양)의 목록 단추(■)를 클릭한 다음 [All Legacy Default Shapes(모든 레거시 기본 모양)] → [Ornaments(장식)]의 확장 단추(■)를 클릭하고 모양 목록에서 ■(Point Right(오른쪽 표시)) 모양을 더블클릭하여 선택하세요.

3. 〈출력형태〉의 기준선을 참조하여 적당한 위치에 드래그 하여 오른쪽 표시 모양을 추가하세요.

포토샵 CS4/CS6 사용자

'Shape(모양)' 목록에서 [Ornaments(장식)]를 선택한 후 선택한 모양으로 대치할지를 묻는 대화상자가 나타나면 〈OK(확인)〉를 클릭하세요.

4. 옵션 바에서 Fill(칠)을 #cc9966으로 지정하세요.

5. 레이어 스타일을 적용하기 위해 레이어 패널 하단의 *fx*(Add a layer style(레이어 스타일을 추가합니다.)) 아이콘을 클릭한 후 [Inner Shadow(내부 그림자)]를 선택하세요.

6. 'Layer Style(레이어 스타일)' 대화상자에서 별도의 옵션 설정 없이 〈OK(확인)〉를 클릭하세요.

7. [Edit(편집)] → [Free Transform Path(패스 자유 변형)](Ctrl + T)를 선택하여 패스 자유 변형 상태로 만드세요.

8. 〈출력형태〉에 그려놓은 기준선과 작업 영역의 격자를 참조하여 크기를 조절한 후 배치하고, Enter를 두 번 눌러 패스 자유 변형 상태를 해제하세요.

⑪ 문자를 입력한 후 레이어 스타일 적용하기

- 기관소개, 공지사항, 입양문의, Share Love for animals, 유기동물에게 관심과 사랑을, 유기동물협회를 입력합니다.
- 문자열 각각에 서식과 레이어 스타일을 적용합니다.
- 각각의 문자열을 〈출력형태〉와 동일하게 배치합니다.

01. 문자 입력하기

1. 문자를 입력하기 위해 도구 상자에서 ⊤(Horizontal Type Tool(수평 문자 도구)(⊤))을 클릭합니다.

2. 옵션 바에서 문자를 입력하기 좋은 크기와 색상을 지정합니다. 여기서는 크기를 12, 색상을 검정(#000000)으로 지정합니다.

입력   클릭하여 지정

3. 입력되는 문자의 색상과 구분이 잘되는 배경을 클릭하고 다음과 같이 〈출력형태〉에 제시된 모든 문자를 입력한 후 Ctrl + Enter를 눌러 입력을 마칩니다.

전문가의 조언

문자 도구의 옵션 바에는 이전 작업에 사용했던 속성들이 남아 있어 그대로 글자를 입력할 경우 글씨가 커져 화면을 벗어나거나 색상이 겹쳐 보이지 않는 등의 문제가 발생할 수 있습니다. 여기서는 크기를 12, 색상을 검정색으로 했지만 시험장에서는 여러분이 눈에 잘 띄는 색으로 아무 색이나 지정하면 됩니다.

02. 서식 및 레이어 스타일 적용하기

위에서부터 차례로 서식과 레이어 스타일을 적용하면 됩니다.

1. '기관소개', '공지사항', '입양문의'에 서식 및 레이어 스타일 적용

① 레이어 패널에서 '기관소개'를 선택하고 옵션 바에서 Font(글꼴)를 '돋움', Size(크기)를 18로 지정합니다.

② 레이어 패널 하단의 ***fx***(Add a layer style(레이어 스타일을 추가합니다.)) 아이콘을 클릭한 후 [Stroke(획)]를 선택합니다.

③ 'Layer Style(레이어 스타일)' 대화상자에서 Size(크기)를 2, Color(색상)를 #666666으로 지정한 후 〈OK(확인)〉를 클릭합니다.

④ '공지사항', '입양문의'에 '기관소개'와 동일하게 서식과 레이어 스타일을 적용합니다.

2. 'Share love~'에 서식 및 레이어 스타일 적용

① 레이어 패널에서 'Share love~'를 선택하고 옵션 바에서 Font(글꼴)를 Times New Roman, Font Style(글꼴 스타일)을 Bold, Size(크기)를 24, Color(색상)를 #ffcccc로 지정합니다. 이어서 Create warped text(뒤틀어진 텍스트 만들기)를 클릭하세요.

② 'Warp Text(텍스트 뒤틀기)' 대화상자에서 Style(스타일)을 'Flag(깃발)'로 지정하고 〈출제형태〉와 모양이 비슷하도록 Bend(구부리기) 값을 조절한 후 〈OK(확인)〉를 클릭하세요.

③ 레이어 패널 하단의 ▣(Add a layer style(레이어 스타일을 추가합니다.)) 아이콘을 클릭한 후 [Stroke(획)]를 선택합니다.

④ 'Layer Style(레이어 스타일)' 대화상자에서 Size(크기)를 3으로 지정하고, Fill Type(칠 유형)에서 Gradient(그레이디언트) 항목을 선택한 다음 Gradient(그레이디언트)를 클릭하세요.

전문가의 조언

'공지사항'에 적용된 레이어 스타일을 Alt를 누른 채 '입양문의'와 '기관소개' 레이어로 드래그하면 레이어 스타일이 복사됩니다. 단 크기나 색상과 같은 서식은 복사되지 않으므로 '입양문의'와 '기관소개' 각각에 대해 추가로 지정해야 합니다.

포토샵 CS4/CS6 사용자

'Wrap Text(텍스트 변형)' 대화상자에서 Bend(구부리기) 값을 +50으로 조절하세요.

⑤ 'Gradient Editor(그레이디언트 편집기)' 대화상자가 표시되면 Presets(사전 설정) 항목에서 Basics(기본 사항) 확장 단추(■)를 누르고 Black, White(검정, 흰색)를 클릭하세요.

⑥ 'Gradient Editor(그레이디언트 편집기)' 대화상자의 왼쪽 아래 Color Stop(색상 정지점)을 더블클릭한 다음 색상을 #330066으로 지정하고 〈OK(확인)〉를 클릭하세요.

⑦ 이번에는 오른쪽 아래 Color Stop(색상 정지점)을 더블클릭한 다음 색상을 #ff6600으로 지정하고 〈OK(확인)〉를 클릭하세요.

⑧ 'Gradient Editor(그레이디언트 편집기)' 대화상자에서 〈OK(확인)〉를 클릭하고, 'Layer Style(레이어 스타일)' 대화상자에서도 〈OK(확인)〉를 클릭하세요.

3. '유기동물에게~'에 서식 및 레이어 스타일 적용

① 레이어 패널에서 '유기동물에게~'를 선택하고 옵션 바에서 Font(글꼴)를 '궁서', Size(크기)를 32로 지정합니다. 이어서 Create warped text(뒤틀어진 텍스트 만들기)를 클릭하세요.

② 'Warp Text(텍스트 뒤틀기)' 대화상자에서 Style(스타일)을 'Fish(물고기)'로 지정하고 〈출제형태〉와 모양이 비슷하도록 Bend(구부리기) 값을 조절한 후 〈OK(확인)〉를 클릭하세요.

③ 레이어 스타일로 [Gradient Overlay(그레이디언트 오버레이)]를 선택한 다음 'Layer Style(레이어 스타일)' 대화상자에서 Gradient(그레이디언트) 항목을 클릭하세요.

④ 'Gradient Editor(그레이디언트 편집기)' 대화상자의 왼쪽 아래 Color Stop(색상 정지점)을 더블클릭한 다음 색상을 #33ffff로 지정하고 〈OK(확인)〉를 클릭하세요.

⑤ 이전에 추가한 Color Stop(색상 정지점)이 있으므로 가운데 Color Stop(색상 정지점)을 더블클릭한 다음 색상을 #993366으로 지정합니다. 가운데 색상 정지점이 없을 경우 'Gradient Editor(그레이디언트 편집기)' 대화상자의 가운데 아래를 클릭하여 추가한 후 지정하세요.

⑥ 이번에는 오른쪽 아래 Color Stop(색상 정지점)을 더블클릭한 다음 색상을 #000099로 지정하고 〈OK(확인)〉를 클릭하세요.

⑦ 'Gradient Editor(그레이디언트 편집기)' 대화상자에서 〈OK(확인)〉를 클릭하고, 'Layer Style(레이어 스타일)' 대화상자에서 Angle(각도)을 0으로 지정하세요.

⑧ 이어서 Stroke(획) 스타일을 적용하기 위해 스타일 목록에서 [Stroke(획)]를 클릭한 후 Size(크기)를 2px로 지정한 다음 Fill Type(칠 유형)에서 Color(색상) 항목을 선택하고 색상을 #ffffcc로 지정한 후 'Layer Style(레이어 스타일)' 대화상자에서 〈OK(확인)〉를 클릭하세요.

4. '유기동물협회'에 서식 및 레이어 스타일 적용

① 레이어 패널에서 '유기동물협회'를 선택하고 옵션 바에서 Font(글꼴)를 '굴림', Size(크기)를 20, Color(색상)를 #cc9966으로 지정합니다.

② 레이어 스타일로 [Drop Shadow(그림자)]를 선택한 다음 'Layer Style(레이어 스타일)' 대화상자에서 〈OK(확인)〉를 클릭합니다.

03. 〈출력형태〉와 동일하게 배치하기

위에서부터 차례로 〈출력형태〉에 그려 놓은 기준선과 작업 영역의 격자를 비교하여 〈출력형태〉와 동일하게 배치하면 됩니다.

1. 레이어 패널에서 '기관소개'를 선택한 다음 [Edit(편집)] → [Free Transform (자유 변형)]([Ctrl] + [T])을 선택하여 자유 변형 상태로 만든 후 위치를 조절하세요.

2. 위치를 조절한 다음 [Enter]를 눌러 자유 변형 상태를 해제하세요.

3. 나머지 글자도 동일한 방법으로 〈출력형태〉와 동일하게 방향이나 크기를 조절한 후 배치하세요.

⑫ 파일 저장 및 이미지 크기 조절하기

1. 문제의 조건으로 제시된 JPG 형식으로 저장하기 위해 [File(파일)] → [Save a Copy(사본 저장)](Alt + Ctrl + S)를 선택하세요.

2. 'Save a Copy(사본 저장)' 대화상자에서 저장 위치를 '시험장따라하기', 파일 이름을 'G1234-홍길동-4', Format(형식)을 'JPEG(*.JPG;*.JPEG;*.JPE)'로 지정한 후 〈저장〉을 클릭하세요.

3. 'JPEG Options(JPEG 옵션)' 대화상자에서 Quality(품질)를 8로 지정한 후 〈OK(확인)〉를 클릭하세요.

4. 이미지의 사이즈를 줄인 후 PSD 형식으로 저장하기 위해 [Image(이미지)] → [Image Size(이미지 크기)](Alt + Ctrl + I)를 선택합니다.

5. 'Image Size(이미지 크기)' 대화상자에서 Width(폭)와 Height(높이)를 다음과 같이 지정하고 〈OK(확인)〉를 클릭하세요.

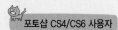
포토샵 CS4/CS6 사용자

JPG 형식으로 저장하기 위해 [File(파일)] → [Save As(다른 이름으로 저장)](Ctrl + Shift + S)를 선택하세요.

6. [File(파일)] → [Save(저장)]([Ctrl] + [S])를 선택하세요.

⑬ [문제 4] 답안 파일 전송하기

1. 완성한 답안 파일을 전송해야 합니다. 포토샵 프로그램을 최소화한 후 '시험 관리 도구'에서 〈답안 전송〉을 클릭하세요.

2. '고사실 PC로 답안 파일 보내기' 대화상자에서 'G1234-홍길동-4.jpg', 'G1234-홍길동-4.psd' 파일을 선택한 후 〈답안 전송〉을 클릭하세요.

10   GTQ 1급 시험 마무리

'시험 관리 도구'에서 〈수험자 시험 종료〉를 클릭한 후 감독위원의 지시에 따라 문제지를 제출하고 퇴실하세요.

시험 준비를 철저히 하지 않아 중도에 포기할 경우 감독위원에게 문의한 후 문제지를 제출하고 퇴실해야 합니다. 실수로 문제지를 가지고 퇴실하면 부정행위로 간주되어 2년간 국가 자격 시험에 응시할 수 없는 불행한 사태가 발생할 수도 있습니다.

2 부

실전처럼 연습하기

1장 실전 모의고사

실전 모의고사

실전 모의고사

 문제 1 [기능평가] **고급 Tool(도구) 활용** (20점)

다음의 〈조건〉에 따라 아래의 〈출력형태〉와 같이 작업하시오.

출력형태

조건

원본 이미지			C:\길벗GTQ1급\모의\모의01\Image\1급-1.jpg, 1급-2.jpg, 1급-3.jpg
파일 저장 규칙	JPG	파일명	C:\길벗GTQ1급\모의\모의01\모의01-1.jpg
		크기	400 × 500 pixels
	PSD	파일명	C:\길벗GTQ1급\모의\모의01\모의01-1.psd
		크기	40 × 50 pixels

1. 그림 효과

① 1급-1.jpg : 필터 – Lens Flare(렌즈 플레어)
② Save Path(패스 저장) : 잠자리 모양
③ Mask(마스크) : 잠자리 모양, 1급-2.jpg를 이용하여 작성
　　레이어 스타일 – Stroke(선/획)(3px, 그라디언트(#ffff00, #6633ff)),
　　Inner Shadow(내부 그림자)
④ 1급-3.jpg : 레이어 스타일 – Drop Shadow(그림자 효과)
⑤ Shape Tool(모양 도구) :
　　– 나비 모양(#cc6633, #3366cc, 레이어 스타일 – Drop Shadow(그림자 효과))
　　– 새 모양(#336666, 레이어 스타일 – Stroke(선/획)(2px, #ffffff))

2. 문자 효과

① 손끝에서 시작하는 자연보호 (돋움, 32pt, 레이어 스타일 – 그라디언트 오버레이(#ffff33, #ff9933), Stroke(선/획)(2px, #006600))

 문제 2 [기능평가] **사진편집 응용** (20점)

다음의 〈조건〉에 따라 아래의 〈출력형태〉와 같이 작업하시오.

출력형태

조건

원본 이미지			C:\길벗GTQ1급\모의\모의01\Image\1급-4.jpg, 1급-5.jpg, 1급-6.jpg
파일 저장 규칙	JPG	파일명	C:\길벗GTQ1급\모의\모의01\모의01-2.jpg
		크기	400 × 500 pixels
	PSD	파일명	C:\길벗GTQ1급\모의\모의01\모의01-2.psd
		크기	40 × 50 pixels

1. 그림 효과

① 1급-4.jpg : 필터 – Ocean Ripple(바다 물결)
② 색상 보정 : 1급-5.jpg – 파란색 계열로 보정
③ 1급-5.jpg : 레이어 스타일 – Outer Glow(외부 광선)
④ 1급-6.jpg : 레이어 스타일 – Bevel and Emboss(경사와 엠보스)

⑤ Shape Tool(모양 도구) :
 – 파도 모양 (#3399ff, #333333, 레이어 스타일 – Inner Shadow(내부 그림자))
 – 순환 모양 (#cc66cc, 레이어 스타일 – Stroke(선/획)(2px, #ffcccc))

2. 문자 효과

① Precious Water (궁서, 40pt, 레이어 스타일 – Stroke(선/획)(2px, #ffffff), 그라디언트 오버레이(#666666, #000000)

 문제 3 [실무응용] **포스터 제작** (25점)

다음의 〈조건〉에 따라 아래의 〈출력형태〉와 같이 작업하시오.

조건

원본 이미지	C:\길벗GTQ1급\모의\모의01\Image\1급-7.jpg, 1급-8.jpg, 1급-9.jpg, 1급-10.jpg, 1급-11.jpg		
파일 저장 규칙	JPG	파일명	C:\길벗GTQ1급\모의\모의01\모의01-3.jpg
		크기	600 × 400 pixels
	PSD	파일명	C:\길벗GTQ1급\모의\모의01\모의01-3.psd
		크기	60 × 40 pixels

1. 그림 효과

① 배경 : #cccc00
② 1급-7.jpg : Blending Mode(혼합 모드) – Hard Light(하드 라이트), Opacity(불투명도)(80%)
③ 1급-8.jpg : 필터 – Film Grain(필름 그레인), 레이어 마스크 – 세로 방향으로 흐릿하게
④ 1급-9.jpg : 필터 – Add Noise(노이즈 추가), Inner Shadow(내부 그림자)
⑤ 1급-10.jpg : 레이어 스타일 – Drop Shadow(그림자 효과), Inner Glow(내부 광선)
⑥ 1급-11.jpg : 색상 보정 – 녹색 계열로 보정, 레이어 스타일 – Outer Glow(외부 광선)
⑦ 그 외 《출력형태》 참조

2. 문자 효과

① 자연을 사랑하는 사람들을 위한 (돋움, 18pt, #000000, 레이어 스타일 – Stroke(선/획)(2px, #cc3333))
② 환경 사랑 음악회 (궁서, 32pt, 44pt, 레이어 스타일 – 그라디언트 오버레이(#cc33ff, #006666, #cc6600), Drop Shadow(그림자 효과))
③ Environmental Love (Arial, Regular, 22pt, #003366, 레이어 스타일 – Stroke(선/획)(2px, #ffffff))
④ 2022년 11월 20일(일) 오후1시 / 매화홀 (굴림, 14pt, #ffcccc, 레이어 스타일 – Stroke(선/획)(2px, 그라디언트(#66cc00, #ffcc00)))

출력형태

Shape Tool(모양 도구) 사용
#000000, 레이어 스타일 –
Outer Glow(외부 광선)

Shape Tool(모양 도구) 사용
레이어 스타일 – 그라디언트
오버레이(#66cc00, #ff9900)

Shape Tool(모양 도구) 사용
#000000, 레이어 스타일 –
Stroke(선/획)(1px, #003300),
Opacity(불투명도)(60%)

다음의 〈조건〉에 따라 아래의 〈출력형태〉와 같이 작업하시오.

조건

원본 이미지			C:\길벗GTQ1급\모의\모의01\Image\1급-12.jpg, 1급-13.jpg, 1급-14.jpg, 1급-15.jpg, 1급-16.jpg, 1급-17.jpg
파일 저장 규칙	JPG	파일명	C:\길벗GTQ1급\모의\모의01\모의01-4.jpg
		크기	600 × 400 pixels
	PSD	파일명	C:\길벗GTQ1급\모의\모의01\모의01-4.psd
		크기	60 × 40 pixels

1. 그림 효과

① 배경 : #cc9966

② 패턴(꽃, 나뭇잎 모양) : #333366, #ffffff

③ 1급-12.jpg : Blending Mode(혼합 모드) – Overlay(오버레이), 레이어 마스크 – 세로 방향으로 흐릿하게

④ 1급-13.jpg : 필터 – Patchwork(패치워크/이어붙이기), 레이어 마스크 – 가로 방향으로 흐릿하게

⑤ 1급-14.jpg : 레이어 스타일 – Bevel and Emboss(경사와 엠보스), Drop Shadow(그림자 효과)

⑥ 1급-15.jpg : 레이어 스타일 – Outer Glow(외부 광선), Drop Shadow(그림자 효과)

⑦ 1급-16.jpg : 색상 보정 – 빨간색 계열로 보정, 레이어 스타일 – Bevel and Emboss(경사와 엠보스)

⑧ 그 외 《출력형태》참조

2. 문자 효과

① 자연사랑 보호협회 (굴림, 35pt, 레이어 스타일 – 그라디언트 오버레이(#3300ff, #ff6600), Stroke(선/획)(2px, #ffffff), Drop Shadow (그림자 효과))

② 우리 가족 나무심기 식물 잎맥 관리하기 반딧불이 체험 (궁서, 15pt, #336600, 레이어 스타일 – Stroke(선/획)(2px, #ffffcc))

③ https://www.naturelovekorea.org (Times New Roman, Bold, 16pt, #330066, 레이어 스타일 – Drop Shadow(그림자 효과))

④ 환경이야기 동물이야기 식물이야기(돋움, 18pt, #000000, 레이어 스타일 – Stroke(선/획)(1px, #ffffff))

출력형태

Pen Tool(펜 도구) 사용
#ffcc99, #33cccc,
레이어 스타일 –
Drop Shadow(그림자 효과)

Shape Tool(모양 도구) 사용
#ffff00, 레이어 스타일 –
Drop Shadow(그림자 효과),
Opacity(불투명도)(60%)

Shape Tool(모양 도구) 사용
#993333,
레이어 스타일 –
Inner Shadow(내부 그림자)

Shape Tool(모양 도구) 사용
레이어 스타일 – 그라디언트 오버레이(#996699, #ff9900, #ffffff),
Stroke(선/획)(2px, #ffff99)

EXAMINATION 01회

실전 모의고사 풀이

미리보기

사용할 이미지

1급-1.jpg　　　1급-2.jpg　　　　1급-3.jpg　　　　펜 도구로 그리기　모양 도구로 추가하기

작업 과정

① '1급-1.jpg'를 복사한 후 〈출력형태〉와 동일하게 배치한다.

② 'Lens Flare(렌즈 플레어)' 필터를 적용한다.

③ 잠자리 모양의 패스를 그린 후 저장한다.

④ '1급-2.jpg'를 복사한 후 잠자리 모양을 이용해 클리핑 마스크를 수행하고 레이어 스타일을 적용한다.

⑤ '1급-3.jpg'에서 꽃을 복사한 후 레이어 스타일을 적용한다.

⑥ ⭲, ⭳를 추가한 후 레이어 스타일을 적용한다.

⑦ 문자를 입력한 후 레이어 스타일을 적용한다.

⓪ 준비 작업

1. [File(파일)] → [New(새로 만들기)]([Ctrl]+[N])를 선택한다.

2. 'New Document(새로운 문서 만들기)' 대화상자에서 Name(이름)을 '모의01-1', Width(폭)를 400, Height(높이)를 500, Resolution(해상도)을 72, Color Mode(색상 모드)를 'RGB Color(RGB 색상)', '8 bit', Background Contents(배경 내용)를 White (흰색)로 지정한 후 〈Create(만들기)〉를 클릭한다.

포토샵 CS4/CS6 사용자

'New(새 문서)' 대화상자에서 Name(이름), Witdth(폭), Height (높이) 등을 지정하세요.

3. [File(파일)] → [Save As(다른 이름으로 저장)]([Ctrl]+[Shift]+[S])를 선택한 후 'Save As(다른 이름으로 저장)' 대화상자에서 저장 위치를 '모의01', 파일 이름을 '모의01-1'로 지정한 다음 〈저장〉을 클릭한다.

문서의 저장 위치를 선택하는 'Save on your computer or to cloud documents(내 컴퓨터 또는 Creative Cloud에 저장)' 창이 표시되면, 저장할 때마다 창이 표시 되지 않도록 창 하단의 'Don't show again(다시 표시 안 함)'을 체크하고, 〈Save on your computer(내 컴퓨터에 저장)〉를 클릭하세요.

① 이미지를 복사한 후 배치하기

작업 결과

'1급-1.jpg'를 '모의01-1.psd' 파일로 복사한 후 〈출력형태〉와 동일하게 배치한다.

1. [File(파일)] → [Open(열기)]([Ctrl]+[O])을 선택한다.

2. '열기' 대화상자에서 찾는 위치를 'C:\길벗GTQ1급\모의\모의01\Image' 폴더로 지정한 다음 '1급-1.jpg', '1급-2.jpg', '1급-3.jpg' 파일을 선택하고 〈열기〉를 클릭한다.

3. '1급-1.jpg'를 '모의01-1.psd' 파일로 복사한다.

4. [Edit(편집)] → [Free Transform(자유 변형)]([Ctrl]+[T])을 선택한 다음 〈출력형태〉와 같이 크기를 조절한 후 배치한다. 이어서 [Enter]를 눌러 자유 변형 상태를 해제한다.

② 필터 적용하기

작업 결과

이미지에 'Lens Flare(렌즈 플레어)' 필터를 적용한다.

1. [Filter(필터)] → [Render(렌더)] → [Lens Flare (렌즈 플레어)]를 선택한다.

2. 'Lens Flare(렌즈 플레어)' 대화상자에서 Flare Center(광원 위치)를 〈출력형태〉와 같이 배치한다.

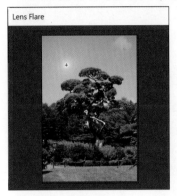

❸ 잠자리 모양 그리기

작업 결과

Pen Tool(펜 도구)로 잠자리 모양의 패스를 그린 후 저장한다.

1. 도구 상자에서 ✐(Pen Tool(펜 도구))(P)을 클릭하고, 옵션 바에서 Shape(모양)를 선택한 후 Stroke(획)를 클릭하여 No Color(색상 없음)를 선택한다.

포토샵 CS4/CS6 사용자
Stroke(획)가 Style(스타일)로 표시되며, Style(스타일)의 기본 값이 Default Style(초기 스타일)입니다. 기본 값이 Default Style(초기 스타일)이 아닌 경우에만 선택하세요.

2. 문제지의 〈출력형태〉에 그려 놓은 기준선을 참조하여 다음과 같이 안내선을 표시한다.

3. 패스 모양이 곡선에서 곡선으로 이어지는 경우 현재 패스의 방향이 다음 패스에 영향을 주지 않도록 Alt 를 누른 채 현재 기준점을 클릭하여 방향선을 제거한다.

4. 위와 같은 방법으로 다음과 같이 잠자리 모양의 몸통을 완성한다.

5. 이어서 잠자리 모양 꼬리를 그리기 위해 옵션 바에서 Path operation(패스 작업)을 클릭하고 ■(Combine Shapes(모양 결합))를 클릭한 후 다음과 같이 완성한다.

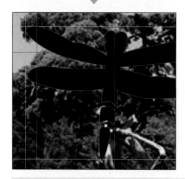

포토샵 CS4 사용자
옵션 바에서 ■(Add to shape area(모양 영역에 추가))를 선택하세요.

6. [View(보기)] → [Clear Guides(안내선 지우기)] (Alt+V, D)를 선택해 안내선을 제거한다.
7. 패스 패널에서 'Shape 1 Shape Path(모양 1 모양 패스)'를 더블클릭한다.

포토샵 CS4 사용자
패널을 클릭한 다음 Shape 1 Vector Mask(모양 1 벡터 마스크)를 더블클릭하세요.

8. 'Save Path(패스 저장)' 대화상자에 Name(이름)을 "잠자리 모양"으로 지정한 후 〈OK(확인)〉를 클릭한다.
9. Esc를 두 번 눌러 패스 선택 상태를 해제한다.

④ 이미지를 복사한 후 클리핑 마스크를 수행하고 레이어 스타일 적용하기

작업 결과
- '1급-2.jpg'를 복사한 후 잠자리 모양을 이용해 클리핑 마스크를 수행한다.
- 잠자리 모양에 Stroke(선/획)와 Inner Shadow(내부 그림자) 스타일을 적용한다.

1. '1급-2.jpg'를 '모의01-1.psd' 파일로 복사한다.
2. 레이어 패널에서 'Layer 2(레이어 2)'의 바로 가기 메뉴를 불러 [Create Clipping Mask(클리핑 마스크 만들기)]를 선택한다.
3. [Edit(편집)] → [Free Transform(자유 변형)] (Ctrl+T)을 선택한 다음 〈출력형태〉와 같이 크기를 조절한 후 배치한다. 이어서 Enter를 눌러 자유 변형 상태를 해제한다.

4. 레이어 패널에서 'Shape 1(모양 1)'을 선택하고 레이어 패널 하단의 ■(Add a layer style(레이어 스타일을 추가합니다.)) 아이콘을 클릭한 후 [Stroke(획)]를 선택한다.
5. 'Layer Style(레이어 스타일)' 대화상자에서 Size(크기)를 3px, Position(위치)을 Outside(바깥쪽)로 선

택하고, Fill Type(칠 유형)에서 Gradient(그레이디
언트)를 선택한 후 색상을 지정하기 위해 Gradient
(그레이디언트) 항목을 클릭한다.

6. 'Gradient Editor(그레이디언트 편집기)' 대화상자
   의 왼쪽 아래 ■(Color Stop(색상 정지점))을 더블
   클릭한 다음 색상을 #ffff00으로 지정한다.
7. 이어서 'Gradient Editor(그레이디언트 편집기)' 대
   화상자의 오른쪽 아래 ■(Color Stop(색상 정지점))
   을 더블클릭한 다음 색상을 #6633ff로 지정한다.
8. 'Gradient Editor(그레이디언트 편집기)' 대화상자
   에서 〈OK(확인)〉를 클릭한다.
9. Inner Shadow(내부 그림자) 효과를 지정하기 위해
   스타일 목록에서 [Inner Shadow(내부 그림자)]를
   클릭하고, 'Layer Style(레이어 스타일)' 대화상자
   에서 〈OK(확인)〉를 클릭한다.

⑤ 꽃을 복사한 후 레이어 스타일 적용하기

> **작업 결과**
>
> '1급-3.jpg'에서 꽃을 복사한 후 Drop Shadow(그림자 효과)
> 스타일을 적용한다.
>
>

1. 복사된 꽃이 'Layer 2(레이어 2)' 위쪽에 배치되도록
   하기 위해 레이어 패널에서 'Layer 2(레이어 2)'를
   선택한다.

2. '1급-3.jpg' 탭을 클릭하고 선택 도구를 이용하여
   다음과 같이 선택한다.

3. 선택 영역을 '모의01-1.psd' 파일로 복사한다.
4. 레이어 패널 하단의 ƒx(Add a layer style(레이어
   스타일을 추가합니다.)) 아이콘을 클릭한 후 [Drop
   Shadow(그림자)]를 선택한다.
5. 'Layer Style(레이어 스타일)' 대화상자에서
   〈OK(확인)〉를 클릭한다.
6. [Edit(편집)] → [Free Transform(자유 변형)]
   ([Ctrl]+[T])을 선택한 다음 〈출력형태〉와 같이 크기를
   조절한 후 배치한다. 이어서 [Enter]를 눌러 자유 변형
   상태를 해제한다.

⑥ 🦋, ✓를 추가한 후 레이어 스타일 적용하기

> **작업 결과**
>
> • 나비(🦋) 모양을 추가한 후 Drop Shadow(그림자 효과) 스
>   타일을 적용하고 한 번 복사한다.
> • 새(✓) 모양을 추가한 후 Stroke(선/획) 스타일을 적용한다.
>
>

01. 를 추가한 후 레이어 스타일 적용하기

1. 도구 상자에서 ⚝(Custom Shape Tool(사용자 정의 모양 도구))을 선택한 후 옵션 바의 Pick tool mode(선택 도구 모드)를 Shape(모양)로 선택한다.

2. 옵션 바에서 Shape(모양)의 목록 단추(▪)를 클릭한 다음 [Legacy Shapes and More(레거시 모양 및 기타)] → [All Legacy Default Shapes(모든 레거시 기본 모양)] → [Nature(자연)]를 선택한다.

> **포토샵 CS4/CS6 사용자**
> 시험에 출제되는 사용자 정의 모양을 Shape(모양) 목록에서 바로 선택할 수 있습니다. Shape(모양) 목록에서 [Nature(자연)]를 선택한 후 선택한 모양으로 대치할지를 묻는 대화상자가 나타나면 〈OK(확인)〉를 클릭하세요.

3. 모양 목록에서 🦋(Butterfly(나비))를 선택하고 드래그하여 추가한 다음 옵션 바에서 Fill(칠)을 클릭한 후 색상을 #cc6633으로 지정한다.

> **포토샵 CS4 사용자**
> 옵션 바에서 Color(색상)를 클릭한 다음 'Pick a solid color: (단색 선택:)' 대화상자에서 색상을 지정한 후 〈OK(확인)〉를 클릭하세요.

4. 레이어 패널 하단의 🔲(Add a layer style(레이어 스타일을 추가합니다.)) 아이콘을 클릭한 후 [Drop Shadow(그림자)]를 선택한다.

5. 'Layer Style(레이어 스타일)' 대화상자에서 〈OK(확인)〉를 클릭한다.

6. [Edit(편집)] → [Free Transform Path(패스 자유 변형)]([Ctrl]+[T])를 선택한 다음 〈출력형태〉와 같이 크기와 방향을 조절한 후 배치한다. 이어서 [Enter]를 두 번 눌러 패스 자유 변형 상태를 해제한다.

7. 도구 상자에서 ✥(Move Tool(이동 도구))([V])을 클릭한 후 [Alt]를 누른 채 나비 모양을 왼쪽 상단 방향으로 드래그 하여 복사한다.

8. ⚝(Custom Shape Tool(사용자 정의 모양 도구)) ([U])을 클릭하고, Fill(칠) 클릭한 후 색상을 #3366cc로 지정한다.

9. [Edit(편집)] → [Free Transform Path(패스 자유 변형)]([Ctrl]+[T])를 선택한 다음 〈출력형태〉와 같이 크기와 방향을 조절한 후 배치한다. 이어서 [Enter]를 두 번 눌러 패스 자유 변형 상태를 해제한다.

02. 🐦를 추가한 후 레이어 스타일 적용하기

1. 도구 상자에서 ⚝(Custom Shape Tool(사용자 정의 모양 도구))을 선택한 후 옵션 바의 Pick tool mode(선택 도구 모드)를 Shape(모양)로 선택한다.

2. 옵션 바에서 Shape(모양)의 목록 단추(▪)를 클릭한 다음 [Legacy Shapes and More(레거시 모양 및 기타)] → [All Legacy Default Shapes(모든 레거시 기본 모양)] → [Animals(동물)]을 선택한다.

> **포토샵 CS4/CS6 사용자**
> Shape(모양) 목록에서 [Animals(동물)]을 선택한 후 선택한 모양으로 대치할지를 묻는 대화상자가 나타나면 〈OK(확인)〉를 클릭하세요.

3. 모양 목록에서 🐦(Bird 2(새 2))를 선택한 후 드래그하여 추가한 다음 옵션 바에서 Fill(칠)을 #336666으로 지정한다.

> **포토샵 CS4 사용자**
> 옵션 바의 Color(색상)에서 색상을 지정하세요.

4. 레이어 패널 하단의 🔲(Add a layer style(레이어 스타일을 추가합니다.)) 아이콘을 클릭한 후 [Stroke(획)]를 선택한다.

5. 'Layer Style(레이어 스타일)' 대화상자에서 Size(크기)를 2, Position(위치)을 Outside(바깥쪽)로 선택

한 다음 Fill Type(칠 유형)에서 Color(색상) 항목을 선택하고 색상을 #ffffff로 지정한 후 〈OK(확인)〉를 클릭한다.

6. [Edit(편집)] → [Free Transform Path(패스 자유 변형)]([Ctrl]+[T])를 선택한 후 바로 가기 메뉴에서 [Flip Horizontal(가로로 뒤집기)]을 선택한다.

7. 〈출력형태〉와 같이 크기를 조절한 후 배치한다. 이어서 [Enter]를 두 번 눌러 패스 자유 변형 상태를 해제한다.

❼ 문자를 입력한 후 레이어 스타일 적용하기

손끝에서 시작하는 자연보호를 입력한 후 Gradient Overlay(그라디언트 오버레이)와 Stroke(선/획) 스타일을 적용한다.

 →

1. 도구 상자에서 ▣(Horizontal Type Tool(수평 문자 도구))을 클릭한 다음 적당한 위치를 클릭하고 **손끝에서 시작하는 자연보호**를 입력한다.

2. [Ctrl]+[Enter]를 눌러 입력을 완료하고 옵션 바에서 Font(글꼴)를 '돋움', Size(크기)를 32, ▣(Center text(텍스트 중앙 정렬))를 지정한 후 ▣(Create warped text(뒤틀어진 텍스트 만들기))를 클릭한다.

3. 'Warp Text(텍스트 뒤틀기)' 대화상자에서 Style(스타일)을 Flag(깃발)로 지정하고, 〈출력형태〉와 모양이 비슷해지도록 Bend(구부리기) 값을 조절한 후 〈OK(확인)〉를 클릭한다.

딸깍

포토샵 CS4 사용자
'Wrap Text(텍스트 변형)' 대화상자에서 Bend(구부리기) 값을 −45로 조절하세요.

4. 레이어 패널 하단의 ▣(Add a layer style(레이어 스타일을 추가합니다.)) 아이콘을 클릭한 후 [Gradient Overlay(그레이디언트 오버레이)]를 선택한다.

5. 'Layer Style(레이어 스타일)' 대화상자에서 Gradient(그레이디언트) 항목을 클릭한다.

6. 'Gradient Editor(그레이디언트 편집기)' 대화상자의 왼쪽 아래 ▣(Color Stop(색상 정지점))을 더블클릭한 다음 색상을 #ffff33으로 지정한다.

7. 이어서 'Gradient Editor(그레이디언트 편집기)' 대화상자의 오른쪽 아래 ▣(Color Stop(색상 정지점))을 더블클릭한 다음 색상을 #ff9933으로 지정한다.

8. 'Gradient Editor(그레이디언트 편집기)' 대화상자에서 〈OK(확인)〉를 클릭하고, 'Layer Style(레이어 스타일)' 대화상자에서 Angle(각도)을 90으로 지정한 다음 스타일 목록에서 [Stroke(획)] 스타일을 클릭한다.

Angle(각도)은 스타일이 적용되는 방향을 지정하는 옵션입니다. 그레이디언트 오버레이에서는 Angle에 따라 지정한 색상의 표시 방향이 변경됩니다.

그레이디언트 오버레이가 빨강, 흰색, 파랑으로 지정된 경우

9. 'Layer Style(레이어 스타일)' 대화상자에서 Size(크기)를 2, Color(색상)를 #006600으로 지정한 다음 〈OK(확인)〉를 클릭한다.

10. [Edit(편집)] → [Free Transform(자유 변형)] ([Ctrl]+[T])을 선택한 후 〈출력형태〉와 같이 배치한다. 이어서 [Enter]를 눌러 자유 변형 상태를 해제한다.

⑧ 파일 저장 및 이미지 크기 조절

1. [File(파일)] → [Save a Copy(사본 저장)] ([Ctrl]+[Alt]+[S])를 선택하고 'Save a Copy(사본 저장)' 대화상자에서 저장 위치를 '모의01', 파일 이름을 '모의01-1'로, Format(형식)을 'JPEG (*.JPG;*.JPEG;*.JPE)'로 지정한 후 〈저장〉을 클릭한다.

포토샵 CS4/CS6 사용자
JPG 형식으로 저장하기 위해 [File(파일)] → [Save As(다른 이름으로 저장)]([Ctrl]+[Shift]+[S])를 선택하세요.

2. 'JPEG Options(JPEG 옵션)' 대화상자에서 Quality(품질)를 8로 지정한 후 〈OK(확인)〉를 클릭한다.

3. [Image(이미지)] → [Image Size(이미지 크기)] ([Ctrl]+[Alt]+[I])를 선택하고 'Image Size(이미지 크기)' 대화상자에서 단위를 Pixels(픽셀)로 변경한 다음 Width(폭)와 Height(높이)에 입력되어 있는 값에서 0 하나씩만 제거한 후 〈OK(확인)〉를 클릭한다.

4. [File(파일)] → [Save(저장)]([Ctrl]+[S])를 선택한다.

⑨ [문제 1] 답안 파일 전송

1. 포토샵 프로그램을 최소화한 후 '시험 관리 도구'에서 〈답안 전송〉을 클릭한다.

2. '고사실 PC로 답안 파일 보내기' 대화상자에서 전송할 '모의01-1.jpg'와 '모의01-1.psd' 파일을 선택한 후 〈답안 전송〉을 클릭한다.

 문제 2　　[기능평가] **사진편집 응용**

미리보기

사용할 이미지

1급-4.jpg

1급-5.jpg

1급-6.jpg

모양 도구로 추가하기

'1급-4.jpg'를 복사한 후 Ocean Ripple(바다 물결) 필터를 적용한다.

 '1급-5.jpg'에서 나뭇잎을 복사한 후 레이어 스타일을 적용하고, 색상을 보정한다.

 '1급-6.jpg'에서 꽃병을 복사한 후 레이어 스타일을 적용한다.

 ▨와 ✣를 추가한 후 레이어 스타일을 적용한다.

 문자를 입력한 후 레이어 스타일을 적용한다.

문제 2 [기능평가] 사진편집 응용

따라 하기

⓪ 준비 작업

1. [File(파일)] → [New(새로 만들기)]([Ctrl]+[N])를 선택한다.

2. 'New Document(새로운 문서 만들기)' 대화상자에서 Name(이름)을 '모의01-2', Width(폭)를 400, Height(높이)를 500, Resolution(해상도)을 72, Color Mode(색상 모드)를 'RGB Color', '8Bit', Background Contents(배경 내용)를 'White(흰색)'로 지정한 후 〈Create(만들기)〉를 클릭한다.

포토샵 CS4/CS6 사용자
'New(새 문서)' 대화상자에서 Name(이름), Width(폭), Height(높이) 등을 지정하세요.

3. [File(파일)] → [Save As(다른 이름으로 저장)]([Ctrl]+[Shift]+[S])를 선택한 후 'Save As(다른 이름으로 저장)' 대화상자에서 저장 위치를 '모의01', 파일 이름을 '모의01-2'로 지정한 다음 〈저장〉을 클릭한다.

① 이미지를 복사한 후 필터 적용하기

'1급-4.jpg'를 복사한 후 Ocean Ripple(바다 물결) 필터를 적용한다.

1. [File(파일)] → [Open(열기)]([Ctrl]+[O])을 선택한다.
2. '열기' 대화상자에서 찾는 위치를 'C:\길벗GTQ1 급\모의\모의01\Image' 폴더로 지정한 다음 '1 급-4.jpg', '1급-5.jpg', '1급-6.jpg' 파일을 선택하고 〈열기〉를 클릭한다.
3. '1급-4.jpg'를 '모의01-2.psd' 파일로 복사한다.
4. [Filter(필터)] → [Filter Gallary(필터 갤러리)] → [Distort(왜곡)] → [Ocean Ripple(바다 물결)]을 선택한 후 〈OK(확인)〉를 클릭한다.
5. [Edit(편집)] → [Free Transform(자유 변형)] ([Ctrl]+[T])을 선택한 다음 〈출력형태〉와 같이 크기를 조절한 후 배치한다. 이어서 [Enter]를 눌러 자유 변형 상태를 해제한다.

② 나뭇잎을 복사한 후 레이어 스타일을 적용하고 색상 보정하기

• '1급-5.jpg'에서 나뭇잎을 복사한 후 Outer Glow(외부 광선) 스타일을 적용한다.
• 파란색 계열로 색상을 보정한다.

01. 레이어 스타일 적용하기

1. '1급-5.jpg' 탭을 클릭하고 선택 도구를 이용하여 다음과 같이 선택한다.

2. 선택 영역을 '모의01-2.psd' 파일로 복사한다.
3. 레이어 패널 하단의 ▨(Add a layer style(레이어 스타일을 추가합니다.)) 아이콘을 클릭한 후 [Outer Glow(외부 광선)]를 선택한다.
4. 'Layer Style(레이어 스타일)' 대화상자에서 〈OK(확인)〉를 클릭한다.
5. [Edit(편집)] → [Free Transform(자유 변형)] ([Ctrl]+[T])을 선택한 다음 〈출력형태〉와 같이 크기를 조절한 후 배치한다. 이어서 [Enter]를 눌러 자유 변형 상태를 해제한다.

02. 색상 보정하기

1. 선택 도구를 이용하여 다음과 같이 선택한다.

2. 레이어 패널 하단의 ◐(Create new fill or adjustment layer(새 칠 또는 조정 레이어를 만듭니다.)) 아이콘을 클릭한 후 [Hue/Saturation(색조/채도)]을 선택한다.

3. 조정 패널에서 Hue(색조)를 +120으로 조절하여 파란색 계열로 보정한다.

❸ 꽃병을 복사한 후 레이어 스타일 적용하기

> **작업 결과**
>
> '1급-6.jpg'에서 꽃병을 복사한 후 Bevel and Emboss(경사와 엠보스) 스타일을 적용한다.

 →

---

1. '1급-6.jpg' 탭을 클릭하고 선택 도구를 이용하여 다음과 같이 선택한다.

2. 선택한 영역을 '모의01-2.psd' 파일로 복사한다.

3. 레이어 패널 하단의 **fx**(Add a layer style(레이어 스타일을 추가합니다.)) 아이콘을 클릭한 후 [Bevel & Emboss(경사와 엠보스)]를 선택한다.

4. 'Layer Style(레이어 스타일)' 대화상자에서 〈OK(확인)〉를 클릭한다.

5. [Edit(편집)] → [Free Transform(자유 변형)]([Ctrl]+[T])을 선택한 후 〈출력형태〉와 같이 크기를 조절한 후 배치한다. 이어서 [Enter]를 눌러 자유 변형 상태를 해제한다.

❹ 〓, ✿를 추가한 후 레이어 스타일 적용하기

> **작업 결과**
>
> • 파도(〓) 모양을 추가한 후 Inner Shadow(내부 그림자) 스타일을 적용하고, 한 번 복사한다.
> • 순환(✿) 모양을 추가한 후 Stroke(선/획) 스타일을 적용한다.

01. 〰️를 추가한 후 레이어 스타일 적용하기

1. 도구 상자에서 🎨(Custom Shape Tool(사용자 정의 모양 도구))(U)을 선택한 후 옵션 바의 Pick tool mode(선택 도구 모드)를 Shape(모양)로 선택한다.

2. 옵션 바에서 Shape(모양)의 목록 단추(▪)를 클릭한 다음 [Legacy Shapes and More(레거시 모양 및 기타)] → [All Legacy Default Shapes(모든 레거시 기본 모양)] → [Nature(자연)]를 선택한다.

포토샵 CS4/CS6 사용자
Shape(모양) 목록에서 [Nature(자연)]를 선택한 후 선택한 모양으로 대치할지를 묻는 대화상자가 나타나면 〈OK(확인)〉를 클릭하세요.

3. 모양 목록에서 〰️(Waves(파형))를 선택하고 드래그 하여 추가한 다음 옵션 바에서 Fill(칠)을 클릭한 후 색상을 #3399ff로 지정한다.

포토샵 CS4 사용자
옵션 바에서 Color(색상)를 클릭한 다음 'Pick a solid color:(단색 선택:)' 대화상자에서 색상을 지정한 후 〈OK(확인)〉를 클릭하세요.

4. 레이어 패널 하단의 🔲(Add a layer style(레이어 스타일을 추가합니다.)) 아이콘을 클릭한 후 [Inner Shadow(내부 그림자)]를 선택한다.

5. 'Layer Style(레이어 스타일)' 대화상자에서 〈OK(확인)〉를 클릭한다.

6. [Edit(편집)] → [Free Transform Path(패스 자유 변형)]((Ctrl)+(T))를 선택한 다음 〈출력형태〉와 같이 크기와 방향을 조절한 후 배치한다. 이어서 (Enter)를 두 번 눌러 패스 자유 변형 상태를 해제한다.

7. 도구 상자에서 ✛(Move Tool(이동 도구))(V)을 클릭한 후 (Alt)를 누른 채 파형 모양을 아래쪽으로 드래그 하여 복사한다.

8. [Edit(편집)] → [Free Transform(자유 변형)]((Ctrl)+(T))을 선택한 다음 〈출력형태〉와 같이 크기와 방향을 조절한 후 배치한다.

9. 도구 상자에서 🎨(Custom Shape Tool(사용자 정의 모양 도구))(U)을 클릭하고, Fill(칠)을 클릭한 후 색상을 #333333로 지정한다. 이어서 (Enter)를 눌러 선택을 해제한다.

포토샵 CS4 사용자
옵션 바의 Color(색상)에서 색상을 지정하세요.

02. ♻️을 추가하고 레이어 스타일 적용하기

1. 🎨(Custom Shape Tool(사용자 정의 모양 도구))(U)가 선택된 상태에서 옵션 바에서 Shape(모양)의 목록 단추(▪)를 클릭한 다음 [Legacy Shapes and More(레거시 모양 및 기타)] → [All Legacy Default Shapes(모든 레거시 기본 모양)] → [Symbols(기호)]을 선택한다.

포토샵 CS4 사용자
Shape(모양) 목록에서 [Symbols(기호)]를 선택한 후 선택한 모양으로 대치할지를 묻는 대화상자가 나타나면 〈OK(확인)〉를 클릭하세요.

2. 모양 목록에서 ♻️(Recycle 2(순환 2))를 선택하고 드래그 하여 추가한 다음 옵션 바에서 Fill(칠)을 클릭한 후 색상을 #cc66cc로 지정한다.

포토샵 CS4 사용자
옵션 바의 Color(색상)에서 색상을 지정하세요.

3. 레이어 패널 하단의 ▨(Add a layer style(레이어 스타일을 추가합니다.)) 아이콘을 클릭한 후 [Stroke(획)]를 선택한다.

4. 'Layer Style(레이어 스타일)' 대화상자에서 Size(크기)를 2, Color(색상)를 #ffcccc로 지정한 후 ⟨OK(확인)⟩를 클릭한다.

5. [Edit(편집)] → [Free Transform Path(패스 자유 변형)](Ctrl+T)를 선택한 다음 ⟨출력형태⟩와 같이 크기와 방향을 조절한 후 배치한다. 이어서 Enter를 두 번 눌러 패스 자유 변형 상태를 해제한다.

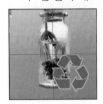

⑤ 문자를 입력한 후 레이어 스타일 적용하기

작업 결과

Precious Water를 입력한 후 Stroke(선/획)와 Gradient Over-lay(그라디언트 오버레이) 스타일을 적용한다.

 →

1. 도구 상자에서 🆃(Horizontal Type Tool(수평 문자 도구))(T)을 클릭한 다음 적당한 위치를 클릭하고 **Precious Water**를 입력한다.

이전 작업의 영향으로 텍스트가 가운데 정렬되어 표시된다면, 옵션 바에서 ▤(Left Align Text(텍스트 왼쪽 맞춤))을 클릭하세요.

2. Ctrl+Enter를 눌러 입력을 완료한 다음 옵션 바에서 Font(글꼴)를 '궁서', Size(크기)를 40으로 지정한 다음 🅣(Create warped text(뒤틀어진 텍스트 만들기))를 클릭한다.

3. 'Warp Text(텍스트 뒤틀기)' 대화상자에서 Style(스타일)을 'Rise(상승)'로 지정하고, ⟨출력형태⟩와 모양이 비슷해지도록 Bend(구부리기) 값을 조절한 후 ⟨OK(확인)⟩를 클릭한다.

4. 레이어 패널 하단의 ▨(Add a layer style(레이어 스타일을 추가합니다.)) 아이콘을 클릭한 후 [Stroke(획)]를 선택한다.

5. 'Layer Style(레이어 스타일)' 대화상자에서 Size(크기)를 2, Color(색상)를 #ffffff로 지정한 후 스타일 목록에서 [Gradient Overlay(그레이디언트 오버레이)]를 클릭한다.

6. Gradient Overlay(그레이디언트 오버레이)에서 Gradient(그레이디언트) 항목을 클릭한다.

7. 'Gradient Editor(그레이디언트 편집기)' 대화상자의 왼쪽 아래 ▧(Color Stop(색상 정지점))을 더블 클릭한 다음 색상을 #666666으로 지정한다.

8. 'Gradient Editor(그레이디언트 편집기)' 대화상자의 오른쪽 아래 ▧(Color Stop(색상 정지점))을 더블클릭한 다음 색상을 #000000으로 지정한다.

9. 'Gradient Editor(그레이디언트 편집기)' 대화상자에서 ⟨OK(확인)⟩를 클릭한다.

10. 'Layer Style(레이어 스타일)' 대화상자에서 Angle(각도)을 0으로 지정하고 ⟨OK(확인)⟩를 클릭한다.

11. [Edit(편집)] → [Free Transform(자유 변형)](Ctrl+T)을 선택한 후 ⟨출력형태⟩와 같이 배치한다. 이어서 Enter를 눌러 자유 변형 상태를 해제한다.

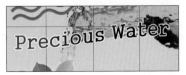

⑥ 파일 저장 및 이미지 크기 조절

1. [File(파일)] → [Save a Copy(사본 저장)]([Ctrl]+[Alt]+[S])를 선택하고 'Save a Copy(사본 저장)' 대화상자에서 저장 위치를 '모의01', 파일 이름을 '모의01-2'로, Format(형식)을 'JPEG(*.JPG;*.JPEG;*.JPE)'로 지정한 후 〈저장〉을 클릭한다.

> **포토샵 CS4/CS6 사용자**
> JPG 형식으로 저장하기 위해 [File(파일)] → [Save As(다른 이름으로 저장)]([Ctrl]+[Shift]+[S])를 선택하세요.

2. 'JPEG Options(JPEG 옵션)' 대화상자에서 Quality(품질)를 8로 지정한 후 〈OK(확인)〉를 클릭한다.

3. [Image(이미지)] → [Image Size(이미지 크기)]([Ctrl]+[Alt]+[I])를 선택하고 'Image Size(이미지 크기)' 대화상자에서 Width(폭)와 Height(높이)에 입력되어 있는 값에서 0 하나씩만 제거한 후 〈OK(확인)〉를 클릭한다.

4. [File(파일)] → [Save(저장)]([Ctrl]+[S])를 선택한다.

⑦ [문제 2] 답안 파일 전송

1. 포토샵 프로그램을 최소화한 후 '시험 관리 도구'에서 〈답안 전송〉을 클릭한다.

2. '고사실 PC로 답안 파일 보내기' 대화상자에서 전송할 '모의01-2.jpg'와 '모의01-2.psd' 파일을 선택한 후 〈답안 전송〉을 클릭한다.

문제 3   [실무응용] 포스터 제작

미리보기

사용할 이미지

1급-7.jpg   1급-8.jpg   1급-9.jpg   1급-10.jpg   1급-11.jpg

펜 도구로 그리기   모양 도구로 추가하기

작업 과정

❶   빈 캔버스에 배경색을 지정한다.

❷   '1급-7.jpg'를 복사한 후 혼합 모드를 지정한다.

③ '1급-8.jpg'를 복사한 후 필터를 적용하고, 세로 방향으로 흐릿하게 레이어 마스크를 수행한다.

④ '1급-10.jpg'에서 건반을 복사한 후 레이어 스타일을 적용한다.

⑤ ▬▬▬을 그리고 '1급-9.jpg'에서 꽃을 복사한 다음 필터와 레이어 스타일을 적용하고, 클리핑 마스크를 수행한다.

⑥ '1급-11.jpg'에서 꽃을 복사한 후 레이어 스타일을 적용하고, 색상을 보정한다.

⑦ ▣, ▮, ▰를 추가한 후 레이어 스타일을 적용한다.

⑧ 문자를 입력한 후 레이어 스타일을 적용한다.

 문제 3 [실무응용] **포스터 제작** 따라하기

⓪ 준비 작업

1. [File(파일)] → [New(새로 만들기)]([Ctrl]+[N])를 선택한다.

2. 'New Document(새로운 문서 만들기)' 대화상자에서 Name(이름)을 '모의01-3', Width(폭)를 600, Height(높이)를 400, Resolution(해상도)을 72, Color Mode(색상 모드)를 'RGB Color', '8Bit', Background Contents(배경 내용)를 'White(흰색)'로 지정한 후 〈Create(만들기)〉를 클릭한다.

포토샵 CS4/CS6 사용자
'New(새 문서)' 대화상자에서 Name(이름), Witdth(폭), Height(높이) 등을 지정하세요.

3. [File(파일)] → [Save As(다른 이름으로 저장)]([Ctrl]+[Shift]+[S])를 선택한 후 'Save As(다른 이름으로 저장)' 대화상자에서 저장 위치를 '모의01', 파일 이름을 '모의01-3'으로 지정한 다음 〈저장〉을 클릭한다.

① 배경색 지정하기

작업 결과

빈 캔버스에 배경색을 지정한다.

1. [Edit(편집)] → [Fill(칠)]((Shift)+(F5))을 선택한다.
2. 'Fill(칠)' 대화상자에서 Contents(내용) 항목을 클릭한 후 [Color(색상)]를 선택한다.
3. 'Color Picker(Fill Color)(색상 피커(칠 색상))' 대화상자에서 색상을 #cccc00으로 지정한 후 〈OK(확인)〉를 클릭한다. 이어서 'Fill(칠)' 대화상자에서도 〈OK(확인)〉를 클릭한다.

포토샵 CS4/CS6 사용자
'Fill(칠)' 대화상자가 표시되면 Use(사용)의 목록 단추를 클릭하여 [Color(색상)]를 선택하고 'Choose a color(색상 선택)' 대화상자에서 색상을 지정한 후 〈OK(확인)〉를 클릭하세요.

② 이미지를 복사한 후 혼합 모드 지정하기

작업 결과

'1급-7.jpg'를 복사한 후 Blending Mode(혼합 모드)를 'Hard Light(하드 라이트)'로 지정하고, Opacity(불투명도)를 80%로 지정한다.

1. [File(파일)] → [Open(열기)]((Ctrl)+(O))을 선택한다.
2. '열기' 대화상자에서 찾는 위치를 'C:\길벗GTQ1급\모의\모의01\Image' 폴더로 지정한 다음 '1급-7.jpg', '1급-8.jpg', '1급-9.jpg', '1급-10.jpg', '1급-11.jpg' 파일을 선택하고 〈열기〉를 클릭한다.
3. '1급-7.jpg'를 '모의01-3.psd' 파일로 복사한다.
4. 레이어 패널 상단의 혼합 모드에서 [Hard Light(하드 라이트)]를 선택한 후 Opacity(불투명도)를 80%로 지정한다.

5. [Edit(편집)] → [Free Transform(자유 변형)]((Ctrl)+(T))을 선택한 후 〈출력형태〉와 같이 배치한다. 이어서 (Enter)를 눌러 자유 변형 상태를 해제한다.

③ 이미지를 복사한 후 필터를 적용하고 레이어 마스크 수행하기

작업 결과

- '1급-8.jpg'를 복사한 후 Film Grain(필름 그레인) 필터를 적용한다.
- 세로 방향으로 흐릿하게 레이어 마스크를 수행한다.

01. 필터 적용하기

1. '1급-8.jpg'를 '모의01-3.psd' 파일로 복사한다.
2. [Filter(필터)] → [Filter Gallery(필터 갤러리)] → [Artistic(예술 효과)] → [Film Grain(필름 그레인)]을 선택 후 〈OK(확인)〉를 클릭한다.

3. [Edit(편집)] → [Free Transform(자유 변형)] ([Ctrl]+[T])을 선택한 다음 〈출력형태〉와 같이 배치한다. 이어서 [Enter]를 눌러 자유 변형 상태를 해제한다.

02. 레이어 마스크 수행하기

1. 레이어 패널 하단의 ▣(Add layer mask(레이어 마스크를 추가합니다.)) 아이콘을 클릭한다.

2. 도구 상자에서 ▣(Gradient Tool(그레이디언트 도구))([G])을 클릭한 후 옵션 바에서 Gradient(그레이디언트) 항목을 클릭한다.

3. 'Gradient Editor(그레이디언트 편집기)' 대화상자의 Presets(사전 설정) 항목에서 Basics(기본 사항)의 확장 단추(▶)를 클릭한 다음 Black, White(검정, 흰색)를 클릭하고 〈OK(확인)〉를 클릭한다.

> **포토샵 CS4/CS6 사용자**
> 'Gradient Editor(그라디언트 편집기)' 대화상자가 표시되면 Presets(사전 설정) 항목에서 Black, White(검정, 흰색)를 클릭하고 〈OK(확인)〉를 클릭하세요.

4. 마우스를 위에서 아래쪽 방향으로 다음과 같이 드래그 한다.

❹ 건반을 복사한 후 레이어 스타일 적용하기

> **작업 결과**
> '1급-10.jpg'에서 건반을 복사한 후 Drop Shadow(그림자 효과)와 Inner Glow(내부 광선) 스타일을 적용한다.

1. '1급-10.jpg' 탭을 클릭하고 선택 도구를 이용하여 다음과 같이 선택한다.

2. 선택 영역을 '모의01-3.psd' 파일로 복사한다.

3. 레이어 패널 하단의 ▣(Add a layer style(레이어 스타일을 추가합니다.)) 아이콘을 클릭한 후 [Drop Shadow(그림자)]를 선택한다.

4. 'Layer Style(레이어 스타일)' 대화상자의 스타일 목록에서 [Inner Glow(내부 광선)]을 클릭하고 〈OK(확인)〉를 클릭한다.

5. [Edit(편집)] → [Free Transform(자유 변형)] (Ctrl+T)을 선택한 다음 〈출력형태〉와 같이 배치한다. 이어서 Enter를 눌러 자유 변형 상태를 해제한다.

⑤ ━━━━를 그린 후 필터를 적용하고 클리핑 마스크 수행하기

> **작업 결과**
>
> • Pen Tool(펜 도구)로 ━━━━ 모양을 그리고, Inner Shadow(내부 그림자) 스타일을 적용한다.
> • '1급-9.jpg'를 복사한 후 Add Noise(노이즈 추가) 필터를 적용하고, 클리핑 마스크를 수행한다.

01. ━━━━ 모양을 그리고 레이어 스타일 적용하기

1. 도구 상자에서 ✎(Pen Tool(펜 도구))(P)을 클릭한 다음 옵션 바에서 Shape(모양)를 선택한다.

2. 다음과 같이 모양을 그린다.

3. 레이어 패널 하단의 fx(Add a layer style(레이어 스타일을 추가합니다.)) 아이콘을 클릭한 후 [Inner Shadow(내부 그림자)]를 선택한다.

4. 'Layer Style(레이어 스타일)' 대화상자에서 〈OK(확인)〉를 클릭한다.

02. 필터를 적용하고 클리핑 마스크 수행하기

1. '1급-9.jpg'를 '모의01-3.psd' 파일로 복사한다.

2. [Filter(필터)] → [Noise(노이즈)] → [Add Noise(노이즈 추가)]를 선택한 후 〈OK(확인)〉를 클릭한다.

3. 레이어 패널에서 'Layer 4(레이어 4)'의 바로 가기 메뉴를 불러 [Create Clipping Mask(클리핑 마스크 만들기)]를 선택한다.

4. [Edit(편집)] → [Free Transform(자유 변형)] (Ctrl+T)을 선택한 다음 〈출력형태〉와 같이 크기를 조절한 후 배치한다. 이어서 Enter를 눌러 자유 변형 상태를 해제한다.

❻ 꽃을 복사하고 레이어 스타일을 적용한 후 색상 보정하기

> **작업 결과**
>
> • '1급-11.jpg'에서 꽃을 복사한 후 Outer Glow(외부 광선) 스타일을 적용한다.
> • 꽃술 부분을 녹색 계열로 색상을 보정한다.

01. 꽃을 복사한 후 레이어 스타일 적용하기

1. '1급-11.jpg' 탭을 클릭하고 선택 도구를 이용하여 다음과 같이 선택한다.

2. 선택 영역을 '모의01-3.psd' 파일로 복사한다.

3. 레이어 패널 하단의 ☑(Add a layer style(레이어 스타일을 추가합니다.)) 아이콘을 클릭한 후 [Outer Glow(외부 광선)]를 선택한다.

4. 'Layer Style(레이어 스타일)' 대화상자에서 〈OK(확인)〉를 클릭한다.

5. [Edit(편집)] → [Free Transform(자유 변형)] (Ctrl+T)을 선택한 다음 〈출력형태〉와 같이 크기를 조절한 후 배치한다. 이어서 Enter를 눌러 자유 변형 상태를 해제한다.

02. 색상 보정하기

1. 선택 도구를 이용하여 다음과 같이 선택한다.

2. 레이어 패널 하단의 ◑(Create new fill or adjustment layer(새 칠 또는 조정 레이어를 만듭니다.)) 아이콘을 클릭한 후 [Hue/Saturation(색조/채도)]을 선택한다.

3. 조정 패널에서 Hue(색조)를 +50으로 조절하여 녹색 계열로 보정한다.

❼ 🔆, 🎵, 𝄢를 추가한 후 레이어 스타일 적용하기

> **작업 결과**
>
> • 전구(🔆) 모양을 추가하고 Gradient Overlay(그라디언트 오버레이) 스타일을 적용한다.
> • 16분 음표(🎵) 모양을 추가하고 Stroke(선/획) 스타일을 적용한 후 Opacity(불투명도)를 60%로 지정한다.
> • 낮은음자리표(𝄢) 모양을 추가하고 Outer Glow(외부 광선) 스타일을 적용한다.

6. 'Gradient Editor(그레이디언트 편집기)' 대화상자의 왼쪽 아래 (Color Stop(색상 정지점))을 더블 클릭한 다음 색상을 #66cc00으로 지정한다.

7. 'Gradient Editor(그레이디언트 편집기)' 대화상자의 오른쪽 아래 (Color Stop(색상 정지점))을 더블클릭한 다음 색상을 #ff9900으로 지정한다.

8. 'Gradient Editor(그레이디언트 편집기)' 대화상자에서 〈OK(확인)〉를 클릭하고, 'Layer Style(레이어 스타일)' 대화상자에서도 〈OK(확인)〉를 클릭한다.

9. [Edit(편집)] → [Free Transform Path(패스 자유 변형)]([Ctrl]+[T])를 선택한 다음 〈출력형태〉와 같이 크기를 조절한 후 배치한다. 이어서 [Enter]를 두 번 눌러 패스 자유 변형 상태를 해제한다.

01. 💡를 추가한 후 레이어 스타일 적용하기

1. 도구 상자에서 (Custom Shape Tool(사용자 정의 모양 도구))을 선택한 후 옵션 바의 Pick tool mode(선택 도구 모드)를 Shape(모양)로 선택한다.

2. 옵션 바에서 Shape(모양)의 목록 단추(■)를 클릭한 다음 [Legacy Shapes and More(레거시 모양 및 기타)] → [All Legacy Default Shapes(모든 레거시 기본 모양)] → [Objects(물건)]를 선택한다.

> **포토샵 CS4/CS6 사용자**
> Shape(모양) 목록에서 [Objects(물건)]를 선택한 후 선택한 모양으로 대치할지를 묻는 대화상자가 나타나면 〈OK(확인)〉를 클릭하세요.

3. 모양 목록에서 💡(Light Blub 1(백열 전구 1)을 선택한 후 드래그 하여 추가한다.

4. 레이어 패널 하단의 (Add a layer style(레이어 스타일을 추가합니다.)) 아이콘을 클릭한 후 [Gradient Overlay(그레이디언트 오버레이)]를 선택한다.

5. 'Layer Style(레이어 스타일)' 대화상자에서 Gradient(그레이디언트) 항목을 클릭한다.

02. 🎵를 추가한 후 레이어 스타일 적용하기

1. 도구 상자에서 (Custom Shape Tool(사용자 정의 모양 도구))을 선택한 다음 옵션 바의 Pick tool mode(선택 도구 모드)를 Shape(모양)로 선택한다.

2. 옵션 바에서 Shape(모양)의 목록 단추(■)를 클릭한 다음 [Legacy Shapes and More(레거시 모양 및 기타)] → [All Legacy Default Shapes(모든 레거시 기본 모양)] → [Music(음악)]을 선택한다.

> **포토샵 CS4/CS6 사용자**
> Shape(모양) 목록에서 [Music(음악)]을 선택한 후 선택한 모양으로 대치할지를 묻는 대화상자가 나타나면 〈OK(확인)〉를 클릭하세요.

3. 모양 목록에서 🎵(Sixteen Note(16분 음표))를 선택한 다음 드래그 하여 추가한다.

4. 옵션 바에서 Fill(칠)을 클릭한 후 색상을 #000000으로 지정한다.

> **포토샵 CS4 사용자**
> 옵션 바에서 Color(색상)를 클릭한 다음 'Pick a solid color: (단색 선택:)' 대화상자에서 색상을 지정한 후 〈OK(확인)〉를 클릭하세요.

5. 레이어 패널 하단의 🔲(Add a layer style(레이어 스타일을 추가합니다.)) 아이콘을 클릭한 후 [Stroke(획)]를 선택한다.

6. 'Layer Style(레이어 스타일)' 대화상자에서 Size(크기)를 1, Color(색상)를 #003300으로 지정한 후 〈OK(확인)〉를 클릭한다.

7. 레이어 패널 상단의 Opacity(불투명도)를 60%로 지정한다.

8. [Edit(편집)] → [Free Transform Path(패스 자유 변형)]([Ctrl]+[T])를 선택한 다음 〈출력형태〉와 같이 크기와 방향을 조절한 후 배치한다. 이어서 [Enter]를 두 번 눌러 패스 자유 변형 상태를 해제한다.

03. 🎼를 추가한 후 레이어 스타일 적용하기

1. 도구 상자에서 🔯(Custom Shape Tool(사용자 정의 모양 도구))을 선택한 후 옵션 바의 Pick tool mode(선택 도구 모드)를 Shape(모양)로 선택한다.

2. 옵션 바에서 Shape(모양)의 목록 단추(🔽)를 클릭한 다음 [Legacy Shapes and More(레거시 모양 및 기타)] → [All Legacy Default Shapes(모든 레거시 기본 모양)] → [Music(음악)]을 선택한다.

3. 모양 목록에서 🎼(Bass Clef(낮은음자리표))를 선택한 다음 드래그 하여 추가한다.

4. 옵션 바에서 Fill(칠)을 클릭한 후 색상을 #000000으로 지정한다.

5. 레이어 패널 하단의 🔲(Add a layer style(레이어 스타일을 추가합니다.)) 아이콘을 클릭한 후 [Outer Glow(외부 광선)]를 선택한다.

6. 'Layer Style(레이어 스타일)' 대화상자에서 〈OK(확인)〉를 클릭한다.

7. [Edit(편집)] → [Free Transform Path(패스 자유 변형)]([Ctrl]+[T])를 선택한 다음 〈출력형태〉와 같이 크기를 조절한 후 배치한다. 이어서 [Enter]를 두 번 눌러 패스 자유 변형 상태를 해제한다.

⑧ 문자를 입력한 후 레이어 스타일 적용하기

• 자연을 사랑하는 사람들을 위한, 환경 사랑 음악회, Environmental Love, 2022년 11월 20일(일) 오후 1시 / 매화홀을 입력한다.
• 입력한 문자열 각각에 서식을 지정한 후 레이어 스타일을 적용한다.
• 각각의 문자열을 〈출력형태〉와 같이 배치한다.

01. 문자 입력하기

1. 도구 상자에서 🇹(Horizontal Type Tool(수평 문자 도구))([T])을 클릭한다.

2. 옵션 바에서 문자를 입력하기 좋은 크기와 색상을 지정한다. 여기서는 크기를 12, 색상을 검정(#000000)으로 지정한다.

문자 도구의 옵션 바에는 이전 작업에서 사용했던 속성들이 남아 있어 기존 속성 그대로 글자를 입력할 경우 글씨가 커지거나 색상이 겹쳐 보이는 등의 문제가 발생할 수 있습니다. 그러므로 크기와 색상을 지정하는 것입니다. 여기서는 크기를 12, 색상을 검정색으로 했지만 시험장에서는 여러분이 작업하기 편한 크기와 색으로 지정하면 됩니다.

3. 입력되는 문자의 색상과 구분이 잘되는 배경을 클릭하고 다음과 같이 〈출력형태〉에 제시된 모든 문자를 입력한다.

02. 서식 지정 및 레이어 스타일 적용하기

1. '자연을~'에 서식 지정 및 레이어 스타일 적용

① 레이어 패널에서 '자연을~'을 선택한 후 옵션 바에서 Font(글꼴)를 '돋움', Size(크기)를 18, Color(색상)를 #000000으로 지정한다.

② 레이어 패널 하단의 ƒ✗(Add a layer style(레이어 스타일을 추가합니다.)) 아이콘을 클릭한 후 [Stroke(획)]를 선택한다.

③ 'Layer Style(레이어 스타일)' 대화상자에서 Size(크기)를 2, Color(색상)를 #cc3333으로 지정한 후 〈OK(확인)〉를 클릭한다.

2. '환경~'에 서식 지정 및 레이어 스타일 적용

① 레이어 패널에서 '환경~'을 선택한 후 옵션 바에서 Font(글꼴)를 '궁서', Size(크기)를 44로 지정한다.

② '음악회'를 블록으로 지정하고 옵션 바에서 Size(크기)를 32로 지정한 후 ⌐(Create warped text(뒤틀어진 텍스트 만들기))를 클릭한다.

③ 'Warp Text(텍스트 뒤틀기)' 대화상자에서 'Style(스타일)'을 'Arc Lower(아래 부채꼴)'로 지정하고 〈출력형태〉와 모양이 비슷해지도록 'Bend(구부리기)' 값을 조절한 후 〈OK(확인)〉를 클릭한다.

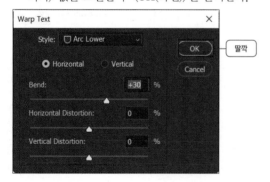

④ [Ctrl]+[Enter]를 눌러 편집 상태를 해제한다.

⑤ 레이어 패널 하단의 ƒ✗(Add a layer style(레이어 스타일을 추가합니다.)) 아이콘을 클릭한 후 [Gradient Overlay(그레이디언트 오버레이)]를 선택한다.

⑥ Gradient Overlay(그레이디언트 오버레이)에서 Gradient(그레이디언트) 항목을 클릭한다.

⑦ 'Gradient Editor(그레이디언트 편집기)' 대화상자의 왼쪽 아래 🮲(Color Stop(색상 정지점))을 더블클릭한 다음 색상을 #cc33ff로 지정한다.

⑧ 'Gradient Editor(그레이디언트 편집기)' 대화상자의 가운데 아래를 클릭하여 Color Stop(색상 정지점)을 추가한다.

> 마우스 포인터를 색상 중간점 조금 아래로 이동시켜 마우스 포인터의 모양이 🮲으로 변경되었을 때 클릭해야 색상 정지점이 추가됩니다.
>
> 딸깍

⑨ 만들어진 가운데 🮲(Color Stop(색상 정지점))을 더블클릭한 후 색상을 #006666으로 지정한다.

⑩ 'Gradient Editor(그레이디언트 편집기)' 대화상자의 오른쪽 아래 🮲(Color Stop(색상 정지점))을 더블클릭한 다음 색상을 "#cc6600"으로 지정한다.

⑪ 'Gradient Editor(그레이디언트 편집기)' 대화상자에서 〈OK(확인)〉를 클릭한다.

⑫ 'Layer Style(레이어 스타일)' 대화상자의 Gradient Overlay(그레이디언트 오버레이)에서 Angle(각도)을 0으로 지정하고 스타일 목록에서 [Drop Shadow(드롭 섀도)]를 클릭한 후 〈OK(확인)〉를 클릭한다.

3. 'Environmental~'에 서식 지정 및 레이어 스타일 적용

① 레이어 패널에서 'Environmental~'을 선택한 후 옵션 바에서 Font(글꼴)를 'Arial', Font Style(글꼴 스타일)을 Regular, Size(크기)를 22, Color(색상)를 #003366으로 지정하고, ⌐(Create warped text(뒤틀어진 텍스트 만들기))를 클릭한다.

② 'Warp Text(텍스트 뒤틀기)' 대화상자에서 'Style(스타일)'을 'Arc(부채꼴)'로 지정하고 〈출력형태〉와 모양이 비슷해지도록 'Bend(구부리기)' 값을 조절한 후 〈OK(확인)〉를 클릭한다.

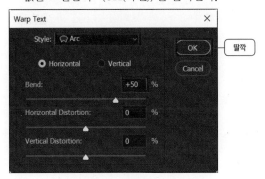

③ 레이어 패널 하단의 ▨(Add a layer style(레이어 스타일을 추가합니다.)) 아이콘을 클릭한 후 [Stroke(획)]를 선택한다.

④ 'Layer Style(레이어 스타일)' 대화상자에서 Size(크기)를 2, Color(색상)를 #ffffff로 지정한 후 〈OK(확인)〉를 클릭한다.

4. '2022년~'에 서식 지정 및 레이어 스타일 적용

① 레이어 패널에서 '2022년~'을 선택한 후 옵션 바에서 Font(글꼴)를 '굴림', Size(크기)를 14, Fill(칠)을 #ffcccc로 지정한다.

② 레이어 패널 하단의 ▨(Add a layer style(레이어 스타일을 추가합니다.)) 아이콘을 클릭한 후 [Stroke(획)]를 선택한다.

③ 'Layer Style(레이어 스타일)' 대화상자에서 Size(크기)를 2, Fill Type(칠 유형)을 Gradient(그레이디언트)로 지정하고 Gradient(그레이디언트) 항목을 클릭한다.

④ 'Gradient Editor(그레이디언트 편집기)' 대화상자의 왼쪽 아래 ▣(Color Stop(색상 정지점))을 더블클릭한 다음 색상을 #66cc00으로 지정한다.

⑤ 'Gradient Editor(그레이디언트 편집기)' 대화상자의 오른쪽 아래 ▣(Color Stop(색상 정지점))을 더블클릭한 다음 색상을 #ffcc00으로 지정한다.

⑥ 'Gradient Editor(그레이디언트 편집기)' 대화상자에서 〈OK(확인)〉를 클릭하고, 'Layer Style(레이어 스타일)' 대화상자에서도 〈OK(확인)〉를 클릭한다.

03. 〈출력형태〉와 동일하게 배치하기

1. 레이어 패널에서 '자연을~'을 선택한다.

2. [Edit(편집)] → [Free Transform(자유 변형)]([Ctrl]+[T])을 선택한 후 〈출력형태〉와 같이 배치한다. 이어서 [Enter]를 눌러 자유 변형 상태를 해제한다.

3. 나머지 글자도 위와 같은 방법으로 〈출력형태〉와 동일하게 배치한다.

⑨ 파일 저장 및 이미지 크기 조절

1. [File(파일)] → [Save a Copy(사본 저장)]([Ctrl]+[Alt]+[S])를 선택하고 'Save a Copy(사본 저장)' 대화상자에서 저장 위치를 '모의01', 파일 이름을 '모의01-3'으로, Format(형식)을 'JPEG(*.JPG;*.JPEG;*.JPE)'로 지정한 후 〈저장〉을 클릭한다.

> **포토샵 CS4/CS6 사용자**
> JPG 형식으로 저장하기 위해 [File(파일)] → [Save As(다른 이름으로 저장)]([Ctrl]+[Shift]+[S])를 선택하세요.

2. 'JPEG Options(JPEG 옵션)' 대화상자에서 Quality(품질)를 8로 지정한 후 〈OK(확인)〉를 클릭한다.

3. [Image(이미지)] → [Image Size(이미지 크기)]([Ctrl]+[Alt]+[I])를 선택하고 'Image Size(이미지 크기)' 대화상자에서 Width(폭)와 Height(높이)에 입력되어 있는 값에서 0 하나씩만 제거한 후 〈OK(확인)〉를 클릭한다.

4. [File(파일)] → [Save(저장)]([Ctrl]+[S])를 선택한다.

⑩ **[문제 3] 답안 파일 전송**

1. 포토샵 프로그램을 최소화한 후 '시험 관리 도구'에서 〈답안 전송〉을 클릭한다.

2. '고사실 PC로 답안 파일 보내기' 대화상자에서 전송할 '모의01-3.jpg'와 '모의01-3.psd' 파일을 선택한 후 〈답안 전송〉을 클릭한다.

 문제 4　[실무응용] **웹 페이지 제작**

미리보기

사용할 이미지

1급-12.jpg

1급-13.jpg

1급-14.jpg

1급-15.jpg

1급-16.jpg

1급-17.jpg

펜 도구로 그리기

모양 도구로 추가하기

작업 과정

❶ 빈 캔버스에 배경색을 지정한다.

❷ '1급-12.jpg'를 복사한 후 혼합 모드를 지정하고 세로 방향으로 흐릿하게 레이어 마스크를 수행한다.

❸ '1급-13.jpg'를 복사한 후 필터를 적용하고 가로 방향으로 흐릿하게 레이어 마스크를 수행한다.

❹ ❤, ✦를 그린 후 레이어 스타일을 적용한다.

⑤ 패턴을 만들어 적용한 후 불필요한 부분을 제거한다.

⑥ '1급-14.jpg'에서 달팽이를 복사한 후 레이어 스타일을 적용한다.

⑦ '1급-15.jpg'에서 다람쥐를 복사한 후 레이어 스타일을 적용한다.

⑧ '1급-16.jpg'에서 꽃을 복사한 후 레이어 스타일을 적용하고 색상을 보정한다.

⑨ , ▲, ▬를 추가하고 레이어 스타일을 적용한다.

⑩ '1급-17.jpg'에서 곰을 복사한다.

⑪ 문자를 입력한 후 레이어 스타일을 적용한다.

문제 4   [실무응용] **웹 페이지 제작**   따라 하기

⓪ 준비 작업

1. [File(파일)] → [New(새로 만들기)]((Ctrl)+(N))를 선택한다.

2. 'New Document(새로운 문서 만들기)' 대화상자에서 Name(이름)을 '모의01-4', Width(폭)를 600, Height(높이)를 400, Resolution(해상도)을 72, Color Mode(색상 모드)를 'RGB Color', '8Bit', Background Contents(배경 내용)를 'White(흰색)'로 지정한 후 〈Create(만들기)〉를 클릭한다.

포토샵 CS4/CS6 사용자
'New(새 문서)' 대화상자에서 Name(이름), Width(폭), Height(높이) 등을 지정하세요.

3. [File(파일)] → [Save As(다른 이름으로 저장)]((Ctrl)+(Shift)+(S))를 선택한 후 'Save As(다른 이름으로 저장)' 대화상자에서 저장 위치를 '모의01', 파일 이름을 '모의01-4'로 지정한 다음 〈저장〉을 클릭한다.

① 배경색 지정하기

빈 캔버스에 배경색을 지정한다.

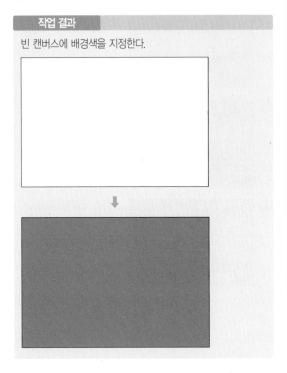

1. [Edit(편집)] → [Fill(칠)]([Shift]+[F5])을 선택한다.
2. 'Fill(칠)' 대화상자에서 Contents(내용) 항목을 클릭하여 [Color(색상)]를 선택한다.
3. Color Picker(Fill Color)(색상 피커(칠 색상)) 대화상자에서 색상을 #cc9966으로 지정한 후 〈OK(확인)〉를 클릭한다. 이어서 'Fill(칠)' 대화상자에서도 〈OK(확인)〉를 클릭한다.

포토샵 CS4/CS6 사용자
'Fill(칠)' 대화상자가 표시되면 Use(사용)의 목록 단추를 클릭하여 [Color(색상)]를 선택하고 'Choose a color(색상 선택)' 대화상자에서 색상을 지정한 후 〈OK(확인)〉를 클릭하세요.

② 이미지를 복사한 후 혼합 모드를 지정하고 레이어 마스크 수행하기

• '1급-12.jpg'를 복사한 후 Blending Mode(혼합 모드)를 Overlay(오버레이)로 지정한다.
• 세로 방향으로 흐릿하게 레이어 마스크를 수행한다.

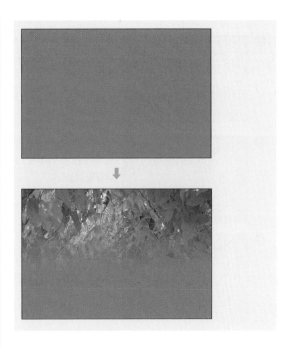

01. 혼합 모드 지정하기

1. [File(파일)] → [Open(열기)]([Ctrl]+[O])을 선택한다.
2. '열기' 대화상자에서 찾는 위치를 'C:\길벗GTQ1급\모의\모의01\Image' 폴더로 지정한 다음 '1급-12.jpg', '1급-13.jpg', '1급-14.jpg', '1급-15.jpg', '1급-16.jpg', '1급-17.jpg' 파일을 선택하고 〈열기〉를 클릭한다.
3. '1급-12.jpg'를 '모의01-4.psd' 파일로 복사한다.
4. 레이어 패널 상단의 혼합 모드에서 [Overlay(오버레이)]를 선택한다.
5. [Edit(편집)] → [Free Transform(자유 변형)]([Ctrl]+[T])을 선택한 후 〈출력형태〉와 같이 배치한다. 이어서 [Enter]를 눌러 자유 변형 상태를 해제한다.

02. 레이어 마스크 수행하기

1. 레이어 패널 하단의 ◙(Add layer mask(레이어 마스크를 추가합니다.)) 아이콘을 클릭한다.

2. 도구 상자에서 ▦(Gradient Tool(그레이디언트 도구))(ⓖ)을 클릭한 후 옵션 바에서 Gradient(그레이디언트) 항목을 클릭한다.

3. 'Gradient Editor(그레이디언트 편집기)' 대화상자의 Presets(사전 설정) 항목에서 Basics(기본 사항)의 확장 단추(▶)를 클릭한 다음 Black, White(검정, 흰색)를 클릭하고 〈OK(확인)〉를 클릭한다.

> **포토샵 CS4/CS6 사용자**
> 'Gradient Editor(그라디언트 편집기)' 대화상자가 표시되면 Presets(사전 설정) 항목에서 Black, White(검정, 흰색)를 클릭하고 〈OK(확인)〉를 클릭하세요.

4. 마우스를 아래쪽에서 위쪽 방향으로 다음과 같이 드래그 한다.

③ 이미지를 복사한 후 필터를 적용하고 레이어 마스크 수행하기

작업 결과

- '1급-13.jpg'를 복사한 후 Patchwork(패치워크/이어붙이기) 필터를 적용한다.
- 가로 방향으로 흐릿하게 레이어 마스크를 수행한다.

01. 필터 적용하기

1. '1급-13.jpg'를 '모의01-4.psd' 파일로 복사한다.

2. [Filter(필터)] → [Filter Gallery(필터 갤러리)] → [Texture(텍스처)] → [Patchwork(이어붙이기)]를 선택한 후 〈OK(확인)〉를 클릭한다.

3. [Edit(편집)] → [Free Transform(자유 변형)](ⓒⓣⓡⓛ +ⓣ)을 선택한 다음 〈출력형태〉와 같이 배치한다. 이어서 Enter를 눌러 자유 변형 상태를 해제한다.

02. 레이어 마스크 수행하기

1. 레이어 패널 하단의 ▣(Add layer mask(레이어 마스크를 추가합니다.)) 아이콘을 클릭한다.
2. 도구 상자에서 ▣(Gradient Tool(그레이디언트 도구))(G)을 클릭한다.
3. 마우스를 왼쪽에서 오른쪽 방향으로 다음과 같이 드래그 한다.

④ **◗, ◢를 그린 후 레이어 스타일 적용하기**

작업 결과

- Pen Tool(펜 도구)로 ◗를 그린 후 서식을 지정한다.
- Pen Tool(펜 도구)로 ◢를 그린 후 서식을 지정한다.
- 각각 Drop Shadow(그림자 효과) 레이어 스타일을 적용한다.

01. 펜 도구로 ◗를 그리고 서식 지정하기

1. 도구 상자에서 ✎(Pen Tool(펜 도구))(P)을 클릭한 다음 옵션 바의 Pick tool mode(선택 도구 모드)를 Shape(모양)로 선택한다.
2. 문제지의 〈출력형태〉에 그려 놓은 기준선을 참조하여 다음과 같이 안내선을 표시한다.

3. Ctrl+ + 를 눌러 화면을 확대한 다음 가로, 세로 이동 막대를 드래그하여 작업 영역이 화면의 가운데로 오도록 한다.
4. 패스 모양이 곡선에서 곡선으로 이어지는 경우 현재 패스의 방향이 다음 패스에 영향을 주지 않도록 Alt 를 누른 채 현재 기준점을 클릭하여 방향선을 제거한다.

5. 위와 같은 방법으로 다음과 같이 🍃을 완성한다.

6. 옵션 바에서 Fill(칠)을 클릭한 후 색상을 #ffcc99로 지정한다.

02. 펜 도구로 🍃를 그리고 서식 지정하기

1. 앞의 🍃와 같은 방법으로 🖊(Pen Tool(펜 도구)) (P)을 이용하여 🍃를 그린다.

2. 🍃와 다른 색상을 지정해야 하므로 옵션 바의 Path operation(패스 작업)이 ▢(New Layer(새 레이어)) 인 상태에서 새 레이어에 모양을 그린다.

3. 🍃 옵션 바에서 Fill(칠)을 클릭한 후 색상을 #33cccc로 지정한다.

03. 레이어 스타일 적용하기

1. 레이어 패널의 'Shape 2(모양 2)'가 선택된 상태에서 하단의 🔲(Add a layer style(레이어 스타일을 추가합니다.)) 아이콘을 클릭한 후 [Drop Shadow(그림자)]를 선택한다.

2. 'Layer Style(레이어 스타일)' 대화상자에서 〈OK (확인)〉를 클릭한다.

3. 이어서 레이어 패널의 'Shape 1(모양 1)'을 선택하고 하단의 🔲(Add a layer style(레이어 스타일을 추가합니다.)) 아이콘을 클릭한 후 [Drop Shadow (그림자)]를 선택한다.

4. 'Layer Style(레이어 스타일)' 대화상자에서 〈OK(확인)〉를 클릭한다.

5. Ctrl+⊟를 눌러 화면 배율을 축소하고, [View(보기)] → [Clear Guides(안내선 지우기)](Alt+V, D)를 선택해 안내선을 제거한다.

⑤ 패턴 만들어 적용하기

> **작업 결과**
> • 패턴을 만들어 적용한다.
> • 불필요한 부분을 제거한다.

⇩

01. 패턴 만들기

1. [File(파일)] → [New(새로 만들기)](Ctrl+N)를 선택한 후 'New Document(새로운 문서 만들기)' 대화상자에서 Width(폭)에 **60**, Height(높이)에 **40**을 입력하고 Background Contents(배경 내용)을 Transparent(투명)로 지정한 후 〈Create(만들기)〉를 클릭한다.

패턴을 작성할 캔버스의 크기는 패턴 모양의 크기와 더불어 패턴 사이의 간격까지도 고려해서 지정해야 합니다. 여기서 작성할 하트의 크기는 폭이 52, 높이가 32이고 패턴 사이의 간격은 상·하·좌·우 각각 2입니다. 그러므로 패턴을 작성할 캔버스의 크기는 폭 60, 높이 40으로 지정하면 됩니다.

2. Ctrl+0을 눌러 화면 배율을 확대한다.

3. 도구 상자에서 ▨(Custom Shape Tool(사용자 정의 모양 도구))(U)을 선택한 후 옵션 바의 Pick tool mode(선택 도구 모드)를 Shape(모양)로 선택한다.

4. 옵션 바에서 Shape(모양)의 목록 단추(▮)를 클릭한 다음 [Legacy Shapes and More(레거시 모양 및 기타)] → [All Legacy Default Shapes(모든 레거시 기본 모양)] → [Nature(자연)]를 선택한다.

> **포토샵 CS4/CS6 사용자**
> Shape(모양) 목록에서 [Nature(자연)]를 선택한 후 선택한 모양으로 대치할지를 묻는 대화상자가 나타나면 〈OK(확인)〉를 클릭하세요.

5. 모양 목록에서 ※(Flower 7(꽃 7))을 선택한 후 문제지의 〈출력형태〉에 그려 놓은 기준선을 참조하여 안내선을 표시한다.

6. 꽃 모양을 추가하고 옵션 바에서 Fill(칠)을 클릭한 후 색상을 #333366으로 지정한다.

> **포토샵 CS4 사용자**
> 옵션 바의 Color(색상)에서 색상을 지정하세요.

7. 레이어 패널 하단의 ⬛(Create a new layer(새 레이어를 만듭니다.)) 아이콘을 클릭한다.

8. 옵션 바에서 [Shape(모양)] → [Legacy Shapes and More(레거시 모양 및 기타)] → [All Legacy Default Shapes(모든 레거시 기본 모양)] → [Nature(자연)] 목록에서 🌀(Leaf 1(나뭇잎 1))을 선택한다.

9. 나뭇잎 모양을 추가하고 옵션 바에서 Fill(칠)을 클릭한 후 색상을 #ffffff로 지정한다.

포토샵 CS4 사용자
옵션 바의 Color(색상)에서 색상을 지정하세요.

10. Enter를 눌러 선택 상태를 해제한 후 [View(보기)] → [Clear Guides(안내선 지우기)]([Alt]+[V], [D])를 선택한다.

11. [Edit(편집)] → [Define Pattern(패턴 정의)]을 선택한 후 'Pattern Name(패턴 이름)' 대화상자에서 기본값(Pattern 1(패턴 1))을 유지한 채 〈OK(확인)〉를 클릭한다.

12. 패턴을 적용할 '모의01-4.psd' 파일 탭을 클릭한 다음 패턴이 Pen Tool(펜 도구)로 그린 모양 위쪽에 위치하도록 레이어 패널에서 'Shape 2(모양 2)'

를 클릭하고 레이어 패널 하단의 ⬛(Create a new layer(새 레이어를 만듭니다.)) 아이콘을 클릭한다.

13. [Edit(편집)] → [Fill(칠)]([Shift]+[F5])을 선택한 후 'Fill(칠)' 대화상자에서 Contents(내용)의 항목을 클릭한 후 [Pattern(패턴)]을 선택한다.

포토샵 CS4/CS6 사용자
'Fill(칠)' 대화상자가 표시되면 Use(사용)의 목록 단추를 클릭하여 [Pattern(패턴)]를 선택합니다.

14. Custom Pattern(사용자 정의 패턴)의 목록 단추를 클릭한 후 앞서 정의한 패턴(Pattern 1(패턴 1))을 더블클릭하고 〈OK(확인)〉를 클릭한다.

15. [Edit(편집)] → [Free Transform(자유 변형)]([Ctrl]+[T])을 선택한 후 〈출력형태〉와 같이 배치한다. 이어서 Enter를 눌러 자유 변형 상태를 해제한다.

레이어 패널에서 패턴이 적용된 'Layer 3(레이어 3)'이 'Shape 2(모양 2)'보다 아래에 있는 경우 'Shape 2(모양 2)'에는 패턴이 적용되지 않습니다. 이 때에는 'Layer 3(레이어 3)'을 드래그하여 'Shape 2(모양 2)'의 위로 옮겨주세요.

02. 불필요한 부분 제거하기

1. 레이어 패널에서 Ctrl+Shift를 누른 채로 펜 도구로 그린 'Shape 1(모양 1)', 'Shape 2(모양 2)' 레이어 썸네일을 차례대로 클릭한다.

2. [Select(선택)] → [Inverse(반전)](Ctrl+Shift+I)를 눌러 선택을 반전시킨다.

3. 레이어 패널에서 'Layer 3(레이어 3)'을 선택하고 Delete를 눌러 불필요한 부분을 삭제한다.

4. Ctrl+D를 눌러 선택 영역을 해제한다.

⑥ 달팽이를 복사한 후 레이어 스타일 적용하기

> **작업 결과**
>
> '1급-14.jpg'에서 달팽이를 복사한 후 Bevel and Emboss(경사와 엠보스)와 Drop Shadow(그림자 효과) 스타일을 적용한다.
>
>

1. '1급-14.jpg' 탭을 클릭하고 선택 도구를 이용하여 다음과 같이 선택한다.

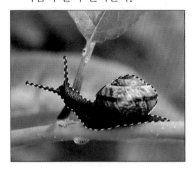

2. 선택 영역을 '모의01-4.psd' 파일로 복사한다.

3. 레이어 패널 하단의 **fx**(Add a layer style(레이어 스타일을 추가합니다.)) 아이콘을 클릭한 후 [Bevel & Emboss(경사와 엠보스)]를 선택한다.

4. 'Layer Style(레이어 스타일)' 대화상자에서 [Drop Shadow(드롭 섀도)]를 클릭하고 〈OK(확인)〉를 클릭한다.

5. [Edit(편집)] → [Free Transform(자유 변형)] (Ctrl+T)을 선택한 다음 〈출력형태〉와 같이 크기를 조절한 후 배치한다. 이어서 Enter를 눌러 자유 변형 상태를 해제한다.

❼ 다람쥐를 복사한 후 레이어 스타일 적용하기

> **작업 결과**
>
> '1급-15.jpg'에서 다람쥐를 복사한 후 Outer Glow(외부 광선)와 Drop Shadow(그림자 효과) 스타일을 적용한다.
>
>
>
> ↓
>
>

1. '1급-15.jpg' 탭을 클릭하고 선택 도구를 이용하여 다음과 같이 선택한다.

2. '1급-15.jpg'를 '모의01-4.psd' 파일로 복사한다.

3. 레이어 패널 하단의 ☒(Add a layer style(레이어 스타일을 추가합니다.)) 아이콘을 클릭한 후 [Outer Glow(외부 광선)]를 선택한다.

4. 'Layer Style(레이어 스타일)' 대화상자에서 [Drop Shadow(드롭 새도)]를 클릭하고 〈OK(확인)〉를 클릭한다.

5. [Edit(편집)] → [Free Transform(자유 변형)] (Ctrl+T)을 선택한 다음 〈출력형태〉와 같이 크기를 조절한 후 배치한다. 이어서 Enter를 눌러 자유 변형 상태를 해제한다.

❽ 꽃을 복사한 후 레이어 스타일을 적용하고 색상 보정하기

> **작업 결과**
>
> • '1급-16.jpg'에서 꽃을 복사한 후 Bevel and Emboss(경사와 엠보스) 스타일을 적용한다.
> • 빨간색 계열로 색상 보정한다.
>
>
>
> ↓
>
>

01. 레이어 스타일 적용하기

1. '1급-16.jpg' 탭을 클릭하고 선택 도구를 이용하여 다음과 같이 선택한다.

2. 선택 영역을 '모의01-4.psd' 파일로 복사한다.
3. 레이어 패널 하단의 ▣(Add a layer style(레이어 스타일을 추가합니다.)) 아이콘을 클릭한 후 [Bevel & Emboss(경사와 엠보스)]를 선택한다.
4. 'Layer Style(레이어 스타일)' 대화상자에서 〈OK(확인)〉를 클릭한다.
5. [Edit(편집)] → [Free Transform(자유 변형)]([Ctrl]+[T])을 선택한 다음 〈출력형태〉와 같이 크기를 조절한 후 배치한다. 이어서 [Enter]를 눌러 자유 변형 상태를 해제한다.

02. 색상 보정하기

1. 선택 도구를 이용하여 다음과 같이 꽃만 선택한다.

2. 레이어 패널 하단의 ◕(Create new fill or adjustment layer(새 칠 또는 조정 레이어를 만듭니다.)) 아이콘을 클릭한 후 [Hue/Saturation(색조/채도)]을 선택한다.

3. 조정 패널에서 Hue(색조)를 −40으로 조절하여 빨간색 계열로 보정한다.

❾ ▣, ▬, ♣를 추가한 후 레이어 스타일 적용하기

작업 결과

• 원 프레임(▣) 모양을 추가한 후 Inner Shadow(내부 그림자) 스타일을 적용한다.
• 배너(▬) 모양을 추가한 후 Gradient Overlay(그라디언트 오버레이)와 Stroke(선/획) 스타일을 적용하고 두 번 복사한다.
• 나무(♣) 모양을 추가한 후 Drop Shadow(그림자 효과) 스타일을 적용하고 Opacity(불투명도)를 60%로 지정한다.

01. ▣를 추가한 후 레이어 스타일 적용하기

1. 도구 상자에서 ✿(Custom Shape Tool(사용자 정의 모양 도구))([U])을 선택한 다음 옵션 바의 Pick tool mode(선택 도구 모드)를 Shape(모양)로 선택한다.
2. 옵션 바에서 Shape(모양)의 목록 단추(▮)를 클릭한 다음 [Legacy Shapes and More(레거시 모양 및

기타)] → [All Legacy Default Shapes(모든 레거시 기본 모양)] → [Shapes(모양)]를 선택한다.

3. 모양 목록에서 ◎(Circle Frame(원 프레임))을 선택하고 드래그 하여 추가한 다음 옵션 바에서 Fill(칠)을 클릭한 후 색상을 #993333으로 지정한다.

4. 레이어 패널 하단의 ☑(Add a layer style(레이어 스타일을 추가합니다.)) 아이콘을 클릭한 후 [Inner Shadow(내부 그림자)]를 선택한다.
5. 'Layer Style(레이어 스타일)' 대화상자에서 〈OK(확인)〉를 클릭한다.
6. [Edit(편집)] → [Free Transform Path(패스 자유 변형)]([Ctrl]+[T])를 선택한 다음 〈출력형태〉와 같이 크기를 조절한 후 배치한다. 이어서 [Enter]를 두 번 눌러 패스 자유 변형 상태를 해제한다.

02. ▭를 추가한 후 레이어 스타일을 적용하고 복사하기

1. 도구 상자에서 ⬡(Custom Shape Tool(사용자 정의 모양 도구))([U])을 선택한 후 옵션 바의 Pick tool mode(선택 도구 모드)를 Shape(모양)로 선택한다.
2. 옵션 바에서 Shape(모양)의 목록 단추(▮)를 클릭한 다음 [Legacy Shapes and More(레거시 모양 및 기타)] → [All Legacy Default Shapes(모든 레거시 기본 모양)] → [Banners and Awards(배너 및

상장)]를 선택한다.

3. 모양 목록에서 ▭(Banner 4(배너 4))를 선택한 후 드래그 하여 추가한다.
4. 레이어 패널 하단의 ☑(Add a layer style(레이어 스타일을 추가합니다.)) 아이콘을 클릭한 후 [Gradient Overlay(그레이디언트 오버레이)]를 선택한다.
5. 'Layer Style(레이어 스타일)' 대화상자에서 Gradient(그레이디언트) 항목을 클릭한다.
6. 'Gradient Editor(그레이디언트 편집기)' 대화상자의 왼쪽 아래 ▮(Color Stop(색상 정지점))을 더블클릭한 다음 색상을 #996699로 지정한다.
7. 'Gradient Editor(그레이디언트 편집기)' 대화상자의 가운데 아래 ▮(Color Stop(색상 정지점))을 더블클릭한 다음 색상을 #ff9900로 지정한다.

8. 'Gradient Editor(그레이디언트 편집기)' 대화상자의 오른쪽 아래 ▮(Color Stop(색상 정지점))을 더블클릭한 다음 색상을 #ffffff로 지정한다.
9. 'Gradient Editor(그레이디언트 편집기)' 대화상자에서 〈OK(확인)〉를 클릭한다.
10. 'Layer Style(레이어 스타일)' 대화상자의 스타일 목록에서 [Stroke(획)]를 선택하고, Size(크기)를 2, Color(색상)를 #ffff99로 지정한 후 〈OK(확인)〉를 클릭한다.
11. [Edit(편집)] → [Free Transform Path(패스 자유 변형)]([Ctrl]+[T])를 선택한 다음 〈출력형태〉와 같이 크기를 조절한 후 배치한다. 이어서 [Enter]를 두 번 눌러 패스 자유 변형 상태를 해제한다.

12. 도구 상자에서 (Move Tool(이동 도구))(Ⅴ)을 클릭한 후 Shift + Alt 를 누른 채 배너 모양을 오른쪽으로 드래그 하여 두 번 복사하고 〈출력형태〉와 동일하게 위치를 조절한다.

03. 를 추가한 후 레이어 스타일 적용하기

1. 도구 상자에서 ☘(Custom Shape Tool(사용자 정의 모양 도구))을 선택한 후 옵션 바의 Pick tool mode(선택 도구 모드)를 Shape(모양)로 선택한다.

2. 옵션 바에서 Shape(모양)의 목록 단추(■)를 클릭한 다음 [Legacy Shapes and More(레거시 모양 및 기타)] → [All Legacy Default Shapes(모든 레거시 기본 모양)] → [Nature(자연)]를 선택한다.

> **포토샵 CS4/CS6 사용자**
> Shape(모양) 목록에서 [Nature(자연)]를 선택한 후 선택한 모양으로 대치할지를 묻는 대화상자가 나타나면 〈OK(확인)〉를 클릭하세요.

3. 모양 목록에서 ♠(Tree(나무))를 선택하고 드래그하여 추가한 다음 Fill(칠)을 클릭한 후 색상을 #ffff00으로 지정한다.

> **포토샵 CS4 사용자**
> 옵션 바의 Color(색상)에서 색상을 지정하세요.

4. 레이어 패널 하단의 ☑(Add a layer style(레이어 스타일을 추가합니다.)) 아이콘을 클릭한 후 [Drop Shadow(그림자)]를 선택한다.

5. 'Layer Style(레이어 스타일)' 대화상자에서 〈OK(확인)〉를 클릭한다.

6. 레이어 패널 상단의 Opacity(불투명도)를 60%로 지정한다.

7. [Edit(편집)] → [Free Transform Path(패스 자유 변형)](Ctrl + T)를 선택한 다음 〈출력형태〉와 같이 크기를 조절한 후 배치한다. 이어서 Enter를 두 번 눌러 패스 자유 변형 상태를 해제한다.

⑩ 곰을 복사한 후 배치하기

> **작업 결과**
>
> '1급-17.jpg'에서 곰을 복사하여 배치한 후 복사한다.

1. '1급-17.jpg' 탭을 클릭하고 선택 도구를 이용하여 다음과 같이 선택한다.

2. 선택 영역을 '모의01-4.psd' 파일로 복사한다.

3. [Edit(편집)] → [Free Transform(자유 변형)] (Ctrl)+(T))을 선택한 다음 〈출력형태〉와 같이 크기를 조절한 후 배치한다. 이어서 (Enter)를 눌러 자유 변형 상태를 해제한다.

⑪ **문자를 입력한 후 레이어 스타일 적용하기**

> **작업 결과**
>
> • 자연사랑 보호협회, 우리 가족 나무심기 식물 잎맥 관리하기 반딧불이 체험, https://www.naturelovekorea.org, 환경이야기, 동물이야기, 식물이야기를 입력한다.
> • 입력한 문자열 각각에 서식을 지정한 후 레이어 스타일을 적용한다.
> • 각각의 문자열을 〈출력형태〉와 같이 배치한다.

↓

01. 문자 입력하기

1. 도구 상자에서 **T**(Horizontal Type Tool(수평 문자 도구))((T))을 클릭한다.

2. 옵션 바에서 문자를 입력하기 좋은 크기와 색상을 지정한다. 여기서는 크기를 12, 색상을 검정 (#000000)으로 지정한다.

> 문자 도구의 옵션 바에는 이전 작업에서 사용했던 속성들이 남아 있어 기존 속성 그대로 글자를 입력할 경우 글씨가 커지거나 색상이 겹쳐 보이는 등의 문제가 발생할 수 있습니다. 그러므로 크기와 색상을 지정하는 것입니다. 여기서는 크기를 12, 색상을 검정색으로 했지만 시험장에서는 여러분이 작업하기 편한 크기와 색으로 지정하면 됩니다.

3. 입력되는 문자의 색상과 구분이 잘되는 배경을 클릭하고 다음과 같이 〈출력형태〉에 제시된 모든 문자를 입력한다.

02. 서식 지정 및 레이어 스타일 적용하기

1. '자연사랑~'에 서식 지정 및 레이어 스타일 적용

① 레이어 패널에서 '자연사랑~'을 선택한 후 옵션 바에서 Font(글꼴)를 '굴림', Size(크기)를 35로 지정한 후 ▓(Create warped text(뒤틀어진 텍스트 만들기))를 클릭한다.

② 'Warp Text(텍스트 뒤틀기)' 대화상자에서 'Style (스타일)'을 'Bulge(돌출)'로 지정하고 〈출력형태〉와 모양이 비슷해지도록 'Bend(구부리기)' 값을 조절한 후 〈OK(확인)〉를 클릭한다.

③ 레이어 패널 하단의 fx(Add a layer style(레이어 스타일을 추가합니다.)) 아이콘을 클릭한 후 [Gradient Overlay(그레이디언트 오버레이)]를 선택한다.

④ Gradient Overlay(그레이디언트 오버레이)에서 Gradient(그레이디언트) 항목을 클릭한다.

⑤ 'Gradient Editor(그레이디언트 편집기)' 대화상자의 가운데 아래 Color Stop(색상 정지점)을 클릭하고 〈Delete(삭제)〉를 클릭한다.

⑥ 'Gradient Editor(그레이디언트 편집기)' 대화상자의 왼쪽 아래 ▣(Color Stop(색상 정지점))을 더블클릭한 다음 색상을 #3300ff로 지정한다.

⑦ 'Gradient Editor(그레이디언트 편집기)' 대화상자의 오른쪽 아래 ▣(Color Stop(색상 정지점))을 더블클릭한 다음 색상을 #ff6600으로 지정한다.

⑧ 'Gradient Editor(그레이디언트 편집기)' 대화상자에서 〈OK(확인)〉를 클릭한다.

⑨ 'Layer Style(레이어 스타일)' 대화상자의 스타일 목록에서 [Stroke(획)]를 클릭하고 Size(크기)를 2, Color(색상) 항목을 선택하고 색상을 #ffffff로 지정한다.

⑩ 이어서 스타일 목록에서 [Drop Shadow(드롭 섀도)]를 클릭하고 〈OK(확인)〉를 클릭한다.

2. '우리 가족~'에 서식 지정 및 레이어 스타일 적용

① 레이어 패널에서 '우리 가족~'을 선택한 후 옵션바에서 Font(글꼴)를 '궁서', Size(크기)를 15, Color(색상)를 #336600으로 지정하고 ▦(Center Text(텍스트 가운데))를 클릭한다.

② 레이어 패널 하단의 fx(Add a layer style(레이어 스타일을 추가합니다.)) 아이콘을 클릭한 후 [Stroke(획)]를 선택한다.

③ 'Layer Style(레이어 스타일)' 대화상자에서 Size(크기)를 2, Color(색상)를 #ffffcc로 지정한 다음 〈OK(확인)〉를 클릭한다.

3. 'https://~'에 서식 지정 및 레이어 스타일 적용하기

① 레이어 패널에서 'https://~'를 선택한 후 옵션바에서 Font(글꼴)를 'Times New Roman', Font Style(글꼴 스타일)을 'Bold', Size(크기)를 16, Color(색상)를 #330066으로 지정한다.

② 레이어 패널 하단의 fx(Add a layer style(레이어 스타일을 추가합니다.)) 아이콘을 클릭한 후 [Drop Shadow(그림자)]를 선택한다.

③ 'Layer Style(레이어 스타일)' 대화상자에서 〈OK(확인)〉를 클릭한다.

4. '환경이야기'에 서식 지정 및 레이어 스타일 적용하기

① 레이어 패널에서 '환경이야기'를 선택한 후 옵션바에서 Font(글꼴)를 '돋움', Size(크기)를 18, Color(색상)를 #000000으로 지정한다.

② 레이어 패널 하단의 fx(Add a layer style(레이어 스타일을 추가합니다.)) 아이콘을 클릭한 후 [Stroke(획)]를 선택한다.

③ 'Layer Style(레이어 스타일)' 대화상자에서 Size(크기)를 1, Color(색상)를 #ffffff로 지정한 다음 〈OK(확인)〉를 클릭한다.

④ '동물이야기', '식물이야기'에 '환경이야기'와 동일하게 서식과 레이어 스타일을 적용한다.

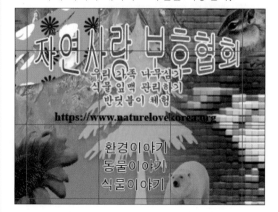

03. 〈출력형태〉와 동일하게 배치하기

1. 레이어 패널에서 '자연사랑~'을 선택한다.
2. [Edit(편집)] → [Free Transform(자유 변형)] (Ctrl+T)을 선택한 후 〈출력형태〉와 같이 배치한다. 이어서 Enter를 눌러 자유 변형 상태를 해제한다.
3. 나머지 글자도 위와 같은 방법으로 〈출력형태〉와 동일하게 배치한다.

⑫ 파일 저장 및 이미지 크기 조절

1. [File(파일)] → [Save a Copy(사본 저장)](Ctrl+Alt+S)를 선택하고 'Save a Copy(사본 저장)' 대화상자에서 저장 위치를 '모의01', 파일 이름을 '모의01-4'로, Format (형식)을 'JPEG(*.JPG;*.JPEG;*.JPE)'로 지정한 후 〈저장〉을 클릭한다.

포토샵 CS4/CS6 사용자
JPG 형식으로 저장하기 위해 [File(파일)] → [Save As(다른 이름으로 저장)](Ctrl+Shift+S)를 선택하세요.

---

2. 'JPEG Options(JPEG 옵션)' 대화상자에서 Quality (품질)를 8로 지정한 후 〈OK(확인)〉를 클릭한다.
3. [Image(이미지)] → [Image Size(이미지 크기)] (Ctrl+Alt+I)를 선택하고 'Image Size(이미지 크기)' 대화상자에서 Width(폭)와 Height(높이)에 입력되어 있는 값에서 0 하나씩만 제거한 후 〈OK(확인)〉를 클릭한다.
4. [File(파일)] → [Save(저장)](Ctrl+S)를 선택한다.

⑬ [문제 4] 답안 파일 전송

1. 포토샵 프로그램을 최소화한 후 '시험 관리 도구'에서 〈답안 전송〉을 클릭한다.
2. '고사실 PC로 답안 파일 보내기' 대화상자에서 전송할 '모의01-4.jpg'와 '모의01-4.psd' 파일을 선택한 후 〈답안 전송〉을 클릭한다.

문제 1 [기능평가] **고급 Tool(도구) 활용** (20점)

다음의 〈조건〉에 따라 아래의 〈출력형태〉와 같이 작업하시오.

출력형태

조건

원본 이미지			C:\길벗GTQ1급\모의\모의02\Image\1급-1.jpg, 1급-2.jpg, 1급-3.jpg
파일 저장 규칙	JPG	파일명	C:\길벗GTQ1급\모의\모의02\모의02-1.jpg
		크기	400 × 500 pixels
	PSD	파일명	C:\길벗GTQ1급\모의\모의02\모의02-1.psd
		크기	40 × 50 pixels

1. 그림 효과

① 1급-1.jpg : 필터 – Dry Brush(드라이 브러시)
② Save Path(패스 저장) : 비행기 모양
③ Mask(마스크) : 비행기 모양, 1급-2.jpg를 이용하여 작성
　 레이어 스타일 – Stroke(선/획)(3px, 그라디언트(#ffff66, #cc66ff)),
　 Inner Shadow(내부 그림자)
④ 1급-3.jpg : 레이어 스타일 – Outer Glow(외부 광선)
⑤ Shape Tool(모양 도구) :
　 – 토끼풀 모양 (#00ffff, #ffffff, 레이어 스타일 – Bevel and Emboss(경사와 엠보스))
　 – 태양 모양 (#ff3333, 레이어 스타일 – Inner Shadow(내부 그림자))

2. 문자 효과

① City & Travel (궁서, 36pt, 레이어 스타일 – 그라디언트 오버레이(#00ccff, #99ff99), Stroke(선/획)(3px, #ffffff)

 문제 2 [기능평가] **사진편집 응용** (20점)

다음의 〈조건〉에 따라 아래의 〈출력형태〉와 같이 작업하시오.

출력형태

조건

원본 이미지			C:\길벗GTQ1급\모의\모의02\Image\1급-4.jpg, 1급-5.jpg, 1급-6.jpg
파일 저장 규칙	JPG	파일명	C:\길벗GTQ1급\모의\모의02\모의02-2.jpg
		크기	400 × 500 pixels
	PSD	파일명	C:\길벗GTQ1급\모의\모의02\모의02-2.psd
		크기	40 × 50 pixels

1. 그림 효과

① 필터 : 1급-4.jpg – Crosshatch(그물눈)
② 색상 보정 : 1급-5.jpg – 보라색 계열로 보정
③ 1급-5.jpg, 레이어 스타일 – Stroke(선/획)(3px, #ffffff)
④ 1급-6.jpg : 레이어 스타일 – Inner Shadow(내부 그림자)

⑤ Shape Tool(모양 도구) :
　– 집 모양 (#6666cc, 레이어 스타일 – Inner Shadow(내부 그림자))
　– 새 모양 (#cccc00, #0099ff, 레이어 스타일 – Stroke(선/획)(2px, #ffcccc))

2. 문자 효과

① 이야기마을 (궁서, 40pt, 레이어 스타일 – 그라디언트 오버레이(#ff66ff, #66ff33), Drop Shadow(그림자 효과))

 문제 3　　[실무응용] **포스터 제작**　　　　　　　　　　(25점)

다음의 〈조건〉에 따라 아래의 〈출력형태〉와 같이 작업하시오.

조건

원본 이미지			C:\길벗GTQ1급\모의\모의02\Image\1급–7.jpg, 1급–8.jpg, 1급–9.jpg, 1급–10.jpg, 1급–11.jpg
파일 저장 규칙	JPG	파일명	C:\길벗GTQ1급\모의\모의02\모의02–3.jpg
		크기	600 × 400 pixels
	PSD	파일명	C:\길벗GTQ1급\모의\모의02\모의02–3.psd
		크기	60 × 40 pixels

1. 그림 효과

① 배경 : #66ff00
② 1급–7.jpg : Blending Mode(혼합 모드) – Luminosity(광도), Opacity(불투명도)(80%)
② 1급–8.jpg : 필터 – Film Grain(필름 그레인), 레이어 마스크 – 세로 방향으로 흐릿하게
③ 1급–9.jpg : 필터 – Dry Brush(드라이 브러시), Stroke(선/획)(5px, #ff0033, 투명하게)
④ 1급–10.jpg : Inner Glow(내부 광선)
⑤ 1급–11.jpg : 색상 보정 – 빨간색 계열로 보정, 레이어 스타일 – Bevel and Emboss(경사와 엠보스)
⑥ 그 외 《출력형태》 참조

2. 문자 효과

① 하늘수목원 (궁서, 42pt, 레이어 스타일 – 그라디언트 오버레이(#3300ff, #66cccc, #999900), Drop Shadow(그림자 효과))
② The Garden of SKY (Arial, Regular, 18pt, #003366, 레이어 스타일 – Stroke(선/획)(2px, #ccffff))
③ 체험프로그램 문의처 : 02–3780–0590 (돋움, 16pt, #ffffff, #ccff99, 레이어 스타일 – Stroke(선/획)(2px, #333333))
④ Four Seasons of the Garden (바탕, 18pt, 레이어 스타일 – 그라디언트 오버레이(#003300, #ff0000), Stroke(선/획)(1px, #ffffff))

출력형태

Shape Tool(모양 도구) 사용
레이어 스타일 – 그라디언트
오버레이(#006600, #ffff66),
Drop Shadow(그림자 효과)

Shape Tool(모양 도구) 사용
#ffffff, 레이어 스타일 –
Drop Shadow(그림자 효과),

Shape Tool(모양 도구) 사용
#ff66ff, #ffff00, 레이어 스타일 –
Drop Shadow(그림자 효과),
Opacity(불투명도)(70%)

다음의 〈조건〉에 따라 아래의 〈출력형태〉와 같이 작업하시오.

조건

원본 이미지	C:\길벗GTQ1급\모의\모의02\Image\1급-12.jpg, 1급-13.jpg, 1급-14.jpg, 1급-15.jpg, 1급-16.jpg, 1급-17.jpg		
파일 저장 규칙	JPG	파일명	C:\길벗GTQ1급\모의\모의02\모의02-4.jpg
		크기	600 × 400 pixels
	PSD	파일명	C:\길벗GTQ1급\모의\모의02\모의02-4.psd
		크기	60 × 40 pixels

1. 그림 효과

① 배경 : #33ffff

② 패턴(잎, 꽃 모양) : #ff3333, #33cc66, Opacity(불투명도)(70%)

③ 1급-12.jpg : Blending Mode(혼합 모드) – Hard Light(하드 라이트), 레이어 마스크 – 가로 방향으로 흐릿하게

④ 1급-13.jpg : 필터 – Sponge(스폰지), 레이어 마스크 – 세로 방향으로 흐릿하게

⑤ 1급-14.jpg : 레이어 스타일 – Stroke(선/획)(3px, #ffffcc)

⑥ 1급-15.jpg : 필터 – Texturizer(텍스처화), 레이어 스타일 – Outer Glow(외부 광선)

⑦ 1급-16.jpg : 색상 보정 – 파란색 계열로 보정, 레이어 스타일 – Drop Shadow(그림자 효과)

⑧ 그 외 《출력형태》 참조

2. 문자 효과

① Let's go on a trip~ (Times New Roman, Regular, 35pt, #0099ff, 레이어 스타일 – Stroke(선/획)(2px, #ccffff))

② 여행을 떠나요~ (굴림, 35pt, 레이어 스타일 – 그라디언트 오버레이(#6600ff, #339966, #ff0033), Stroke(선/획)(3px, #ffffcc))

③ 날씨 정보 (궁서, 18pt, #ff0033, 레이어 스타일 – Stroke(선/획)(2px, #ffffff))

④ 예약안내 / 추천명소 / 체험여행 (돋움, 18pt, #000000, 레이어 스타일 – Stroke(선/획)(2px, #ff6600, #ffff66))

출력형태

Shape Tool(모양 도구) 사용
#ff3399, 레이어 스타일 –
Drop Shadow(그림자 효과)

Pen Tool(펜 도구) 사용
#ffcc99, #cccccc, #666666,
레이어 스타일 –
Drop Shadow(그림자 효과)

Shape Tool(모양 도구) 사용
레이어 스타일 – 그라디언트
오버레이(#9966cc, #ffffff),
Stroke(선/획)(2px, #663333,
#ffcc33)

Shape Tool(모양 도구) 사용
#ffffff, 레이어 스타일 – Outer Glow(외부 광선)

EXAMINATION 02회

실전 모의고사 풀이

 문제 1 [기능평가] 고급 Tool(도구) 활용

미리보기

사용할 이미지

1급-1.jpg

1급-2.jpg

1급-3.jpg

 펜 도구로 그리기

  모양 도구로 추가하기

작업 과정

1 '1급-1.jpg'를 복사한 후 필터를 적용한다.

2 비행기 모양의 패스를 그린 후 저장한다.

3 '1급-2.jpg'를 복사한 후 비행기 모양을 이용해 클리핑 마스크를 수행하고 레이어 스타일을 적용한다.

4 '1급-3.jpg'에서 열기구를 복사한 후 레이어 스타일을 적용한다.

5 ✿, ☀를 추가한 후 레이어 스타일을 적용한다.

6 문자를 입력한 후 레이어 스타일을 적용한다.

⓪ 준비 작업

1. [File(파일)] → [New(새로 만들기)]([Ctrl]+[N])를 선택한다.

2. 'New Document(새로운 문서 만들기)' 대화상자에서 Name(이름)을 '모의02-1', Width(폭)를 400, Height(높이)를 500, Resolution(해상도)을 72, Color Mode(색상 모드)를 'RGB Color', '8Bit', Background Contents(배경 내용)를 'White(흰색)'로 지정한 후 〈Create(만들기)〉를 클릭한다.

> **포토샵 CS4/CS6 사용자**
> 'New(새 문서)' 대화상자에서 Name(이름), Witdh(폭), Height(높이) 등을 지정하세요.

3. [File(파일)] → [Save As(다른 이름으로 저장)]를 선택([Ctrl]+[Shift]+[S])한 다음 'Save As(다른 이름으로 저장)' 대화상자에서 저장 위치를 '모의02', 파일 이름을 '모의02-1'로 지정한 후 〈저장〉을 클릭한다.

① 이미지를 복사한 후 필터 적용하기

> **작업 결과**
>
> '1급-1.jpg'를 복사한 후 Dry Brush(드라이 브러시) 필터를 적용한다.

1. [File(파일)] → [Open(열기)]([Ctrl]+[O])을 선택한다.

2. '열기' 대화상자에서 찾는 위치를 'C:\길벗GTQ1급\모의\모의02\Image' 폴더로 지정한 다음 '1급-1.jpg', '1급-2.jpg', '1급-3.jpg' 파일을 선택하고 〈열기〉를 클릭한다.

3. '1급-1.jpg'를 '모의02-1.psd' 파일로 복사한다.

4. [Filter(필터)] → [Filter Gallery(필터 갤러리] → [Artistic(예술 효과)] → [Dry Brush(드라이 브러시)]를 선택한 후 〈OK(확인)〉를 클릭한다.

5. [Edit(편집)] → [Free Transform(자유 변형)]([Ctrl]+[T])을 선택한 다음 〈출력형태〉와 같이 배치한다. 이어서 [Enter]를 눌러 자유 변형 상태를 해제한다.

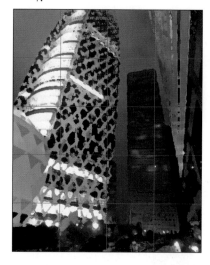

② 비행기 모양 그리기

> **작업 결과**
>
> Pen Tool(펜 도구)로 비행기 모양의 패스를 그린 후 저장한다.

1. 도구 상자에서 ✒️(Pen Tool(펜 도구))([P])을 클릭한 후 Pick tool mode(선택 도구 모드)를 Shape(모양)로, Stroke(획)를 No Color(색상 없음)로, Path operations(패스 작업)을 ■(New Layer(새 레이어))로 선택한다.

2. 문제지의 〈출력형태〉에 그려 놓은 기준선을 참조하여 다음과 같이 안내선을 표시한다.

3. 패스 모양이 곡선에서 곡선으로 이어지는 경우 현재 패스의 방향이 다음 패스에 영향을 주지 않도록 [Alt]를 누른 채 현재 기준점을 클릭하여 방향선을 제거한다.

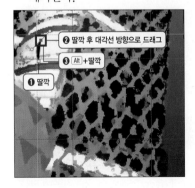

4. 위와 같은 방법으로 다음과 같이 비행기 모양의 몸통을 완성한다.

5. 이어서 비행기 아래쪽 날개와 꼬리 위쪽 부분을 그리기 위해 옵션 바에서 ▣(Combine Shapes(모양 결합))를 선택한 후 다음과 같이 완성한다.

6. [View(보기)] → [Clear Guides(안내선 지우기)]([Alt]+[V], [D])를 선택한다.

7. 패스 패널을 클릭한 후 Shape 1 Shape Path(모양 1 모양 패스)를 더블클릭한다.

8. 'Save Path(패스 저장)' 대화상자에 Name(이름)을 **비행기 모양**으로 입력한 후 〈OK(확인)〉를 클릭한다.

9. [Esc]를 두 번 눌러 패스 선택 상태를 해제한다.

③ 이미지를 복사한 후 클리핑 마스크를 수행하고 레이어 스타일 적용하기

'1급-2.jpg'를 복사한 후 클리핑 마스크를 수행하고, 비행기 모양에 Stroke(선/획)와 Inner Shadow(내부 그림자) 스타일을 적용한다.

1. '1급-2.jpg'를 '모의02-1.psd' 파일로 복사한다.
2. 레이어 패널에서 'Layer 2(레이어 2)'의 바로 가기 메뉴를 불러 [Create Clipping Mask(클리핑 마스크 만들기)]를 선택한다.
3. [Edit(편집)] → [Free Transform(자유 변형)]([Ctrl]+[T])을 선택한 다음 〈출력형태〉와 같이 크기를 조절한 후 배치한다. 이어서 [Enter]를 눌러 자유 변형 상태를 해제한다.

4. 레이어 패널에서 'Shape 1(모양 1)'을 선택한 후 하단의 fx(Add a layer style(레이어 스타일을 추가합니다.)) 아이콘을 클릭한 다음 [Stroke(획)]를 선택한다.
5. 'Layer Style(레이어 스타일)' 대화상자에서 Size(크기)를 3px, Position(위치)을 Outside(바깥쪽)로 선택하고 Fill Type(칠 유형)에서 Gradient(그레이디언트)를 선택한 후 색상을 지정하기 위해 Gradient(그레이디언트) 항목을 클릭한다.

6. 'Gradient Editor(그레이디언트 편집기)' 대화상자의 왼쪽 아래 ▣(Color Stop(색상 정지점))을 더블클릭한 다음 색상을 #ffff66로 지정한다.
7. 이어서 'Gradient Editor(그레이디언트 편집기)' 대화상자의 오른쪽 아래 ▣(Color Stop(색상 정지점))을 더블클릭한 다음 색상을 #cc66ff으로 지정한다.
8. 'Gradient Editor(그레이디언트 편집기)' 대화상자에서 〈OK(확인)〉를 클릭한다.
9. 'Layer Style(레이어 스타일)' 대화상자의 스타일 목록에서 [Inner Shadow(내부 그림자)]를 클릭하고, 〈OK(확인)〉를 클릭한다.

④ 열기구를 복사하고 레이어 스타일 적용하기

'1급-3.jpg'에서 열기구를 복사하고 Outer Glow(외부 광선) 스타일을 적용한다.

1. 복사된 열기구가 'Layer 2(레이어 2)' 위쪽에 배치되도록 하기 위해 레이어 패널에서 'Layer 2(레이어 2)'를 클릭한다.
2. '1급-3.jpg' 탭을 클릭하고 선택 도구를 이용하여 다음과 같이 선택한다.

3. 선택 영역을 '모의02-1.psd' 파일로 복사한다.
4. 레이어 패널 하단의 fx(Add a layer style(레이어 스타일을 추가합니다.)) 아이콘을 클릭한 후 [Outer Glow(외부 광선)]를 선택한다.
5. 'Layer Style(레이어 스타일)' 대화상자에서 〈OK(확인)〉를 클릭한다.
6. [Edit(편집)] → [Free Transform(자유 변형)] ([Ctrl]+[T])을 선택한 다음 〈출력형태〉와 같이 크기를 조절한 후 배치한다. 이어서 [Enter]를 눌러 자유 변형 상태를 해제한다.

⑤ ❁, ☀를 추가한 후 레이어 스타일 적용하기

작업 결과

• 토끼풀(❁) 모양을 추가한 후 Bevel and Emboss(경사와 엠보스) 스타일을 적용하고 한 번 복사한다.
• 태양(☀) 모양을 추가한 후 Inner Shadow(내부 그림자) 스타일을 적용한다.

 →

01. ❁를 추가한 후 레이어 스타일 적용하기

1. 도구 상자에서 ❁(Custom Shape Tool(사용자 정의 모양 도구))([U])을 선택한 다음 옵션 바의 Pick a tool mode(선택 도구 모드)에서 Shape(모양)를 선택한다.
2. 옵션 바에서 Shape(모양)의 목록 단추(■)를 클릭한 다음 [Legacy Shapes and More(레거시 모양 및 기타)] → [All Legacy Default Shapes(모든 레거시 기본 모양)]를 클릭하여 표시되는 메뉴에서 [Nature(자연)]를 선택한다.

포토샵 CS4/CS6 사용자

Shape(모양) 목록에서 [Nature(자연)]를 선택한 후 선택한 모양으로 대치할지를 묻는 대화상자가 나타나면 〈OK(확인)〉를 클릭하세요.

3. 모양 목록에서 ❁(Shamrock(토끼풀)) 모양을 선택한 후 드래그 하여 추가한 다음 옵션 바에서 Fill(칠)을 클릭하고 색상을 #00ffff로 지정한다.

포토샵 CS4 사용자

옵션 바에서 Color(색상)를 클릭한 다음 'Pick a solid color: (단색 선택:)' 대화상자에서 색상을 지정한 후 〈OK(확인)〉를 클릭하세요.

4. 레이어 패널 하단의 fx(Add a layer style(레이어 스타일을 추가합니다.)) 아이콘을 클릭한 후 [Bevel & Emboss(경사와 엠보스)]를 선택한다.
5. 'Layer Style(레이어 스타일)' 대화상자에서 〈OK(확인)〉를 클릭한다.
6. [Edit(편집)] → [Free Transform Path(패스 자유 변형)]([Ctrl]+[T])를 선택한 다음 〈출력형태〉와 같이 크기를 조절한 후 배치한다. 이어서 [Enter]를 두 번 눌러 패스 자유 변형 상태를 해제한다.

7. 도구 상자에서 ✛(Move Tool(이동 도구))([V])을 클릭한 후 [Alt]를 누른 채 토끼풀 모양을 오른쪽 하단 방향으로 드래그 하여 복사한다.

8. ▨(Custom Shape Tool(사용자 정의 모양 도구))
(U)을 클릭하고, Fill(칠) 클릭한 후 색상을 #ffffff
로 지정한 후 〈OK(확인)〉를 클릭한다.

9. [Edit(편집)] → [Free Transform Path(패스 자유
변형)]((Ctrl)+(T))를 선택한 다음 〈출력형태〉와 같이
크기를 조절한 후 배치한다. 이어서 (Enter)를 두 번 눌
러 패스 자유 변형 상태를 해제한다.

02. ❋를 추가하고 레이어 스타일 적용하기

1. ▨(Custom Shape Tool(사용자 정의 모양 도구))
(U)을 선택한 후 옵션 바에서 Shape(모양)의 목록
단추(❖) → [Legacy Shapes and More(레거시 모
양 및 기타)] → [All Legacy Default Shapes(모든
레거시 기본 모양)] → [Nature(자연)]를 선택한다.

2. 모양 목록에서 ❋(Sun 1(해 1))를 선택한 후 드래그
하여 추가한 다음 옵션 바에서 Fill(칠)을 클릭하고
색상을 #ff3333으로 지정한다.

3. 레이어 패널 하단의 ▨(Add a layer style(레이어
스타일을 추가합니다.)) 아이콘을 클릭한 후 [Inner
Shadow(내부 그림자)]를 선택한다.

4. 'Layer Style(레이어 스타일)' 대화상자에서
〈OK(확인)〉를 클릭한다.

5. [Edit(편집)] → [Free Transform Path(패스 자유
변형)]((Ctrl)+(T))를 선택한 다음 〈출력형태〉와 같이
크기를 조절한 후 배치한다. 이어서 (Enter)를 두 번 눌
러 패스 자유 변형 상태를 해제한다.

❻ 문자를 입력한 후 레이어 스타일 적용하기

작업 결과

City & Travel을 입력한 후 Gradient Overlay(그라디언트 오
버레이)와 Stroke(선/획) 스타일을 지정한다.

 →

1. 도구 상자에서 T(Horizontal Type Tool(수평 문
자 도구))(T)을 클릭한 다음 적당한 위치를 클릭하
고 **City & Travel**을 입력한다.

2. (Ctrl)+(Enter)를 눌러 입력을 완료하고 옵션 바에서
Font(글꼴)를 '궁서', Size(크기)를 36으로 지정한
후 ▨(Create warped text(뒤틀어진 텍스트 만들
기))를 클릭한다.

3. 'Warp Text(텍스트 뒤틀기)' 대화상자에서
Style(스타일)을 Shell Upper(위가 넓은 조개)로 지
정하고, 〈출력형태〉와 모양이 비슷해지도록
Bend(구부리기) 값을 조절한 후 〈OK(확인)〉를 클
릭한다.

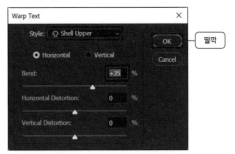

4. 레이어 패널 하단의 ▨(Add a layer style(레이어
스타일을 추가합니다.)) 아이콘을 클릭한 후
[Gradient Overlay(그레이디언트 오버레이)]를 선
택한다.

5. 'Layer Style(레이어 스타일)' 대화상자에서
Gradient(그레이디언트) 항목을 클릭한다.

6. 'Gradient Editor(그레이디언트 편집기)' 대화상자의 왼쪽 아래 (Color Stop(색상 정지점))을 더블클릭한 다음 색상을 #00ccff로 지정한다.

7. 이어서 'Gradient Editor(그레이디언트 편집기)' 대화상자의 오른쪽 아래 ▪(Color Stop(색상 정지점))을 더블클릭한 다음 색상을 #99ff99로 지정한다.

8. 'Gradient Editor(그레이디언트 편집기)' 대화상자에서 〈OK(확인)〉를 클릭하고, 스타일 목록에서 [Stroke(획)] 스타일을 클릭한다.

9. 'Layer Style(레이어 스타일)' 대화상자의 스타일 목록에서 [Stroke(획)]를 선택하고, Size(크기)를 3, Fill Type(칠 유형)에서 Color(색상)를 선택하고 #ffffff로 지정한 후 〈OK(확인)〉를 클릭한다.

10. [Edit(편집)] → [Free Transform(자유 변형)](Ctrl+T)을 선택한 다음 〈출력형태〉와 같이 배치한다. 이어서 Enter를 눌러 자유 변형 상태를 해제한다.

7 파일 저장 및 이미지 크기 조절

1. [File(파일)] → [Save a Copy(사본 저장)] (Ctrl+Alt+S)를 선택하고 'Save a Copy(사본 저장)' 대화상자에서 저장 위치를 '모의02', 파일 이름을 '모의02-1'로, Format(형식)을 'JPEG(*.JPG;*.JPEG;*.JPE)'로, 지정한 후 〈저장〉을 클릭한다.

> **포토샵 CS4/CS6 사용자**
> JPG 형식으로 저장하기 위해 [File(파일)] → [Save As(다른 이름으로 저장)](Ctrl+Shift+S)를 선택하세요.

2. 'JPEG Options(JPEG 옵션)' 대화상자에서 Quality (품질)를 8로 지정한 후 〈OK(확인)〉를 클릭한다.

3. [Image(이미지)] → [Image Size(이미지 크기)] (Ctrl+Alt+I)를 선택하고 'Image Size(이미지 크기)' 대화상자에서 단위를 Pixel(픽셀)로 변경한 뒤 Width(폭)와 Height(높이)에 입력되어 있는 값에서 0 하나씩만 제거한 후 〈OK(확인)〉를 클릭한다.

4. [File(파일)] → [Save(저장)](Ctrl+S)를 선택한다.

8 [문제 1] 답안 파일 전송

1. 포토샵 프로그램을 최소화 한 후 '시험 관리 도구'에서 〈답안 전송〉을 클릭한다.

2. '고사실 PC로 답안 파일 보내기' 대화상자에서 전송할 '모의02-1.jpg'와 '모의02-1.psd' 파일을 선택한 후 〈답안 전송〉을 클릭한다.

문제 2 [기능평가] **사진편집 응용**

미리보기

사용할 이미지

1급-4.jpg

1급-5.jpg

1급-6.jpg

모양 도구로 추가하기

① '1급-4.jpg'를 복사한 후 필터를 적용한다.

② '1급-5.jpg'에서 어린이를 복사한 후 레이어 스타일을 적용하고 색상을 보정한다.

③ '1급-6.jpg'에서 개를 복사한 후 레이어 스타일을 적용한다.

④ , 를 추가한 후 레이어 스타일을 적용한다.

⑤ 문자를 입력한 후 레이어 스타일을 적용한다.

문제 2 [기능평가] **사진편집 응용** 〈따라하기〉

❶ 준비 작업

1. [File(파일)] → [New(새로 만들기)]([Ctrl]+[N])를 선택한다.

2. 'New Document(새로운 문서 만들기)' 대화상자에서 Name(이름)을 '모의02-2', Width(폭)를 400, Height(높이)를 500, Resolution(해상도)을 72, Color Mode(색상 모드)를 'RGB Color', '8Bit', Background Contents(배경 내용)를 'White(흰색)'로 지정한 후 〈Create(만들기)〉를 클릭한다.

포토샵 CS4/CS6 사용자
'New(새 문서)' 대화상자에서 Name(이름), Witdth(폭), Height(높이) 등을 지정하세요.

3. [File(파일)] → [Save As(다른 이름으로 저장)]([Ctrl]+[Shift]+[S])를 선택한 다음 'Save As(다른 이름

으로 저장)' 대화상자에서 저장 위치를 '모의02', 파일 이름을 '모의02-2'로 지정한 후 〈저장〉을 클릭한다.

❶ 이미지를 복사한 후 필터 적용하기

작업 결과

'1급-4.jpg'를 복사한 후 Crosshatch(그물눈) 필터를 적용한다.

 →

1. [File(파일)] → [Open(열기)]([Ctrl]+[O])을 선택한다.
2. '열기' 대화상자에서 찾는 위치를 'C:\길벗GTQ1급\모의\모의02\Image' 폴더로 지정한 다음 '1급-4.jpg', '1급-5.jpg', '1급-6.jpg' 파일을 선택하고 〈열기〉를 클릭한다.
3. '1급-4.jpg'를 '모의02-2.psd' 파일로 복사한다.
4. [Filter(필터)] → [Filter Gallery(필터 갤러리)] → [Brush Strokes(브러시 획)] → [Crosshatch(그물눈)]를 선택한다.
5. 'Crosshatch(그물눈)' 대화상자에서 〈OK(확인)〉를 클릭한다.
6. [Edit(편집)] → [Free Transform(자유 변형)]([Ctrl]+[T])을 선택한 후 〈출력형태〉와 같이 배치한다. 이어서 [Enter]를 눌러 자유 변형 상태를 해제한다.

2 어린이를 복사한 후 레이어 스타일을 적용하고 색상 보정하기

> **작업 결과**
> • 1급-5.jpg'에서 어린이를 복사한 후 Stroke(선/획) 스타일을 적용한다.
> • 보라색 계열로 색상을 보정한다.

01. 일부 이미지를 복사한 후 레이어 스타일 적용하기

1. '1급-5.jpg' 탭을 클릭하고 선택 도구를 이용하여 다음과 같이 선택한다.

2. 선택 영역을 '모의02-2.psd' 파일로 복사한다.
3. 레이어 패널 하단의 ▨(Add a layer style(레이어 스타일을 추가합니다.)) 아이콘을 클릭한 후 [Stroke(획)]를 선택한다.
4. 'Layer Style(레이어 스타일)' 대화상자에서 Size(크기)를 3, Color(색상)를 #ffffff로 지정한 후 〈OK(확인)〉를 클릭한다.
5. [Edit(편집)] → [Free Transform(자유 변형)]([Ctrl]+[T])를 선택한 다음 〈출력형태〉와 같이 크기를 조절한 후 배치한다. 이어서 [Enter]를 눌러 자유 변형 상태를 해제한다.

02. 색상 보정하기

1. 선택 도구를 이용하여 다음과 같이 모자만 선택한다.

2. 레이어 패널 하단의 ⬤(Create new fill or adjustment layer(새 칠 또는 조정 레이어를 만듭니다.)) 아이콘을 클릭한 후 [Hue/Saturation(색조/채도)]을 선택한다.

3. 조정 패널에서 Hue(색조)를 −150으로 조절하여 보라색 계열로 보정한다.

❸ 개를 복사한 후 레이어 스타일 적용하기

작업 결과

'1급-6.jpg'에서 개를 복사한 후 Inner Shadow(내부 그림자) 스타일을 적용한다.

1. 1급-6.jpg' 탭을 클릭하고 선택 도구를 이용하여 다음과 같이 선택한다.

2. 선택 영역을 '모의02-2.psd' 파일로 복사한다.

3. 레이어 패널 하단의 🎨(Add a layer style(레이어 스타일을 추가합니다.)) 아이콘을 클릭한 후 [Inner Shadow(내부 그림자)]를 선택한다.

4. 'Layer Style(레이어 스타일)' 대화상자에서 ⟨OK(확인)⟩를 클릭한다.

5. [Edit(편집)] → [Free Transform(자유 변형)] (Ctrl+T)를 선택한 다음 ⟨출력형태⟩와 같이 크기를 조절한 후 배치한다. 이어서 Enter를 눌러 자유 변형 상태를 해제한다.

❹ 🏠, ✒를 추가한 후 레이어 스타일 적용하기

작업 결과

• 집(🏠) 모양을 추가한 후 Inner Shadow(내부 그림자) 스타일을 적용한다.
• 새(✒) 모양을 추가한 후 Stroke(선/획) 스타일을 적용하고 한 번 복사한다.

01. 🏠를 추가하고 레이어 스타일 적용하기

1. 🔷(Custom Shape Tool(사용자 정의 모양 도구)) (U)을 선택한 후 옵션 바에서 Shape(모양)의 목록 단추(▪) → [Legacy Shapes and More(레거시 모양 및 기타)] → [All Legacy Default Shapes(모든 레거시 기본 모양)] → [Web(웹)]을 선택한다.

2. 모양 목록에서 🏠(Home(홈))을 선택한 후 드래그하여 추가한 다음 옵션 바에서 Fill(칠)을 클릭하고 색상을 #6666cc로 지정한다.

3. 레이어 패널 하단의 🔲(Add a layer style(레이어 스타일을 추가합니다.)) 아이콘을 클릭한 후 [Inner Shadow(내부 그림자)]를 선택한다.
4. 'Layer Style(레이어 스타일)' 대화상자에서 〈OK(확인)〉를 클릭한다.
5. [Edit(편집)] → [Free Transform Path(패스 자유 변형)]([Ctrl]+[T])를 선택한 다음 〈출력형태〉와 같이 크기를 조절한 후 배치한다. 이어서 [Enter]를 두 번 눌러 패스 자유 변형 상태를 해제한다.

02. ▰를 추가하고 레이어 스타일 적용하기

1. 도구 상자에서 🔲(Custom Shape Tool(사용자 정의 모양 도구))([U])을 선택한 다음 옵션 바에서 Shape(모양)의 목록 단추(🔽) → [Legacy Shapes and More(레거시 모양 및 기타)] → [All Legacy Default Shapes(모든 레거시 기본 모양)] → [Animals(동물)]을 선택한다.

2. 모양 목록에서 ▰(Brid 1(새 1))를 선택한 후 드래그하여 추가한 다음 옵션 바에서 Fill(칠)을 클릭하고 색상을 #cccc00으로 지정한다.

3. 레이어 패널 하단의 🔲(Add a layer style(레이어 스타일을 추가합니다.)) 아이콘을 클릭한 후 Stroke(획)를 선택한다.
4. 'Layer Style(레이어 스타일)' 대화상자에서 Size(크기)를 2, Color(색상)를 #ffcccc로 지정한 후 〈OK(확인)〉를 클릭한다.
5. [Edit(편집)] → [Free Transform Path(패스 자유 변형)]([Ctrl]+[T])를 선택한 다음 〈출력형태〉와 같이 크기를 조절한 후 배치한다. 이어서 [Enter]를 두 번 눌러 패스 자유 변형 상태를 해제한다.

6. 도구 상자에서 ✛(Move Tool(이동 도구))([V])을 클릭한 후 [Alt]를 누른 채 새 모양을 오른쪽 상단 방향으로 드래그 하여 복사한다.
7. 🔲(Custom Shape Tool(사용자 정의 모양 도구))([U])을 클릭하고, Fill(칠) 클릭한 후 색상을 #0099ff로 지정한 후 〈OK(확인)〉를 클릭한다.

8. [Edit(편집)] → [Free Transform Path(패스 자유 변형)]([Ctrl]+[T])를 선택한 후 바로 가기 메뉴에서 [Flip Horizontal(가로로 뒤집기)]을 선택한다.
9. 〈출력형태〉와 같이 크기를 조절한 후 배치한다. 이어서 [Enter]를 두 번 눌러 패스 자유 변형 상태를 해제한다.

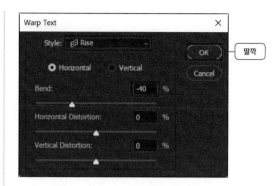

딸깍

❺ 문자를 입력한 후 레이어 스타일 적용하기

작업 결과

이야기마을을 입력한 후 Gradient Overlay(그라디언트 오버레이)와 Drop Shadow(그림자 효과) 스타일을 적용한다.

1. 도구 상자에서 🅣(Horizontal Type Tool(수평 문자 도구))(🅣)을 선택한 다음 적당한 위치를 클릭하고 **이야기마을**을 입력한다.

2. Ctrl + Enter 를 눌러 입력을 완료하고 옵션 바에서 Font(글꼴)를 '궁서', Size(크기)를 40으로 지정한 후 🅩(Create warped text(뒤틀어진 텍스트 만들기))를 클릭한다.

3. 'Warp Text(텍스트 뒤틀기)' 대화상자에서 Style (스타일)을 Rise(상승)로 지정하고, 〈출력형태〉와 모양이 비슷해지도록 Bend(구부리기) 값을 조절한 후 〈OK(확인)〉를 클릭한다.

4. 레이어 패널 하단의 🅵🆇(Add a layer style(레이어 스타일을 추가합니다.)) 아이콘을 클릭한 후 [Gradient Overlay(그레이디언트 오버레이)]를 선택한다.

5. Layer Style(레이어 스타일)' 대화상자에서 Gradient(그레이디언트) 항목을 클릭한다.

6. 'Gradient Editor(그레이디언트 편집기)' 대화상자의 왼쪽 아래 Color Stop(색상 정지점)을 더블클릭한 다음 색상을 #ff66ff로 지정한다.

7. 'Gradient Editor(그레이디언트 편집기)' 대화상자의 오른쪽 아래 Color Stop(색상 정지점)을 더블클릭한 다음 색상을 #66ff33으로 지정한 후 〈OK(확인)〉를 클릭한다.

8. 'Layer Style(레이어 스타일)' 대화상자의 스타일 목록에서 [Drop Shadow(드롭 섀도)]를 클릭하고 〈OK(확인)〉를 클릭한다.

9. [Edit(편집)] → [Free Transform(자유 변형)] (Ctrl + T)을 선택한 다음 〈출력형태〉와 같이 배치한다. 이어서 Enter 를 눌러 자유 변형 상태를 해제한다.

❻ 파일 저장 및 이미지 크기 조절

1. [File(파일)] → [Save a Copy(사본 저장)]([Ctrl]+[Alt]+[S])를 선택하고 'Save a Copy(사본 저장)' 대화상자에서 저장 위치를 '모의02', 파일 이름을 '모의02-2'로, Format(형식)을 'JPEG(*.JPG;*.JPEG;*.JPE)'로 지정한 후 〈저장〉을 클릭한다.

> **포토샵 CS4/CS6 사용자**
> JPG 형식으로 저장하기 위해 [File(파일)] → [Save As(다른 이름으로 저장)]([Ctrl]+[Shift]+[S])를 선택하세요.

2. 'JPEG Options(JPEG 옵션)' 대화상자에서 Quality(품질)를 8로 지정한 후 〈OK(확인)〉를 클릭한다.

3. [Image(이미지)] → [Image Size(이미지 크기)]([Ctrl]+[Alt]+[I])를 선택하고 'Image Size(이미지 크기)' 대화상자에서 Width(폭)와 Height(높이)에 입력되어 있는 값에서 0 하나씩만 제거한 후 〈OK(확인)〉를 클릭한다.

4. [File(파일)] → [Save(저장)]([Ctrl]+[S])를 선택한다.

❼ [문제 2] 답안 파일 전송

1. 포토샵 프로그램을 최소화 한 후 '시험 관리 도구'에서 〈답안 전송〉을 클릭한다.

2. '고사실 PC로 답안 파일 보내기' 대화상자에서 전송할 '모의02-2.jpg'와 '모의02-2.psd' 파일을 선택한 후 〈답안 전송〉을 클릭한다.

문제 3   [실무응용] 포스터 제작

미리보기

사용할 이미지

 1급-7.jpg

 1급-8.jpg

 1급-9.jpg

 1급-10.jpg

 1급-11.jpg

모양 도구로 추가하기

작업 과정

❶ 빈 캔버스에 배경색을 지정한다.

❷ '1급-7.jpg'를 복사한 후 혼합 모드를 지정한다.

❸ '1급-8.jpg'로 복사한 후 필터를 적용하고 세로 방향으로 흐릿하게 레이어 마스크를 수행한다.

❹ 를 추가한 후 레이어 스타일을 적용하고 '1급-9.jpg'를 복사하고, 필터를 적용한 뒤 클리핑 마스크를 수행한다.

⑤ '1급-10.jpg'에서 나뭇잎을 복사한 후 레이어 스타일을 적용한다.

⑥ '1급-11.jpg'에서 사진기를 복사한 후 레이어 스타일을 적용하고 색상을 보정한다.

⑦ 🐾, 🌐, 🧍를 추가한 후 레이어 스타일을 적용한다.

⑧ 문자를 입력한 후 레이어 스타일을 적용한다.

 문제 3 [실무응용] **포스터 제작** 따라하기

⓪ 준비 작업

1. [File(파일)] → [New(새로 만들기)](Ctrl+N)를 선택한다.

2. 'New Document(새로운 문서 만들기)' 대화상자에서 Name(이름)을 '모의02-3', Width(폭)를 600, Height(높이)를 400, Resolution(해상도)을 72, Color Mode(색상 모드)를 'RGB Color', '8Bit', Background Contents(배경 내용)를 'White(흰색)'로 지정한 후 〈Create(만들기)〉를 클릭한다.

포토샵 CS4/CS6 사용자
'New(새 문서)' 대화상자에서 Name(이름), Witdth(폭), Height(높이) 등을 지정하세요.

3. [File(파일)] → [Save As(다른 이름으로 저장)](Ctrl+Shift+S)를 선택한 다음 'Save As(다른 이름으로 저장)' 대화상자에서 저장 위치를 '모의02', 파일 이름을 '모의02-3'로 지정한 다음 〈저장〉을 클릭한다.

① 배경색 지정하기

작업 결과

빈 캔버스에 배경색을 지정한다.

⬇

1. [Edit(편집)] → [Fill(칠)](Shift+F5)을 선택한다.
2. 'Fill(칠)' 대화상자에서 Contents(내용)의 목록 단추를 클릭한 후 [Color(색상)]를 선택한다.
3. Color Picker(Fill Color)(색상 피커(칠 색상)) 대화상자에서 색상을 #66ff00으로 지정한 후 〈OK(확

인))를 클릭한다. 이어서 'Fill(칠)' 대화상자에서도
〈OK(확인)〉를 클릭한다.

❷ 이미지를 복사한 후 혼합 모드 지정하기

작업 결과

'1급-7.jpg'를 복사한 후 Blending Mode(혼합 모드)를
'Luminosity(광도)', Opacity(불투명도)를 80%로 지정한다.

1. [File(파일)] → [Open(열기)]((Ctrl)+(O))을 선택한다.
2. '열기' 대화상자에서 찾는 위치를 'C:\길벗GTQ1
   급\모의\모의02\Image' 폴더로 지정한 다음 '1
   급-7.jpg', '1급-8.jpg', '1급-9.jpg', '1급-10.jpg',
   '1급-11.jpg' 파일을 선택하고 〈열기〉를 클릭한다.
3. '1급-7.jpg'를 '모의02-3.psd' 파일로 복사한다.
4. 레이어 패널 상단의 혼합 모드에서 [Luminosity(광
   도)]를 선택하고 Opacity(불투명도)를 80%로 지정
   한다.
5. [Edit(편집)] → [Free Transform(자유 변형)
   ((Ctrl)+(T))을 선택한 후 〈출력형태〉와 같이 배치한
   다. 이어서 (Enter)를 눌러 자유 변형 상태를 해제한다.

❸ 이미지를 복사한 후 필터 적용하고 레이어 마스크 수행하기

작업 결과

• '1급-8.jpg'를 복사한 후 Film Grain(필름 그레인) 필터를 적
  용한다.
• 세로 방향으로 흐릿하게 레이어 마스크를 수행한다.

01. 필터 적용하기

1. '1급-8.jpg'를 '모의02-3.psd' 파일로 복사한다.
2. [Filter(필터)] → [Filter Gallery(필터 갤러리)] →
   [Artistic(예술 효과)] → [Film Grain(필름 그레인)]
   을 선택한 후 〈OK(확인)〉를 클릭한다.
3. [Edit(편집)] → [Free Transform(자유 변형)]
   ((Ctrl)+(T))을 선택한 후 〈출력형태〉와 같이 배치한
   다. 이어서 (Enter)를 눌러 자유 변형 상태를 해제한다.

02. 레이어 마스크 수행하기

1. 레이어 패널 하단의 ▣(Add layer mask(레이어 마스크를 추가합니다.)) 아이콘을 클릭한다.

2. 도구 상자에서 ▣(Gradient Tool(그레이디언트 도구))(ⓖ)을 클릭한 후 옵션 바에서 Gradient(그레이디언트) 항목을 클릭한다.

3. 'Gradient Editor(그레이디언트 편집기)' 대화상자의 Presets(사전 설정) 항목에서 Basics(기본 사항)의 확장 단추(▶)를 클릭한 뒤 Black, White(검정, 흰색)를 클릭하고 〈OK(확인)〉를 클릭한다.

포토샵 CS4/CS6 사용자
'Gradient Editor(그라디언트 편집기)' 대화상자가 표시되면 Presets(사전 설정) 항목에서 Black, White(검정, 흰색)를 클릭하세요.

4. 마우스를 위쪽에서 아래쪽 방향으로 다음과 같이 드래그 한다.

---

④ ▣를 추가한 후 레이어 스타일을 적용하고 클리핑 마스크 수행하기

작업 결과
- 구름(▣) 모양을 추가한 후 Stroke(선/획) 스타일을 적용한다.
- '1급-9.jpg'를 복사한 후 Dry Brush(드라이 브러시) 필터를 적용하고 클리핑 마스크를 수행한다.

⬇

01. ▣를 추가하고 레이어 스타일 적용하기

1. ▨(Custom Shape Tool(사용자 정의 모양 도구))(ⓤ)을 선택한 후 옵션 바에서 Shape(모양)의 목록 단추(▶) → [Legacy Shapes and More(레거시 모양 및 기타)] → [All Legacy Default Shapes(모든 레거시 기본 모양)] → [Nature(자연)]를 선택한다.

포토샵 CS4/CS6 사용자
Shape(모양) 목록에서 [Nature(자연)]를 선택한 후 선택한 모양으로 대치할지를 묻는 대화상자가 나타나면 〈OK(확인)〉를 클릭하세요.

2. 모양 목록에서 ▣(Cloud 1(구름 1))를 선택한 후 드래그 하여 추가한다.

3. 레이어 패널 하단의 ƒx(Add a layer style(레이어 스타일을 추가합니다.)) 아이콘을 클릭한 후 [Stroke(획)]를 선택한다.

4. 'Layer Style(레이어 스타일)' 대화상자에서 Size(크기)를 5px, Fill Type(칠 유형)에서 Gradient(그레

이디언트)를 선택한 후 색상을 지정하기 위해 Gradient(그레이디언트) 항목을 클릭한다.

5. 'Gradient Editor(그레이디언트 편집기)' 대화상자의 Presets(사전 설정) 항목에서 Basics(기본 사항)의 확장 단추(▣)를 클릭한 뒤 Foreground to Transparent(전경색에서 투명으로)를 클릭한다.

포토샵 CS4/CS6 사용자
'Gradient Editor(그라디언트 편집기)' 대화상자가 표시되면 Presets(사전 설정) 항목에서 Foreground to Transparent(전경색에서 투명으로)를 클릭하세요.

6. 'Gradient Editor(그레이디언트 편집기)' 대화상자의 왼쪽 아래 ▣(Color Stop(색상 정지점))을 더블 클릭한 다음 색상을 #ff0033으로 지정한 후 〈OK(확인)〉를 클릭한다.

7. 'Layer Style(레이어 스타일)' 대화상자에서 Angle(각도)을 0으로 지정하고 〈OK(확인)〉를 클릭한다.

8. [Edit(편집)] → [Free Transform Path(패스 자유 변형)]([Ctrl]+[T])를 선택한 다음 〈출력형태〉와 같이 크기를 조절한 후 배치한다. 이어서 [Enter]를 두 번 눌러 패스 자유 변형 상태를 해제한다.

02. 필터를 적용하고 클리핑 마스크 수행하기

1. '1급-9.jpg'를 '모의02-3.psd' 파일로 복사한다.

2. [Filter(필터)] → [Filter Gallary(필터 갤러리)] → [Artistic(예술 효과)] → [Dry Brush(드라이 브러시)]를 선택한 후 〈OK(확인)〉를 클릭한다.

3. 레이어 패널에서 'Layer 3(레이어 3)'의 바로 가기 메뉴를 불러 [Create Clipping Mask(클리핑 마스크 만들기)]를 선택한다.

4. [Edit(편집)] → [Free Transform(자유 변형)]([Ctrl]+[T])을 선택한 다음 〈출력형태〉와 같이 크기를 조절한 후 배치한다. 이어서 [Enter]를 눌러 자유 변형 상태를 해제한다.

⑤ 나뭇잎을 복사한 후 레이어 스타일 적용하기

작업 결과

'1급-10.jpg'에서 나뭇잎을 복사하고 Inner Glow(내부 광선) 스타일을 적용한다.

1. '1급-10.jpg' 탭을 클릭하고 선택 도구를 이용하여 다음과 같이 선택한다.

2. 선택 영역을 '모의02-3.psd' 파일로 복사한다.

3. 레이어 패널 하단의 🔳(Add a layer style(레이어 스타일을 추가합니다.)) 아이콘을 클릭한 후 Inner Glow(내부 광선)를 선택한다.

4. 'Layer Style(레이어 스타일)' 대화상자에서 〈OK(확인)〉를 클릭한다.

5. [Edit(편집)] → [Free Transform(자유 변형)]([Ctrl]+[T])을 선택한 다음 〈출력형태〉와 같이 크기를 조절한 후 배치한다. 이어서 [Enter]를 눌러 자유 변형 상태를 해제한다.

6 사진기를 복사한 후 레이어 스타일을 적용하고 색상 보정하기

작업 결과

• '1급-11.jpg'에서 사진기를 복사한 후 Bevel and Emboss (경사와 엠보스) 스타일을 적용한다.
• 빨간색 계열로 색상을 보정한다.

01. 레이어 스타일 적용하기

1. '1급-11.jpg' 탭을 클릭하고 선택 도구를 이용하여 다음과 같이 선택한다.

2. 선택 영역을 '모의02-3.psd' 파일로 복사한다.

3. 레이어 패널 하단의 🔳(Add a layer style(레이어 스타일을 추가합니다.)) 아이콘을 클릭하여 [Bevel & Emboss(경사와 엠보스)]를 선택한다.

4. 'Layer Style(레이어 스타일)' 대화상자에서 〈OK(확인)〉를 클릭한다.

5. [Edit(편집)] → [Free Transform(자유 변형)]([Ctrl]+[T])을 선택한 다음 〈출력형태〉와 같이 크기를 조절한 후 배치한다. 이어서 [Enter]를 눌러 자유 변형 상태를 해제한다.

02. 색상 보정하기

1. 선택 도구를 이용하여 다음과 같이 렌즈만 선택한다.

2. 레이어 패널 하단의 ▣(Create new fill or adjustment layer(새 칠 또는 조정 레이어를 만듭니다.)) 아이콘을 클릭한 후 [Hue/Saturation(색조/채도)]을 선택한다.

3. 조정 패널에서 Colorize(색상화)를 체크한 후 Saturation(채도)에 **50**을 입력하여 색상을 빨간색 계열로 보정한다.

⑦ 🖼️, 🌐, 🚶를 추가하고 레이어 스타일 적용하기

> **작업 결과**
>
> • 나뭇잎(🍃) 모양을 추가한 후 Gradient Overlay(그라디언트 오버레이)와 Drop Shadow(그림자 효과) 스타일을 적용한다.
> • 지구(🌐) 모양을 추가한 후 Drop Shadow(그림자 효과) 스타일을 적용한다.
> • 사람(🚶) 모양을 추가한 후 Drop Shadow(그림자 효과) 스타일을 적용하고 Opacity(불투명도)를 70%로 지정한 뒤 한 번 복사한다.

01. 🍃를 추가하고 레이어 스타일 적용하기

1. 🔷(Custom Shape Tool(사용자 정의 모양 도구)) ([U]))를 선택한 후 옵션 바에서 Shape(모양)의 목록 단추(▮) → [Legacy Shapes and More(레거시 모양 및 기타)] → [All Legacy Default Shapes(모든 레거시 기본 모양)] → [Ornaments(장식)]를 선택한다.

> **포토샵 CS4/CS6 사용자**
> Shape(모양) 목록에서 [Ornaments(장식)]를 선택한 후 선택한 모양으로 대치할지를 묻는 대화상자가 나타나면 〈OK(확인)〉를 클릭하세요.

2. 모양 목록에서 🍃(Leaf Ornament 3(나뭇잎 장식 3))를 선택한 후 드래그 하여 추가한다.

3. 레이어 패널 하단의 🔳(Add a layer style(레이어 스타일을 추가합니다.)) 아이콘을 클릭한 후 [Gradient Overlay(그레이디언트 오버레이)]를 선택한다.

4. Layer Style(레이어 스타일)' 대화상자에서 Gradient(그레이디언트) 항목을 클릭한다.

5. 'Gradient Editor(그레이디언트 편집기)' 대화상자의 왼쪽 아래 Color Stop(색상 정지점)을 더블클릭한 다음 색상을 #006600으로 지정한다.

6. 'Gradient Editor(그레이디언트 편집기)' 대화상자의 오른쪽 아래 Color Stop(색상 정지점)을 더블클릭한 다음 색상을 #ffff66으로 지정하고 〈OK(확인)〉를 클릭한다.

7. 'Layer Style(레이어 스타일)' 대화상자의 스타일 목록에서 [Drop Shadow(드롭 섀도)]를 클릭하고 〈OK(확인)〉를 클릭한다.

8. [Edit(편집)] → [Free Transform Path(패스 자유 변형)]([Ctrl]+[T])를 선택한 다음 〈출력형태〉와 같이 크기를 조절한 후 배치한다. 이어서 [Enter]를 두 번 눌러 패스 자유 변형 상태를 해제한다.

02. 를 추가하고 레이어 스타일 적용하기

1. (Custom Shape Tool(사용자 정의 모양 도구))([U])을 선택한 후 옵션 바에서 Shape(모양)의 목록 단추(ㆍ) → [Legacy Shapes and More(레거시 모양 및 기타)] → [All Legacy Default Shapes(모든 레거시 기본 모양)] → [Symbols(기호)]을 선택한다.

> **포토샵 CS4/CS6 사용자**
> Shape(모양) 목록에서 [Symbols(기호)]를 선택한 후 선택한 모양으로 대치할지를 묻는 대화상자가 나타나면 〈OK(확인)〉를 클릭하세요.

2. 모양 목록에서 (World(세계))를 선택한 후 드래그 하여 추가한 다음 옵션 바에서 Fill(칠)을 클릭하고 색상을 #ffffff로 지정한다.

> **포토샵 CS4 사용자**
> 옵션 바에서 Color(색상)를 클릭한 다음 'Pick a solid color: (단색 선택:)' 대화상자에서 색상을 지정한 후 〈OK(확인)〉를 클릭하세요.

3. 레이어 패널 하단의 (Add a layer style(레이어 스타일을 추가합니다.)) 아이콘을 클릭한 후 [Drop Shadow(그림자)]를 선택한다.
4. 'Layer Style(레이어 스타일)' 대화상자에서 〈OK(확인)〉를 클릭한다.
5. [Edit(편집)] → [Free Transform Path(패스 자유 변형)]([Ctrl]+[T])를 선택한 다음 〈출력형태〉와 같이 크기를 조절한 후 배치한다. 이어서 [Enter]를 두 번 눌러 패스 자유 변형 상태를 해제한다.

03. 를 추가하고 레이어 스타일 적용하기

1. (Custom Shape Tool(사용자 정의 모양 도구))([U])을 선택한 후 옵션 바에서 Shape(모양)의 목록 단추(ㆍ) → [Legacy Shapes and More(레거시 모양 및 기타)] → [All Legacy Default Shapes(모든 레거시 기본 모양)] → [Symbols(기호)]을 선택한다.
2. 모양 목록에서 (School(학교))를 선택한 후 드래그 하여 추가한 다음 옵션 바에서 Fill(칠)을 클릭하고 색상을 #ff66ff로 지정한다.

> **포토샵 CS4 사용자**
> 옵션 바의 Color(색상)에서 색상을 지정하세요.

3. 레이어 패널 하단의 (Add a layer style(레이어 스타일을 추가합니다.)) 아이콘을 클릭한 후 [Drop Shadow(그림자)]를 선택한다.
4. 'Layer Style(레이어 스타일)' 대화상자에서 〈OK(확인)〉를 클릭한다.
5. 레이어 패널 상단의 Opaicity(불투명도)를 70%로 지정한다.
6. [Edit(편집)] → [Free Transform Path(패스 자유 변형)]([Ctrl]+[T])를 선택한 다음 〈출력형태〉와 같이 크기를 조절한 후 배치한다. 이어서 [Enter]를 두 번 눌러 패스 자유 변형 상태를 해제한다.

7. 도구 상자에서 (Move Tool(이동 도구))([V])을 클릭한 후 [Alt]를 누른 채 학교 모양을 왼쪽 하단 방향으로 드래그 하여 복사한다.
8. (Custom Shape Tool(사용자 정의 모양 도구))([U])을 클릭하고, Fill(칠)을 #ffff00로 지정한다.

9. [Edit(편집)] → [Free Transform Path(패스 자유 변형)]([Ctrl]+[T])를 선택한 후 바로 가기 메뉴에서 [Flip Horizontal(가로로 뒤집기)]을 선택한다.

10. 〈출력형태〉와 같이 크기와 방향을 조절한 후 배치한다. 이어서 [Enter]를 두 번 눌러 패스 자유 변형 상태를 해제한다.

❽ 문자를 입력한 후 서식 지정하기

작업 결과

• 하늘수목원, The Garden of SKY, 체험프로그램 문의처 : 02-3780-0590, Four Seasons of the Garden을 입력한다.
• 입력한 문자열 각각에 서식을 지정한 후 레이어 스타일을 적용한다.
• 각각의 문자열을 〈출력형태〉와 같이 배치한다.

↓

01. 문자 입력하기

1. 도구 상자에서 [T](Horizontal Type Tool(수평 문자 도구))([T])을 클릭한다.

2. 옵션 바에서 문자를 입력하기 좋은 크기와 색상을 지정한다. 여기서는 크기를 12, 색상을 검정(#000000)으로 지정한다.

3. 입력되는 문자의 색상과 구분이 잘되는 배경을 클릭하고 다음과 같이 〈출력형태〉에 제시된 모든 문자를 입력한다.

02. 서식 지정 및 레이어 스타일 적용하기

1. '하늘수목원'에 서식 지정 및 레이어 스타일 적용
   ① 레이어 패널에서 '하늘수목원'을 선택한 후 옵션 바에서 Font(글꼴)를 '궁서', Size(크기)를 42로 지정한 후 ☒(Create warped tex(뒤틀어진 텍스트 만들기))를 클릭한다.
   ② 'Warp Text(텍스트 뒤틀기)' 대화상자에서 'Style(스타일)'을 'Arch(아치)'로 지정하고 〈출력형태〉와 모양이 비슷해지도록 'Bend(구부리기)' 값을 조절한 후 〈OK(확인)〉를 클릭한다.

   ③ 레이어 패널 하단의 ☒(Add a layer style(레이어 스타일을 추가합니다.)) 아이콘을 클릭한 후 [Gradient Overlay(그레이디언트 오버레이)]를 선택한다.
   ④ Gradient Overlay(그레이디언트 오버레이)에서 Gradient(그레이디언트) 항목을 클릭한다.

⑤ 'Gradient Editor(그레이디언트 편집기)' 대화상
자의 왼쪽 아래 Color Stop(색상 정지점)을 더블
클릭한 다음 색상을 #3300ff로 지정한다.

⑥ 'Gradient Editor(그레이디언트 편집기)' 대화상
자의 가운데 아래를 클릭하여 Color Stop(색상
정지점)을 추가한다.

⑦ 만들어진 가운데 Color Stop(색상 정지점)을 더
블클릭한 후 색상을 #66cccc로 지정한다.

⑧ 'Gradient Editor(그레이디언트 편집기)' 대화상
자의 오른쪽 아래 Color Stop(색상 정지점)을 더
블클릭한 다음 색상을 #999900으로 지정한다.

⑨ 'Gradient Editor(그레이디언트 편집기)' 대화상
자에서 〈OK(확인)〉를 클릭한다.

⑩ 'Layer Style(레이어 스타일)' 대화상자에서
Angle(각도)을 0으로 지정한다.

⑪ 레이어 스타일 목록에서 [Drop Shadow(드롭 섀
도)]를 클릭하고 〈OK(확인)〉를 클릭한다.

2. 'The~'에 서식 지정 및 레이어 스타일 적용
① 레이어 패널에서 'The~'를 선택한 후 옵션 바에
서 Font(글꼴)를 'Arial', Font Style(글꼴 스타
일)을 Regular, Size(크기)를 18, Color(색상)를
#003366으로 지정한다.

② 레이어 패널 하단의 ▧(Add a layer style(레이
어 스타일을 추가합니다.)) 아이콘을 클릭한 후
[Stroke(획)]를 선택한다.

③ 'Layer Style(레이어 스타일)' 대화상자에서
Size(크기)를 2, Fill Type(칠 유형)에서 Color(색
상)를 선택하고 #ccffff로 지정한 후 〈OK(확인)〉
를 클릭한다.

3. '체험프로그램~'에 서식 지정 및 레이어 스타일 적용
① 레이어 패널에서 '체험프로그램~'을 선택한 후
옵션 바에서 Font(글꼴)를 '돋움', Size(크기)를
16, Color(색상)를 #ffffff로 지정한다.

② '02-3780-0590'를 블록으로 지정하고 옵션 바
에서 Color(색상)를 #ccff99로 지정한 후
Ctrl + Enter 를 누른다.

③ 레이어 패널 하단의 ▧(Add a layer style(레이
어 스타일을 추가합니다.)) 아이콘을 클릭한 후
[Stroke(획)]를 선택한다.

④ 'Layer Style(레이어 스타일)' 대화상자에서
Size(크기)를 2, Color(색상)를 #333333으로 지
정한 후 〈OK(확인)〉를 클릭한다.

4. 'Four~'에 서식 지정 및 레이어 스타일 적용
① 레이어 패널에서 'Four~'를 선택한 후 옵션 바에
서 Font(글꼴)를 '바탕', Size(크기)를 18로 지정
한 후 ▧(Create warped tex(뒤틀어진 텍스트 만
들기))를 클릭한다.

② 'Warp Text(텍스트 뒤틀기)' 대화상자에서
'Style(스타일)'을 'Arc(부채꼴)'로 지정하고 〈출력
형태〉와 모양이 비슷해지도록 'Bend(구부리기)'
값을 조절한 후 〈OK(확인)〉를 클릭한다.

③ 레이어 패널 하단의 ▧(Add a layer style(레이
어 스타일을 추가합니다.)) 아이콘을 클릭한 후
[Gradient Overlay(그레이디언트 오버레이)]를
선택한다.

④ Gradient Overlay(그레이디언트 오버레이)에서
Gradient(그레이디언트) 항목을 클릭한다.

⑤ 'Gradient Editor(그레이디언트 편집기)' 대화상
자의 가운데 아래 Color Stop(색상 정지점)을 클
릭하고 〈Delete(삭제)〉를 클릭하여 삭제한다.

⑥ 'Gradient Editor(그레이디언트 편집기)' 대화상
자의 왼쪽 아래 Color Stop(색상 정지점)을 더블
클릭한 다음 색상을 #003300으로 지정한다.

⑦ 'Gradient Editor(그레이디언트 편집기)' 대화상
자의 오른쪽 아래 Color Stop(색상 정지점)을 더
블클릭한 다음 색상을 #ff0000으로 지정한다.

⑧ 'Gradient Editor(그레이디언트 편집기)' 대화상
자에서 〈OK(확인)〉를 클릭한다.

⑨ 'Layer Style(레이어 스타일)' 대화상자의 스타일 목록에서 [Stroke(획)]를 클릭하고 Size(크기)를 1, Color(색상)를 #ffffff로 지정한 후 〈OK(확인)〉를 클릭한다.

03. 〈출력형태〉와 동일하게 배치하기

1. 레이어 패널에서 '하늘수목원'을 선택한다.
2. [Edit(편집)] → [Free Transform(자유 변형)] (Ctrl+T)을 선택한 후 〈출력형태〉와 같이 배치한다. 이어서 Enter를 눌러 자유 변형 상태를 해제한다.
3. 나머지 글자도 위와 같은 방법으로 〈출력형태〉와 동일하게 배치한다.

⑨ 파일 저장 및 이미지 크기 조절

1. [File(파일)] → [Save a Copy(사본 저장)] (Ctrl+Alt+S)를 선택하고 'Save a Copy(사본 저장)' 대화상자에서 저장 위치를 '모의02', 파일 이름을 '모의02-3'으로, Format (형식)을 'JPEG(*. JPG;*.JPEG;*.JPE)'로 지정한 후 〈저장〉을 클릭한다.

> **포토샵 CS4/CS6 사용자**
> JPG 형식으로 저장하기 위해 [File(파일)] → [Save As(다른 이름으로 저장)](Ctrl+Shift+S)를 선택하세요.

2. 'JPEG Options(JPEG 옵션)' 대화상자에서 Quality (품질)를 8로 지정한 후 〈OK(확인)〉를 클릭한다.
3. [Image(이미지)] → [Image Size(이미지 크기)] (Ctrl+Alt+I)를 선택하고 'Image Size(이미지 크기)' 대화상자에서 Width(폭)와 Height(높이)에 입력되어 있는 값에서 0 하나씩만 제거한 후 〈OK(확인)〉를 클릭한다.
4. [File(파일)] → [Save(저장)](Ctrl+S)를 선택한다.

⑩ [문제 3] 답안 파일 전송

1. 포토샵 프로그램을 최소화 한 후 '시험 관리 도구'에서 〈답안 전송〉을 클릭한다.
2. '고사실 PC로 답안 파일 보내기' 대화상자에서 전송할 '모의02-3.jpg'와 '모의02-3.psd' 파일을 선택한 후 〈답안 전송〉을 클릭한다.

미리보기

사용할 이미지

1급-12.jpg

1급-13.jpg

1급-14.jpg

1급-15.jpg

1급-16.jpg

1급-17.jpg

펜 도구로 그리기

모양 도구로 추가하기

작업 과정

①

빈 캔버스에 배경색을 지정한다.

②

'1급-12.jpg'를 복사한 후 혼합 모드를 지정하고 가로 방향으로 흐릿하게 레이어 마스크를 수행한다.

③

'1급-13.jpg'를 복사한 후 필터를 적용하고 세로 방향으로 흐릿하게 레이어 마스크를 수행한다.

④

Pen Tool(펜 도구)로 불과 장작을 그린 후 레이어 스타일을 적용한다.

⑤

패턴을 만들어 적용하고 불필요한 부분을 제거한다.

⑥

'1급-14.jpg'에서 아이를 복사한 후 레이어 스타일을 적용한다.

⑦

'1급-15.jpg'에서 건물을 복사한 후 필터와 레이어 스타일을 적용한다.

⑧

'1급-16.jpg'에서 사람을 복사한 후 레이어 스타일을 적용하고 색상을 보정한다.

⑨ ■, ◻, ☑를 추가한 후 레이어 스타일을 적용한다.

⑩ '1급-17.jpg'에서 비행기를 복사한다.

⑪ 문자를 입력한 후 레이어 스타일을 적용한다.

 문제 4   [실무응용] **웹 페이지 제작**   따라 하기

⓪ 준비 작업

1. [File(파일)] → [New(새로 만들기)]([Ctrl]+[N])를 선택한다.

2. 'New Document(새로운 문서 만들기)' 대화상자에서 Name(이름)을 '모의02-4', Width(폭)를 600, Height(높이)를 400, Resolution(해상도)을 72, Color Mode(색상 모드)를 'RGB Color', '8Bit', Background Contents(배경 내용)를 'White(흰색)'로 지정한 후 〈Create(만들기)〉를 클릭한다.

포토샵 CS4/CS6 사용자
'New(새 문서)' 대화상자에서 Name(이름), Width(폭), Height(높이) 등을 지정하세요.

3. [File(파일)] → [Save As(다른 이름으로 저장)]([Ctrl]+[Shift]+[S])를 선택한 다음 'Save As(다른 이름으로 저장)' 대화상자에서 저장 위치를 '모의02', 파일 이름을 '모의02-4'로 지정한 후 〈저장〉을 클릭한다.

① 배경색 지정하기

작업 결과

빈 캔버스에 배경색을 지정한다.

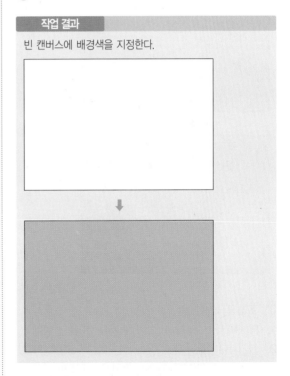

1. [Edit(편집)] → [Fill(칠)]([Shift]+[F5])을 선택한다.
2. 'Fill(칠)' 대화상자의 Contents(내용) 목록에서 목록 단추를 클릭하여 [Color(색상)]를 선택한다.

3. Color Picker(Fill Color)(색상 피커(칠 색상)) 대화 상자에서 색상을 #33ffff으로 지정하고 〈OK(확인)〉를 클릭한다. 이어서 'Fill(칠)' 대화상자에서도 〈OK(확인)〉를 클릭한다.

포토샵 CS4/CS6 사용자
'Fill(칠)' 대화상자가 표시되면 Use(사용)의 목록 단추를 클릭하여 [Color(색상)]를 선택하고 'Choose a color(색상 선택)' 대화상자에서 색상을 지정한 후 〈OK(확인)〉를 클릭하세요.

② 이미지를 복사한 후 혼합 모드를 지정하고 레이어 마스크 수행하기

작업 결과

- '1급-12.jpg'를 복사한 후 Blending Mode(혼합 모드)를 Hard Light(하드 라이트)로 지정한다.
- 가로 방향으로 흐릿하게 레이어 마스크를 수행한다.

01. 혼합 모드 지정하기

1. [File(파일)] → [Open(열기)]((Ctrl)+(O))을 선택한다.

2. '열기' 대화상자에서 찾는 위치를 'C:\길벗GTQ1급\모의\모의02\Image' 폴더로 지정한 다음 '1급-12.jpg', '1급-13.jpg', '1급-14.jpg', '1급-15.jpg', '1급-16.jpg' '1급-17.jpg' 파일을 선택하고 〈열기〉를 클릭한다.

3. '1급-12.jpg'를 '모의02-4.psd' 파일로 복사한다.

4. 레이어 패널 상단의 혼합 모드에서 [Hard Light(하드 라이트)]를 선택한다.

5. [Edit(편집)] → [Free Transform(자유 변형)]((Ctrl)+(T))을 선택한 후 〈출력형태〉와 같이 배치한다. 이어서 (Enter)를 눌러 자유 변경 상태를 해제한다.

02. 레이어 마스크 수행하기

1. 레이어 패널 하단의 ▣(Add layer mask(레이어 마스크를 추가합니다.)) 아이콘을 클릭한다.

2. 도구 상자에서 ▣(Gradient Tool(그레이디언트 도구))((G))을 클릭한 다음 옵션 바에서 Gradient(그레이디언트) 항목을 클릭한다.

3. 'Gradient Editor(그레이디언트 편집기)' 대화상자가 표시되면 Presets(사전 설정) 항목에서 Basics(기본)의 확장 단추(▸)를 클릭한 뒤 'Black, White(검정, 흰색)'를 클릭하고 〈OK(확인)〉를 클릭한다.

포토샵 CS4/CS6 사용자
'Gradient Editor(그레이디언트 편집기)' 대화상자가 표시되면 Presets(사전 설정) 항목에서 Black, White(검정, 흰색)를 클릭하고 〈OK(확인)〉를 클릭하세요.

4. 마우스를 왼쪽에서 오른쪽 방향으로 드래그한다.

③ 이미지를 복사한 후 필터 적용하고 레이어 마스크 수행하기

작업 결과

• '1급-13.jpg'를 복사한 후 Sponge(스폰지) 필터를 적용한다.
• 세로 방향으로 흐릿하게 레이어 마스크를 수행한다.

01. 필터 적용하기

1. '1급-13.jpg'를 '모의02-4.psd' 파일로 복사한다.
2. [Filter(필터)] → [Filter Gallery(필터 갤러리)] → [Artistic(예술 효과)] → [Sponge(스폰지)]를 선택한 후 〈OK(확인)〉를 클릭한다.
3. [Edit(편집)] → [Free Transform(자유 변형)] (Ctrl+T)을 선택한 다음 〈출력형태〉와 같이 배치한다. 이어서 Enter를 눌러 자유 변형 상태를 해제한다.

02. 레이어 마스크 수행하기

1. 레이어 패널 하단의 ▣(Add a layer mask(레이어 마스크를 추가합니다.)) 아이콘을 클릭한다.
2. 도구 상자에서 ▣(Gradient Tool(그레이디언트 도구))(G)을 클릭한다.
3. 마우스를 위쪽에서 아래쪽 방향으로 다음과 같이 드래그 한다.

④ 불과 장작을 그린 후 필터와 레이어 스타일 적용하기

작업 결과

- Pen Tool(펜 도구)로 불(◉)을 그린 후 서식을 지정한다.
- Rectangle Tool(사각형 도구)로 장작1(◢)을 그린 후 서식을 지정한다.
- Pen Tool(펜 도구)로 장작2(◥)를 그린 후 서식을 지정한다.
- 각각 Drop Shadow(그림자 효과) 레이어 스타일을 적용한다.

01. 펜 도구로 불을 그린 후 서식 적용하기

1. 도구 상자에서 ◉(Pen Tool(펜 도구))(P)을 선택한 다음 옵션 바에서 Shape(모양)를 클릭한다.

2. 문제지의 〈출력형태〉에 그려 놓은 기준선을 참조하여 다음과 같이 안내선을 표시한다.

3. Ctrl+＋를 눌러 화면을 확대한 다음 가로, 세로 이동 막대를 드래그하여 작업 영역이 화면의 가운데로 오도록 한다.

4. 패스 모양이 곡선에서 곡선으로 이어지는 경우 현재 패스의 방향이 다음 패스에 영향을 주지 않도록 Alt를 누른 채 현재 기준점을 클릭하여 방향선을 제거한다.

5. 위와 같은 방법으로 다음과 같이 ◉을 완성한다.

6. 옵션 바에서 Fill(칠)을 #ffcc99로 지정한다.

7. Esc를 두 번 눌러 패스 선택 상태를 해제한다.

02. 사각형 도구로 장작을 그리고 서식 지정하기

1. 도구 상자에서 ▣(Rectangle Tool(사각형 도구))(U)을 선택한 후 옵션 바에서 Set radius of rounded corners(둥근 모퉁이 반경 설정)를 20px으로 지정한다.

2. 사각형 모양을 추가한 후 옵션 바에서 Fill(칠)을 클릭하고 색상을 #cccccc로 지정한다.

3. [Edit(편집)] → [Free Transform Path(패스 자유 변형)](Ctrl+T)를 선택한 다음 〈출력형태〉와 같이 크기와 방향을 조절한 후 배치한다. 이어서 Enter를 두 번 눌러 패스 자유 변형 상태를 해제한다.

03. 펜 도구로 장작2를 그리고 서식 지정하기

1. 앞의 불(🔥)과 같은 방법으로 Pen Tool(펜 도구)을 이용하여 장작2(➰)의 왼쪽 부분을 그린다.

2. 도구 상자에서 ▶(Path Selection Tool(패스 선택 도구))(A)를 선택하고 Alt를 누른채 오른쪽 하단으로 드래그하여 복사한다.

3. 도구 상자에서 ✒(Pen Tool(펜 도구))을 클릭한 다음 옵션 바에서 Fill(칠)을 클릭하고 색상을 #666666으로 지정한다.

4. [Edit(편집)] → [Free Transform Path(패스 자유 변형)](Ctrl+T)를 선택한 후 바로 가기 메뉴에서 [Flip Horizontal(가로로 뒤집기)]와 [Flip Vertical(세로로 뒤집기)]을 선택한다.

5. 〈출력형태〉와 같이 배치한다. 이어서 Enter를 두 번 눌러 자유 변형 상태를 해제한다.

04. 레이어 스타일 적용하기

1. 레이어 패널의 'Shape 1(모양 1)'을 선택하고 하단의 ☑(Add a layer style(레이어 스타일을 추가합니다.)) 아이콘을 클릭한 후 [Drop Shadow(그림자)]를 선택한다.

2. 'Layer Style(레이어 스타일)' 대화상자에서 〈OK(확인)〉를 클릭한다.

3. Esc를 눌러 패스 선택 상태를 해제한다.

4. Rectangle 1(사각형 1)과 Shape 2(모양 2) 레이어에도 동일하게 [Drop Shadow(그림자)] 스타일을 적용한다

5. [View(보기)] → [Clear Guides(안내선 지우기)] ([Alt]+[V], [D])를 선택해 안내선을 제거한다.

⑤ 패턴 만들어 적용하기

작업 결과

패턴을 만들어 적용하고 Opacity(불투명도)를 70%로 지정한 후 불필요한 부분을 제거한다.

1. [File(파일)] → [New(새로 만들기)]([Ctrl]+[N]) 메뉴를 선택한 후 'New Document(새로운 문서 만들기)' 대화상자에서 Width(폭)와 Height(높이)에 30을 입력하고 Background Contents(배경 내용)을 Transparent(투명)로 지정한 후 〈Create(만들기)〉를 클릭한다.

2. 도구 상자에서 ⚙(Custom Shape Tool(사용자 정의 모양 도구))([U])을 선택한 다음 옵션 바에서 Shape(모양)를 클릭한다.

3. 옵션 바에서 Shape(모양)의 목록 단추(▪)를 클릭한 다음 [Legacy Shapes and More(레거시 모양 및 기타)] → [All Legacy Default Shapes(모든 레거시 기본 모양)] → [Nature(자연)]를 선택한다.

> **포토샵 CS4/CS6 사용자**
> Shape(모양) 목록에서 [Nature(자연)]를 선택한 후 선택한 모양으로 대치할지를 묻는 대화상자가 나타나면 〈OK(확인)〉를 클릭하세요.

4. 모양 목록에서 🍁(Leaf 5(나뭇잎 5))를 선택한 후 문제지의 〈출력형태〉에 그려 놓은 기준선을 참조하여 안내선을 표시한다.

5. 나뭇잎 모양을 추가한 후 옵션 바에서 Fill(칠)을 클릭하고 색상을 #ff3333으로 지정한다.

> **포토샵 CS4 사용자**
> 옵션 바에서 Color(색상)를 클릭한 다음 'Pick a solid color: (단색 선택:)' 대화상자에서 색상을 지정한 후 〈OK(확인)〉를 클릭하세요.

6. 레이어 패널 하단의 🔳(Create a new layer(새 레이어를 만듭니다.)) 아이콘을 클릭한다.

7. 옵션 바에서 Shape(모양) → [Legacy Shapes and More(레거시 모양 및 기타)] → [All Legacy Default Shapes(모든 레거시 기본 모양)] → [Nature(자연)] 목록에서 ✳(Flower 1(꽃 1))를 선택한다.

8. 꽃 모양을 추가한 후 옵션 바에서 Fill(칠)을 클릭하고 색상을 #33cc66으로 지정한다.

> **포토샵 CS4/CS6 사용자**
> 옵션 바의 Color(색상)에서 색상을 지정하세요.

9. Enter를 누른 후 [View(보기)] → [Clear Guides(안 내선 지우기)](Alt+V, D)를 선택한다.

10. [Edit(편집)] → [Define Pattern(패턴 정의)]을 선택한 후 'Pattern Name(패턴 이름)' 대화상자에서 〈OK(확인)〉를 클릭한다.

11. 패턴을 적용할 '모의02-4.psd' 파일 탭을 클릭한 다음 레이어 패널 하단의 ▣(Create a new layer (새 레이어를 만듭니다.)) 아이콘을 클릭한다.

12. [Edit(편집)] → [Fill(칠)](Shift+F5)을 선택한 후 'Fill(칠)' 대화상자의 Contents(내용) 목록에서 목록 단추를 클릭한 다음 [Pattern(패턴)]을 선택한다.

포토샵 CS4/CS6 사용자
'Fill(칠)' 대화상자가 표시되면 Use(사용)의 목록 단추를 클릭합니다.

13. Custom Pattern(사용자 정의 패턴) 목록의 목록 단추를 클릭한 후 앞서 정의한 패턴(Pattern 1)을 더블클릭하여 선택하고 〈OK(확인)〉를 클릭한다.

14. 레이어 패널 상단에서 Opacity(불투명도)를 70% 로 지정한다.

15. 제거할 영역을 다음과 같이 선택한다.

16. 레이어 패널에서 패턴이 적용된 'Layer 3(레이어 3)'을 선택한 후 Delete를 누른다.

17. 이어서 Ctrl+D를 눌러 선택 영역을 해제한다.

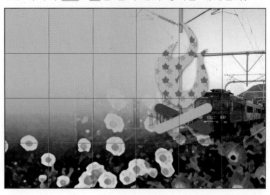

❻ 아이를 복사한 후 레이어 스타일 적용하기

작업 결과

'1급-14.jpg'에서 아이를 복사한 후 Stroke(선/획) 스타일을 적용한다.

↓

1. '1급–14.jpg' 탭을 클릭하고 선택 도구를 이용하여 다음과 같이 선택한다.

2. 선택 영역을 '모의02-4.psd' 파일로 복사한다.
3. 레이어 패널 하단의 **fx**(Add a layer style(레이어 스타일을 추가합니다.)) 아이콘을 클릭한 후 [Stroke(획)]를 선택한다.
4. 'Layer Style(레이어 스타일)' 대화상자에서 Size(크기)를 3, Color(색상)를 #ffffcc로 지정한 후 〈OK(확인)〉를 클릭한다.
5. [Edit(편집)] → [Free Transform(자유 변형)]([Ctrl]+[T])을 선택한 후 바로 가기 메뉴에서 [Flip Horizontal(가로로 뒤집기)]을 선택한다.
6. 〈출력형태〉와 같은 크기를 조절하고 배치한 후 [Enter]를 눌러 자유 변형 상태를 해제한다.

⑦ **건물을 복사한 후 필터와 레이어 스타일 적용하기**

'1급–15.jpg'에서 건물을 복사하고 Texturizer(텍스처화) 필터와 Outer Glow(외부 광선) 스타일을 적용한다.

1. '1급–15.jpg' 탭을 클릭하고 선택 도구를 이용하여 다음과 같이 선택한다.

2. 선택 영역을 '모의02-4.psd' 파일로 복사한다.
3. [Filter(필터)] → [Filter Gallery(필터 갤러리)] → [Texture(텍스처)] → [Texturizer(텍스처화)]를 선택한 후 〈OK(확인)〉를 클릭한다.
4. 레이어 패널 하단의 **fx**(Add a layer style(레이어 스타일을 추가합니다.)) 아이콘을 클릭한 후 [Outer Glow(외부 광선)]를 선택한다.

5. 'Layer Style(레이어 스타일)' 대화상자에서 〈OK(확인)〉를 클릭한다.

6. [Edit(편집)] → [Free Transform(자유 변형)] ([Ctrl]+[T])을 선택한 다음 〈출력형태〉와 같이 크기를 조절한 후 배치한다. 이어서 [Enter]를 눌러 자유 변형 상태를 해제한다.

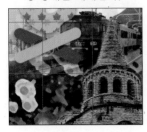

⑧ 사람을 복사한 후 레이어 스타일을 적용하고 색상 보정하기

작업 결과

- '1급-16.jpg'에서 사람을 복사하고 Drop Shadow(그림자 효과) 스타일을 적용한다.
- 파란색 계열로 색상을 보정한다.

↓

01. 레이어 스타일 적용하기

1. '1급-16.jpg' 탭을 클릭하고 선택 도구를 이용하여 다음과 같이 선택한다.

2. 선택 영역을 '모의02-4.psd' 파일로 복사한다.

3. 레이어 패널 하단의 **fx**(Add a layer style(레이어 스타일을 추가합니다.)) 아이콘을 클릭한 후 [Drop Shadow(그림자)]를 선택한다.

4. 'Layer Style(레이어 스타일)' 대화상자에서 〈OK(확인)〉를 클릭한다.

5. [Edit(편집)] → [Free Transform(자유 변형)] ([Ctrl]+[T])을 선택한 다음 〈출력형태〉와 같이 배치한다. 이어서 [Enter]를 눌러 자유 변형 상태를 해제한다.

02. 색상 보정하기

1. 선택 도구를 이용하여 다음과 같이 가방만 선택한다.

2. 레이어 패널 하단의 ◑(Create new fill or adjustment layer(새 칠 또는 조정 레이어를 만듭니다.)) 아이콘을 클릭한 후 [Hue/Saturation(색조/채도)]을 선택한다.

3. 조정 패널에서 Colorize(색상화)를 체크한 후 Hue(색조)에 **220**, Saturation(채도)에 **60**을 입력하여 색상을 파란색 계열로 보정한다.

⑨ , , 를 추가한 후 레이어 스타일 적용하기

작업 결과

- 나침반(■) 모양을 추가한 후 Outer Glow(외부 광선) 스타일을 적용한다.
- 꽃(□) 모양을 추가한 후 Gradient Overlay(그라디언트 오버레이)와 Stroke(선/획) 스타일을 적용하고 두 번 복사한다.
- 확인란(☑) 모양을 추가한 후 Drop Shadow(그림자 효과) 스타일을 적용한다.

01. ■를 추가한 후 레이어 스타일 적용하기

1. 도구 상자에서 ◈(Custom Shape Tool(사용자 정의 모양 도구))(U)을 선택한 후 옵션 바에서 Shape(모양)를 클릭한다.

2. 옵션 바에서 Shape(모양)의 목록 단추(■)를 클릭한 다음 [Legacy Shapes and More(레거시 모양 및 기타)] → [All Legacy Default Shapes(모든 레거시 기본 모양)] → [Symbols(기호)]을 선택한다.

> **포토샵 CS4/CS6 사용자**
> Shape(모양) 목록에서 [Symbols(기호)]를 선택한 후 선택한 모양으로 대치할지를 묻는 대화상자가 나타나면 〈OK(확인)〉를 클릭하세요.

3. 모양 목록에서 ■(Compass(나침반))를 선택한 다음 드래그 하여 추가한 후 Fill(칠)을 클릭하고 색상을 #ffffff로 지정한다.

> **포토샵 CS4 사용자**
> 옵션 바의 Color(색상)에서 색상을 지정하세요.

4. 레이어 패널 하단의 ☒(Add a layer style(레이어 스타일 추가)) 아이콘을 클릭한 후 [Outer Glow(외부 광선)]를 선택한다.

5. 'Layer Style(레이어 스타일)' 대화상자에서 〈OK(확인)〉를 클릭한다.

6. [Edit(편집)] → [Free Transform Path(패스 자유 변형)]((Ctrl)+(T))를 선택한 다음 〈출력형태〉와 같이 크기를 조절한 후 배치한다. 이어서 (Enter)를 두 번 눌러 패스 자유 변형 상태를 해제한다.

02. □를 추가한 후 레이어 스타일 적용하기

1. 도구 상자에서 ◈(Custom Shape Tool(사용자 정의 모양 도구))(U)을 선택한 후 옵션 바에서 Shape(모양)를 클릭한다.

2. 옵션 바에서 Shape(모양)의 목록 단추(■)를 클릭한 다음 [Legacy Shapes and More(레거시 모양 및

기타)] → [All Legacy Default Shapes(모든 레거시 기본 모양)] → [Nature(자연)]를 선택한다.

3. 모양 목록에서 (Flower 6(꽃 6))를 선택한 후 드래그 하여 추가한다.

4. 레이어 패널 하단의 **fx**(Add a layer style(레이어 스타일을 추가합니다.)) 아이콘을 클릭한 후 Gradient Overlay(그레이디언트 오버레이)를 선택한다.

5. Gradient Overlay(그레이디언트 오버레이)에서 Gradient(그레이디언트) 항목을 클릭한다.

6. 'Gradient Editor(그레이디언트 편집기)' 대화상자의 왼쪽 아래 Color Stop(색상 정지점)을 더블클릭한 다음 색상을 #9966cc로 지정한다.

7. 'Gradient Editor(그레이디언트 편집기)' 대화상자의 오른쪽 아래 Color Stop(색상 정지점)을 더블클릭한 다음 색상을 #ffffff로 지정한다.

8. 'Gradient Editor(그레이디언트 편집기)' 대화상자에서 〈OK(확인)〉를 클릭한다.

9. 'Layer Style(레이어 스타일)' 대화상자에서 Angle(각도)을 0으로 지정하고, 스타일 목록에서 [Stroke(획)]를 클릭한다.

10. 'Layer Style(레이어 스타일)' 대화상자에서 Size(크기)를 2, Color(색상)를 #663333으로 지정한 후 〈OK(확인)〉를 클릭한다.

11. [Edit(편집)] → [Free Transform Path(패스 자유 변형)]([Ctrl]+[T])를 선택한 후 〈출력형태〉와 같이 크기를 조절하고 배치한다. 이어서 [Enter]를 두 번 눌러 자유 변형 상태를 해제한다.

12. 도구 상자에서 (Move Tool(이동 도구))을 클릭한 후 [Alt]를 누른 채 꽃 모양을 오른쪽으로 드래그하여 두 번 복사한다.

13. 레이어 패널에서 복사한 가운데 꽃 모양인 'Flower 6 1 copy(꽃 6 1 복사)'의 Stroke(획) 효과를 더블 클릭한다.

14. 레이어 스타일 대화상자에서 Color(색상)를 #ffcc33으로 지정한 후 〈OK(확인)〉를 클릭한다.

03. 를 추가한 후 레이어 스타일 적용하기

1. 도구 상자에서 (Custom Shape Tool(사용자 정의 모양 도구))([U])을 선택한 다음 옵션 바에서 Shape(모양)를 클릭한다.

2. 옵션 바에서 Shape(모양)의 목록 단추(▪)를 클릭한 다음 [Legacy Shapes and More(레거시 모양 및 기타)] → [All Legacy Default Shapes(모든 레거시 기본 모양)] → [Symbols(기호)]에서 (Checked Box(확인란))를 선택하고 드래그하여 추가한다

3. 옵션 바에서 Fill(칠)을 클릭하고 색상을 #ff3399으로 지정한다.

4. 레이어 패널 하단의 **fx**(Add a layer style(레이어 스타일을 추가합니다.)) 아이콘을 클릭한 후 [Drop Shadow(그림자)]를 선택한다.

5. 'Layer Style(레이어 스타일)' 대화상자에서 〈OK(확인)〉를 클릭한다.

6. [Edit(편집)] → [Free Transform Path(패스 자유 변형)]([Ctrl]+[T])를 선택한 다음 〈출력형태〉와 같이 크기를 조절한 후 배치한다. 이어서 [Enter]를 두 번 눌러 패스 자유 변형 상태를 해제한다.

7. 레이어 패널에서 'Checked Box 1(확인란 1)'을 'Flower 6 1 copy 2(꽃 6 1 복사)' 위로 드래그하여 이동한다.

⑩ 비행기 복사한 후 배치하기

'1급-17.jpg'에서 비행기를 복사하여 배치한다.

1. '1급-17.jpg' 탭을 클릭하고 선택 도구를 이용하여 다음과 같이 선택한다.

2. 선택 영역을 '모의02-4.psd' 파일로 복사한다.

3. [Edit(편집)] → [Free Transform(자유 변형)] (Ctrl+T)을 선택한 다음 〈출력형태〉와 같이 크기를 조절한 후 배치한다. 이어서 Enter를 눌러 자유 변형 상태를 해제한다.

⑪ 문자를 입력한 후 레이어 스타일 적용하기

- Let's go on a trip~, 여행을 떠나요~, 날씨정보, 예약안내, 추천명소, 체험여행을 입력한다.
- 입력한 문자열 각각에 서식을 지정하고 레이어 스타일을 적용한다.
- 각각의 문자열을 〈출력형태〉와 같이 배치한다.

01. 문자 입력하기

1. 도구 상자에서 ▣(Horizontal Type Tool(수평 문자 도구))(T)을 클릭한다.

2. 옵션 바에서 문자를 입력하기 좋은 크기와 색상을 지정한다. 여기서는 크기를 12, 색상을 검정(#000000)으로 지정한다.

3. 입력되는 문자의 색상과 구분이 잘되는 배경을 클릭하고 다음과 같이 〈출력형태〉에 제시된 모든 문자를 입력한다.

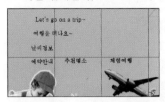

02. 서식 및 레이어 스타일 적용하기

1. 'Let's go on a trip~'에 서식 및 레이어 스타일 적용
   ① 레이어 패널에서 'Let's~'를 선택한 후 옵션 바에서 Font(글꼴)를 'Times New Roman, Font Style(글꼴 스타일)을 'Regular', Size(크기)를 35, Color(색상)를 #0099ff로 지정하고 (Create warped text(뒤틀어진 텍스트 만들기))를 클릭한다.
   ② 'Warp Text(텍스트 뒤틀기)' 대화상자에서 'Style(스타일)'을 'Fish(물고기)'로 지정하고 〈출력형태〉와 모양이 비슷해지도록 'Bend(구부리기)' 값을 조절한 후 〈OK(확인)〉를 클릭한다.

   ③ 레이어 패널 하단의 (Add a layer style(레이어 스타일을 추가합니다.)) 아이콘을 클릭한 후 [Stroke(획)]를 선택한다.
   ④ 'Layer Style(레이어 스타일)' 대화상자에서 Size(크기)를 2, Color(색상)를 #ccffff로 지정한 후 〈OK(확인)〉를 클릭한다.

2. '여행을 떠나요~'에 서식 및 레이어 스타일 적용
   ① 레이어 패널에서 '여행을 떠나요~'를 선택하고 옵션 바에서 Font(글꼴)를 '굴림', Size(크기)를

35로 지정하고, (Create warped text(뒤틀어진 텍스트 만들기))를 클릭한다.
   ② 'Warp Text(텍스트 뒤틀기)' 대화상자에서 'Style(스타일)'을 'Rise(상승)'로 지정하고 〈출제형태〉와 모양이 유사하도록 Bend(구부리기) 값을 조절한 후 〈OK(확인)〉를 클릭한다.

   ③ 레이어 패널 하단의 (Add a Layer style(레이어 스타일을 추가합니다.)) 아이콘을 클릭한 후 [Gradient Overlay(그레이디언트 오버레이)]를 선택한다.
   ④ Gradient Overlay(그레이디언트 오버레이)에서 Gradient(그레이디언트) 항목을 클릭한다.
   ⑤ 'Gradient Editor(그레이디언트 편집기)' 대화상자의 왼쪽 아래 Color Stop(색상 정지점)을 더블클릭한 다음 색상을 #6600ff로 지정한다.
   ⑥ 'Gradient Editor(그레이디언트 편집기)' 대화상자의 가운데 아래를 클릭하여 Color Stop(색상 정지점)을 추가한다.
   ⑦ 만들어진 가운데 Color Stop(색상 정지점)을 더블클릭한 후 색상을 #339966으로 지정한다.
   ⑧ 'Gradient Editor(그레이디언트 편집기)' 대화상자의 오른쪽 아래 Color Stop(색상 정지점)을 더블클릭한 다음 색상을 #ff0033으로 지정한다.
   ⑨ 'Gradient Editor(그레이디언트 편집기)' 대화상자에서 〈OK(확인)〉를 클릭하고 'Layer Style(레이어 스타일)' 대화상자의 스타일 목록에서 [Stroke(획)]를 클릭한다.
   ⑩ 'Layer Style(레이어 스타일)' 대화상자에서 Size(크기)를 3, Color(색상)를 #ffffcc으로 지정한 후 〈OK(확인)〉를 클릭한다.

3. '날씨정보'에 서식 및 레이어 스타일 적용
  ① 레이어 패널에서 '날씨정보'를 선택한 후 옵션 바에서 Font(글꼴)를 '궁서', Size(크기)를 18, Color(색상)를 #ff0033으로 지정한다.
  ② 레이어 패널 하단의 (Add a layer style(레이어 스타일을 추가합니다.)) 아이콘을 클릭한 후 [Stroke(획)]를 선택한다.
  ③ 'Layer Style(레이어 스타일)' 대화상자에서 Size(크기)를 2, Color(색상)를 #ffffff로 지정한 후 〈OK(확인)〉를 클릭한다.

4. '예약안내', '추천명소', '체험여행'에 레이어 스타일 적용
  ① 레이어 패널에서 '예약안내'를 선택한 후 Shift를 누른 상태에서 '추천명소', '체험여행'을 선택하고, 옵션 바에서 Font(글꼴)를 '돋움', Size(크기)를 18, Color(색상)를 #000000으로 지정한다.
  ② '예약안내'를 선택하고 레이어 패널에서 하단의 (Add a layer style(레이어 스타일을 추가합니다.)) 아이콘을 클릭한 후 [Stroke(획)]를 선택한다.
  ③ 'Layer Style(레이어 스타일)' 대화상자에서 Size(크기)를 2, Color(색상)를 #ff66000로 지정한 후 〈OK(확인)〉를 클릭한다.
  ④ 같은 방법으로 '추천명소', '체험여행'에 Stroke(획) 스타일을 적용하는데 '추천명소'는 Color(색상)를 #ffff66으로 적용한다.

03. 〈출력형태〉와 동일하게 배치하기

1. 레이어 패널에서 'Let's go on a trip~'을 선택한다.
2. [Edit(편집)] → [Free Transform(자유 변형)] (Ctrl+T)을 선택한 후 〈출력형태〉와 같이 배치한다. 이어서 Enter를 눌러 자유 변형 상태를 해제한다.
3. 나머지 문자열도 위와 같은 방법으로 〈출력형태〉와 같이 배치한다.

⑫ 파일 저장 및 이미지 크기 조절

1. [File(파일)] → [Save a Copy(사본 저장)] (Ctrl+Alt+S)를 선택하고 'Save a Copy(사본 저장)' 대화상자에서 저장 위치를 '모의02', 파일 이름을 '모의02-4'로, Format(형식)을 'JPEG (*.JPG;*.JPEG;*.JPE)'로 지정한 후 〈저장〉을 클릭한다.

포토샵 CS4/CS6 사용자
JPG 형식으로 저장하기 위해 [File(파일)] → [Save As(다른 이름으로 저장)](Ctrl+Shift+S)를 선택하세요.

2. 'JPEG Options(JPEG 옵션)' 대화상자에서 Quality(품질)를 8로 지정한 후 〈OK(확인)〉를 클릭한다.
3. [Image(이미지)] → [Image Size(이미지 크기)] (Ctrl+Alt+I)를 선택하고 'Image Size(이미지 크기)' 대화상자에서 Width(폭)와 Height(높이)에 입력되어 있는 값에서 0 하나씩만 제거한 후 〈OK(확인)〉를 클릭한다.
4. [File(파일)] → [Save(저장)](Ctrl+S)를 선택한다.

⑬ [문제 4] 답안 파일 전송

1. 포토샵 프로그램을 최소화 한 후 '시험 관리 도구'에서 〈답안 전송〉을 클릭한다.
2. '고사실 PC로 답안 파일 보내기' 대화상자에서 전송할 '모의02-4.jpg'와 '모의02-4.psd' 파일을 선택한 후 〈답안 전송〉을 클릭한다.

실전 모의고사

 문제 1 [기능평가] **고급 Tool(도구) 활용** (20점)

다음의 〈조건〉에 따라 아래의 〈출력형태〉와 같이 작업하시오.

조건

원본 이미지			C:\길벗GTQ1급\모의\모의03\Image\1급-1.jpg, 1급-2.jpg, 1급-3.jpg	
파일 저장 규칙	JPG	파일명	C:\길벗GTQ1급\모의\모의03\모의03-1.jpg	
		크기	400 × 500 pixels	
	PSD	파일명	C:\길벗GTQ1급\모의\모의03\모의03-1.psd	
		크기	40 × 50 pixels	

출력형태

1. 그림 효과

① 1급-1.jpg : 필터 – Motion Blur(동작 흐림 효과)
② Save Path(패스 저장) : 원피스 모양
③ Mask(마스크) : 원피스 모양, 1급-2.jpg를 이용하여 작성
　　레이어 스타일 – Stroke(선/획)(3px, 그라디언트(#6699cc, #ffffcc),
　　Inner Shadow(내부 그림자))
④ 1급-3.jpg : 레이어 스타일 – Drop Shadow(그림자 효과)
⑤ Shape Tool(모양 도구) :
　　– 카트 모양 (#003366, 레이어 스타일 – Inner Glow(내부 광선))
　　– 번개 모양 (#ff9900, #ffff00, 레이어 스타일 – Outer Glow(외부 광선))

2. 문자 효과

① SHOPPING (Arial, Bold, 50pt, 레이어 스타일 – 그라디언트 오버레이(#336600, #ffff00), Stroke(선/획)(2px, #000066))

 문제 2 [기능평가] **사진편집 응용** (20점)

다음의 〈조건〉에 따라 아래의 〈출력형태〉와 같이 작업하시오.

출력형태

조건

원본 이미지			C:\길벗GTQ1급\모의\모의03\Image\1급-4.jpg, 1급-5.jpg, 1급-6.jpg	
파일 저장 규칙	JPG	파일명	C:\길벗GTQ1급\모의\모의03\모의03-2.jpg	
		크기	400 × 500 pixels	
	PSD	파일명	C:\길벗GTQ1급\모의\모의03\모의03-2.psd	
		크기	40 × 50 pixels	

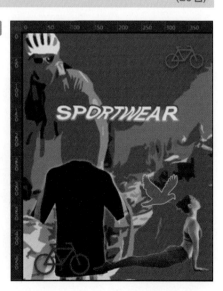

1. 그림 효과

① 1급-4.jpg : 필터 – Cutout(오려내기)
② 색상 보정 : 1급-5.jpg – 빨간색, 노란색 계열로 보정
③ 1급-5.jpg : 레이어 스타일 – Outer Glow(외부 광선)
④ 1급-6.jpg : 레이어 스타일 – Inner Shadow(내부 그림자)

⑤ Shape Tool(모양 도구) :
    – 자전거 모양 (#993399, #cc6600, 레이어 스타일 – Drop Shadow(그림자 효과))
    – 독수리 모양 (#666699, 레이어 스타일 – Stroke(선/획)(1px, #ffffff))

2. 문자 효과

① SPORTSWEAR (Arial, Bold, 40pt, #ffffcc, 레이어 스타일 – Stroke(선/획)(3px, 그라디언트(#ff9933, #993399))

 문제 3　　[실무응용]　**포스터 제작**　　　　　　　　　　　　　　　(25점)

다음의 〈조건〉에 따라 아래의 〈출력형태〉와 같이 작업하시오.

조건

원본 이미지		C:\길벗GTQ1급\모의\모의03\Image\1급-7.jpg, 1급-8.jpg, 1급-9.jpg, 1급-10.jpg, 1급-11.jpg	
파일 저장 규칙	JPG	파일명	C:\길벗GTQ1급\모의\모의03\모의03-3.jpg
		크기	600 × 400 pixels
	PSD	파일명	C:\길벗GTQ1급\모의\모의03\모의03-3.psd
		크기	60 × 40 pixels

1. 그림 효과

① 배경 : #99cc33
② 1급-7.jpg : Blending Mode(혼합 모드) – Luminosity(광도), Opacity(불투명도)(70%)
③ 1급-8.jpg : 필터 – Watercolor(수채화 효과), 레이어 마스크 – 가로 방향으로 흐릿하게
④ 1급-9.jpg : 필터 – Dry Brush(드라이 브러시), Stroke(선/획)(3px, #00ff99, 투명으로)
⑤ 1급-10.jpg : 색상 보정 – 보라색 계열로 보정, 레이어 스타일 – Bevel and Emboss(경사와 엠보스)
⑥ 1급-11.jpg : 레이어 스타일 – Outer Glow(외부 광선), Inner Shadow(내부 그림자)
⑦ 그 외 《출력형태》참조

2. 문자 효과

① 2022 SS Fashion Show (Times New Roman, Bold, 40pt, 레이어 스타일 – 그라디언트 오버레이(#990000, #ccffff, #006600), Inner Shadow(내부 그림자))
② 올 봄 트렌드 알기 (돋움, 22pt, #000033, 레이어 스타일 – Stroke(선/획)(2px, #999999))
③ Trendy fashion (Arial, Bold, 18pt, 레이어 스타일 – 그라디언트 오버레이(#ff6600, #ffff00), Stroke(선/획)(2px, #333333))
④ 나에게 어울리는 스타일을 찾아보세요 (궁서, 20pt, #333333, #990066, 레이어 스타일 – Stroke(선/획)(2px, #ffffcc))

출력형태

Shape Tool(모양 도구) 사용
레이어 스타일 – Inner Shadow(내부 그림자),
그라디언트 오버레이
(#660000, #ffffff),

Shape Tool(모양 도구) 사용
#ccff99, 레이어 스타일 –
Bevel and Emboss(경사와 엠보스)
Opacity(불투명도)(70%)

Shape Tool(모양 도구) 사용
#ffcccc, #99cc66,
레이어 스타일 –
Drop Shadow(그림자 효과),
Opacity(불투명도)(70%)

문제 4 [실무응용] **웹 페이지 제작** (35점)

다음의 〈조건〉에 따라 아래의 〈출력형태〉와 같이 작업하시오.

조건

원본 이미지			C:\길벗GTQ1급\모의\모의03\Image\1급-12.jpg, 1급-13.jpg, 1급-14.jpg, 1급-15.jpg, 1급-16.jpg, 1급-17.jpg
파일 저장 규칙	JPG	파일명	C:\길벗GTQ1급\모의\모의03\모의03-4.jpg
		크기	600 × 400 pixels
	PSD	파일명	C:\길벗GTQ1급\모의\모의03\모의03-4.psd
		크기	60 × 40 pixels

1. 그림 효과

① 배경 : #cc66cc

② 패턴(음표, 물결 모양) : #9933ff, #ffffff, Opacity(불투명도)(60%)

③ 1급-12.jpg : Blending Mode(혼합 모드) – Darken(어둡게 하기), 레이어 마스크 – 세로 방향으로 흐릿하게

④ 1급-13.jpg : 필터 – Dry Brush(드라이 브러시), 레이어 마스크 – 대각선 방향으로 흐릿하게

⑤ 1급-14.jpg : 레이어 스타일 – Bevel and Emboss(경사와 엠보스), Stroke(선/획)(5px, #993399)

⑥ 1급-15.jpg : 필터 – Add Noise(노이즈 추가), 레이어 스타일 – Drop Shadow(그림자 효과)

⑦ 1급-17.jpg : 색상 보정 – 빨간색 계열로 보정, 레이어 스타일 – Outer Glow(외부 광선)

⑧ 그 외 《출력형태》 참조

2. 문자 효과

① 캠퍼스 룩 뽐내기 (궁서, 36pt, 레이어 스타일 – 그라디언트 오버레이(#cc3366, #3366cc, #66ff99), Stroke(선/획)(2px, #330000)

② Show off your campus look. (Arial, Bold, 30pt, 레이어 스타일 – 그라디언트 오버레이(#ff9900, #ccffff), Stroke(선/획)(2px, #663300), Drop Shadow(그림자 효과))

③ Look at My clothes (Times New Roman, Regular, 17pt, #ffffff, 레이어 스타일 – Stroke(선/획)(2px, #666666))

④ 참가신청 구경하기 (돋움, 15pt, #663300, 레이어 스타일 Stroke(선/획)(1px, #ffff66))

출력형태

Shape Tool(모양 도구) 사용
레이어 스타일 – 그라디언트 오버레이(#000000, #ffffff),
Stroke(선/획)(3px, #663333),
Opacity(불투명도)(50%)

Shape Tool(모양 도구) 사용
#ffffcc, #9999ff,
레이어 스타일 –
Outer Glow(외부 광선),
Opacity(불투명도)(80%)

Shape Tool(모양 도구) 사용
레이어 스타일 – 그라디언트
오버레이(#ff0000, #ffff00),
Outer Glow(외부 광선)

Pen Tool(펜 도구) 사용
#ffcc99, #cc9933, 레이어 스타일 – Drop Shadow(그림자 효과)

EXAMINATION
03회

실전 모의고사 풀이

 문제 1   [기능평가] 고급 Tool(도구) 활용

미리보기

사용할 이미지

1급-1.jpg

1급-2.jpg

1급-3.jpg

펜 도구로 그리기

모양 도구로 추가하기

작업 과정

❶ '1급-1.jpg'를 복사한 후 필터를 적용한다.

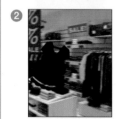

❷ 원피스 모양의 패스를 만들어 저장한다.

❸ '1급-2.jpg'를 복사한 후 원피스 모양을 이용해 클리핑 마스크를 수행하고 레이어 스타일을 적용한다.

❹ '1급-3.jpg'에서 신발 복사한 후 레이어 스타일을 적용한다.

❺ 🛒, ⚡를 추가한 후 레이어 스타일을 적용한다.

❻ 문자를 입력한 후 레이어 스타일을 적용한다.

⓪ 준비 작업

1. [File(파일)] → [New(새로 만들기)]([Ctrl]+[N])를 선택한다.

2. 'New Document(새로운 문서 만들기)' 대화상자에서 Name(이름)을 '모의03-1', Width(폭)를 400, Height(높이)를 500, Resolution(해상도)을 72, Color Mode(색상 모드)를 'RGB Color', '8Bit', Background Contents(배경 내용)를 'White(흰색)'로 지정한 후 〈Create(만들기)〉를 클릭한다.

> **포토샵 CS4/CS6 사용자**
> 'New(새 문서)' 대화상자에서 Name(이름), Witdth(폭), Height(높이) 등을 지정하세요.

3. [File(파일)] → [Save As(다른 이름으로 저장)]([Ctrl]+[Shift]+[S])를 선택한 후 'Save As(다른 이름으로 저장)' 대화상자에서 저장 위치를 '모의03', 파일 이름을 '모의03-1'로 지정한 다음 〈저장〉을 클릭한다.

① 이미지를 복사한 후 필터 적용하기

작업 결과

'1급-1.jpg'를 복사한 후 Motion Blur(동작 흐림 효과) 필터를 적용한다.

 →

1. [File(파일)] → [Open(열기)]([Ctrl]+[O])을 선택한다.

2. '열기' 대화상자에서 찾는 위치를 'C:\길벗GTQ1급\모의\모의03\Image' 폴더로 지정한 다음 '1급-1.jpg', '1급-2.jpg', '1급-3.jpg' 파일을 선택하고 〈열기〉를 클릭한다.

3. '1급-1.jpg'를 '모의03-1.psd' 파일로 복사한다.

4. [Filter(필터)] → [Blur(흐림 효과)] → [Motion Blur(동작 흐림 효과)]를 선택한 후 〈OK(확인)〉를 클릭한다.

5. [Edit(편집)] → [Free Transform(자유 변형)]([Ctrl]+[T])을 선택한 다음 〈출력형태〉와 같이 배치한다. 이어서 [Enter]를 눌러 자유 변형 상태를 해제한다.

② 원피스 모양 그리기

작업 결과

Pen Tool(펜 도구)로 원피스 모양의 패스를 그린 후 저장한다.

 →

1. 도구 상자에서 ∅(Pen Tool(펜 도구))([P])을 클릭하고, 옵션 바에서 Pick tool mode(선택 도구 모드)를 Shape(모양)로, Stroke(획)를 No Color(색상 없음)로, Path operations(패스 작업)을 ■(New Layer(새 레이어))로 선택한다.

2. 문제지의 〈출력형태〉에 그려 놓은 기준선을 참조하여 다음과 같이 안내선을 표시한다.

3. 패스 모양이 곡선에서 곡선으로 이어지는 경우 현재 패스의 방향이 다음 패스에 영향을 주지 않도록 [Alt]를 누른 채 현재 기준점을 클릭하여 방향선을 제거한다.

4. 위와 같은 방법으로 다음과 같이 원피스 모양의 몸통을 완성한다.

5. 이어서 원피스 모양 레이스를 그리기 위해 옵션 바에서 ▣(Combine Shapes(모양 결합))을 선택한 후 다음과 같이 완성한다.

6. [Esc]를 한 번 눌러 패스 편집 상태를 해제한다.
7. 마지막으로 원피스 모양의 넥을 그리기 위해 옵션 바에서 ▣(Subtract Front Shape(전면 모양 빼기))을 선택한 후 다음과 같이 완성한다.

8. [View(보기)] → [Clear Guides(안내선 지우기)] ([Alt]+[V], [D])를 선택해 안내선을 제거한다.
9. 패스 패널에서 'Shape 1 Shape Path(모양 1 모양 패스)'를 더블클릭한다.

10. 'Save Path(패스 저장)' 대화상자에 Name(이름)을 **원피스 모양**으로 입력한 후 〈OK(확인)〉를 클릭한다.
11. [Esc]를 두 번 눌러 패스 선택 상태를 해제한다.

❸ 이미지를 복사한 후 클리핑 마스크를 수행하고 레이어 스타일 적용하기

- '1급-2.jpg'를 복사한 후 원피스 모양을 이용해 클리핑 마스크를 수행한다.
- 원피스 모양에 Stroke(선/획)와 Inner Shadow(내부 그림자) 스타일을 적용한다.

1. '1급-2.jpg'를 '모의03-1.psd' 파일로 복사한다.
2. 레이어 패널에서 'Layer 2(레이어 2)'의 바로 가기 메뉴를 불러 [Create Clipping Mask(클리핑 마스크 만들기)]를 선택한다.
3. [Edit(편집)] → [Free Transform(자유 변형)] (Ctrl+T)을 선택한 다음 〈출력형태〉와 같이 크기를 조절한 후 배치한다. 이어서 Enter를 눌러 자유 변형 상태를 해제한다.
4. 레이어 패널에서 'Shape 1(모양 1)'을 클릭하고 하단의 fx(Add a layer style(레이어 스타일을 추가합니다.)) 아이콘을 클릭한 후 [Stroke(획)]를 선택한다.
5. 'Layer Style(레이어 스타일)' 대화상자에서 Size(크기)를 3, Position(위치)을 Outside(바깥쪽)로 선택하고, Fill Type(칠 유형)을 'Gradient(그레이디언트)'로 선택한 후 Gradient(그레이디언트) 항목을 클릭한다.

Gradient: ⬜ 딸깍

6. 'Gradient Editor(그레이디언트 편집기)' 대화상자의 왼쪽 아래 ■(Color Stop(색상 정지점))을 더블클릭한 후 색상을 #6699cc로 지정한 다음 〈OK(확인)〉를 클릭한다.
7. 'Gradient Editor(그레이디언트 편집기)' 대화상자의 오른쪽 아래 ■(Color Stop(색상 정지점))을 더

블클릭한 후 색상을 #ffffcc로 지정한 다음 〈OK(확인)〉를 클릭한다. 'Gradient Editor(그레이디언트 편집기)' 대화상자에서도 〈OK(확인)〉를 클릭한다.
8. 'Layer Style(레이어 스타일)' 대화상자 스타일 목록에서 [Inner Shadow(내부 그림자)]를 선택한 후 〈OK(확인)〉를 클릭한다.

❹ 신발을 복사한 후 레이어 스타일 적용하기

'1급-3.jpg'에서 신발을 복사한 후 Drop Shadow(그림자 효과) 스타일을 적용한다.

1. 복사한 신발이 'Layer 2(레이어 2)' 위쪽에 배치되도록 하기 위해 레이어 패널에서 'Layer 2(레이어 2)'를 선택한다.
2. '1급-3.jpg' 탭을 클릭하고 선택 도구를 이용하여 다음과 같이 선택한다.

3. 선택 영역을 '모의03-1.psd' 파일로 복사한다.

4. 레이어 패널 하단의 (Add a layer style(레이어 스타일을 추가합니다.)) 아이콘을 클릭한 후 [Drop Shadow(그림자)]를 선택한다.

5. 'Layer Style(레이어 스타일)' 대화상자에서 〈OK(확인)〉를 클릭한다.

6. [Edit(편집)] → [Free Transform(자유 변형)] ([Ctrl]+[T])을 선택한 다음 〈출력형태〉와 같이 이미지의 크기를 조절한 후 배치한다. 이어서 [Enter]를 눌러 자유 변형 상태를 해제한다.

❺ 📟, ⚡를 추가한 후 레이어 스타일 적용하기

작업 결과

• 카트(📟) 모양을 추가한 후 Inner Glow(내부 광선) 스타일을 적용한다.
• 번개(⚡) 모양을 추가한 후 Outer Glow(외부 광선) 스타일을 적용하고 한 번 복사한다.

 →

01. 📟를 추가한 후 레이어 스타일 적용하기

1. 도구 상자에서 📟(Custom Shape Tool(사용자 정의 모양 도구))([U])을 선택한 다음 옵션 바에서 Shape(모양)를 클릭한다.

2. 옵션 바에서 Shape(모양)의 목록 단추(▾)를 클릭한 다음 [Legacy Shapes and More(레거시 모양 및 기타)] → [All Legacy Default Shapes(모든 레거시 기본 모양)] → [Web(웹)]을 선택한다.

포토샵 CS4/CS6 사용자
Shape(모양) 목록에서 [Web(웹)]을 선택한 후 선택한 모양으로 대치할지를 묻는 대화상자가 나타나면 〈OK(확인)〉를 클릭하세요.

3. 모양 목록에서 📟(Shopping Cart(쇼핑 바구니))를 선택한 후 드래그 하여 추가한 다음 옵션 바에서 Fill(칠)을 클릭하고 색상을 #003366으로 지정한다.

포토샵 CS4 사용자
옵션 바에서 Color(색상)를 클릭한 다음 'Pick a solid color: (단색 선택:)' 대화상자에서 색상을 지정한 후 〈OK(확인)〉를 클릭하세요.

4. 레이어 패널 하단의 (Add a layer style(레이어 스타일을 추가합니다.)) 아이콘을 클릭한 후 [Inner Glow(내부 광선)]를 선택한다.

5. 'Layer Style(레이어 스타일)' 대화상자에서 〈OK(확인)〉를 클릭한다.

6. [Edit(편집)] → [Free Transform Path(패스 자유 변형)]([Ctrl]+[T])를 선택한 다음 〈출력형태〉와 같이 크기를 조절한 후 배치한다. 이어서 [Enter]를 두 번 눌러 패스 자유 변형 상태를 해제한다.

02. ⚡를 추가하고 레이어 스타일 적용하기

1. 📟(Custom Shape Tool(사용자 정의 모양 도구)) ([U])을 선택한 후 옵션 바에서 Shape(모양)의 목록 단추(▾) → [Legacy Shapes and More(레거시 모양 및 기타)] → [All Legacy Default Shapes(모든 레거시 기본 모양)] → [Nature(자연)]를 선택한다.

포토샵 CS4/CS6 사용자
Shape(모양) 목록에서 [Nature(자연)]를 선택한 후 선택한 모양으로 대치할지를 묻는 대화상자가 나타나면 〈OK(확인)〉를 클릭하세요.

2. 모양 목록에서 ⚡(Lighting(번개))을 선택한 후 드래그 하여 추가한 다음 옵션 바에서 Fill(칠)을 클릭하고 색상을 #ff9900으로 지정한다.

3. 레이어 패널 하단의 ⓕ(Add a layer style(레이어 스타일을 추가합니다.)) 아이콘을 클릭한 후 [Outer Glow(외부 광선)]를 선택한다.
4. 'Layer Style(레이어 스타일)' 대화상자에서 〈OK(확인)〉를 클릭한다.
5. [Edit(편집)] → [Free Transform Path(패스 자유 변형)]((Ctrl)+(T))를 선택한 다음 〈출력형태〉와 같이 크기와 방향을 조절한 후 배치한다. 이어서 (Enter)를 두 번 눌러 패스 자유 변형 상태를 해제한다.

6. 도구 상자에서 ⊕(Move Tool(이동 도구))((V))을 클릭한 후 (Alt)를 누른 채 번개 모양을 오른쪽 상단 방향으로 드래그 하여 복사한다.
7. ⬚(Custom Shape Tool(사용자 정의 모양 도구))((U))을 클릭한 후, Fill(칠)을 클릭하고 색상을 #ffff00으로 지정한 후 〈OK(확인)〉를 클릭한다.

8. [Edit(편집)] → [Free Transform Path(패스 자유 변형)]((Ctrl)+(T))를 선택한 다음 〈출력형태〉와 같이 크기와 방향을 조절한 후 배치한다. 이어서 (Enter)를 두 번 눌러 패스 자유 변형 상태를 해제한다.

❻ 문자를 입력한 후 레이어 스타일 적용하기

작업 결과

SHOPPING을 입력한 후 Gradient Overlay(그라디언트 오버레이)와 Stroke(선/획)을 스타일을 적용한다.

 →

1. 도구 상자에서 ▣(Horizontal Type Tool(수평 문자 도구))((T))을 클릭한 다음 적당한 위치를 클릭하고 SHOPPING을 입력한다.
2. (Ctrl)+(Enter)를 눌러 입력을 완료하고 옵션 바에서 Font(글꼴)를 'Arial', Font Style(글꼴 스타일)을 Bold, Size(크기)를 50으로 지정한 후 ⬚(Create warped text(뒤틀어진 텍스트 만들기))를 클릭한다.
3. 'Warp Text(텍스트 뒤틀기)' 대화상자에서 Style(스타일)을 Wave(파형)로 지정하고, 〈출력형태〉와 모양이 비슷해지도록 Bend(구부리기) 값을 조절한 후 〈OK(확인)〉를 클릭한다.

4. 레이어 패널 하단의 ⓕ(Add a layer style(레이어 스타일을 추가합니다.)) 아이콘을 클릭한 후 Gradient Overlay(그레이디언트 오버레이)를 선택한다.
5. 'Layer Style(레이어 스타일)' 대화상자에서 Gradient(그레이디언트) 항목을 클릭한다.

6. 'Gradient Editor(그레이디언트 편집기)' 대화상자의 왼쪽 아래 ■(Color Stop(색상 정지점))을 더블 클릭한 다음 색상을 #336600으로 지정한다.

7. 이어서 'Gradient Editor(그레디언트 편집기)' 대화상자의 오른쪽 아래 ■(Color Stop(색상 정지점))을 더블클릭한 다음 색상을 #ffff00으로 지정한다.

8. 'Gradient Editor(그레이디언트 편집기)' 대화상자에서 〈OK(확인)〉를 클릭하고, 스타일 목록에서 [Stroke(획)] 스타일을 클릭한다.

9. 'Layer Style(레이어 스타일)' 대화상자의 스타일 목록에서 [Stroke(획)]를 선택하고, Size(크기)를 2, Fill Type(칠 유형)에서 Color(색상)를 선택하고 #000066으로 지정한 후 〈OK(확인)〉를 클릭한다.

10. [Edit(편집)] → [Free Transform(자유 변형)] (Ctrl+T)을 선택한 후 〈출력형태〉와 같이 배치한다. 이어서 Enter를 눌러 자유 변형 상태를 해제한다.

7 파일 저장 및 이미지 크기 조절

1. [File(파일)] → [Save a Copy(사본 저장)](Ctrl+Alt+S)를 선택하고 'Save a Copy(사본 저장)' 대화상자에서 저장 위치를 '모의03', 파일 이름을 '모의03-1'로, Format(형식)을 'JPEG(*.JPG;*.JPEG;*.JPE)'로 지정한 후 〈저장〉을 클릭한다.

> **포토샵 CS4/CS6 사용자**
> JPG 형식으로 저장하기 위해 [File(파일)] → [Save As(다른 이름으로 저장)](Ctrl+Shift+S)를 선택하세요.

2. 'JPEG Options(JPEG 옵션)' 대화상자에서 Quality(품질)를 8로 지정한 후 〈OK(확인)〉를 클릭한다.

3. [Image(이미지)] → [Image Size(이미지 크기)] (Ctrl+Alt+I)를 선택하고 'Image Size(이미지 크기)' 대화상자에서 단위를 Pixel로 변경한 뒤 Width(폭)와 Height(높이)에 입력되어 있는 값에서 0 하나씩만 제거한 후 〈OK(확인)〉를 클릭한다.

4. [File(파일)] → [Save(저장)](Ctrl+S)를 선택한다.

8 [문제 1] 답안 파일 전송

1. 포토샵 프로그램을 최소화한 후 '시험 관리 도구'에서 〈답안 전송〉을 클릭한다.

2. '고사실 PC로 답안 파일 보내기' 대화상자에서 전송할 '모의03-1.jpg'와 '모의03-1.psd' 파일을 선택한 후 〈답안 전송〉을 클릭한다.

 문제 2   [기능평가]   **사진편집 응용**

미리보기

사용할 이미지

1급-4.jpg	1급-5.jpg	1급-6.jpg	모양 도구로 추가하기

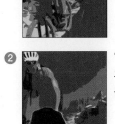 ❶ '1급-4.jpg'를 복사한 후 필터를 적용한다.

 ❷ '1급-5.jpg'에서 티셔츠를 복사한 후 레이어 스타일을 적용하고 색상을 보정한다.

❸ '1급-6.jpg'에서 사람을 복사한 후 레이어 스타일을 적용한다.

 ❹ , 를 추가한 후 레이어 스타일을 적용한다.

 ❺ 문자를 입력한 후 레이어 스타일을 적용한다.

문제 2 [기능평가] 사진편집 응용   따라하기

❶ 준비 작업

1. [File(파일)] → [New(새로 만들기)]([Ctrl]+[N])를 선택한다.

2. 'New Document(새로운 문서 만들기)' 대화상자에서 Name(이름)을 '모의03-2', Width(폭)를 400, Height(높이)를 500, Resolution(해상도)을 72, Color Mode(색상 모드)를 'RGB Color', '8Bit', Background Contents(배경 내용)를 'White(흰색)'로 지정한 후 〈Create(만들기)〉를 클릭한다.

> **포토샵 CS4/CS6 사용자**
> 'New(새 문서)' 대화상자에서 Name(이름), Witdth(폭), Height(높이) 등을 지정하세요.

3. [File(파일)] → [Save As(다른 이름으로 저장)]([Ctrl]+[Shift]+[S])를 선택한 후 'Save As(다른 이름으로 저장)' 대화상자에서 저장 위치를 '모의03', 파일 이름을 '모의03-2'로 지정한 다음 〈저장〉을 클릭한다.

❶ 이미지를 복사한 후 필터 적용하기

> **작업 결과**
> '1급-4.jpg'를 복사한 후 Cutout(오려내기) 필터를 적용한다.

 →

1. [File(파일)] → [Open(열기)]([Ctrl]+[O])을 선택한다.
2. '열기' 대화상자에서 찾는 위치를 'C:\길벗GTQ1
   급\모의\모의03\Image' 폴더로 지정한 다음 '1
   급-4.jpg', '1급-5.jpg', '1급-6.jpg' 파일을 선택하
   고 〈열기〉를 클릭한다.
3. '1급-4.jpg'를 '모의03-2.psd' 파일로 복사한다.
4. [Filter(필터)] → [Filter Gallery] → [Artistic(예술
   효과)] → [Cutout(오려내기)]을 선택한 후 〈OK(확
   인)〉를 클릭한다.
5. [Edit(편집)] → [Free Transform(자유 변형)]
   ([Ctrl]+[T])을 선택한 후 〈출력형태〉와 같이 배치한
   다. 이어서 [Enter]를 눌러 자유 변형 상태를 해제
   한다.

② **티셔츠를 복사한 후 레이어 스타일을 적용하고 색상
  보정하기**

> **작업 결과**
>
> • '1급-5.jpg'에서 티셔츠를 복사한 후 Outer Glow(외부 광선)
>   스타일을 적용한다.
> • 빨간색, 노란색 계열로 색상을 보정한다.

 →

01. 레이어 스타일 적용하기

1. '1급-5.jpg' 탭을 클릭하고 선택 도구를 이용하여 다
   음과 같이 선택한다.

2. 선택 영역을 '모의03-2.psd' 파일로 복사한다.
3. 레이어 패널 하단의 *fx*(Add a layer style(레이어
   스타일을 추가합니다.)) 아이콘을 클릭한 후
   [Outer Glow(외부 광선)]를 선택한다.
4. 'Layer Style(레이어 스타일)' 대화상자에서
   〈OK(확인)〉를 클릭한다.
5. [Edit(편집)] → [Free Transform(자유 변형)]
   ([Ctrl]+[T])을 선택한 후 이미지의 바로 가기 메뉴에
   서 [Flip Horizontal(가로로 뒤집기)]을 선택한다.
6. 〈출력형태〉와 같이 크기를 조절하고 배치한다. 이
   어서 [Enter]를 눌러 자유 변형 상태를 해제한다.

02. 색상 보정하기

1. 선택 도구를 이용하여 다음과 같이 왼쪽 무늬만 선
   택한다.

2. 레이어 패널 하단의 (Create new fill or adjustment layer(새 칠 또는 조정 레이어를 만듭니다.)) 아이콘을 클릭한 후 [Hue/Saturation(색조/채도)]을 선택한다.

3. 조정 패널에서 Hue(색조)를 +35로 조절하여 빨간색 계열로 보정한다.

4. 이어서 레이어 패널에서 'Layer 2(레이어 2)'를 선택하고, 다음과 같이 선택 도구를 이용하여 오른쪽 무늬만 선택한다.

5. 레이어 패널 하단의 (Create new fill or adjustment layer(새 칠 또는 조정 레이어를 만듭니다.)) 아이콘을 클릭한 후 [Hue/Saturation(색조/채도)]을 선택한다.

6. 조정 패널에서 Hue(색조)를 +105로 조절하여 노란색 계열로 보정한다.

③ 사람을 복사한 후 레이어 스타일 적용하기

작업 결과

'1급-6.jpg'에서 사람을 복사한 후 Inner Shadow(내부 그림자) 스타일을 적용한다.

 →

1. 복사한 사람이 Hue/Saturation 1(색조/채도 1) 위쪽에 배치되도록 하기 위해 레이어 패널에서 Hue/Saturation 1(색조/채도 1)를 선택한다.

2. '1급-6.jpg' 탭을 클릭하고 선택 도구를 이용하여 다음과 같이 선택한다.

3. 선택 영역을 '모의03-2.psd' 파일로 복사한다.

4. 레이어 패널 하단의 (Add a layer style(레이어 스타일을 추가합니다.)) 아이콘을 클릭한 후 [Inner Shadow(내부 그림자)]를 선택한다.

5. 'Layer Style(레이어 스타일)' 대화상자에서 〈OK(확인)〉를 클릭한다.

6. [Edit(편집)] → [Free Transform(자유 변형)] (Ctrl+T)을 선택한 후 〈출력형태〉와 같이 크기를 조절한 후 배치한다. 이어서 Enter를 눌러 자유 변형 상태를 해제한다.

④ 🚲, ☑를 추가한 후 레이어 스타일 적용하기

- 자전거(🚲) 모양을 추가한 후 Drop Shadow(그림자 효과) 스타일을 적용하고 한 번 복사한다.
- 독수리(☑) 모양을 추가한 후 Stroke(선/획) 스타일을 적용한다.

01. 🚲를 추가한 후 레이어 스타일 적용하기

1. 도구 상자에서 🚲(Custom Shape Tool(사용자 정 의 모양 도구))(U)을 선택한 다음 옵션 바에서 Shape(모양)를 클릭한다.

2. 옵션 바에서 Shape(모양)의 목록 단추(▼) → [Legacy Shapes and More(레거시 모양 및 기타)] → [All Legacy Default Shapes (모든 레거시 기본 모양)] → [Symbols(기호)]을 선택한다.

포토샵 CS4/CS6 사용자
Shape(모양) 목록에서 [Symbols(기호)]를 선택한 후 선택한 모양으로 대치할지를 묻는 대화상자가 나타나면 〈OK(확인)〉를 클릭하세요.

3. 모양 목록에서 🚲(Bicycle(자전거))을 선택한 다음 드래그 하여 추가한 후 옵션 바에서 Fill(칠)을 클릭 하고 색상을 #993399로 지정한다.

포토샵 CS4 사용자
옵션 바에서 Color(색상)를 클릭한 다음 'Pick a solid color: (단색 선택:)' 대화상자에서 색상을 지정한 후 〈OK(확인)〉를 클릭하세요.

4. 레이어 패널 하단의 fx(Add a layer style(레이어 스타일을 추가합니다.)) 아이콘을 클릭한 후 [Drop Shadow(그림자)]를 선택한다.

5. 'Layer Style(레이어 스타일)' 대화상자에서 〈OK(확인)〉를 클릭한다.

6. [Edit(편집)] → [Free Transform Path(패스 자유 변형)](Ctrl+T)를 선택한 다음 〈출력형태〉와 같이 크기를 조절한 후 배치한다. 이어서 Enter를 두 번 눌 러 패스 자유 변형 상태를 해제한다.

7. 도구 상자에서 ⊕(Move Tool(이동 도구))(V)을 클릭한 후 Alt를 누른 채 자전거 모양을 왼쪽 상단 방향으로 드래그 하여 복사한다.

8. 🚲(Custom Shape Tool(사용자 정의 모양 도구)) (U)을 클릭하고, Fill(칠) 클릭한 후 색상을 #cc6600으로 지정한 후 〈OK(확인)〉를 클릭한다.

포토샵 CS4 사용자
옵션 바의 Color(색상)에서 색상을 지정하세요.

9. [Edit(편집)] → [Free Transform Path(패스 자유 변형)](Ctrl+T)를 선택한 후 〈출력형태〉와 같이 크기를 조절한 후 배치한다. 이어서 Enter를 두 번 눌 러 패스 자유 변형 상태를 해제한다.

02. ☑를 추가한 후 레이어 스타일 적용하기

1. 도구 상자에서 🚲(Custom Shape Tool(사용자 정 의 모양 도구))(U)을 선택한 다음 옵션 바에서 Shape(모양)를 클릭한다.

2. 옵션 바에서 Shape(모양)의 목록 단추(▼) → [Legacy Shapes and More(레거시 모양 및 기타)] → [All Legacy Default Shapes(모든 레거시 기본 모양)] → [Animals(동물)]을 선택한다.

포토샵 CS4/CS6 사용자
Shape(모양) 목록에서 [Animals(동물)]을 선택한 후 선택한 모양으로 대치할지를 묻는 대화상자가 나타나면 〈OK(확인)〉를 클릭하세요.

3. 모양 목록에서 (Bird 2(새 2))를 선택한 후 드래그 하여 추가한 다음 옵션 바에서 Fill(칠)을 클릭하고 색상을 #666699로 지정한다.

포토샵 CS4 사용자
옵션 바의 Color(색상)에서 색상을 지정하세요.

4. 레이어 패널 하단의 *fx*(Add a layer style(레이어 스타일을 추가합니다.)) 아이콘을 클릭한 후 [Stroke(획)]를 선택한다.

5. 'Layer Style(레이어 스타일)' 대화상자에서 Size(크기)를 1, Color(색상)를 #ffffff로 지정한 후 〈OK(확인)〉를 클릭한다.

6. [Edit(편집)] → [Free Transform Path(패스 자유 변형)]([Ctrl]+[T])를 선택한 다음 〈출력형태〉와 같이 크기를 조절한 후 배치한다. 이어서 [Enter]를 두 번 눌러 패스 자유 변형 상태를 해제한다.

⑤ 문자를 입력한 후 레이어 스타일 적용하기

작업 결과

SPORTSWEAR를 입력한 후 Stroke(선/획) 스타일을 적용한다.

 →

1. 도구 상자에서 **T**(Horizontal Type Tool(수평 문자 도구))([T])을 클릭한 다음 적당한 위치를 클릭하고 **SPORTSWEAR**를 입력한다.

2. [Ctrl]+[Enter]를 눌러 입력을 완료하고 옵션 바에서 Font(글꼴)를 'Arial', Font Style(글꼴 스타일)을 Bold, Size(크기)를 40, Color(색상)를 클릭하고 색

상을 #ffffcc로 지정한 후 **工**(Create warped text(뒤틀어진 텍스트 만들기))를 클릭한다.

3. 'Warp Text(텍스트 뒤틀기)' 대화상자에서 Style(스타일)을 Twist(비틀기)로 지정하고, 〈출력형태〉와 모양이 비슷해지도록 Bend(구부리기) 값을 조절한 후 〈OK(확인)〉를 클릭한다.

4. 레이어 패널 하단의 *fx*(Add a layer style(레이어 스타일을 추가합니다.)) 아이콘을 클릭한 후 Stroke(획)를 선택한다.

5. 'Layer Style(레이어 스타일)' 대화상자에서 Size(크기)를 3px, Fill Type(칠 유형)에서 Gradient(그레이디언트)를 선택한 후 색상을 지정하기 위해 Gradient(그레이디언트) 항목을 클릭한다.

6. 'Gradient Editor(그레이디언트 편집기)' 대화상자의 왼쪽 아래 Color Stop(색상 정지점)을 더블클릭한 다음 색상을 #ff9933으로 지정한다.

7. 'Gradient Editor(그레이디언트 편집기)' 대화상자의 오른쪽 아래 Color Stop(색상 정지점)을 더블클릭한 다음 색상을 #993399로 지정한다.

8. 'Layer Style(레이어 스타일)' 대화상자에서 〈OK(확인)〉를 클릭한다.

9. [Edit(편집)] → [Free Transform(자유 변형)]([Ctrl]+[T])을 선택한 후 〈출력형태〉와 같이 배치한다. 이어서 [Enter]를 눌러 자유 변형 상태를 해제한다.

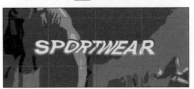

⑥ 파일 저장 및 이미지 크기 조절

1. [File(파일)] → Save a Copy(사본 저장)](Ctrl + Alt + S)를 선택하고 Save a Copy(사본 저장) 대화상 자에서 저장 위치를 '모의03', 파일 이름을 '모의03-2'로, Format(형식)을 'JPEG(*.JPG;*.JPEG;*.JPE)'로 지정한 후 〈저장〉을 클릭한다.

> **포토샵 CS4/CS6 사용자**
> JPG 형식으로 저장하기 위해 [File(파일)] → [Save As(다른 이름으로 저장)](Ctrl + Shift + S)를 선택하세요.

2. 'JPEG Options(JPEG 옵션)' 대화상자에서 Quality(품질)를 8로 지정한 후 〈OK(확인)〉를 클릭한다.

3. [Image(이미지)] → [Image Size(이미지 크기)] (Ctrl + Alt + I)를 선택하고 'Image Size(이미지 크기)' 대화상자에서 Width(폭)와 Height(높이)에 입력되어 있는 값에서 0 하나씩만 제거한 후 〈OK(확인)〉를 클릭한다.

4. [File(파일)] → [Save(저장)](Ctrl + S)를 선택한다.

⑦ [문제 2] 답안 파일 전송

1. 포토샵 프로그램을 최소화한 후 '시험 관리 도구'에서 〈답안 전송〉을 클릭한다.

2. '고사실 PC로 답안 파일 보내기' 대화상자에서 전송할 '모의03-2.jpg'와 '모의03-2.psd' 파일을 선택한 후 〈답안 전송〉을 클릭한다.

문제 3 [실무응용] 포스터 제작

미리보기

사용할 이미지

1급-7.jpg 1급-8.jpg 1급-9.jpg 1급-10.jpg 1급-11.jpg

모양 도구로 추가하기

작업 과정

❶   빈 캔버스에 배경색을 지정한다.

❷   '1급-7.jpg'를 복사한 후 혼합 모드를 지정한다.

❸ '1급-8.jpg'를 복사한 후 필터를 적용하고, 가로 방향으로 흐릿하게 레이어 마스크를 수행한다.

❹ □를 추가한 후 레이어 스타일을 적용하고, '1급-9.jpg'를 복사한 후 필터와 클리핑 마스크를 수행한다.

❺ '1급-10.jpg'에서 마네킹을 복사한 후 레이어 스타일을 적용하고 색상을 보정한다.

❻ '1급-11.jpg'를 복사한 후 레이어 스타일을 적용한다.

❼ ♣, ❓, ✿를 추가한 후 불투명도와 레이어 스타일을 적용한다.

❽ 문자를 입력한 후 레이어 스타일을 적용한다.

 문제 3 [실무응용] **포스터 제작**

따라 하기

ⓞ 준비 작업

1. [File(파일)] → [New(새로 만들기)]([Ctrl]+[N])를 선택한다.
2. 'New Document(새로운 문서 만들기)' 대화상자에서 Name(이름)을 '모의03-3', Width(폭)를 600, Height(높이)를 400, Resolution(해상도)을 72, Color Mode(색상 모드)를 'RGB Color', '8Bit', Background Contents(배경 내용)를 'White(흰색)'로 지정한 후 〈Create(만들기)〉를 클릭한다.

포토샵 CS4/CS6 사용자
'New(새 문서)' 대화상자에서 Name(이름), Width(폭), Height(높이) 등을 지정하세요.

3. [File(파일)] → [Save As(다른 이름으로 저장)]([Ctrl]+[Shift]+[S])를 선택한 후 'Save As(다른 이름으로 저장)' 대화상자에서 저장 위치를 '모의03', 파일 이름을 '모의03-3'으로 지정한 다음 〈저장〉을 클릭한다.

❶ 배경색 지정하기

작업 결과

빈 캔버스에 배경색을 지정한다.

1. [Edit(편집)] → [Fill(칠)](**Shift**+**F5**)을 선택한다.
2. 'Fill(칠)' 대화상자의 Contents(내용) 목록에서 목록 단추를 클릭하여 [Color(색상)]를 선택한다.
3. 'Color Picker(Fill Color)(색상 피커(칠 색상))' 대화상자에서 색상을 #99cc33으로 지정하고 〈OK(확인)〉를 클릭한다. 이어서 'Fill(칠)' 대화상자에서도 〈OK(확인)〉를 클릭한다.

> **포토샵 CS4/CS6 사용자**
> 'Fill(칠)' 대화상자가 표시되면 Use(사용)의 목록 단추를 클릭하여 [Color(색상)]를 선택하고 'Choose a color(색상 선택)' 대화상자에서 색상을 지정한 후 〈OK(확인)〉를 클릭하세요.

② 이미지를 복사한 후 혼합 모드를 지정하기

> **작업 결과**
> '1급-7.jpg'를 복사한 후 Blending Mode(혼합 모드)를 'Luminosity(광도)', Opacity(불투명도)를 70%로 지정한다.

1. [File(파일)] → [Open(열기)](**Ctrl**+**O**)을 선택한다.
2. '열기' 대화상자에서 찾는 위치를 'C:\길벗GTQ1급\모의\모의03\image' 폴더로 지정한 다음 '1급-7.jpg', '1급-8.jpg', '1급-9.jpg', '1급-10.jpg', '1급-11.jpg' 파일을 선택하고 〈열기〉를 클릭한다.
3. '1급-7.jpg'를 '모의03-3.psd' 파일로 복사한다.
4. 레이어 패널 상단의 혼합 모드에서 [Luminosity(광도)]를 선택하고 Opacity(불투명도)를 70%로 지정한다.

5. [Edit(편집)] → [Free Transform(자유 변형)](**Ctrl**+**T**)을 선택한 다음 〈출력형태〉와 같이 배치한다. 이어서 **Enter**를 눌러 자유 변형 상태를 해제한다.

③ 이미지를 복사한 후 필터를 적용하고 레이어 마스크 수행하기

> **작업 결과**
> • '1급-8.jpg'를 복사한 후 Watercolor(수채화 효과) 필터를 적용한다.
> • 가로 방향으로 흐릿하게 레이어 마스크를 수행한다.

01. 이미지를 복사한 후 필터 적용하기

1. '1급-8.jpg'를 '모의03-3.psd' 파일로 복사한다.
2. [Filter(필터)] → [Filter Gallery(필터 갤러리)] → [Artistic(예술 효과)] → [Watercolor(수채화 효과)]를 선택한 후 〈OK(확인)〉를 클릭한다.
3. [Edit(편집)] → [Free Transform(자유 변형)](**Ctrl**+**T**)을 선택한 후 〈출력형태〉와 같이 배치한다. 이어서 **Enter**를 눌러 자유 변형 상태를 해제한다.

02. 레이어 마스크 수행하기

1. 레이어 패널 하단의 ▣(Add layer mask(레이어 마스크를 추가합니다.)) 아이콘을 클릭한다.
2. 도구 상자에서 ▣(Gradient Tool(그레이디언트 도구))을 클릭한 다음 옵션 바에서 Gradient(그레이디언트) 항목을 클릭한다.

3. 'Gradient Editor(그레이디언트 편집기)' 대화상자의 Presets(사전 설정) 항목에서 Basics(기본 사항)의 확장 단추(▶)를 클릭한 뒤 Black, White(검정, 흰색)를 클릭하고 〈OK(확인)〉를 클릭한다.

포토샵 CS4/CS6 사용자
'Gradient Editor(그라디언트 편집기)' 대화상자가 표시되면 Presets(사전 설정) 항목에서 Black, White(검정, 흰색)를 클릭하고 〈OK(확인)〉를 클릭하세요.

4. 마우스를 왼쪽에서 오른쪽 방향으로 다음과 같이 드래그 한다.

④ ☐을 추가한 후 레이어 스타일과 필터를 적용하고 클리핑 마스크 수행하기

작업 결과

- 도장(☐) 모양을 추가한 후 Stroke(선/획) 스타일을 적용한다.
- '1급-9.jpg'를 복사한 후 Dry Brush(드라이 브러시) 필터를 적용하고 클리핑 마스크를 수행한다.

01. 레이어 스타일 적용하기

1. ▨(Custom Shape Tool(사용자 정의 모양 도구)) (U)가 선택된 상태에서 옵션 바에서 Shape(모양)의 목록 단추(▼) → [Legacy Shapes and More(레거시 모양 및 기타)] → [All Legacy Default Shapes(모든 레거시 기본 모양)] → [Objects(물건)]를 선택한다.

2. 모양 목록에서 ☐(Stamp 1(도장 1))를 선택한 후 드래그 하여 추가한다.

3. 레이어 패널 하단의 **fx**(Add a layer style(레이어 스타일을 추가합니다.)) 아이콘을 클릭한 후 [Stroke(획)]를 선택한다.

4. 'Layer Style(레이어 스타일)' 대화상자에서 Size(크기)를 **3**으로 입력하고, Gradient(그레이디언트) 항목을 클릭한다.

5. 'Gradient Editor(그레이디언트 편집기)' 대화상자의 Presets(사전 설정) 항목에서 Basics(기본 사항)의 확장 단추(■)를 클릭한 뒤 Foreground to Transparent(전경색에서 투명으로)를 클릭한다.

6. 'Gradient Editor(그레이디언트 편집기)' 대화상자의 왼쪽 아래 Color Stop(색상 정지점)을 더블클릭한 다음 색상을 #00ff99으로 지정한 후 〈OK(확인)〉를 클릭한다.

7. 'Layer Style(레이어 스타일)' 대화상자에서 Angle(각도)을 0으로 지정하고 〈OK(확인)〉를 클릭한다.

8. [Edit(편집)] → [Free Transform Path(패스 자유 변형)]([Ctrl]+[T])를 선택한 다음 〈출력형태〉와 같이 크기를 조절한 후 배치한다. 이어서 [Enter]를 두 번 눌러 패스 자유 변형 상태를 해제한다.

02. 필터를 적용하고 클리핑 마스크 수행하기

1. '1급-9.jpg'를 '모의02-3.psd' 파일로 복사한다.

2. [Filter(필터)] → [Filter Gallery(필터 갤러리)] → [Artistic(예술 효과)] → [Dry Brush(드라이 브러시)]를 선택한 후 〈OK(확인)〉를 클릭한다.

3. 레이어 패널에서 'Layer 3(레이어 3)'의 바로 가기 메뉴를 불러 [Create Clipping Mask(클리핑 마스크 만들기)]를 선택한다.

4. [Edit(편집)] → [Free Transform(자유 변형)]([Ctrl]+[T])을 선택한 다음 〈출력형태〉와 같이 크기를 조절한 후 배치한다. 이어서 [Enter]를 눌러 자유 변형 상태를 해제한다.

⑤ 마네킹을 복사한 후 레이어 스타일을 적용하고 색상 보정하기

작업 결과

'1급-10.jpg'에서 마네킹을 복사한 후 Bevel and Emboss(경사와 엠보스) 스타일을 적용하고, 보라색 계열로 색상을 보정한다.

1. '1급-10.jpg' 탭을 클릭하고 선택 도구를 이용하여 다음과 같이 선택한다.

2. 선택 영역을 '모의03-3.psd' 파일로 복사한다.
3. 레이어 패널 하단의 ☑(Add a layer style(레이어 스타일을 추가합니다.)) 아이콘을 클릭한 후 [Bevel & Emboss(경사와 엠보스)]를 선택한다.
4. 'Layer Style(레이어 스타일)' 대화상자에서 〈OK (확인)〉를 클릭한다.
5. [Edit(편집)] → [Free Transform(자유 변형)] (Ctrl+T)을 선택한 다음 〈출력형태〉와 같이 크기를 조절한 후 배치한다. 이어서 Enter를 눌러 자유 변형 상태를 해제한다.
6. 선택 도구를 이용하여 다음과 같이 받침대만 선택한다.

7. 레이어 패널 하단의 ◑(Create new fill or adjustment layer(새 칠 또는 조정 레이어를 만듭니다.)) 아이콘을 클릭한 후 [Hue/Saturation(색조/채도)]을 선택한다.
8. 조정 패널에서 Hue(색조)를 −130으로 조절하여 보라색 계열로 보정한다.

⑥ 곰인형을 복사한 후 레이어 스타일 적용하기

작업 결과

'1급-11.jpg'에서 곰인형을 복사하고 Outer Glow(외부 광선)와 Inner Shadow(내부 그림자) 스타일을 적용한다.

↓

1. '1급-11.jpg' 탭을 클릭하고 선택 도구를 이용하여 다음과 같이 선택한다.

2. 선택 영역을 '모의03-3.psd' 파일로 복사한다.

3. 레이어 패널 하단의 🎨(Add a layer style(레이어 스타일을 추가합니다.)) 아이콘을 클릭한 후 Outer Glow(외부 광선)를 선택한다.

4. 'Layer Style(레이어 스타일)' 대화상자의 스타일 목록에서 [Inner Shadow(내부 그림자)]를 선택하고 〈OK(확인)〉를 클릭한다.

5. [Edit(편집)] → [Free Transform(자유 변형)] (Ctrl+T)을 선택한 다음 〈출력형태〉와 같이 크기를 조절한 후 배치한다. 이어서 Enter를 눌러 자유 변형 상태를 해제한다.

⑦ 🌸, ❓, 🎀를 추가한 후 레이어 스타일 적용하기

작업 결과

- 백합(🌸) 모양을 추가한 후 Gradient Overlay(그라디언트 오버레이)와 Inner Shadow(내부 그림자) 스타일을 적용한다.
- 도움말(❓) 모양을 추가한 후 Bevel and Emboss(경사와 엠보스) 스타일을 적용하고 Opacity(불투명도)를 70%로 지정한다.
- 리본(🎀)모양을 추가한 후 Drop Shadow(그림자 효과) 스타일을 적용하고 Opacity(불투명도)를 70%로 지정한 뒤 한 번 복사한다.

01. 🌸를 추가한 후 레이어 스타일 적용하기

1. 도구 상자에서 🎨(Custom Shape Tool(사용자 정의 모양 도구))(U)을 선택한 다음 옵션 바에서 Shape(모양)의 목록 단추(⬛) → [Legacy Shapes and More(레거시 모양 및 기타)] → [All Legacy Default Shapes(모든 레거시 기본 모양)] → [Ornaments(장식)]를 선택한다.

> **포토샵 CS4/CS6 사용자**
> Shape(모양) 목록에서 [Ornaments(장식)]를 선택한 후 선택한 모양으로 대치할지를 묻는 대화상자가 나타나면 〈OK(확인)〉를 클릭하세요.

2. 모양 목록에서 🌸(Fleur-De-Lis(백합))를 선택한 후 드래그 하여 추가한다.

3. 레이어 패널 하단의 🎨(Add a layer style(레이어 스타일을 추가합니다.)) 아이콘을 클릭한 후 [Gradient Overlay(그레이디언트 오버레이)]를 선택한다.

4. Layer Style(레이어 스타일)' 대화상자에서 Gradient(그레이디언트) 항목을 클릭한다.

5. 'Gradient Editor(그레이디언트 편집기)' 대화상자의 왼쪽 아래 Color Stop(색상 정지점)을 더블클릭한 다음 색상을 #660000으로 지정한다.

6. 'Gradient Editor(그레이디언트 편집기)' 대화상자의 오른쪽 아래 Color Stop(색상 정지점)을 더블클릭한 다음 색상을 #ffffff으로 지정한다.

7. 'Layer Style(레이어 스타일)' 대화상자의 스타일 목록에서 [Inner Shadow(내부 그림자)]를 클릭하고 〈OK(확인)〉를 클릭한다.

8. [Edit(편집)] → [Free Transform Path(패스 자유 변형)](Ctrl+T)를 선택한 다음 〈출력형태〉와 같이 크기를 조절한 후 배치한다. 이어서 Enter를 두 번 눌러 패스 자유 변형 상태를 해제한다.

02. ❓를 추가한 후 레이어 스타일 적용하기

1. 도구 상자에서 ▨(Custom Shape Tool(사용자 정의 모양 도구))(U)을 선택한 다음 옵션 바에서 Shape(모양)를 클릭한다.

2. 옵션 바에서 Shape(모양)의 목록 단추(▮) → [Legacy Shapes and More(레거시 모양 및 기타)] → [All Legacy Default Shapes(모든 레거시 기본 모양)] → [Web(웹)]을 선택한다.

> **포토샵 CS4/CS6 사용자**
> Shape(모양) 목록에서 [Web(웹)]을 선택한 후 선택한 모양으로 대치할지를 묻는 대화상자가 나타나면 〈OK(확인)〉를 클릭하세요.

3. 모양 목록에서 ❓(Help(도움말))를 선택한 후 드래그 하여 추가한 다음 옵션 바에서 Fill(칠)을 클릭하고 색상을 #ccff99로 지정한다.

> **포토샵 CS4 사용자**
> 옵션 바에서 Color(색상)를 클릭한 다음 'Pick a solid color: (단색 선택:)' 대화상자에서 색상을 지정한 후 〈OK(확인)〉를 클릭하세요.

4. 레이어 패널 하단의 ▨(Add a layer style(레이어 스타일을 추가합니다.)) 아이콘을 클릭한 후 [Bevel & Emboss(경사와 엠보스)]를 선택한다.

5. 'Layer Style(레이어 스타일)' 대화상자에서 〈OK(확인)〉를 클릭한다.

6. 레이어 패널 상단의 Opaicity(불투명도)를 70%로 지정한다.

7. [Edit(편집)] → [Free Transform Path(패스 자유 변형)](Ctrl+T)를 선택한 다음 〈출력형태〉와 같이 크기를 조절한 후 배치한다. 이어서 Enter를 두 번 눌러 패스 자유 변형 상태를 해제한다.

03. 🎀를 추가한 후 레이어 스타일 적용하기

1. 도구 상자에서 ▨(Custom Shape Tool(사용자 정의 모양 도구))(U)을 선택한 다음 옵션 바에서 Shape(모양)를 클릭한다.

2. 옵션 바에서 Shape(모양)의 목록 단추(▮) → [Legacy Shapes and More(레거시 모양 및 기타)] → [All Legacy Default Shapes(모든 레거시 기본 모양)] → [Objects(물건)]를 선택한다.

> **포토샵 CS4/CS6 사용자**
> Shape(모양) 목록에서 [Objects(물건)]를 선택한 후 선택한 모양으로 대치할지를 묻는 대화상자가 나타나면 〈OK(확인)〉를 클릭하세요.

3. 모양 목록에서 🎀(Bow(나비매듭 리본))를 선택한 후 드래그 하여 추가한 다음 옵션 바에서 Fill(칠)을 클릭하고 색상을 #ffcccc로 지정한다.

> **포토샵 CS4 사용자**
> 옵션 바의 Color(색상)에서 색상을 지정하세요.

4. 레이어 패널 하단의 ▨(Add a layer style(레이어 스타일을 추가합니다.)) 아이콘을 클릭한 후 Drop Shadow(그림자)를 선택한다.

5. 'Layer Style(레이어 스타일)' 대화상자에서 〈OK(확인)〉를 클릭한다.

6. 레이어 패널에서 Opacity(불투명도)를 70%로 지정한다.

7. [Edit(편집)] → [Free Transform Path(패스 자유 변형)](Ctrl+T)를 선택한 다음 〈출력형태〉와 같이 크기를 조절한 후 배치한다. 이어서 Enter를 두 번 눌러 패스 자유 변형 상태를 해제한다.

8. 도구 상자에서 ✛(Move Tool(이동 도구))(V)을 클릭한 후 Alt를 누른 채 나비매듭 리본 모양을 왼쪽 하단 방향으로 드래그 하여 복사한다.

9. ✿(Custom Shape Tool(사용자 정의 모양 도구))(U)을 클릭하고, Fill(칠) 클릭한 후 색상을 #99cc66으로 지정한 후 〈OK(확인)〉를 클릭한다.

> **포토샵 CS4 사용자**
> 옵션 바의 Color(색상)에서 색상을 지정하세요.

10. [Edit(편집)] → [Free Transform Path(패스 자유 변형)](Ctrl+T)를 선택한 다음 〈출력형태〉와 같이 크기를 조절한 후 배치한다. 이어서 Enter를 두 번 눌러 패스 자유 변형 상태를 해제한다.

❽ 문자를 입력한 후 레이어 스타일 적용하기

> **작업 결과**
>
> - 2022 SS Fashion Show, 올 봄 트렌드 알기, Trendy fashion, 나에게 어울리는 스타일을 찾아보세요를 입력한다.
> - 입력한 문자열 각각에 서식과 레이어 스타일을 적용한다.
> - 각각의 문자열을 〈출력형태〉와 같이 배치한다.

01. 문자 입력하기

1. 도구 상자에서 🇹(Horizontal Type Tool(수평 문자 도구))(T)을 클릭한다.

2. 옵션 바에서 문자를 입력하기 좋은 크기와 색상을 지정한다. 여기서는 크기를 12, 색상을 검정(#000000)으로 지정한다.

3. 입력되는 문자의 색상과 구분이 잘되는 배경을 클릭하고 다음과 같이 〈출력형태〉에 제시된 모든 문자를 입력한다.

02. 서식 지정 및 레이어 스타일 적용하기

1. '2022~'에 서식 지정 및 레이어 스타일 적용

① 레이어 패널에서 '2022~'를 선택한 후 옵션 바에서 Font(글꼴)를 'Time New Roman', Font Style(글꼴 스타일) Bold, Size(크기)를 40으로 지정한 후 🇹(Create warped text(뒤틀어진 텍스트 만들기))를 클릭한다.

② 'Warp Text(텍스트 뒤틀기)' 대화상자에서 'Style(스타일)'을 'Shell Upper(위가 넓은 조개)'로 지정하고 〈출력형태〉와 모양이 비슷해지도록 'Bend(구부리기)' 값을 조절한 후 〈OK(확인)〉를 클릭한다.

③ 레이어 패널 하단의 🇫🇽(Add a layer style(레이어 스타일을 추가합니다.)) 아이콘을 클릭한 후 [Gradient Overlay(그레이디언트 오버레이)]를 선택한다.

④ Gradient Overlay(그레이디언트 오버레이)에서 Gradient(그레이디언트) 항목을 클릭한다.

⑤ 'Gradient Editor(그레이디언트 편집기)' 대화상자의 왼쪽 아래 Color Stop(색상 정지점)을 더블클릭한 다음 색상을 #990000으로 지정한다.

⑥ 'Gradient Editor(그레이디언트 편집기)' 대화상자의 가운데 아래를 클릭하여 Color Stop(색상 정지점)을 추가한다.

⑦ 만들어진 가운데 Color Stop(색상 정지점)을 더블클릭한 후 색상을 #ccffff로 지정한다.

⑧ 'Gradient Editor(그레이디언트 편집기)' 대화상자의 오른쪽 아래 Color Stop(색상 정지점)을 더블클릭한 다음 색상을 #006600으로 지정한다.

⑨ 'Gradient Editor(그레이디언트 편집기)' 대화상자에서 〈OK(확인)〉를 클릭한다.

⑩ 'Layer Style(레이어 스타일)' 대화상자에서 Angle(각도)을 0으로 지정한다.

⑪ 레이어 스타일 목록에서 [Inner Shadow(내부 그림자)]를 클릭하고 〈OK(확인)〉를 클릭한다.

2. '올 봄~'에 서식 지정 및 레이어 스타일 적용

① 레이어 패널에서 '올 봄~'을 선택한 후 옵션 바에서 Font(글꼴)를 '돋움', Size(크기)를 22, Color(색상)를 #000033으로 지정한다.

② 레이어 패널 하단의 ▨(Add a layer style(레이어 스타일을 추가합니다.)) 아이콘을 클릭한 후 [Stroke(획)]를 선택한다.

③ 'Layer Style(레이어 스타일)' 대화상자에서 Size(크기)를 2, Fill type(칠 유형)에서 Color(색상)를 선택하고 #999999로 지정한 후 〈OK(확인)〉를 클릭한다.

3. 'Trendy~'에 서식 지정 및 레이어 스타일 적용

① 레이어 패널에서 'Trendy~'를 선택한 후 옵션 바에서 Font(글꼴)를 'Arial', Font Style(글꼴 스타일)을 Bold, Size(크기)를 18로 지정한다.

② 레이어 패널 하단의 ▨(Add a layer style(레이어 스타일을 추가합니다.)) 아이콘을 클릭한 후 Gradient Overlay(그레이디언트 오버레이)를 선택한다.

③ Gradient Overlay(그레이디언트 오버레이)에서 Gradient(그레이디언트) 항목을 클릭한다.

④ 'Gradient Editor(그레이디언트 편집기)' 대화상자의 가운데 아래 Color Stop(색상 정지점)을 클릭하고 〈Delete(삭제)〉를 클릭한다.

⑤ 'Gradient Editor(그레이디언트 편집기)' 대화상자의 왼쪽 아래 Color Stop(색상 정지점)을 더블클릭한 다음 색상을 #ff6600으로 지정한다.

⑥ 'Gradient Editor(그레이디언트 편집기)' 대화상자의 오른쪽 아래 Color Stop(색상 정지점)을 더블클릭한 다음 색상을 #ffff00으로 지정한다.

⑦ 'Gradient Editor(그레이디언트 편집기)' 대화상자에서 〈OK(확인)〉를 클릭한다.

⑧ 'Layer Style(레이어 스타일)' 대화상자의 스타일 목록에서 [Stroke(획)]를 클릭하고 Size(크기)를 2, Color(색상)를 #333333으로 지정한 후 〈OK(확인)〉를 클릭한다.

4. '나에게~'에 서식 지정 및 레이어 스타일 적용

① 레이어 패널에서 '나에게~'를 선택한 후 옵션 바에서 Font(글꼴)를 '궁서', Size(크기)를 20로 Color(색상)를 #333333으로 지정한 후 ▨(Create warped text(뒤틀어진 텍스트 만들기))를 클릭한다.

② 'Warp Text(텍스트 뒤틀기)' 대화상자에서 'Style(스타일)'을 'Flag(깃발)'로 지정하고 〈출력형태〉와 모양이 비슷해지도록 'Bend(구부리기)' 값을 조절한 후 〈OK(확인)〉를 클릭한다.

포토샵 CS4 사용자
'Wrap Text(텍스트 변형)' 대화상자에서 Bend(구부리기) 값을 −100으로 조절하세요.

③ '스타일을 찾아보세요'를 블록으로 지정하고 옵션 바에서 Color(색상)를 #990066으로 지정한다.

④ Ctrl+Enter를 눌러 편집 상태를 해제한다.

⑤ 레이어 패널 하단의 ☒(Add a layer style(레이어 스타일을 추가합니다.)) 아이콘을 클릭한 후 [Stroke(획)]를 선택한다.

⑥ 'Layer Style(레이어 스타일)' 대화상자에서 Size(크기)를 2, Color(색상)를 #ffffcc로 지정하고 〈OK(확인)〉를 클릭한다.

03. 〈출력형태〉와 같이 배치하기

1. 레이어 패널에서 '2022~'를 선택한다.
2. [Edit(편집)] → [Free Transform(자유 변형)] (Ctrl+T)을 선택한 후 〈출력형태〉와 같이 배치한다. 이어서 Enter를 눌러 자유 변형 상태를 해제한다.
3. 나머지 글자도 위와 같은 방법으로 〈출력형태〉와 같이 배치한다.

⑨ 파일 저장 및 이미지 크기 조절

1. [File(파일)] → Save a Copy(사본 저장)(Ctrl+Alt+S)를 선택하고 'Save a Copy(사본 저장)' 대화상자에서 저장 위치를 '모의03', 파일 이름을 '모의03-3'으로, Format(형식)을 'JPEG(*.JPG;*.JPEG;*.JPE)'로 지정한 후 〈저장〉을 클릭한다.

> **포토샵 CS4/CS6 사용자**
> JPG 형식으로 저장하기 위해 [File(파일)] → [Save As(다른 이름으로 저장)](Ctrl+Shift+S)를 선택하세요.

2. 'JPEG Options(JPEG 옵션)' 대화상자에서 Quality(품질)를 8로 지정한 후 〈OK(확인)〉를 클릭한다.
3. [Image(이미지)] → [Image Size(이미지 크기)] (Ctrl+Alt+I)를 선택하고 'Image Size(이미지 크기)' 대화상자에서 Width(폭)와 Height(높이)에 입력되어 있는 값에서 0 하나씩만 제거한 후 〈OK(확인)〉를 클릭한다.
4. [File(파일)] → [Save(저장)](Ctrl+S)를 선택한다.

⑩ [문제 3] 답안 파일 전송

1. 포토샵 프로그램을 최소화한 후 '시험 관리 도구'에서 〈답안 전송〉을 클릭한다.
2. '고사실 PC로 답안 파일 보내기' 대화상자에서 전송할 '모의03-3.jpg'와 '모의03-3.psd' 파일을 선택한 후 〈답안 전송〉을 클릭한다.

문제 4　　[실무응용] **웹 페이지 제작**

미리보기

사용할 이미지

1급-12.jpg

1급-13.jpg

1급-14.jpg

1급-15.jpg

1급-16.jpg

1급-17.jpg

펜 도구로 그리기   모양 도구로 추가하기

작업 과정

①

빈 캔버스에 배경색을 지정한다.

②

'1급-12.jpg'를 복사한 후 혼합 모드를 지정하고 세로 방향으로 흐릿하게 레이어 마스크를 수행한다.

③

'1급-13.jpg'를 복사한 후 필터를 적용하고 대각선 방향으로 흐릿하게 레이어 마스크를 수행한다.

④

'1급-14.jpg'에서 바지를 복사한 후 레이어 스타일을 적용한다.

⑤

'1급-15.jpg'에서 옷을 복사한 필터와 레이어 스타일을 적용한다.

⑥

펜 도구로 Ω, ⋀⋀를 그린 후 레이어 스타일을 적용한다.

⑦

패턴을 만들어 적용하고 불필요한 부분을 제거한다.

⑧

'1급-17.jpg'에서 카메라를 복사한 후 레이어 스타일을 적용하고 색상을 보정한다.

⑨

▼, ⋀⋀, ━를 추가한 후 레이어 스타일을 적용한다.

⑩

'1급-16.jpg'에서 실을 복사한 후 배치한다.

⑪

문자를 입력한 후 레이어 스타일을 적용한다.

ⓞ 준비 작업

1. [File(파일)] → [New(새로 만들기)]([Ctrl]+[N])를 선택한다.
2. 'New Document(새로운 문서 만들기)' 대화상자에서 Name(이름)을 '모의03-4', Width(폭)를 600, Height(높이)를 400, Resolution(해상도)을 72, Color Mode(색상 모드)를 'RGB Color', '8Bit', Background Contents(배경 내용)를 'White(흰색)'로 지정한 후 〈Create(만들기)〉를 클릭한다.

> **포토샵 CS4/CS6 사용자**
> 'New(새 문서)' 대화상자에서 Name(이름), Width(폭), Height(높이) 등을 지정하세요.

3. [File(파일)] → [Save As(다른 이름으로 저장)]([Ctrl]+[Shift]+[S])를 선택한 후 'Save As(다른 이름으로 저장)' 대화상자에서 저장 위치를 '모의03', 파일 이름을 '모의03-4'로 지정한 다음 〈저장〉을 클릭한다.

❶ 배경색 지정하기

> **작업 결과**

빈 캔버스에 배경색을 지정한다.

1. [Edit(편집)] → [Fill(칠)]([Shift]+[F5])을 선택한다.
2. 'Fill(칠)' 대화상자에서 Contents(내용)의 목록 단추를 클릭한 후 [Color(색상)]를 선택한다.
3. Color Picker(Fill Color)(색상 피커(칠 색상)) 대화상자에서 색상을 #cc66cc로 지정한 후 〈OK(확인)〉를 클릭한다. 이어서 'Fill(칠)' 대화상자에서도 〈OK(확인)〉를 클릭한다.

> **포토샵 CS/CS64 사용자**
> 'Fill(칠)' 대화상자가 표시되면 Use(사용)의 목록 단추를 클릭하여 [Color(색상)]를 선택하고 'Choose a color(색상 선택)' 대화상자에서 색상을 지정한 후 〈OK(확인)〉를 클릭하세요.

❷ 이미지를 복사한 후 혼합 모드를 지정하고 레이어 마스크 수행하기

> **작업 결과**

- '1급-12.jpg'를 복사한 후 Blending Mode(혼합 모드)를 'Darken(어둡게 하기)'으로 지정한다.
- 세로 방향으로 흐릿하게 레이어 마스크를 수행한다.

01. 혼합 모드 지정하기

1. [File(파일)] → [Open(열기)]([Ctrl]+[O])을 선택한다.
2. '열기' 대화상자에서 찾는 위치를 'C:\길벗GTQ1급\모의\모의03\Image' 폴더로 지정한 다음 '1급-12.jpg', '1급-13.jpg', '1급-14.jpg', '1급-15.

jpg', '1급-16.jpg', '1급-17.jpg' 파일을 선택하고 〈열기〉를 클릭한다.

3. '1급-12.jpg'를 '모의03-4.psd' 파일로 복사한다.

4. 레이어 패널 상단의 혼합 모드에서 [Darken(어둡게 하기)]을 선택한다.

5. [Edit(편집)] → [Free Transform(자유 변형)] ([Ctrl]+[T])을 선택한 다음 〈출력형태〉와 같이 배치한다. 이어서 [Enter]를 눌러 자유 변형 상태를 해제한다.

02. 레이어 마스크 수행하기

1. 레이어 패널 하단의 ◻(Add layer mask(레이어 마스크를 추가합니다.)) 아이콘을 클릭한다.

2. 도구 상자에서 ▣(Gradient Tool(그레이디언트 도구))([G])을 클릭한다.

3. 마우스를 위쪽에서 아래쪽 방향으로 다음과 같이 드래그 한다.

❸ 이미지를 복사한 후 필터를 적용하고 레이어 마스크 수행하기

작업 결과

• '1급-13.jpg'를 복사한 후 Dry Brush(드라이 브러시) 필터를 적용한다.
• 대각선 방향으로 흐릿하게 레이어 마스크를 수행한다.

01. 필터 적용하기

1. '1급-13.jpg'를 '모의03-4.psd' 파일로 복사한다.

2. [Filter(필터)] → [Filter Gallery(필터 갤러리)] → [Artistic(예술 효과)] → [Dry Brush(드라이 브러시)]를 선택한 후 〈OK(확인)〉를 클릭한다.

3. [Edit(편집)] → [Free Transform(자유 변형)] ([Ctrl]+[T])를 선택한 다음 〈출력형태〉와 같이 배치한다. 이어서 [Enter]를 눌러 자유 변형 상태를 해제한다.

02. 레이어 마스크 수행하기

1. 레이어 패널 하단의 ▣(Add layer mask(레이어 마스크를 추가합니다.)) 아이콘을 클릭한다.
2. 도구 상자에서 ▣(Gradient Tool(그레이디언트 도구))(⒈)을 클릭한다.
3. 마우스를 오른쪽 아래에서 왼쪽 위 방향으로 다음과 같이 드래그 한다.

④ 바지를 복사한 후 레이어 스타일 적용하기

'1급-14.jpg'에서 바지를 복사한 후 Bevel and Emboss(경사와 엠보스와 Stroke(선/획) 스타일을 적용한다.

1. '1급-14.jpg' 탭을 클릭하고 선택 도구를 이용하여 다음과 같이 선택한다.

2. 선택 영역을 '모의03-4.psd' 파일로 복사한다.
3. 레이어 패널 하단의 ▣(Add a layer style(레이어 스타일을 추가합니다.)) 아이콘을 클릭한 후 Bevel & Emboss(경사와 엠보스)를 선택한다.
4. 'Layer Style(레이어 스타일)' 대화상자의 스타일 목록에서 [Stroke(획)]를 선택하고, Size(크기)를 5, Color(색상)를 #993399로 지정한 후 〈OK(확인)〉를 클릭한다.

5. [Edit(편집)] → [Free Transform(자유 변형)]
(Ctrl+T)을 선택한 다음 〈출력형태〉와 같이 크기
를 조절한 후 배치한다. 이어서 Enter를 눌러 자유 변
형 상태를 해제한다.

⑤ 옷을 복사한 후 필터와 레이어 스타일 적용하기

'1급-15.jpg'에서 옷을 복사한 후 Add Noise(노이즈 추가) 필
터와 Drop Shadow(그림자 효과) 스타일을 적용한다.

1. '1급-15.jpg' 탭을 클릭하고 선택 도구를 이용하여
다음과 같이 선택한다.

2. 선택 영역을 '모의03-4.psd' 파일로 복사한다.
3. [Filter(필터)] → [Noise(노이즈)] → [Add
Noise(노이즈 추가)]를 선택한 후 〈OK(확인)〉를 클
릭한다.
4. 레이어 패널 하단의 *fx.*(Add a layer style(레이어
스타일을 추가합니다.)) 아이콘을 클릭한 후 [Drop
Shadow(그림자)]를 선택한다.
5. 'Layer Style(레이어 스타일)' 대화상자에서
〈OK(확인)〉를 클릭한다.
6. [Edit(편집)] → [Free Transform(자유 변형)]
(Ctrl+T)을 선택한 다음 〈출력형태〉와 같이 크기
를 조절한 후 배치한다. 이어서 Enter를 눌러 자유 변
형 상태를 해제한다.

⑥ Ω, **M**를 그린 후 레이어 스타일 적용하기

• Pen Tool(펜 도구)로 Ω를 그린 후 서식을 지정한다.
• Pen Tool(펜 도구)로 **M**를 그린 후 서식을 지정한다.
• 각각 Drop Shadow(그림자 효과) 레이어 스타일을 적용한다.

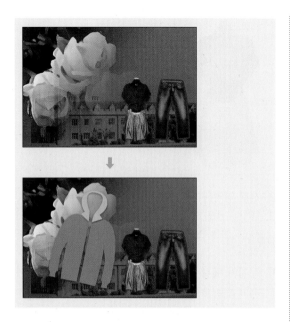

01. 펜 도구로 **Ω**를 그리고 서식 지정하기

1. 도구 상자에서 ✎(Pen Tool(펜 도구))(P)을 선택한 다음 옵션 바에서 Shape(모양)를 클릭한다.

2. 문제지의 〈출력형태〉에 그려 놓은 기준선을 참조하여 다음과 같이 안내선을 표시한다.

3. Ctrl+□를 눌러 화면을 확대한 다음 가로, 세로 이동 막대를 드래그하여 작업 영역이 화면의 가운데로 오도록 한다.

4. 패스 모양이 곡선에서 곡선으로 이어지는 경우 현재 패스의 방향이 다음 패스에 영향을 주지 않도록 Alt를 누른 채 현재 기준점을 클릭하여 방향선을 제거한다.

5. 위와 같은 방법으로 다음과 같이 **Ω**을 완성한다.

6. 옵션 바에서 Fill(칠)을 클릭하고 색상을 #ffcc99로 지정한다.

포토샵 CS4 사용자
옵션 바의 Color(색상)에서 색상을 지정하세요.

7. Enter를 눌러 패스 선택 상태를 해제한다.

02. 펜 도구로 **M**를 그리고 서식 지정하기

1. 앞의 **Ω**와 같은 방법으로 ✎(Pen Tool(펜 도구))(P)을 이용하여 **M**의 왼쪽 부분을 그린다.

2. 도구 상자에서 ▶(Path Selection Tool(패스 선택 도구))(A)를 선택하고 Alt를 누른채 오른쪽으로 드래그하여 복사한다.

3. 옵션 바에서 Fill(칠)을 클릭하고 색상을 #cc9933으로 지정한다.

포토샵 CS4 사용자
옵션 바의 Color(색상)에서 색상을 지정하세요.

4. [Edit(편집)] → [Free Transform Path(패스 자유 변형)]([Ctrl]+[T])를 선택한 후 바로 가기 메뉴에서 [Flip Horizontal(가로로 뒤집기)]을 선택한다.

5. 〈출력형태〉와 같이 방향을 조절한 후 배치한다. 이어서 [Enter]를 두 번 눌러 패스 자유 변형 상태를 해제한다.

03. 레이어 스타일 적용하기

1. 레이어 패널의 'Shape 1(모양 1)'을 선택하고 하단의 ▨(Add a layer style(레이어 스타일을 추가합니다.)) 아이콘을 클릭한 후 [Drop Shadow(그림자)]를 선택한다.

2. 'Layer Style(레이어 스타일)' 대화상자에서 〈OK(확인)〉를 클릭한다.

3. 'Shape 2(모양 2)'에도 동일하게 [Drop Shadow(그림자)] 스타일을 적용한다.

4. [View(보기)] → [Clear Guides(안내선 지우기)]([Alt]+[V], [D])를 선택해 안내선을 제거한다.

⑦ 패턴 만들어 적용하기

작업 결과

패턴을 만들어 적용하고 Opacity(불투명도)를 60% 지정한 후 불필요한 부분을 제거한다.

1. [File(파일)] → [New(새로 만들기)]([Ctrl]+[N])를 선택한 후 'New Document(새로운 문서 만들기)' 대화상자에서 Width(폭)에 **30**, Height(높이)에 **30**을 입력하고 Background Contents(배경 내용)을 'Transparent(투명)'로 지정한 후 〈OK(확인)〉를 클릭한다.

2. [Ctrl]+[0]을 눌러 화면 배율을 화면 크기에 맞게 확대하거나 [Ctrl]+[+]를 눌러 화면을 확대한다.

3. 도구 상자에서 ▧(Custom Shape Tool(사용자 정의 모양 도구))([U])을 선택한 다음 옵션 바에서 Shape (모양)를 클릭한다.

4. 옵션 바에서 Shape(모양)의 목록 단추(■)를 클릭한 다음 [Legacy Shapes and More(레거시 모양 및 기타)] → [All Legacy Default Shapes(모든 레거시 기본 모양)] → [Music(음악)]을 선택한다.

5. 모양 목록에서 ♫(Elghth Note(8분 음표(두 개))를 선택한 후 문제지의 〈출력형태〉에 그려 놓은 기준선을 참조하여 안내선을 표시한다.

6. ♫(8분 음표(두 개)를 추가한 후 옵션 바에서 Fill(칠)을 클릭하고 색상을 #9933ff로 지정한다.

7. 레이어 패널 하단의 ■(Create a new layer(새 레이어를 만듭니다.)) 아이콘을 클릭한다.

8. 옵션 바에서 Shape(모양) → [Legacy Shapes and More(레거시 모양 및 기타)] → [All Legacy Default Shapes(모든 레거시 기본 모양)] → [Nature(자연)] 목록에서 ▨(Wave(파형))를 선택한다.

9. 파형 모양을 추가한 후 옵션 바에서 Fill(칠)을 클릭하고 색상을 #ffffff로 지정한다.

10. Enter를 눌러 자유 변형 상태를 해제한 후 [Edit(편집)] → [Define Pattern(패턴 정의)]을 선택한다.

11. 'Pattern Name(패턴 이름)' 대화상자는 기본값 (Pattern 1)을 유지한 채 〈OK(확인)〉를 클릭한다.

12. 패턴을 적용할 '모의03-4.psd' 파일 탭을 클릭한 다음 레이어 패널 하단의 ■(Create a new layer (새 레이어를 만듭니다.)) 아이콘을 클릭한다.

13. [Edit(편집)] → [Fill(칠)](Shift + F5)을 선택한 후 'Fill(칠)' 대화상자에서 Contents(내용)의 목록 단추를 클릭한 후 [Pattern(패턴)]을 선택한다.

14. Custom Pattern(사용자 정의 패턴)의 목록 단추를 클릭한 다음 앞서 정의한 패턴(Pattern 1)을 더블클릭한 후 〈OK(확인)〉를 클릭한다.

15. 레이어 패널 상단에서 Opacity(불투명도)를 60%로 지정한다.

16. 제거할 영역을 다음과 같이 선택한다.

17. 레이어 패널에서 패턴이 적용된 'Layer 5(레이어 5)'를 선택한 후 Delete를 누른다.

18. 이어서 Ctrl + D를 눌러 선택 영역을 해제한다.

⑧ 카메라를 복사한 후 레이어 스타일을 적용하고 색상 보정하기

작업 결과

- '1급-17.jpg'에서 카메라를 복사한 후 Outer Glow(외부 광선) 스타일을 적용한다.
- 빨간색 계열로 색상을 보정한다.

↓

01. 레이어 스타일 적용하기

1. '1급-17.jpg' 탭을 클릭하고 선택 도구를 이용하여 다음과 같이 선택한다.

2. 선택 영역을 '모의03-4.psd' 파일로 복사한다.
3. 레이어 패널 하단의 **fx**(Add a layer style(레이어 스타일을 추가합니다.)) 아이콘을 클릭한 후 Outer Glow(외부 광선)를 선택한다.
4. 'Layer Style(레이어 스타일)' 대화상자에서 〈OK (확인)〉를 클릭한다.
5. [Edit(편집)] → [Free Transform(자유 변형)] (Ctrl+T)을 선택한 다음 〈출력형태〉와 같이 크기를 조절한 후 배치한다. 이어서 Enter를 눌러 자유 변형 상태를 해제한다.

02. 색상 보정하기

1. 선택 도구를 이용하여 다음과 같이 카메라 본체만 선택한다.

2. 레이어 패널 하단의 ◐(Create new fill or adjustment layer(새 칠 또는 조정 레이어를 만듭니다.)) 아이콘을 클릭한 후 [Hue/Saturation(색조/채도)]을 선택한다.
3. 조정 패널에서 Colorize(색상화)를 체크한 후 Saturation(채도)에 55를 입력하여 색상을 빨간색 계열로 보정한다.

↓

⑨ 🏆, 🚶, 〜〜를 추가한 후 레이어 스타일 적용하기

- 트로피(🏆) 모양을 추가한 후 Gradient Overlay(그라디언트 오버레이)와 Outer Glow(외부 광선) 스타일을 적용한다.
- 사람(🚶) 모양을 추가한 후 Gradient Overlay(그라디언트 오버레이)와 Stroke(선/획) 스타일을 적용하고 Opacity(불투명도)를 50%로 지정한다.
- 지그재그(〜〜) 모양을 추가한 후 Outer Glow(외부 광선) 스타일을 적용하고 Opacity(불투명도)를 80%로 지정한 뒤 한 번 복사한다.

01. 🏆를 추가한 후 레이어 스타일 적용하기

1. 도구 상자에서 🟡(Custom Shape Tool(사용자 정의 모양 도구))(U)을 선택한 다음 옵션 바에서 Shape(모양)를 클릭한다.

2. 옵션 바에서 Shape(모양)의 목록 단추(▮)를 클릭한 다음 [Legacy Shapes and More(레거시 모양 및 기타)] → [All Legacy Default Shapes(모든 레거시 기본 모양)] → [Banners and Awards(배너 및 상장)]를 선택한다.

포토샵 CS4/CS6 사용자
Shape(모양) 목록에서 [Banners and Awards(배너 및 상장)]를 선택한 후 선택한 모양으로 대치할지를 묻는 대화상자가 나타나면 〈OK(확인)〉를 클릭하세요.

3. 모양 목록에서 🏆(Trophy(트로피))를 선택한 후 드래그 하여 추가한다.

4. 레이어 패널 하단의 🔲(Add a layer style(레이어 스타일을 추가합니다.)) 아이콘을 클릭한 후 [Gradient Overlay(그레이디언트 오버레이)]를 선택한다.

5. Gradient Overlay(그레이디언트 오버레이)에서 Gradient(그레이디언트) 항목을 클릭한다.

6. 'Gradient Editor(그레이디언트 편집기)' 대화상자의 왼쪽 아래 Color Stop(색상 정지점)을 더블클릭한 다음 색상을 #ff0000으로 지정한다.

7. 'Gradient Editor(그레이디언트 편집기)' 대화상자의 오른쪽 아래 Color Stop(색상 정지점)을 더블클릭한 다음 색상을 #ffff00으로 지정한다.

8. 'Gradient Editor(그레이디언트 편집기)' 대화상자에서 〈OK(확인)〉를 클릭한다.

9. 'Layer Style(레이어 스타일)' 대화상자에서 Angle(각도)을 0으로 지정하고, 스타일 목록에서 [Outer Glow(외부 광선)]를 클릭한다.

10. 'Layer Style(레이어 스타일)' 대화상자에서 〈OK(확인)〉를 클릭한다.

11. [Edit(편집)] → [Free Transform Path(패스 자유 변형)](Ctrl+T)를 선택한 다음 〈출력형태〉와 같이 크기를 조절한 후 배치한다. 이어서 Enter를 두 번 눌러 패스 자유 변형 상태를 해제한다.

02. 🚶를 추가한 후 레이어 스타일 적용하기

1. 🟡(Custom Shape Tool(사용자 정의 모양 도구))(U)을 선택한 후 옵션 바에서 Shape(모양)의 목록 단추(▮) → [Legacy Shapes and More(레거시 모양 및 기타)] → [All Legacy Default Shapes(모든 레거시 기본 모양)] → [Symbols(기호)]을 선택한다.

포토샵 CS4/CS6 사용자
Shape(모양) 목록에서 [Symbols(기호)]를 선택한 후 선택한 모양으로 대치할지를 묻는 대화상자가 나타나면 〈OK(확인)〉를 클릭하세요.

2. 모양 목록에서)을 선택한 후 드래그 하여 추가한다.

3. 레이어 패널 하단의 ![](Add a layer style(레이어 스타일을 추가합니다.)) 아이콘을 클릭한 후 [Gradient Overlay(그레이디언트 오버레이)]를 선택한다.

4. Gradient Overlay(그레이디언트 오버레이)에서 Gradient(그레이디언트) 항목을 클릭한다.

5. 'Gradient Editor(그레이디언트 편집기)' 대화상자의 왼쪽 아래 Color Stop(색상 정지점)을 더블클릭한 다음 색상을 #000000으로 지정한다.

6. 'Gradient Editor(그레이디언트 편집기)' 대화상자의 오른쪽 아래 Color Stop(색상 정지점)을 더블클릭한 다음 색상을 #ffffff로 지정한다.

7. 'Gradient Editor(그레이디언트 편집기)' 대화상자에서 〈OK(확인)〉를 클릭한다.

8. 'Layer Style(레이어 스타일)' 대화상자에서 스타일 목록에서 [Stroke(획)]를 클릭한다.

9. 'Layer Style(레이어 스타일)' 대화상자에서 Size(크기)를 3, Color(색상)를 #663333으로 지정한 후 〈OK(확인)〉를 클릭한다.

10. 레이어 패널 상단에 Opacity(불투명도)를 50%로 지정한다.

11. [Edit(편집)] → [Free Transform Path(패스 자유 변형)]([Ctrl]+[T])를 선택한 다음 〈출력형태〉와 같이 크기를 조절한 후 배치한다. 이어서 [Enter]를 두 번 눌러 패스 자유 변형 상태를 해제한다.

03. ![]를 모양을 추가하고 레이어 스타일 적용하기

1. ![](Custom Shape Tool(사용자 정의 모양 도구))([U])을 선택한 후 옵션 바에서 Shape(모양)의 목록 단추(![]) → [Legacy Shapes and More(레거시 모양 및 기타)] → [All Legacy Default Shapes(모든 레거시 기본 모양)] → [Ornaments(장식)]를 선택한다.

포토샵 CS4/CS6 사용자
Shape(모양) 목록에서 [Ornaments(장식)]를 선택한 후 선택한 모양으로 대치할지를 묻는 대화상자가 나타나면 〈OK(확인)〉를 클릭하세요.

2. 모양 목록에서)을 선택한 후 드래그 하여 추가한 다음 Fill(칠)을 클릭하고 색상을 #ffffcc로 지정한다.

포토샵 CS4 사용자
옵션 바에서 Color(색상)를 클릭한 다음 'Pick a solid color: (단색 선택:)' 대화상자에서 색상을 지정한 후 〈OK(확인)〉를 클릭하세요.

3. 레이어 패널 하단의 ![](Add a layer style(레이어 스타일을 추가합니다.)) 아이콘을 클릭한 후 [Outer Glow(외부 광선)]를 선택한다.

4. 'Layer Style(레이어 스타일)' 대화상자에서 스타일 목록에서 〈OK(확인)〉를 클릭한다.

5. 레이어 패널 상단에 Opacity(불투명도)를 80%로 지정한다.

6. [Edit(편집)] → [Free Transform Path(패스 자유 변형)]([Ctrl]+[T])를 선택한 다음 〈출력형태〉와 같이 크기를 조절한 후 배치한다. 이어서 [Enter]를 두 번 눌러 패스 자유 변형 상태를 해제한다.

7. 도구 상자에서 ![](Move Tool(이동 도구))([U])을 클릭한 후 [Alt]를 누른 채 지그재그 모양을 왼쪽 상단으로 드래그하여 한 번 복사한다.

8. ![](Custom Shape Tool(사용자 정의 모양 도구))([U])을 클릭한 후, Fill(칠)을 클릭하고 색상을 #9999ff로 지정한 후 〈OK(확인)〉를 클릭한다.

포토샵 CS4 사용자
옵션 바의 Color(색상)에서 색상을 지정하세요.

9. [Edit(편집)] → [Free Transform Path(패스 자유 변형)]([Ctrl]+[T])를 선택한 다음 〈출력형태〉와 같이 크기를 조절한 후 배치한다. 이어서 [Enter]를 두 번 눌러 패스 자유 변형 상태를 해제한다.

⑩ 실을 복사한 후 배치하기

'1급-16.jpg'에서 실을 복사한 후 배치한다.

1. '1급-16.jpg' 탭을 클릭하고 선택 도구를 이용하여 다음과 같이 선택한다.

2. 선택 영역을 '모의03-4.psd' 파일로 복사한다.
3. [Edit(편집)] → [Free Transform(자유 변형)] (Ctrl+T)을 선택한 다음 〈출력형태〉와 같이 크기를 조절한 후 배치한다. 이어서 Enter를 눌러 자유 변형 상태를 해제한다.

⑪ 문자를 입력한 후 레이어 스타일 적용하기

- 캠퍼스 룩 뽐내기, Show off your campus look., Look at My cloches, 참가신청, 구경하기를 입력한다.
- 입력한 문자열 각각에 서식과 레이어 스타일을 적용한다.
- 각각의 문자열을 〈출력형태〉와 같이 배치한다.

01. 문자 입력하기

1. 도구 상자에서 T(Horizontal Type Tool(수평 문자 도구))(T)을 클릭한다.
2. 옵션 바에서 문자를 입력하기 좋은 크기와 색상을 지정한다. 여기서는 크기를 12, 색상을 검정 (#000000)으로 지정한다.
3. 입력되는 문자의 색상과 구분이 잘되는 배경을 클릭하고 다음과 같이 〈출력형태〉에 제시된 모든 문자를 입력한다.

02. 서식 지정 및 레이어 스타일 적용하기

1. '캠퍼스'에 서식 지정 및 레이어 스타일 적용

① 레이어 패널에서 '캠퍼스~'를 선택한 후 옵션 바에서 Font(글꼴)를 '궁서', Size(크기)를 36으로 지정하고 ▨(Create warped text(뒤틀어진 텍스트 만들기))를 클릭한다.

② 'Warp Text(텍스트 뒤틀기)' 대화상자에서 'Style(스타일)'을 'Flag(깃발)'로 지정하고 〈출력 형태〉와 모양이 비슷해지도록 'Bend(구부리기)' 값을 조절한 후 〈OK(확인)〉를 클릭한다.

포토샵 CS4 사용자
'Wrap Text(텍스트 변형)' 대화상자에서 Bend(구부리기) 값을 −33으로 조절하세요.

③ 레이어 패널 하단의 ▨(Add a layer style(레이어 스타일을 추가합니다.)) 아이콘을 클릭한 후 [Gradient Overlay(그레이디언트 오버레이)]를 선택한다.

④ Gradient Overlay(그레이디언트 오버레이)에서 Gradient(그레이디언트) 항목을 클릭한다.

⑤ 'Gradient Editor(그레이디언트 편집기)' 대화상자의 왼쪽 아래 Color Stop(색상 정지점)을 더블 클릭한 다음 색상을 #cc33366으로 지정한다.

⑥ 'Gradient Editor(그레이디언트 편집기)' 대화상자의 가운데 아래를 클릭하여 Color Stop(색상 정지점)을 추가한다.

⑦ 만들어진 가운데 Color Stop(색상 정지점)을 더블클릭한 후 색상을 #3366cc로 지정한다.

⑧ 'Gradient Editor(그레이디언트 편집기)' 대화상자의 오른쪽 아래 Color Stop(색상 정지점)을 더블클릭한 다음 색상을 #66ff99로 지정한다.

⑨ 'Gradient Editor(그레이디언트 편집기)' 대화상

자에서 〈OK(확인)〉를 클릭하고 'Layer Style(레이어 스타일)' 대화상자의 스타일 목록에서 [Stroke(획)]를 클릭한다.

⑩ 'Layer Style(레이어 스타일)' 대화상자에서 Size(크기)를 2, Color(색상)를 #330000로 지정한 후 〈OK(확인)〉를 클릭한다.

2. 'Show~'에 서식 지정

① 레이어 패널에서 'Show~'를 선택한 후 옵션 바에서 Font(글꼴)를 'Arial', Font Style(글꼴 스타일)을 'Bold', Size(크기)를 30으로 지정한다.

② 레이어 패널 하단의 ▨(Add a layer style(레이어 스타일을 추가합니다.)) 아이콘을 클릭한 후 [Gradient Overlay(그레이디언트 오버레이)]를 선택한다.

③ Gradient Overlay(그레이디언트 오버레이)에서 Gradient(그레이디언트) 항목을 클릭한다.

④ 'Gradient Editor(그레이디언트 편집기)' 대화상자의 가운데 아래 Color Stop(색상 정지점)을 클릭하고 〈Delete(삭제)〉를 클릭한다.

⑤ 'Gradient Editor(그레이디언트 편집기)' 대화상자의 왼쪽 아래 Color Stop(색상 정지점)을 더블 클릭한 다음 색상을 #ff9900으로 지정한다.

⑥ 'Gradient Editor(그레이디언트 편집기)' 대화상자의 오른쪽 아래 Color Stop(색상 정지점)을 더블클릭한 다음 색상을 #ccffff로 지정한다.

⑦ 'Gradient Editor(그레이디언트 편집기)' 대화상자에서 〈OK(확인)〉를 클릭한다.

⑧ 'Layer Style(레이어 스타일)' 대화상자의 스타일 목록에서 [Stroke(획)]를 클릭하고 Size(크기)를 2, Color(색상)를 #663300으로 지정한다.

⑨ 'Layer Style(레이어 스타일)' 대화상자의 스타일 목록에서 [Drop Shadow(드롭 섀도)]를 클릭하고 〈OK(확인)〉를 클릭한다.

3. 'Look~'에 서식 지정 및 레이어 스타일 적용하기

① 레이어 패널에서 'Look~'을 선택한 후 옵션 바에서 Font(글꼴)를 'Times New Roman, Font Style(글꼴 스타일) Regular, Size(크기)를 17, Color(색상)를 #ffffff로 지정하고 ▨(Create warped text(뒤틀어진 텍스트 만들기))를 클릭한다.

② 'Warp Text(텍스트 뒤틀기)' 대화상자에서 'Style(스타일)'을 'Rise(상승)'로 지정하고 〈출력형태〉와 모양이 비슷해지도록 'Bend(구부리기)' 값을 조절한 후 〈OK(확인)〉를 클릭한다.

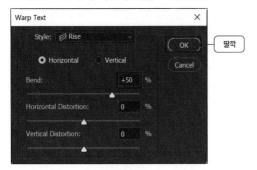

③ 레이어 패널 하단의 *fx*(Add a layer style(레이어 스타일을 추가합니다.)) 아이콘을 클릭한 후 [Stroke(획)]를 선택한다.

④ 'Layer Style(레이어 스타일)' 대화상자에서 Size(크기)를 2, Color(색상)를 #666666으로 지정한 후 〈OK(확인)〉를 클릭한다.

4. '참가신청, 구경하기'에 서식 지정 및 레이어 스타일 적용

① 레이어 패널에서 '참가신청, 구경하기'를 선택한 후 옵션 바에서 Font(글꼴)를 '돋움', Size(크기)를 15, Color(색상)를 #663300으로 지정한다.

② 레이어 패널에서 '참가신청'을 선택하고 하단의 *fx*(Add a layer style(레이어 스타일을 추가합니다.)) 아이콘을 클릭한 후 [Stroke(획)]를 선택한다.

③ 'Layer Style(레이어 스타일)' 대화상자에서 Size(크기)를 1, Color(색상)를 #ffff66으로 지정한 다음 〈OK(확인)〉를 클릭한다.

④ '구경하기'에 '참가신청'과 동일하게 레이어 스타일을 적용한다.

---

03. 〈출력형태〉와 같이 배치하기

1. 레이어 패널에서 '캠퍼스 룩~'을 선택한다.

2. [Edit(편집)] → [Free Transform(자유 변형)]([Ctrl]+[T])을 선택한 후 〈출력형태〉와 같이 배치한다. 이어서 [Enter]를 눌러 자유 변형 상태를 해제한다.

3. 나머지 글자도 위와 같은 방법으로 〈출력형태〉와 같이 배치한다.

⑫ 파일 저장 및 이미지 크기 조절

1. [File(파일)] → [Save a Copy(사본)]([Ctrl]+[Alt]+[S])를 선택하고 'Save a Copy(사본)' 대화상자에서 저장 위치를 '모의03', 파일 이름을 '모의03-4'로, Format(형식)을 'JPEG(*.JPG;*.JPEG;*.JPE)'로 지정한 후 〈저장〉을 클릭한다.

> **포토샵 CS4/CS6 사용자**
> JPG 형식으로 저장하기 위해 [File(파일)] → [Save As(다른 이름으로 저장)]([Ctrl]+[Shift]+[S])를 선택하세요.

2. 'JPEG Options(JPEG 옵션)' 대화상자에서 Quality(품질)를 8로 지정한 후 〈OK(확인)〉를 클릭한다.

3. [Image(이미지)] → [Image Size(이미지 크기)]([Ctrl]+[Alt]+[I])를 선택하고 'Image Size(이미지 크기)' 대화상자에서 Width(폭)와 Height(높이)에 입력되어 있는 값에서 0 하나씩만 제거한 후 〈OK(확인)〉를 클릭한다.

4. [File(파일)] → [Save(저장)]([Ctrl]+[S])를 선택한다.

⑬ [문제 4] 답안 파일 전송

1. 포토샵 프로그램을 최소화한 후 '시험 관리 도구'에서 〈답안 전송〉을 클릭한다.

2. '고사실 PC로 답안 파일 보내기' 대화상자에서 전송할 '모의03-4.jpg'와 '모의03-4.psd' 파일을 선택한 후 〈답안 전송〉을 클릭한다.

EXAMINATION

04 회

실전 모의고사

 문제 1　[기능평가]　**고급 Tool(도구) 활용**　　(20점)

다음의 〈조건〉에 따라 아래의 〈출력형태〉와 같이 작업하시오.

출력형태

조건

원본 이미지	\multicolumn{2}{l|}{C:\길벗GTQ1급\모의\모의04\Image\1급-1.jpg, 1급-2.jpg, 1급-3.jpg}	
파일 저장 규칙	JPG	파일명	C:\길벗GTQ1급\모의\모의04\모의04-1.jpg
		크기	400 × 500 pixels
	PSD	파일명	C:\길벗GTQ1급\모의\모의04\모의04-1.psd
		크기	40 × 50 pixels

1. 그림 효과

① 1급-1.jpg : 필터 – Sponge(스폰지 효과)
② Save Path(패스 저장) : 꿀벌 모양
③ Mask(마스크) : 꿀벌 모양, 1급-2.jpg를 이용하여 작성, 레이어 스타일 –
　　Stroke(선/획)(3px, #ffffff), Inner Shadow(내부 그림자)
④ 1급-3.jpg : 레이어 스타일 – Outer Glow(외부 광선)
⑤ Shape Tool(모양 도구) :
　　– 꽃잎 모양 (#cc0000, #ffcc00, 레이어 스타일 – Drop Shadow(그림자 효과))
　　– 장식 모양 (#ff0033, 레이어 스타일 – Stroke(선/획)(2px, #ccff00))

2. 문자 효과

① 산수유차 (궁서, 50pt, 레이어 스타일 – 그라디언트 오버레이(#ffcc00, #cc33cc, #003366), Stroke(선/획)(2px, #cc0066))

문제 2　[기능평가]　**사진편집 응용**　　(20점)

다음의 〈조건〉에 따라 아래의 〈출력형태〉와 같이 작업하시오.

출력형태

조건

원본 이미지	\multicolumn{2}{l|}{C:\길벗GTQ1급\모의\모의04\Image\1급-4.jpg, 1급-5.jpg, 1급-6.jpg}	
파일 저장 규칙	JPG	파일명	C:\길벗GTQ1급\모의\모의04\모의04-2.jpg
		크기	400 × 500 pixels
	PSD	파일명	C:\길벗GTQ1급\모의\모의04\모의04-2.psd
		크기	40 × 50 pixels

1. 그림 효과

① 필터 : 1급-4.jpg – Crosshatch(그물눈)
② 색상 보정 : 1급-5.jpg – 보라색 계열로 보정
③ 1급-5.jpg : 레이어 스타일 – Drop Shadow(그림자 효과)
④ 1급-6.jpg : 레이어 스타일 – Outer Glow(외부 광선)

⑤ Shape Tool(모양 도구) :
- 왕관 모양 (#660033, 레이어 스타일 – Stroke(선/획)(3px, #33cccc))
- 하트 모양 (#ff6699, #9966ff, 레이어 스타일 – Inner Glow(내부 광선))

2. 문자 효과

① Inner BEAUTY (Arial, Regular, 42pt, 레이어 스타일 – 그라디언트 오버레이(#cc9999, #6666cc), Drop Shadow(그림자 효과))

 문제 3   [실무응용] **포스터 제작**   (25점)

다음의 〈조건〉에 따라 아래의 〈출력형태〉와 같이 작업하시오.

`조건`

원본 이미지			C:\길벗GTQ1급\모의\모의04\Image\1급-7.jpg, 1급-8.jpg, 1급-9.jpg, 1급-10.jpg, 1급-11.jpg
파일 저장 규칙	JPG	파일명	C:\길벗GTQ1급\모의\모의04\모의04-3.jpg
		크기	600 × 400 pixels
	PSD	파일명	C:\길벗GTQ1급\모의\모의04\모의04-3.psd
		크기	60 × 40 pixels

1. 그림 효과

① 배경 : #ffcc66
② 1급-7.jpg : Blending Mode(혼합 모드) – Multiply(곱하기), Opacity(불투명도)(80%)
③ 1급-8.jpg : 필터 – Crosshatch(그물눈), 레이어 마스크 – 가로 방향으로 흐릿하게
④ 1급-9.jpg : 필터 – Poster Edges(포스터 가장자리), 레이어 스타일 – Stroke(선/획)(5px, 그라디언트(#cc9966, 투명으로))
⑤ 1급-10.jpg : 레이어 스타일 – Outer Glow(외부 광선), Opacity(불투명도)(80%)
⑥ 1급-11.jpg : 색상 보정 – 보라색 계열로 보정, 레이어 스타일 – Inner Shadow(내부 그림자)
⑦ 그 외 《출력형태》 참조

2. 문자 효과

① 천연재료 100% 식음료전 (바탕, 20pt, #0000ff, 레이어 스타일 – Stroke(선/획)(2px, #f0f0f0)
② Health Food (Arial, Bold, 42pt, 레이어 스타일 – 그라디언트 오버레이(#0000ff, #ff0000), Stroke(선/획)(3px, #6699cc))
③ 건강한 테이블을 위한 세미나가 열립니다 (궁서, 18pt, #cc6600, 레이어 스타일 – Stroke(선/획)(2px, #2200ff))
④ 발효전통음식 (돋움, 20pt, #cc0066, 레이어 스타일 – Stroke(선/획)(3px, 그라디언트(#ffff00, #00ffff))

`출력형태`

Shape Tool(모양 도구) 사용
#993333, 레이어 스타일 –
Inner Glow(내부 광선),
Drop Shadow(그림자 효과)

Shape Tool(모양 도구) 사용
레이어 스타일 –
그라디언트 오버레이
(#ffff00, #cc6666),
Stroke(선/획)(4px, #ffffff)

Shape Tool(모양 도구) 사용
#996699, 레이어 스타일 –
Inner Glow(내부 광선),
Opacity(불투명도)(70%)

다음의 〈조건〉에 따라 아래의 〈출력형태〉와 같이 작업하시오.

조건

원본 이미지	C:\길벗GTQ1급\모의\모의04\Image\1급-12.jpg, 1급-13.jpg, 1급-14.jpg, 1급-15.jpg, 1급-16.jpg, 1급-17.jpg		
파일 저장 규칙	JPG	파일명	C:\길벗GTQ1급\모의\모의04\모의04-4.jpg
		크기	600 × 400 pixels
	PSD	파일명	C:\길벗GTQ1급\모의\모의04\모의04-4.psd
		크기	60 × 40 pixels

1. 그림 효과

① 배경 : #996666

② 패턴(왕관, 해 모양) : #ffffff, #ffcc66, Opacity(불투명도)(60%)

③ 1급-12.jpg : 필터 - Rouhg Pastel(거친 파스텔 효과), 레이어 마스크 - 세로 방향으로 흐릿하게

④ 1급-13.jpg : Blending Mode(혼합 모드) - Vivid Light(선명한 라이트), 레이어 마스크 - 가로 방향으로 흐릿하게

⑤ 1급-14.jpg : Inner Glow(내부 광선), Stroke(선/획)(2px, #339999)

⑥ 1급-15.jpg : 필터 - Facet(단면화), 레이어 스타일 - Stroke(선/획)(5px, #ffcccc)

⑦ 1급-16.jpg : 색상 보정 - 파란색 계열로 보정, 레이어 스타일 - Drop Shadow(그림자 효과)

⑧ 그 외 《출력형태》 참조

2. 문자 효과

① www.fruitjuice.com (Arial, Bold, 15pt, #0000ff, 레이어 스타일 - Stroke(선/획)(2px, #ccffff), Drop Shadow(그림자 효과))

② 신선한 유기농 과일주스 (바탕, 30pt, 레이어 스타일 - 그라디언트 오버레이(#ff0000, #9900ff), Stroke(선/획)(3px, #ffffff))

③ 과즙 팡팡 새콤 달콤 (궁서, 24pt, 레이어 스타일 - 그라디언트 오버레이(#33ffcc, #ffffff), Stroke(선/획)(2px, #ff9933))

④ 주문하기 조회하기 공지사항 (돋움, 14pt, #ff0033, 레이어 스타일 - Stroke(선/획)(2px, #ccffff))

출력형태

Shape Tool(모양 도구) 사용
레이어 스타일 - 그라디언트 오버레이
(#003366, #ffffff, 3399ff)
Stroke(선/획)(2px, #ffffcc)

Pen Tool(펜 도구) 사용
#ff3399, 레이어 스타일 -
Outer Glow(외부 광선),
그라디언트 오버레이
(#cc99cc, #ff0000)

Shape Tool(모양 도구) 사용
#9966cc, 레이어 스타일 -
Inner Shadow(내부 그림자),
Opacity(불투명도)(80%)

Shape Tool(모양 도구) 사용
#33ccff, 레이어 스타일 -
Drop Shadow(그림자 효과)

문제 1　[기능평가]　고급 Tool(도구) 활용

미리보기

사용할 이미지

1급-1.jpg　　　1급-2.jpg　　　1급-3.jpg　　　펜 도구로 그리기　모양 도구로 추가하기

작업 과정

❶
'1급-1.jpg'를 복사한 후 필터를 적용한다.

❷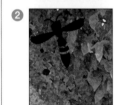
꿀벌 모양의 패스를 만들어 저장한다.

❸
'1급-2.jpg'를 복사한 후 꿀벌 모양을 이용해 클리핑 마스크를 수행하고 레이어 스타일을 적용한다.

❹
'1급-3.jpg'에서 찻잔을 복사한 후 레이어 스타일을 적용한다.

❺
�֍, ֎를 추가한 후 레이어 스타일을 적용한다.

❻
문자를 입력한 후 레이어 스타일을 적용한다.

0 준비 작업

1. [File(파일)] → [New(새로 만들기)]([Ctrl]+[N])를 선택한다.

2. 'New Document(새로운 문서 만들기)' 대화상자에서 Name(이름)을 '모의04-1', Width(폭)를 400, Height(높이)를 500, Resolution(해상도)을 72, Color Mode(색상 모드)를 'RGB Color', '8Bit', Background Contents(배경 내용)를 'White(흰색)'로 지정한 후 〈Create(만들기)〉를 클릭한다.

> **포토샵 CS4/CS6 사용자**
> 'New(새 문서)' 대화상자에서 Name(이름), Witdth(폭), Height(높이) 등을 지정하세요.

3. [File(파일)] → [Save As(다른 이름으로 저장)]([Shift]+[Ctrl]+[S])를 선택한 다음 'Save As(다른 이름으로 저장)' 대화상자에서 저장 위치를 '모의04', 파일 이름을 '모의04-1'로 지정한 후 〈저장〉을 클릭한다.

1 이미지를 복사한 후 필터 적용하기

> **작업 결과**
> '1급-1.jpg'를 복사한 후 Sponge(스폰지 효과) 필터를 적용한다.

1. [File(파일)] → [Open(열기)]([Ctrl]+[O])을 선택한다.
2. '열기' 대화상자에서 찾는 위치를 'C:\길벗GTQ1급\모의\모의04\Image' 폴더로 지정한 다음 '1급-1.jpg', '1급-2.jpg', '1급-3.jpg' 파일을 선택하고 〈열기〉를 클릭한다.
3. '1급-1.jpg'를 '모의04-1.psd' 파일로 복사한다.

4. [Filter(필터)] → [Filter Gallery(필터 갤러리)] → [Artistic(예술 효과)] → [Sponge(스폰지)]를 선택한 후 〈OK(확인)〉를 클릭한다.

2 꿀벌 모양 그리기

> **작업 결과**
> Pen Tool(펜 도구)로 꿀벌 모양의 패스를 만들어 저장한다.

1. 도구 상자에서 (Pen Tool(펜 도구))([P])을 클릭하고, 옵션 바에서 Pick tool mode(선택 도구 모드)를 Shape(모양)로, Stroke(획)를 No Color(색상 없음)로, Path operations(패스 작업)을 ■(New Layer(새 레이어))로 선택한다.

> **포토샵 CS4 사용자**
> • Stroke(획)가 Style(스타일)로 표시되며, Style(스타일)의 기본 값이 Default Style(초기 스타일)입니다. 기본 값이 Default Style(초기 스타일)이 아닌 경우에만 선택하세요.
> • 옵션 바에서 ■(Create new shape layer(새 모양 레이어에 만들기))를 선택하세요.

2. 문제지의 〈출력형태〉에 그려 놓은 기준선을 참조하여 다음과 같이 안내선을 표시한다.

3. 패스 모양이 곡선에서 곡선으로 이어지는 경우 현재 패스의 방향이 다음 패스에 영향을 주지 않도록 [Alt]를 누른 채 현재 기준점을 클릭하여 방향선을 제거한다.

❸ [Alt]+딸깍
❷ 딸깍 후 대각선 방향으로 드래그
❶ 딸깍

4. 위와 같은 방법으로 다음과 같이 꿀벌의 앞부분을 그린다.

5. 도구 상자의 옵션 바에서 ▣(Combine Shapes(모양 결합))를 클릭한 후 나머지 부분을 그려 꿀벌 모양을 완성한다.

6. [View(보기)] → [Clear Guides(안내선 지우기)] ([Alt]+[V], [D])를 선택한다.
7. 패스 패널에서 'Shape 1 Shape Path(모양 1 모양 패스)'를 더블클릭한다.

8. 'Save Path(패스 저장)' 대화상자에 Name(이름)을 꿀벌 모양으로 입력한 후 〈OK(확인)〉를 클릭한다.
9. [Esc]를 두 번 눌러 패스 선택 상태를 해제한다.

❸ 이미지를 복사한 후 클리핑 마스크를 수행하고 꿀벌 모양에 레이어 스타일 적용하기

작업 결과
• '1급-2.jpg'를 복사한 후 꿀벌 모양을 이용해 클리핑 마스크를 수행한다.
• 꿀벌 모양에 Stroke(선/획)와 Inner Shadow(내부 그림자) 스타일을 적용한다.

 ⇒

1. '1급-2.jpg'를 '모의04-1.psd' 파일로 복사한다.

2. 레이어 패널에서 'Layer 2(레이어 2)'의 바로 가기 메뉴를 불러 [Create Clipping Mask(클리핑 마스크 만들기)]를 선택한다.
3. [Edit(편집)] → [Free Transform(자유 변형)] (Ctrl+T)을 선택한 후 〈출력형태〉와 같이 배치한다. 이어서 Enter를 눌러 자유 변형 상태를 해제한다.

4. 레이어 패널에서 'Shape 1(모양 1)'을 선택한 후 하단의 ▣(Add a layer style(레이어 스타일을 추가합니다.)) 아이콘을 클릭하고 [Stroke(획)]를 선택한다.
5. 'Layer Style(레이어 스타일)' 대화상자에서 Size(크기)를 3, Position(위치)을 Outside(바깥쪽)로 선택하고, Color(색상)를 #ffffff로 지정한 다음 스타일 목록에서 [Inner Shadow(내부 그림자)]를 선택한 후 〈OK(확인)〉를 클릭한다.

④ 찻잔을 복사한 후 레이어 스타일 적용하기

작업 결과

'1급-3.jpg'에서 찻잔을 복사한 후 Outer Glow(외부 광선) 스타일을 적용한다.

1. 복사된 찻잔이 Layer 2(레이어 2) 위쪽에 배치되도록 하기 위해 레이어 패널에서 'Layer 2(레이어 2)'를 클릭한다.
2. '1급-3.jpg' 탭을 클릭하고 선택 도구를 이용하여 다음과 같이 선택한다.

3. 선택 영역을 '모의04-1.psd' 파일로 복사한다.
4. 레이어 패널 하단의 ▣(Add a layer style(레이어 스타일을 추가합니다.)) 아이콘을 클릭한 후 [Outer Glow(외부 광선)]를 선택한다.
5. 'Layer Style(레이어 스타일)' 대화상자에서 〈OK(확인)〉를 클릭한다.
6. [Edit(편집)] → [Free Transform(자유 변형)] (Ctrl+T)을 선택한 후 〈출력형태〉와 같이 크기를 조절한 다음 배치한다. 이어서 Enter를 눌러 자유 변형 상태를 해제한다.

⑤ ✽, ⚜를 추가한 후 레이어 스타일 적용하기

- 꽃잎(✽) 모양을 추가한 후 Drop Shadow(그림자 효과) 스타일을 적용하고 한 번 복사한다.
- 장식(⚜) 모양을 추가한 후 Stroke(선/획) 스타일을 적용한다.

 →

01. ✽를 추가한 후 레이어 스타일 적용하기

1. 도구 상자에서 ▧(Custom Shape Tool(사용자 정의 모양 도구))(U)을 선택한 다음 옵션 바에서 Shape(모양)를 클릭한다.
2. 옵션 바에서 Shape(모양)의 목록 단추(▮) → [Legacy Shapes and More(레거시 모양 및 기타)] → [All Legacy Default Shapes(모든 레거시 기본 모양)] → [Nature(자연)]를 선택한다.

포토샵 CS4/CS6 사용자
Shape(모양) 목록에서 [Nature(자연)]를 선택한 후 선택한 모양으로 대치할지를 묻는 대화상자가 나타나면 〈OK(확인)〉를 클릭하세요.

3. 모양 목록에서 ✽(Flower 1(꽃 1))을 선택한 후 드래그 하여 추가한 다음 옵션 바에서 Fill(칠)을 클릭하고 색상을 #cc0000으로 지정한다.

포토샵 CS4 사용자
옵션 바에서 Color(색상)를 클릭한 다음 'Pick a solid color:(단색 선택:)' 대화상자에서 색상을 지정한 후 〈OK(확인)〉를 클릭하세요.

4. 레이어 패널 하단의 ▧(Add a layer style(레이어 스타일을 추가합니다.)) 아이콘을 클릭한 후 [Drop Shadow(그림자)]를 선택한다.
5. 'Layer Style(레이어 스타일)' 대화상자에서 〈OK(확인)〉를 클릭한다.

6. [Edit(편집)] → [Free Transform Path(패스 자유 변형)](Ctrl+T)를 선택한 다음 〈출력형태〉와 같이 크기와 방향을 조절한 후 배치한다. 이어서 Enter를 두 번 눌러 패스 자유 변형 상태를 해제한다.

7. 도구 상자에서 ✛(Move Tool(이동 도구))(V)을 클릭한 후 Alt를 누른 채 꽃 모양을 왼쪽 하단으로 드래그하여 한 번 복사한다.
8. ▧(Custom Shape Tool(사용자 정의 모양 도구)) (U)을 클릭한 후 Fill(칠)을 클릭하고 색상을 #ffcc00으로 지정한 후 〈OK(확인)〉를 클릭한다.

포토샵 CS4 사용자
옵션 바의 Color(색상)에서 색상을 지정하세요.

9. [Edit(편집)] → [Free Transform Path(패스 자유 변형)](Ctrl+T)를 선택한 다음 〈출력형태〉와 같이 크기와 방향을 조절한 후 배치한다. 이어서 Enter를 두 번 눌러 패스 자유 변형 상태를 해제한다.

02. ⚜를 추가한 후 레이어 스타일 적용하기

1. ▧(Custom Shape Tool(사용자 정의 모양 도구)) (U)을 선택한 후 옵션 바에서 Shape(모양)의 목록 단추(▮) → [Legacy Shapes and More(레거시 모양 및 기타)] → [All Legacy Default Shapes(모든 레거시 기본 모양)] → [Ornaments(장식)]를 선택한다.

포토샵 CS4/CS6 사용자
Shape(모양) 목록에서 [Ornaments(장식)]를 선택한 후 선택한 모양으로 대치할지를 묻는 대화상자가 나타나면 〈OK(확인)〉를 클릭하세요.

2. 모양 목록에서 ![](Ornaments 5(장식 5))를 선택한 후 드래그 하여 추가한 다음 옵션 바에서 Fill(칠)을 클릭하고 색상을 #ff0033으로 지정한다.

포토샵 CS4 사용자
옵션 바의 Color(색상)에서 색상을 지정하세요.

3. 레이어 패널 하단의 ![](Add a layer style(레이어 스타일을 추가합니다.)) 아이콘을 클릭한 후 [Stroke(획)]를 선택한다.

4. 'Layer Style(레이어 스타일)' 대화상자에서 Size(크기)를 2, Color(색상)를 #ccff00으로 지정한 후 〈OK(확인)〉를 클릭한다.

5. [Edit(편집)] → [Free Transform Path(패스 자유 변형)]([Ctrl]+[T])를 선택한 다음 〈출력형태〉와 같이 크기를 조절한 후 배치한다. 이어서 [Enter]를 두 번 눌러 패스 자유 변형 상태를 해제한다.

⑥ 문자를 입력한 후 레이어 스타일 적용하기

작업 결과

산수유차를 입력한 후 Gradient Overlay(그라디언트 오버레이)와 Stroke(선/획) 스타일을 적용한다.

1. 도구 상자에서 ![](Vertical Type Tool(세로 문자 도구))([T])을 클릭한 다음 적당한 위치를 클릭하고 **산수유차**를 입력한다.

2. [Ctrl]+[Enter]를 눌러 입력을 완료하고 옵션 바에서 Font(글꼴)를 '궁서', Size(크기)를 50으로 지정한

후 ![](Create warped text(뒤틀어진 텍스트 만들기))를 클릭한다.

3. 'Warp Text(텍스트 뒤틀기)' 대화상자에서 Style(스타일)을 Arc(부채꼴)로 지정하고, 〈출력형태〉와 모양이 비슷해지도록 Bend(구부리기) 값을 조절한 후 〈OK(확인)〉를 클릭한다.

4. 레이어 패널 하단의 ![](Add a layer style(레이어 스타일을 추가합니다.)) 아이콘을 클릭한 후 Gradient Overlay(그레이디언트 오버레이)]를 선택한다.

5. 'Layer Style(레이어 스타일)' 대화상자에서 Gradient (그레이디언트) 항목을 클릭한다.

6. 'Gradient Editor(그레이디언트 편집기)' 대화상자의 왼쪽 아래 ![](Color Stop(색상 정지점))을 더블 클릭한 다음 색상을 #ffcc00으로 지정한다.

7. 'Gradient Editor(그레이디언트 편집기)' 대화상자의 가운데 아래로 마우스 포인터를 이동시켜 ![](로 변경되면 클릭하여 ![](Color Stop(색상 정지점))을 추가한다.

8. 만들어진 가운데 ![](Color Stop(색상 정지점))을 더블클릭한 다음 색상을 #cc33cc로 지정한다.

9. 'Gradient Editor(그레이디언트 편집기)' 대화상자의 오른쪽 아래 ![](Color Stop(색상 정지점))을 더블클릭한 다음 색상을 #003366으로 지정한다.

10. 'Gradient Editor(그레이디언트 편집기)' 대화상자에서 〈OK(확인)〉를 클릭한다.

11. 'Layer Style(레이어 스타일)' 대화상자의 스타일 목록에서 [Stroke(획)]를 클릭한 후 Size(크기)를 2, Color(색상)를 #cc0066으로 지정한 다음 〈OK(확인)〉를 클릭한다.

12. [Edit(편집)] → [Free Transform(자유 변형)]([Ctrl]+[T])을 선택한 다음 〈출력형태〉와 같이 배치한다. 이어서 [Enter]를 눌러 자유 변형 상태를 해제한다.

⑦ 파일 저장 및 이미지 크기 조절

1. [File(파일)] → [Save a Copy(사본 저장)]([Ctrl]+[Alt]+[S])를 선택한 다음 'Save a Copy(사본 저장)' 대화상자에서 저장 위치를 '모의04', 파일 이름을 '모의04-1'로, Format(형식)을 'JPEG(*.JPG;*.JPEG;*.JPE)'로 지정한 후 〈저장〉을 클릭한다.

포토샵 CS4/CS6 사용자
JPG 형식으로 저장하기 위해 [File(파일)] → [Save As(다른 이름으로 저장)]([Ctrl]+[Shift]+[S])를 선택하세요.

2. 'JPEG Options(JPEG 옵션)' 대화상자에서 Quality(품질)를 8로 지정한 후 〈OK(확인)〉를 클릭한다.

3. [Image(이미지)] → [Image Size(이미지 크기)]([Ctrl]+[Alt]+[I])를 선택하고 'Image Size(이미지 크기)' 대화상자에서 단위를 Pixel로 변경한 뒤 Width(폭)와 Height(높이)에 입력되어 있는 값에서 0 하나씩만 제거한 후 〈OK(확인)〉를 클릭한다.

4. [File(파일)] → [Save(저장)]([Ctrl]+[S])를 선택한다.

⑧ [문제 1] 답안 파일 전송

1. 포토샵 프로그램을 최소화한 후 '시험 관리 도구'에서 〈답안 전송〉을 클릭한다.

2. '고사실 PC로 답안 파일 보내기' 대화상자에서 전송할 '모의04-1.jpg'와 '모의04-1.psd' 파일을 선택한 후 〈답안 전송〉을 클릭한다.

문제 2 · [기능평가] 사진편집 응용

미리보기

사용할 이미지

1급-4.jpg

1급-5.jpg

1급-6.jpg

모양 도구로 추가하기

① '1급-4.jpg'를 복사한 후 필터를 적용한다.

② '1급-5.jpg'에서 과일을 복사한 후 레이어 스타일을 적용하고 색상을 보정한다.

③ '1급-6.jpg'에서 체리를 복사한 후 레이어 스타일을 적용한다.

④ 👑, 🎵를 추가한 후 레이어 스타일을 적용한다.

⑤ 문자를 입력한 후 레이어 스타일을 적용한다.

문제 2   [기능평가] 사진편집 응용   따라하기

⓪ 준비 작업

1. [File(파일)] → [New(새로 만들기)](Ctrl+N)를 선택한다.

2. 'New Document(새로운 문서 만들기)' 대화상자에서 Name(이름)을 '모의04-2', Width(폭)를 400, Height(높이)를 500, Resolution(해상도)을 72, Color Mode(색상 모드)를 'RGB Color', '8Bit', Background Contents(배경 내용)를 'White(흰색)'로 지정한 후 〈Create(만들기)〉를 클릭한다.

> **포토샵 CS4/CS6 사용자**
> 'New(새 문서)' 대화상자에서 Name(이름), Width(폭), Height(높이) 등을 지정하세요

3. [File(파일)] → [Save As(다른 이름으로 저장)]((Ctrl+Shift+S))를 선택한 다음 'Save As(다른 이름으로 저장)' 대화상자에서 저장 위치를 '모의04', 파일 이름을 '모의04-2'로 지정한 후 〈저장〉을 클릭한다.

❶ 이미지를 복사한 후 필터 적용하기

'1급-4.jpg'를 복사한 후 Crosshatch(그물눈) 필터를 적용한다.

 →

1. [File(파일)] → [Open(열기)]([Ctrl]+[O])을 선택한다.
2. '열기' 대화상자에서 찾는 위치를 'C:\길벗GTQ1급\모의\모의04\Image' 폴더로 지정한 다음 '1급-4.jpg', '1급-5.jpg', '1급-6.jpg' 파일을 선택하고 〈열기〉를 클릭한다.
3. '1급-4.jpg'를 '모의04-2.psd' 파일로 복사한다.
4. [Filter(필터)] → [Filter Gallery(필터 갤러리)] → [Brush Strokes(브러시 획)] → [Crosshatch(그물눈)]를 선택한 후 〈OK(확인)〉를 클릭한다.
5. [Edit(편집)] → [Free Transform(자유 변형)]([Ctrl]+[T])을 선택한 후 〈출력형태〉와 같이 배치한다. 이어서 [Enter]를 눌러 자유 변형 상태를 해제한다.

② 과일을 복사한 후 레이어 스타일을 적용하고 색상 보정하기

작업 결과

'1급-5.jpg'에서 과일을 복사한 후 Drop Shadow(그림자 효과) 스타일을 적용하고, 보라색 계열로 색상을 보정한다.

 →

1. '1급-5.jpg' 탭을 클릭하고 선택 도구를 이용하여 다음과 같이 선택한다.

2. 선택 영역을 '모의04-2.psd' 파일로 복사한다.
3. 레이어 패널 하단의 *fx*(Add a layer style(레이어 스타일을 추가합니다.)) 아이콘을 클릭한 후 [Drop Shadow(그림자)]를 선택한다.
4. 'Layer Style(레이어 스타일)' 대화상자에서 〈OK(확인)〉를 클릭한다.
5. [Edit(편집)] → [Free Transform(자유 변형)]([Ctrl]+[T])을 선택한 다음 〈출력형태〉와 같이 크기를 조절한 후 배치한다. 이어서 [Enter]를 눌러 자유 변형 상태를 해제한다.

6. 선택 도구를 이용하여 다음과 같이 선택한다.

7. 레이어 패널 하단의 ◐(Create new fill or adjustment layer(새 칠 또는 조정 레이어를 만듭니다.)) 아이콘을 클릭한 후 [Hue/Saturation(색조/채도)]을 선택한다.
8. 조정 패널에서 Colorize(색상화)를 체크한 후 Hue(색조)에 **255**를 입력하여 색상을 보라색 계열로 보정한다.

3 체리를 복사한 후 레이어 스타일 적용하기

> **작업 결과**
>
> '1급-6.jpg'에서 체리를 복사한 후 Outer Glow(외부 광선) 스타일을 적용한다.

1. '1급-6.jpg' 탭을 클릭하고 선택 도구를 이용하여 다음과 같이 선택한다.

2. 선택 영역을 '모의04-2.psd' 파일로 복사한다.

3. 레이어 패널 하단의 ▧(Add a layer style(레이어 스타일을 추가합니다.)) 아이콘을 클릭한 후 [Outer Glow(외부 효과)]를 선택하고 〈OK(확인)〉를 클릭한다.

4. [Edit(편집)] → [Free Transform(자유 변형)] (Ctrl+T)을 선택한 다음 〈출력형태〉와 같이 크기를 조절한 후 배치한다. 이어서 Enter를 눌러 자유 변형 상태를 해제한다.

4 👑, ♡를 추가한 후 레이어 스타일 적용하기

> **작업 결과**
>
> • 왕관(👑) 모양을 추가한 후 Stroke(선/획) 스타일을 적용한다.
> • 하트(♡) 모양을 추가한 후 Inner Glow(내부 광선) 스타일을 적용하고 한 번 복사한다.

01. 👑를 추가한 후 레이어 스타일 적용하기

1. 도구 상자에서 ▧(Custom Shape Tool(사용자 정의 모양 도구))(U)을 선택한 다음 옵션 바에서 Shape(모양)를 클릭한다.

2. 옵션 바에서 Shape(모양)의 목록 단추(▮) → [Legacy Shapes and More(레거시 모양 및 기타)] → [All Legacy Default Shapes(모든 레거시 기본 모양)] → [Objects(물건)]를 선택한다.

3. 모양 목록에서 ♔(Crown 2(왕관 2))를 선택한 후
   드래그 하여 추가한 다음 옵션 바에서 Fill(칠)을
   클릭하고 색상을 #660033으로 지정한다.

4. 레이어 패널 하단의 ▩(Add a layer style(레이어
   스타일을 추가합니다.)) 아이콘을 클릭한 후
   [Stroke(획)]를 선택한다.
5. 'Layer Style(레이어 스타일)' 대화상자에서 Size(크
   기)를 3, Color(색상)를 #33cccc로 지정한 후
   〈OK(확인)〉를 클릭한다.
6. [Edit(편집)] → [Free Transform Path(패스 자유
   변형)]([Ctrl]+[T])를 선택한 다음 〈출력형태〉와 같이
   크기를 조절한 후 배치한다. 이어서 [Enter]를 두 번 눌
   러 패스 자유 변형 상태를 해제한다.

02. ♥를 추가한 후 레이어 스타일 적용하기

1. ▩(Custom Shape Tool(사용자 정의 모양 도구))
   ([U])을 선택한 후 옵션 바에서 Shape(모양)의 목록
   단추(▼) → [Legacy Shapes and More(레거시 모
   양 및 기타)] → [All Legacy Default Shapes(모든
   레거시 기본 모양)] → [Shapes(모양)]를 선택한다.

2. 모양 목록에서 ♥(Heart(하트))를 선택하고 드래그
   하여 추가한 다음 옵션 바에서 Fill(칠)을 클릭하고
   색상을 #ff66699로 지정한다.

3. 레이어 패널 하단의 ▩(Add a layer style(레이어
   스타일을 추가합니다.)) 아이콘을 클릭한 후 [Inner
   Glow(내부 광선)]를 선택한다.
4. 'Layer Style(레이어 스타일)' 대화상자에서 〈OK
   (확인)〉를 클릭한다.
5. [Edit(편집)] → [Free Transform Path(패스 자유
   변형)]([Ctrl]+[T])를 선택한 다음 〈출력형태〉와 같이
   크기를 조절한 후 배치한다. 이어서 [Enter]를 두 번 눌
   러 패스 자유 변형 상태를 해제한다.

6. 도구 상자에서 ✥(Move Tool(이동 도구))([V])을
   클릭한 후 [Alt]를 누른 채 하트 모양을 오른쪽 상단
   으로 드래그하여 한 번 복사한다.
7. ▩(Custom Shape Tool(사용자 정의 모양 도구))
   ([U])을 클릭한 후 Fill(칠)을 클릭하고 색상을
   #9966ff로 지정한 후 〈OK(확인)〉를 클릭한다.

8. [Edit(편집)] → [Free Transform Path(패스 자유
   변형)]([Ctrl]+[T])를 선택한 다음 〈출력형태〉와 같이
   크기와 방향을 조절한 후 배치한다. 이어서 [Enter]를
   두 번 눌러 패스 자유 변형 상태를 해제한다.

⑤ 문자를 입력한 후 레이어 스타일 적용하기

작업 결과

Inner BEAUTY를 입력한 후 Gradient Overlay(그라디언트 오버레이)와 Drop Shadow(그림자 효과) 스타일을 적용한다.

1. 도구 상자에서 ![T](Horizontal Type Tool(수평 문자 도구))(T)를 클릭한 후 적당한 위치를 클릭하고 Inner BEAUTY를 입력한다.

2. Ctrl+Enter를 눌러 입력을 완료하고 옵션 바에서 Font(글꼴)를 'Arial', Font Style(글꼴 스타일)을 'Regular', Size(크기)를 42로 지정한 후 ![I](Create warped text(뒤틀어진 텍스트 만들기))를 클릭한다.

3. 'Warp Text(텍스트 뒤틀기)' 대화상자에서 Style (스타일)을 Fish(물고기)로 지정하고, 〈출력형태〉와 모양이 비슷해지도록 Bend(구부리기) 값을 조절한 후 〈OK(확인)〉를 클릭한다.

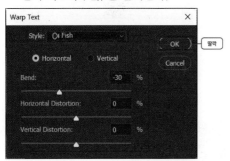

4. 레이어 패널 하단의 ![fx](Add a layer style(레이어 스타일을 추가합니다.)) 아이콘을 클릭한 후 [Gradient Overlay(그레이디언트 오버레이)]를 선택한다.

5. 'Layer Style(레이어 스타일)' 대화상자에서 Gradient(그레이디언트) 항목을 클릭한다.

6. 'Gradient Editor(그레이디언트 편집기)' 대화상자의 왼쪽 아래 Color Stop(색상 정지점)을 더블클릭한 다음 색상을 #cc9999로 지정한다.

7. 'Gradient Editor(그레이디언트 편집기)' 대화상자의 가운데 아래 Color Stop(색상 정지점)을 더블클릭한 다음 색상을 #6666cc로 지정한다.

> 제시된 색상은 #cc9999, #6666cc로 두 가지이지만, 〈출력형태〉와 동일하게 나타내기 위해 왼쪽, 오른쪽의 Color Stop(색상 정지점)에 #cc9999로, 가운데 Color Stop(색상 정지점)에 #6666cc로 지정합니다.

8. 'Gradient Editor(그레이디언트 편집기)' 대화상자의 오른쪽 아래 Color Stop(색상 정지점)을 더블클릭한 다음 색상을 #cc9999로 지정한다.

9. 'Gradient Editor(그레이디언트 편집기)' 대화상자에서 〈OK(확인)〉를 클릭한다.

10. 'Layer Style(레이어 스타일)' 대화상자에서 Angle(각도)을 0으로 지정한다 .

11. 스타일 목록에서 [Drop Shadow(드롭 섀도)]를 클릭하고 〈OK(확인)〉를 클릭한다.

12. [Edit(편집)] → [Free Transform(자유 변형)] (Ctrl+T)을 선택한 후 〈출력형태〉와 같이 배치한다. 이어서 Enter를 눌러 자유 변형 상태를 해제한다.

⑥ 파일 저장 및 이미지 크기 조절

1. [File(파일)] → [Save a Copy(사본 저장)](Ctrl+Alt+S)를 선택한 다음 'Save a Copy(사본 저장)' 대화상자에서 저장 위치를 '모의04', 파일 이름을 '모의04-2'로, Format(형식)을 'JPEG(*.JPG;*.JPEG;*.JPE)'로 지정한 후 〈저장〉을 클릭한다.

포토샵 CS4/CS6 사용자
JPG 형식으로 저장하기 위해 [File(파일)] → [Save As(다른이름으로 저장)](Ctrl+Shift+S)를 선택하세요.

2. 'JPEG Options(JPEG 옵션)' 대화상자에서 Quality (품질)를 8로 지정한 후 〈OK(확인)〉를 클릭한다.

3. [Image(이미지)] → [Image Size(이미지 크기)] (Ctrl+Alt+I)를 선택하고 'Image Size(이미지 크기)' 대화상자에서 Width(폭)와 Height(높이)에 입력되어 있는 값에서 0 하나씩만 제거한 후 〈OK(확인)〉를 클릭한다.

4. [File(파일)] → [Save(저장)](Ctrl+S)를 선택한다.

❼ [문제 2] 답안 파일 전송

1. 포토샵 프로그램을 최소화한 후 '시험 관리 도구'에서 〈답안 전송〉을 클릭한다.

2. '고사실 PC로 답안 파일 보내기' 대화상자에서 전송할 '모의04-2.jpg'와 '모의04-2.psd' 파일을 선택한 후 〈답안 전송〉을 클릭한다.

문제 3 　[실무응용] 포스터 제작

미리보기

사용할 이미지

1급-7.jpg　　1급-8.jpg　　1급-9.jpg　　1급-10.jpg　　1급-11.jpg

모양 도구로 추가하기

작업 과정

❶ 　빈 캔버스에 배경색을 지정한다.

❷ 　'1급-7.jpg'를 복사한 후 혼합 모드와 불투명도를 지정한다.

❸ 　'1급-8.jpg'를 복사한 후 필터를 적용하고 가로 방향으로 흐릿하게 레이어 마스크를 수행한다.

❹ 　◖◗을 추가한 후 레이어 스타일을 적용하고, '1급-9.jpg'를 복사한 후 필터를 적용하고 클리핑 마스크를 수행한다.

⑤ '1급-10.jpg'에서 음료를 복사한 후 레이어 스타일을 적용하고 불투명도를 지정한다.

⑦ ◧, ▶, ✚를 추가한 후 레이어 스타일을 적용한다.

⑥ '1급-11.jpg'에서 유리잔을 복사한 후 레이어 스타일을 적용하고 색상을 보정한다.

⑧ 문자를 입력한 후 레이어 스타일을 적용한다.

 문제 3   [실무응용] **포스터 제작**   따라 하기

ⓞ 준비 작업

1. [File(파일)] → [New(새로 만들기)](Ctrl+N)를 선택한다.
2. 'New Document(새로운 문서 만들기)' 대화상자에서 Name(이름)을 '모의04-3', Width(폭)를 600, Height(높이)를 400, Resolution(해상도)을 72, Color Mode(색상 모드)를 'RGB Color', '8Bit', Background Contents(배경 내용)를 'White(흰색)'로 지정한 후 〈Create(만들기)〉를 클릭한다.

> **포토샵 CS4/CS6 사용자**
> 'New(새 문서)' 대화상자에서 Name(이름), Witdth(폭), Height(높이) 등을 지정하세요.

3. [File(파일)] → [Save As(다른 이름으로 저장)](Ctrl+Shift+S)를 선택한 다음 'Save As(다른 이름으로 저장)' 대화상자에서 저장 위치를 '모의04', 파일 이름을 '모의04-3'으로 지정한 후 〈저장〉을 클릭한다.

① 배경색 지정하기

> **작업 결과**
>
> 빈 캔버스에 배경색을 지정한다.

1. [Edit(편집)] → [Fill(칠)](Shift+F5)을 선택한다.
2. 'Fill(칠)' 대화상자에서 Contents(내용) 목록에서 목록 단추를 클릭한 후 [Color(색상)]를 선택한다.

3. Color Picker(Fill Color)(색상 피커(칠 색상)) 대화
상자에서 색상을 #ffcc66으로 지정한 후 〈OK(확
인)〉를 클릭한다. 이어서 'Fill(칠)' 대화상자에서도
〈OK(확인)〉를 클릭한다.

❷ 이미지를 복사한 후 혼합 모드 지정하기

> **작업 결과**
>
> '1급-7.jpg'를 복사한 후 Blending Mode(혼합 모드)를 'Multi-
> ply(곱하기)'로, Opacity(불투명도)를 80%로 지정한다.

1. [File(파일)] → [Open(열기)]((Ctrl)+(O))을 선택한다.

2. '열기' 대화상자에서 찾는 위치를 'C:\길벗GTQ1
급\모의\모의04\Image' 폴더로 지정한 후 '1급-7.
jpg', '1급-8.jpg', '1급-9.jpg', '1급-10.jpg', '1
급-11.jpg' 파일을 선택하고 〈열기〉를 클릭한다.

3. '1급-7.jpg'를 '모의04-3.psd' 파일로 복사한다.

4. 레이어 패널 상단의 혼합 모드에서 'Multiply(곱하
기)'를 선택하고, Opacity(불투명도)를 80%로 지정
한다.

5. [Edit(편집)] → [Free Transform(자유 변형)]
((Ctrl)+(T))을 선택한 후 〈출력형태〉와 같이 배치한
다. 이어서 (Enter)를 눌러 자유 변형 상태를 해제한다.

❸ 이미지를 복사한 후 레이어 마스크 수행하기

> **작업 결과**
>
> • '1급-8.jpg'를 복사한 후 Crosshatch(그물눈) 필터를 적용
> 한다.
> • 가로 방향으로 흐릿하게 레이어 마스크를 수행한다.

01. 이미지를 복사한 후 필터 적용하기

1. '1급-8.jpg'를 '모의04-3.psd' 파일로 복사한다.

2. [Filter(필터)] → [Filter Gallery(필터 갤러리)] →
[Brush Strokes(브러시 획)] → [Crosshatch(그물
눈)]를 선택한 후 〈OK(확인)〉를 클릭한다.

3. [Edit(편집)] → [Free Transform(자유 변형)]
((Ctrl)+(T))을 선택한 후 〈출력형태〉와 같이 크기를
조절한 후 배치한다. 이어서 (Enter)를 눌러 자유 변형
상태를 해제한다.

02. 레이어 마스크 수행하기

1. 레이어 패널 하단의 ▣(Add layer mask(레이어 마스크를 추가합니다.)) 아이콘을 클릭한다.

2. 도구 상자에서 ▣(Gradient Tool(그레이디언트 도구))을 클릭한 후 옵션 바에서 Gradient(그레이디언트) 항목을 클릭한다.

▣ ～ | ▣▣▣ **딸깍** ▣ ⊟ ⊞ ⊞ | Mode: Normal ～ | Opacity: 100% ～

3. 'Gradient Editor(그레이디언트 편집기)' 대화상자의 Presets(사전 설정) 항목에서 Basics(기본 사항)의 확장 단추(▶)를 클릭한 뒤 Black, White(검정, 흰색)를 클릭하고 〈OK(확인)〉를 클릭한다.

> **포토샵 CS4/CS6 사용자**
> 'Gradient Editor(그라디언트 편집기)' 대화상자가 표시되면 Presets(사전 설정) 항목에서 Black, White(검정, 흰색)를 클릭하고 〈OK(확인)〉를 클릭하세요.

4. 마우스를 오른쪽에서 왼쪽 방향으로 다음과 같이 드래그한다.

⬇

④ ▣를 추가한 후 레이어 스타일과 필터를 적용하고 클리핑 마스크 수행하기

> **작업 결과**

- 꽃(▣) 모양을 추가한 후 Stroke(선/획) 스타일을 적용한다.
- '1급-9.jpg'를 복사한 후 Poster Edges(포스터 가장자리) 필터를 적용하고 클리핑 마스크를 수행한다.

⬇

01. ▣를 추가한 후 레이어 스타일 적용하기

1. ▨(Custom Shape Tool(사용자 정의 모양 도구))([U])을 선택한 후 옵션 바에서 Shape(모양)의 목록 단추(▼) → [Legacy Shapes and More(레거시 모양 및 기타)] → [All Legacy Default Shapes(모든 레거시 기본 모양)] → [Shapes(모양)]를 선택한다.

> **포토샵 CS4/CS6 사용자**
> Shape(모양) 목록에서 [Shapes(모양)]를 선택한 후 선택한 모양으로 대치할지를 묻는 대화상자가 나타나면 〈OK(확인)〉를 클릭하세요.

2. 모양 목록에서 ◻(Flower 1(꽃 1))를 선택한 후 드래그 하여 추가한다.

3. 레이어 패널 하단의 ▨(Add a layer style(레이어 스타일을 추가합니다.)) 아이콘을 클릭한 후 [Stroke(획)]를 선택한다.

4. 'Layer Style(레이어 스타일)' 대화상자에서 Size(크기)를 5, 'Fill Type(칠 유형)'에서 Gradient(그레이디언트)를 선택한 후 색상을 지정하기 위해 Gradient(그레이디언트) 항목을 클릭한다.

5. 'Gradient Editor(그레이디언트 편집기)' 대화상자의 Presets(사전 설정) 항목에서 Basics(기본 사항)의 확장 단추(▪)를 클릭한 뒤 Foreground to Transparent(전경색에서 투명으로)를 클릭한다.

> **포토샵 CS4/CS6 사용자**
> 'Gradient Editor(그라디언트 편집기)' 대화상자가 표시되면 Presets(사전 설정) 항목에서 Foreground to Transparent(전경색에서 투명으로)를 클릭하세요.

6. 이어서 왼쪽 아래 Color Stop(색상 정지점)을 더블 클릭한 다음 색상을 #cc9966으로 지정한 후 ⟨OK(확인)⟩를 클릭한다.

7. 'Layer Style(레이어 스타일)' 대화상자에서 Angle(각도)을 0으로 지정하고 ⟨OK(확인)⟩를 클릭한다.

8. [Edit(편집)] → [Free Transform Path(패스 자유 변형)]([Ctrl]+[T])를 선택한 다음 ⟨출력형태⟩와 같이 크기를 조절한 후 배치한다. 이어서 [Enter]를 두 번 눌러 패스 자유 변형 상태를 해제한다.

02. 필터를 적용하고 클리핑 마스크 수행하기

1. '1급-9.jpg'를 '모의02-3.psd' 파일로 복사한다.

2. [Filter(필터)] → [Filter Gallery(필터 갤러리)] → [Artistic(예술 효과)] → [Poster Edges(포스터 가장자리)]를 선택 후 ⟨OK(확인)⟩를 클릭한다.

3. 레이어 패널에서 'Layer 3(레이어 3)'의 바로 가기 메뉴를 불러 [Create Clipping Mask(클리핑 마스크 만들기)]를 선택한다.

4. [Edit(편집)] → [Free Transform(자유 변형)]([Ctrl]+[T])을 선택한 후 ⟨출력형태⟩와 같이 크기를 조절한 다음 배치한다. 이어서 [Enter]를 눌러 자유 변형 상태를 해제한다.

⑤ 음료를 복사한 후 레이어 스타일을 적용하고 불투명도 지정하기

> **작업 결과**
>
> '1급-10.jpg'에서 음료를 복사한 후 Outer Glow(외부 광선) 스타일을 적용하고, Opacity(불투명도)를 80%로 지정한다.

1. '1급-10.jpg' 탭을 클릭하고 선택 도구를 이용하여 다음과 같이 선택한다.

2. 선택 영역을 '모의04-3.psd' 파일로 복사한다.
3. 레이어 패널 하단의 ▨(Add a layer style(레이어 스타일을 추가합니다.)) 아이콘을 클릭한 후 [Outer Glow(외부 광선)]를 선택한다.
4. 'Layer Style(레이어 스타일)' 대화상자에서 〈OK(확인)〉를 클릭한다.
5. 레이어 패널 상단의 Opacity(불투명도)를 80%로 지정한다.
6. [Edit(편집)] → [Free Transform(자유 변형)] (Ctrl+T)을 선택한 후 〈출력형태〉와 같이 크기를 조절한 다음 배치한다. 이어서 Enter를 눌러 자유 변형 상태를 해제한다.

⑥ 유리잔을 복사한 후 레이어 스타일을 적용하고 색상 보정하기

작업 결과

1급-11.jpg'에서 유리잔을 복사한 후 Inner Shadow(내부 그림자) 스타일을 적용하고, 보라색 계열로 색상을 보정한다.

1. '1급-11.jpg' 탭을 클릭하고 선택 도구를 이용하여 다음과 같이 선택한다.

2. 선택 영역을 '모의04-3.psd' 파일로 복사한다.
3. 레이어 패널 하단의 ▨(Add a layer style(레이어 스타일을 추가합니다.)) 아이콘을 클릭한 후 [Inner Shadow(내부 그림자)]를 선택한다.
4. 'Layer Style(레이어 스타일)' 대화상자에서 〈OK (확인)〉를 클릭한다.
5. [Edit(편집)] → [Free Transform(자유 변형)] (Ctrl+T)을 선택한 후 〈출력형태〉와 같이 크기를 조절한 다음 배치한다. 이어서 Enter를 눌러 자유 변형 상태를 해제한다.

6. 선택 도구를 이용하여 다음과 같이 찻만 선택한다.

7. 레이어 패널 하단의 (Create new fill or adjustment layer(새 칠 또는 조정 레이어를 만듭니다.)) 아이콘을 클릭한 후 [Hue/Saturation(색조/채도)]을 선택한다.

8. 조정 패널에서 Hue(색조)에 −80을 입력하여 색상을 보라색 계열로 보정한다.

⑦ 🌢, ▶, ▦를 추가한 후 레이어 스타일 적용하기

작업 결과

• 빗방울(🌢) 모양을 추가한 후 Inner Glow(내부 광선)와 Drop Shadow(그림자 효과) 스타일을 적용한다.
• 화살표(▶) 모양을 추가한 후 Gradient Overlay(그라디언트 오버레이)와 Stroke(선/획) 스타일을 적용한다.
• 장식(▦) 모양을 추가한 후 Inner Glow(내부 광선) 스타일을 적용하고 Opacity(불투명도)를 70%로 지정한다.

01. 🌢를 추가한 후 레이어 스타일 적용하기

1. 도구 상자에서 🖌(Custom Shape Tool(사용자 정의 모양 도구))(U)을 선택한 후 옵션 바에서 Shape(모양)를 클릭한다.

2. 옵션 바에서 Shape(모양)의 목록 단추(▾)를 클릭한 다음 [Legacy Shapes and More(레거시 모양 및 기타)] → [All Legacy Default Shapes(모든 레거시 기본 모양)] → [Nature(자연)]를 선택한다.

포토샵 CS4/CS6 사용자
Shape(모양) 목록에서 [Nature(자연)]를 선택한 후 선택한 모양으로 대치할지를 묻는 대화상자가 나타나면 〈OK(확인)〉를 클릭하세요.

3. 모양 목록에서 🌢(Raindrop(빗방울))을 선택한 후 드래그 하여 추가한 다음 옵션 바에서 Fill(칠)을 클릭하고 색상을 #993333으로 지정한다.

포토샵 CS4
옵션 바에서 Color(색상)를 클릭한 다음 'Pick a solid color: (단색 선택:)' 대화상자에서 색상을 지정한 후 〈OK(확인)〉를 클릭하세요.

4. 레이어 패널 하단의 🎨(Add a layer style(레이어 스타일을 추가합니다.)) 아이콘을 클릭한 후 [Inner Glow(내부 광선)]를 선택한다.

5. Layer Style(레이어 스타일)' 대화상자의 스타일 목

록에서 [Drop Shadow(드롭 섀도)]를 클릭하고 〈OK(확인)〉를 클릭한다.

6. [Edit(편집)] → [Free Transform Path(패스 자유 변형)]([Ctrl]+[T])를 선택한 후 〈출력형태〉와 같이 크기를 조절한 다음 배치한다. 이어서 [Enter]를 두 번 눌러 패스 자유 변형 상태를 해제한다.

02. ▶를 추가한 후 레이어 스타일 적용하기

1. ▨(Custom Shape Tool(사용자 정의 모양 도구))([U])을 선택한 후 옵션 바에서 Shape(모양)의 목록 단추(▪) → [Legacy Shapes and More(레거시 모양 및 기타)] → [All Legacy Default Shapes(모든 레거시 기본 모양)] → [Arrows(화살표)]를 선택한다.

2. 모양 목록에서 ▶(Arrow 2(화살표 2))를 선택한 후 드래그 하여 추가한다.

3. 레이어 패널 하단의 ▨(Add a layer style(레이어 스타일을 추가합니다.)) 아이콘을 클릭한 후 [Gradient Overlay(그레이디언트 오버레이)]를 선택한다.

4. Gradient Overlay(그레이디언트 오버레이)에서 Gradient(그레이디언트) 항목을 클릭한다.

5. 'Gradient Editor(그레이디언트 편집기)' 대화상자의 가운데 아래 Color Stop(색상 정지점)을 클릭한 후 〈Delete(삭제)〉를 클릭한다.

6. 'Gradient Editor(그레이디언트 편집기)' 대화상자의 왼쪽 아래 Color Stop(색상 정지점)을 더블클릭한 다음 색상을 #ffff00으로 지정한다.

7. 'Gradient Editor(그레이디언트 편집기)' 대화상자의 오른쪽 아래 Color Stop(색상 정지점)을 더블클

릭한 다음 색상을 #cc6666으로 지정한다.

8. 'Gradient Editor(그레이디언트 편집기)' 대화상자에서 〈OK(확인)〉를 클릭한다.

9. 'Layer Style(레이어 스타일)' 대화상자에서 스타일 목록에서 [Stroke(획)]를 클릭한다.

10. 'Layer Style(레이어 스타일)' 대화상자에서 Size(크기)를 4, Fill Type(칠 유형)에서 Color(색상)를 선택하고 #ffffff로 지정한 후 〈OK(확인)〉를 클릭한다.

11. [Edit(편집)] → [Free Transform Path(패스 자유 변형)]([Ctrl]+[T])를 선택한 후 〈출력형태〉와 같이 크기를 조절한 다음 배치한다. 이어서 [Enter]를 두 번 눌러 패스 자유 변형 상태를 해제한다.

03. ✦를 추가한 후 레이어 스타일 적용하기

1. ▨(Custom Shape Tool(사용자 정의 모양 도구))([U])을 선택한 후 옵션 바에서 Shape(모양)의 목록 단추(▪) → [Legacy Shapes and More(레거시 모양 및 기타)] → [All Legacy Default Shapes(모든 레거시 기본 모양)] → [Ornaments(장식)]를 선택한다.

2. 모양 목록에서 ✦(Ornament 4(장식 4))를 선택한 후 드래그 하여 추가한 다음 Fill(칠)을 클릭하고 색상을 #996699로 지정한다.

3. 레이어 패널 하단의 ▨(Add a layer style(레이어 스타일을 추가합니다.)) 아이콘을 클릭한 후 [Inner Glow(내부 광선)]를 선택한다.

4. 'Layer Style(레이어 스타일)' 대화상자에서 스타일 목록에서 〈OK(확인)〉를 클릭한다.

5. 레이어 패널 상단에 Opacity(불투명도)를 70%로 지정한다.

6. [Edit(편집)] → [Free Transform Path(패스 자유 변형)]([Ctrl]+[T])를 선택한 다음 〈출력형태〉와 같이 크기를 조절한 후 배치한다. 이어서 [Enter]를 두 번 눌러 패스 자유 변형 상태를 해제한다.

⑧ 문자를 입력한 후 레이어 스타일 적용하기

작업 결과

• 천연재료 100% 식음료전. Health Food. 건강한 테이블을 위한 세미나가 열립니다. 발효전통음식을 입력한다.
• 입력한 문자열 각각에 서식을 지정한 후 레이어 스타일을 적용한다.
• 각각의 문자열을 〈출력형태〉와 같이 배치한다.

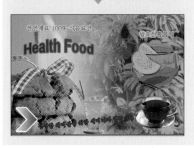

01. 문자 입력하기

1. 도구 상자에서 [T](Horizontal Type Tool(수평 문자 도구))([T])을 클릭한다.

2. 옵션 바에서 문자를 입력하기 좋은 크기와 색상을 지정한다. 여기서는 크기를 12, 색상을 검정

(#000000)으로 지정한다.

3. 입력되는 문자의 색상과 구분이 잘되는 배경을 클릭하고 다음과 같이 〈출력형태〉에 제시된 모든 문자를 입력한다.

02. 서식 및 레이어 스타일 적용하기

1. '천연재료~'에 서식 지정 및 레이어 스타일 적용
   ① 레이어 패널에서 '천연재료~'를 선택하고 Font(글꼴)를 '바탕', Size(크기)를 20, Color(색상)를 #0000ff로 지정한다.
   ② 레이어 패널 하단의 [fx](Add a layer style(레이어 스타일을 추가합니다.)) 아이콘을 클릭한 후 [Stroke(획)]를 선택한다.
   ③ 'Layer Style(레이어 스타일)' 대화상자에서 Size(크기)를 2, Color(색상)를 #f0f0f0로 지정한 후 〈OK(확인)〉를 클릭한다.

2. 'Health~'에 서식 지정 및 레이어 스타일 적용
   ① 레이어 패널에서 'Health~'를 선택한 후 옵션 바에서 Font(글꼴)를 'Arial', Font Style(글꼴 스타일) 'Bold', Size(크기)를 42로 지정하고 [T](Create warped text(뒤틀어진 텍스트 만들기))를 클릭한다.
   ② 'Warp Text(텍스트 뒤틀기)' 대화상자에서 'Style(스타일)'을 'Arc Upper(위 부채꼴)'로 지정하고 〈출력형태〉와 모양이 비슷해지도록 'Bend(구부리기)' 값을 조절한 후 〈OK(확인)〉를 클릭한다.

③ 레이어 패널 하단의 ▣(Add a layer style(레이어 스타일을 추가합니다.)) 아이콘을 클릭한 후 [Gradient Overlay(그레이디언트 오버레이)]를 선택한다.

④ 'Layer Style(레이어 스타일)' 대화상자에서 Gradient(그레이디언트) 항목을 클릭한다.

⑤ 'Gradient Editor(그레이디언트 편집기)' 대화상자의 왼쪽 아래 Color Stop(색상 정지점)을 더블클릭한 후 Color(색상)를 #0000ff로 지정한다.

⑥ 'Gradient Editor(그레이디언트 편집기)' 대화상자의 오른쪽 아래 Color Stop(색상 정지점)을 더블클릭한 후 Color(색상)를 #ff0000으로 지정한다.

⑦ 'Gradient Editor(그레이디언트 편집기)' 대화상자에서 〈OK(확인)〉를 클릭한다.

⑧ 'Layer Style(레이어 스타일)' 대화상자의 스타일 목록에서 [Stroke(획)]를 클릭한 후 Size(크기)를 3, Color(색상)를 #6699cc로 지정한 후 〈OK(확인)〉를 클릭한다.

3. '건강한~'에 서식 지정 및 레이어 스타일 적용하기
① 레이어 패널에서 '건강한~'을 선택하고 옵션 바에서 Font(글꼴)를 '궁서', Size(크기)를 18, Color(색상)를 #cc6600으로 지정한 후 ▨(Create warped text(뒤틀어진 텍스트 만들기))를 클릭한다.

② 'Warp Text(텍스트 뒤틀기)' 대화상자에서 'Style(스타일)'을 'Rise(상승)'로 지정하고 〈출제형태〉와 모양이 비슷해지도록 Bend(구부리기) 값을 조절한 후 〈OK(확인)〉를 클릭한다.

③ 레이어 패널 하단의 ▣(Add a layer style(레이어 스타일을 추가합니다.)) 아이콘을 클릭한 후

[Stroke(획)]를 선택한다.

④ 'Layer Style(레이어 스타일)' 대화상자에서 Size(크기)를 2, Color(색상)를 #2200ff로 지정한 후 〈OK(확인)〉를 클릭한다.

4. '발효전통음식'에 서식 지정
① 레이어 패널에서 '발효전통음식'을 선택하고 옵션 바에서 Font(글꼴)를 '돋움', Size(크기)를 20, Color(색상)를 #cc0066으로 지정한다.

② 레이어 패널 하단의 ▣(Add a layer style(레이어 스타일을 추가합니다.)) 아이콘을 클릭한 후 [Stroke(획)]를 선택한다.

③ 'Layer Style(레이어 스타일)' 대화상자에서 Size(크기)를 3px, Fill Type(칠 유형)에서 Gradient(그레이디언트)를 선택한 후 색상을 지정하기 위해 Gradient(그레이디언트) 항목을 클릭한다.

④ 'Gradient Editor(그레이디언트 편집기)' 대화상자의 Presets(사전 설정) 항목에서 Basics(기본 사항)의 확장 단추(▪)를 클릭한 뒤 Black, White(검정, 흰색)를 클릭한다.

> **포토샵 CS4/CS6 사용자**
> 'Gradient Editor(그라디언트 편집기)' 대화상자가 표시되면 Presets(사전 설정) 항목에서 Black, White(검정, 흰색)를 클릭하세요.

⑤ 이어서 왼쪽 아래 Color Stop(색상 정지점)을 더블클릭한 다음 색상을 #ffff00으로 지정한다.

⑥ 'Gradient Editor(그레이디언트 편집기)' 대화상자의 오른쪽 아래 Color Stop(색상 정지점)을 더블클릭한 다음 색상을 #00ffff로 지정하고 〈OK(확인)〉를 클릭한다.

⑦ 'Layer Style(레이어 스타일)' 대화상자에서도 〈OK(확인)〉를 클릭한다.

03. 〈출력형태〉와 동일하게 배치하기

1. 레이어 패널에서 '천연재료~'를 선택한다.
2. [Edit(편집)] → [Free Transform(자유 변형)] (Ctrl+T)을 선택한 후 〈출력형태〉와 같이 배치한다. 이어서 Enter를 눌러 자유 변형 상태를 해제한다.
3. 나머지 글자도 위와 같은 방법으로 〈출력형태〉와 같이배치한다.

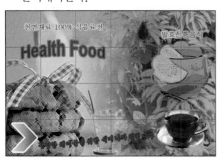

⑨ 파일 저장 및 이미지 크기 조절

1. [File(파일)] → [Save a Copy(사본 저장)](Ctrl+Alt+S)를 선택하고 Save a Copy(사본 저장) 대화상자에서 저장 위치를 '모의04', 파일 이름을 '모의04-3'으로, Format(형식)을 'JPEG(*.JPG;*.JPEG;*.JPE)'로 지정한 후 〈저장〉을 클릭한다.

2. 'JPEG Options(JPEG 옵션)' 대화상자에서 Quality(품질)를 8로 지정한 후 〈OK(확인)〉를 클릭한다.
3. [Image(이미지)] → [Image Size(이미지 크기)] (Ctrl+Alt+I)를 선택하고 'Image Size(이미지 크기)' 대화상자에서 Width(폭)와 Height(높이)에 입력되어 있는 값에서 0 하나씩만 제거한 후 〈OK(확인)〉를 클릭한다.
4. [File(파일)] → [Save(저장)](Ctrl+S)를 선택한다.

⑩ [문제 3] 답안 파일 전송

1. 포토샵 프로그램을 최소화한 후 '시험 관리 도구'에서 〈답안 전송〉을 클릭한다.
2. '고사실 PC로 답안 파일 보내기' 대화상자에서 전송할 '모의04-3.jpg'와 '모의04-3.psd' 파일을 선택한 후 〈답안 전송〉을 클릭한다.

 문제 4   [실무응용] **웹 페이지 제작**

사용할 이미지

1급-12.jpg

1급-13.jpg

1급-14.jpg

1급-15.jpg

1급-16.jpg

1급-17.jpg

펜 도구로 그리기

모양 도구로 추가하기

① 빈 캔버스에 배경색을 지정한다.

② '1급-12.jpg'를 복사한 후 필터를 적용하고 세로 방향으로 흐릿하게 레이어 마스크를 수행한다.

③ '1급-13.jpg'를 복사한 후 혼합 모드를 지정하고, 가로 방향으로 흐릿하게 레이어 마스크를 수행한다.

④ '1급-14.jpg'에서 과일을 복사한 후 레이어 스타일을 적용한다.

⑤ 펜 도구로 🔲, 🔳를 그린 후 레이어 스타일을 적용한다.

⑥ 패턴을 만들어 적용하고 불필요한 부분을 제거한다.

⑦ '1급-15.jpg'에서 볼을 복사한 후 필터와 레이어 스타일을 적용한다.

⑧ '1급-16.jpg'에서 주스를 복사한 후 레이어 스타일을 적용하고 색상을 보정한다.

⑨ '1급-17.jpg'에서 꽃을 복사한 후 배치한다.

⑩ 🔲, 🔳, 🔲를 추가한 후 레이어 스타일을 적용한다.

⑪ 문자를 입력한 후 레이어 스타일을 적용한다.

⓪ 준비 작업

1. [File(파일)] → [New(새로 만들기)](Ctrl+N)를 선택한다.

2. 'New Document(새로운 문서 만들기)' 대화상자에서 Name(이름)을 '모의04-4', Width(폭)를 600, Height(높이)를 400, Resolution(해상도)을 72, Color Mode(색상 모드)를 'RGB Color', '8Bit', Background Contents(배경 내용)를 'White(흰색)'로 지정한 후 〈Create(만들기)〉를 클릭한다.

> **포토샵 CS4/CS6 사용자**
> 'New(새 문서)' 대화상자에서 Name(이름), Width(폭), Height(높이) 등을 지정하세요.

3. [File(파일)] → [Save As(다른 이름으로 저장)](Ctrl+Shift+S)를 선택한 다음 'Save As(다른 이름으로 저장)' 대화상자에서 저장 위치를 '모의04', 파일 이름을 '모의04-4'로 지정한 후 〈저장〉을 클릭한다.

❶ 배경색 지정하기

> **작업 결과**

빈 캔버스에 배경색을 지정한다.

1. [Edit(편집)] → [Fill(칠)](Shift+F5)을 선택한다.

2. 'Fill(칠)' 대화상자에서 Contents(내용)의 목록 단추를 클릭한 후 [Color(색상)]를 선택한다.

3. Color Picker(Fill Color)(색상 피커(칠 색상)) 대화상자에서 색상을 #996666으로 지정한 후 〈OK(확인)〉를 클릭한다. 이어서 'Fill(칠)' 대화상자에서도 〈OK(확인)〉를 클릭한다.

> **포토샵 CS4/CS6 사용자**
> 'Fill(칠)' 대화상자가 표시되면 Use(사용)의 목록 단추를 클릭하여 [Color(색상)]를 선택하고 'Choose a color(색상 선택)' 대화상자에서 색상을 지정한 후 〈OK(확인)〉를 클릭하세요.

❷ 이미지를 복사한 후 필터를 적용하고 레이어 마스크 수행하기

> **작업 결과**

- '1급-12.jpg'를 복사한 후 Rough Pastel(거친 파스텔 효과) 필터를 적용한다.
- 세로 방향으로 흐릿하게 레이어 마스크를 수행한다.

01. 필터 적용하기

1. [File(파일)] → [Open(열기)](Ctrl+O)을 선택한다.

2. '열기' 대화상자에서 찾는 위치를 'C:\길벗GTQ1

급\모의\모의04\Image' 폴더로 지정한 다음 '1
급-12.jpg', '1급-13.jpg', '1급-14.jpg', '1급-15.
jpg', '1급-16.jpg', '1급-17.jpg' 파일을 선택하고
〈열기〉를 클릭한다.

3. '1급-12.jpg'를 '모의04-4.psd' 파일로 복사한다.

4. [Filter(필터)] → [Filter Gallery(필터 갤러리)] →
[Artistic(예술 효과)] → [Rough Pastels(거친 파스
텔 효과)]을 선택한 후 〈OK(확인)〉를 클릭한다.

5. [Edit(편집)] → [Free Transform(자유 변형)]
(Ctrl+T)을 선택한 다음 〈출력형태〉와 같이 배치한
다. 이어서 Enter를 눌러 자유 변형 상태를 해제한다.

02. 레이어 마스크 수행하기

1. 레이어 패널 하단의 ▣(Add layer mask(레이어 마
스크를 추가합니다.)) 아이콘을 클릭한다.

2. 도구 상자에서 ▣(Gradient Tool(그레이디언트 도
구))(G)을 클릭한 후 옵션 바에서 Gradient(그레
이디언트) 항목을 클릭한다.

3. 'Gradient Editor(그레이디언트 편집기)' 대화상자
의 Presets(사전 설정) 항목에서 Basics(기본 사항)
의 확장 단추(▪)를 클릭한 뒤 Black, White(검정,
흰색)를 클릭하고 〈OK(확인)〉를 클릭한다.

포토샵 CS4/CS6 사용자
'Gradient Editor(그라디언트 편집기)' 대화상자가 표시되면
Presets(사전 설정) 항목에서 Black, White(검정, 흰색)를 클릭
하고 〈OK(확인)〉를 클릭하세요.

4. 마우스를 위쪽에서 아래쪽 방향으로 다음과 같이
드래그 한다.

❸ 이미지를 복사한 후 혼합 모드를 지정하고 레이어
마스크 수행하기

• '1급-13.jpg'를 복사한 후 Blending Mode(혼합 모드)를
Vivid Light(선명한 라이트)로 지정한다.
• 가로 방향으로 흐릿하게 레이어 마스크를 수행한다.

01. 혼합모드 지정하기

1. '1급-13.jpg'를 '모의04-4.psd' 파일로 복사한다.
2. 레이어 패널 상단의 혼합 모드에서 [Vivid Light(선명한 라이트)]를 선택한다.

02. 레이어 마스크 수행하기

1. 레이어 패널 하단의 ▣(Add layer mask(레이어 마스크를 추가합니다.)) 아이콘을 클릭한다.
2. 도구 상자에서 ▣(Gradient Tool(그레이디언트 도구))(G)을 클릭한다.
3. 마우스를 왼쪽에서 오른쪽 방향으로 다음과 같이 드래그 한다.

드래그

↓

❹ 과일을 복사한 후 레이어 스타일 적용하기

작업 결과

'1급-14.jpg'에서 과일을 복사한 후 Inner Glow(내부 광선)와 Stroke(선/획) 스타일을 적용한다.

↓

1. '1급-14.jpg' 탭을 클릭하고 선택 도구를 이용하여 다음과 같이 선택한다.

2. 선택 영역을 '모의04-4.psd' 파일로 복사한다.
3. 레이어 패널 하단의 _fx_(Add a layer style(레이어 스타일을 추가합니다.)) 아이콘을 클릭한 후 [Inner Glow(내부 광선)]를 선택한다.
4. 'Layer Style(레이어 스타일)' 대화상자에서 스타일 목록에서 [Stroke(획)]를 클릭한다.
5. 'Layer Style(레이어 스타일)' 대화상자에서 Size(크기)를 2, Fill Type(칠 유형)에서 Color(색상)를 선택하고 #339999로 지정한 후 〈OK(확인)〉를 클릭한다.
6. [Edit(편집)] → [Free Transform(자유 변형)](Ctrl+T)을 선택한 후 〈출력형태〉와 같이 크기를 조절한 다음 배치한다. 이어서 Enter를 눌러 자유 변형 상태를 해제한다.

❺ 🍶, 🥤를 그린 후 레이어 스타일 적용하기

- Pen Tool(펜 도구)로 🍶를 그린 후 서식 및 레이어 스타일을 적용한다.
- Pen Tool(펜 도구)로 🥤를 그린 후 서식 및 레이어 스타일을 적용한다.

01. 펜 도구로 🍶를 그리고 서식 및 레이어 스타일 적용하기

1. 도구 상자에서 ✏️(Pen Tool(펜 도구))(P)을 선택한 다음 옵션 바에서 Shape(모양)를 클릭한다.

2. 문제지의 〈출력형태〉에 그려 놓은 기준선을 참조하여 다음과 같이 안내선을 표시한다.

3. 패스 모양이 곡선에서 곡선으로 이어지는 경우 현재 패스의 방향이 다음 패스에 영향을 주지 않도록 Alt를 누른 채 현재 기준점을 클릭하여 방향선을 제거한다.

④ Alt +딸깍
② 딸깍 후 대각선 방향으로 드래그
① 딸깍

4. 다음과 같이 믹서 윗부분을 그리고 옵션 바의 Fill(칠)을 클릭하고 색상을 #ff3399로 지정한다.

5. 옵션 바의 Fill(칠)을 클릭하여 '색상' 목록 창을 닫은 후 Esc를 한 번 눌러 패스 편집 상태를 해제한다.

6. 옵션 바에서 ▣(Subtract Front Shape(전면 모양 빼기))를 선택하고 손잡이 안쪽 부분을 그린다.

7. 레이어 패널의 'Shape 1(모양 1)'을 선택하고 하단의 **fx**(Add a layer style(레이어 스타일을 추가합니다.)) 아이콘을 클릭한 후 [Outer Glow(외부 광선)]를 선택한다.

8. 'Layer Style(레이어 스타일)' 대화상자에서 〈OK(확인)〉를 클릭한다.

9. Esc를 두 번 눌러 패스 선택 상태를 해제한다.

02. 펜 도구로 ⬛를 그리고 서식 및 레이어 스타일 적용하기

1. 믹서 아랫 부분을 그리기 위해 옵션 바에서 ⬛(New Layer(새 레이어를 만듭니다.))를 선택한 후 다음과 같이 완성한다.

> **포토샵 CS4 사용자**
> 옵션 바에서 ⬛(Create new shape layer(새 모양 레이어에 만들기))를 선택하세요.

2. 레이어 패널의 'Shape 2(모양 2)'를 선택하고 하단의 **fx**(Add a layer style(레이어 스타일을 추가합니다.)) 아이콘을 클릭한 후 [Gradient Overlay(그레이디언트 오버레이)]를 선택한다.

3. Gradient Overlay(그레이디언트 오버레이)에서 Gradient(그레이디언트) 항목을 클릭한다.

Gradient: [_____] **딸깍**

4. 'Gradient Editor(그레이디언트 편집기)' 대화상자의 왼쪽 아래 Color Stop(색상 정지점)을 더블클릭한 다음 색상을 #cc99cc로 지정한다.

5. 'Gradient Editor(그레이디언트 편집기)' 대화상자의 오른쪽 아래 Color Stop(색상 정지점)을 더블클릭한 다음 색상을 #ff0000으로 지정한다.

6. 'Gradient Editor(그레이디언트 편집기)' 대화상자에서 〈OK(확인)〉를 클릭한다.

7. 'Layer Style(레이어 스타일)' 대화상자에서 Angle(각도)을 0으로 지정하고, 스타일 목록에서 [Outer Glow(외부 광선)]를 클릭한다.

8. 'Layer Style(레이어 스타일)' 대화상자에서 〈OK(확인)〉를 클릭한다.

9. [View(보기)] → [Clear Guides(안내선 지우기)] (Alt+V, D)를 선택해 안내선을 제거한다.

10. Esc를 두 번 눌러 패스 선택 상태를 해제한다.

6 패턴 만들어 적용하기

> **작업 결과**
> 패턴을 만들어 적용하고 Opacity(불투명도)를 60%로 지정한 후 불필요한 부분을 제거한다.

⬇

1. [File(파일)] → [New(새로 만들기)]([Ctrl]+[N])를 선택한 후 'New Document(새로운 문서 만들기)' 대화상자에서 Width(폭)와 Height(높이)를 40으로 입력하고 Background Contents(배경 내용)을 Transparent(투명)로 지정한 후 〈OK(확인)〉를 클릭한다.

2. [Ctrl]+[0]을 눌러 화면 배율을 화면 크기에 맞게 확대하거나 [Ctrl]+[+]를 눌러 화면을 확대한다.

3. 도구 상자에서 ▨(Custom Shape Tool(사용자 정의 모양 도구))([U])을 선택한 후 옵션 바에서 Shape(모양)를 클릭한다.

4. 옵션 바에서 Shape(모양)의 목록 단추(▮)를 클릭한 다음 [Legacy Shapes and More(레거시 모양 및 기타)] → [All Legacy Default Shapes(모든 레거시 기본 모양)] → [Objects(물건)]를 선택한다.

포토샵 CS4/CS6 사용자
Shape(모양) 목록에서 [Objects(물건)]를 선택한 후 선택한 모양으로 대치할지를 묻는 대화상자가 나타나면 〈OK(확인)〉를 클릭하세요.

5. 모양 목록에서 ♛(Crown 2(왕관 2))를 선택한 후 문제지의 〈출력형태〉에 그려 놓은 기준선을 참조하여 안내선을 표시한다.

6. 왕관 모양을 추가한 후 옵션 바에서 Fill(칠)을 클릭하고 색상을 #ffffff로 지정한다.

포토샵 CS4 사용자
옵션 바에서 Color(색상)를 클릭한 다음 'Pick a solid color: (단색 선택:)' 대화상자에서 색상을 지정한 후 〈OK(확인)〉를 클릭하세요.

7. 레이어 패널 하단의 ⊞(Create a new layer(새 레이어를 만듭니다.)) 아이콘을 클릭한다.

8. 옵션 바에서 Shape(모양) → [Legacy Shapes and More(레거시 모양 및 기타)] → [All Legacy Default Shapes(모든 레거시 기본 모양)] → [Nature(자연)] 목록에서 ✺(Sun 1(해 1))을 선택한다.

포토샵 CS4/CS6 사용자
Shape(모양) 목록에서 [Nature(자연)]를 선택한 후 선택한 모양으로 대치할지를 묻는 대화상자가 나타나면 〈OK(확인)〉를 클릭하세요.

9. 해 모양을 추가한 후 옵션 바에서 Fill(칠)을 클릭하고 색상을 #ffcc66으로 지정한다.

포토샵 CS4 사용자
옵션 바의 Color(색상)에서 색상을 지정하세요.

10. [View(보기)] → [Clear Guides(안내선 지우기)]([Alt]+[V], [D])를 선택한다.

11. [Edit(편집)] → [Define Pattern(패턴 정의)]을 선택한 후 'Pattern Name(패턴 이름)' 대화상자에서 기본값을 유지한 채 〈OK(확인)〉를 클릭한다.

12. '모의04-4.psd' 파일 탭을 클릭한 후 레이어 패널 하단의 ⊞(Create a new layer(새 레이어를 만듭니다.)) 아이콘을 클릭한다.

13. [Edit(편집)] → [Fill(칠)](Shift+F5)을 선택한 후 'Fill(칠)' 대화상자의 Use(사용) 목록에서 목록 단추를 클릭한 다음 [Pattern(패턴)]을 선택한다.

포토샵 CS4/CS6 사용자
'Fill(칠)' 대화상자가 표시되면 Use(사용)의 목록 단추를 클릭하여 [Pattern(패턴)]을 선택하세요.

14. Custom Pattern(사용자 정의 패턴) 목록의 목록 단추를 클릭한 후 앞서 정의한 패턴(Pattern 1)을 더블클릭하고 〈OK(확인)〉를 클릭한다.

15. 레이어 패널 상단에서 Opacity(불투명도)를 60%로 지정한다.

16. 제거할 영역을 다음과 같이 선택한다.

17. 레이어 패널에서 패턴이 적용된 'Layer 4(레이어 4)'를 선택한 후 Delete 를 누른다.

18. 이어서 Ctrl+D 를 눌러 선택 영역을 해제한다.

⑦ 볼을 복사한 후 필터와 레이어 스타일 적용하기

작업 결과

'1급-15.jpg'에서 볼을 복사한 후 Facet(단면화) 필터와 Stroke(선/획) 스타일을 적용한다.

1. '1급-15.jpg' 탭을 클릭한 후 선택 도구를 이용하여 다음과 같이 선택한다.

2. 선택 영역을 '모의04-4.psd' 파일로 복사한다.

3. [Filter(필터)] → [Pixelate(픽셀화)] → [Facet(단면화)]를 선택한다.

4. '레이어 패널 하단의 *fx*(Add a layer style(레이어 스타일을 추가합니다.)) 아이콘을 클릭한 후 [Stroke(획)]를 선택한다.

5. 'Layer Style(레이어 스타일)' 대화상자의 스타일 목록에서 [Stroke(획)]를 클릭하고 Size(크기)를 5, Color(색상)를 #ffcccc로 지정한 후 〈OK(확인)〉를 클릭한다.

6. [Edit(편집)] → [Free Transform(자유 변형)] (Ctrl)+(T)을 선택한 후 〈출력형태〉와 같이 크기를 조절한 다음 배치한다. 이어서 (Enter)를 눌러 자유 변형 상태를 해제한다.

⑧ 주스를 복사한 후 레이어 스타일을 적용하고 색상 보정하기

'1급-16.jpg'에서 주스를 복사한 후 Drop Shadow(그림자 효과) 스타일을 적용하고, 파란색 계열로 색상을 보정한다.

1. '1급-16.jpg' 탭을 클릭하고 선택 도구를 이용하여 다음과 같이 선택한다.

2. 선택 영역을 '모의04-4.psd' 파일로 복사한다.

3. 레이어 패널 하단의 [fx](Add a layer style(레이어 스타일을 추가합니다.)) 아이콘을 클릭한 후 [Drop Shadow(그림자)]를 선택한다.

4. 'Layer Style(레이어 스타일)' 대화상자에서 〈OK(확인)〉를 클릭한다.

5. [Edit(편집)] → [Free Transform(자유 변형)] (Ctrl)+(T)을 선택한 후 〈출력형태〉와 같이 크기를 조절한 후 배치한다. 이어서 (Enter)를 눌러 자유 변형 상태를 해제한다.

6. 선택 도구를 이용하여 다음과 같이 빨대만 선택한다.

7. 레이어 패널 하단의 [○](Create new fill or adjustment layer(새 칠 또는 조정 레이어를 만듭니다.)) 아이콘을 클릭한 후 [Hue/Saturation(색조/채도)]을 선택한다.

8. 조정 패널에서 Hue(색조)에 155를 입력하여 색상을 파란색 계열로 보정한다.

⑨ 꽃을 복사한 후 배치하기

작업 결과

'1급-17.jpg'에서 꽃을 복사한 후 배치한다.

1. '1급-17.jpg' 탭을 클릭하고 선택 도구를 이용하여 다음과 같이 선택한다.

2. 선택 영역을 '모의04-4.psd' 파일로 복사한다.

3. [Edit(편집)] → [Free Transform(자유 변형)] ([Ctrl]+[T])을 선택한 다음 〈출력형태〉와 같이 크기

를 조절한 후 배치한다. 이어서 [Enter]를 눌러 자유 변형 상태를 해제한다.

⑩ ✉, ♪, ▭를 추가한 후 레이어 스타일 적용하기

작업 결과

• 우편 (✉) 모양을 추가한 후 Drop Shadow(그림자 효과) 스타일을 적용한다.
• 높은음자리표(♪) 모양을 추가한 후 Inner Shadow(내부 그림자) 스타일을 적용하고 Opacity(불투명도)를 80%로 지정한다.
• 탭(▭) 모양을 추가한 후 Gradient Overlay(그라디언트 오버레이)와 Stroke(선/획) 스타일을 적용하고 두 번 복사한다.

01. ✉를 추가한 후 레이어 스타일 적용하기

1. 도구 상자에서 ⬚(Custom Shape Tool(사용자 정의 모양 도구))([U])을 선택한 후 옵션 바에서 Shape (모양)를 클릭한다.

2. 옵션 바에서 Shape(모양)의 목록 단추(▪)를 클릭한 다음 [Legacy Shapes and More(레거시 모양 및 기타)] → [All Legacy Default Shapes(모든 레거시 기본 모양)] → [Web(웹)]을 선택한다.

3. 모양 목록에서 ✉(Mail(우편))를 선택한 후 드래그하여 추가한 다음 옵션 바에서 Fill(칠)을 클릭하고 색상을 #33ccff로 지정한다.

4. 레이어 패널 하단의 █fx(Add a layer style(레이어 스타일을 추가합니다.)) 아이콘을 클릭한 후 [Drop Shadow(그림자)]를 선택한다.

5. 'Layer Style(레이어 스타일)' 대화상자에서 〈OK(확인)〉를 클릭한다.

6. [Edit(편집)] → [Free Transform Path(패스 자유 변형)](Ctrl+T)를 선택한 다음 〈출력형태〉와 같이 크기를 조절한 후 배치한다. 이어서 Enter를 두 번 눌러 패스 자유 변형 상태를 해제한다.

02. 🎼를 추가한 후 레이어 스타일 적용하기

1. █(Custom Shape Tool(사용자 정의 모양 도구)) (U)을 선택한 후 옵션 바에서 Shape(모양)의 목록 단추(▪) → [Legacy Shapes and More(레거시 모양 및 기타)] → [All Legacy Default Shapes(모든 레거시 기본 모양)] → [Music(음악)]을 선택한다.

2. 모양 목록에서 🎼(Treble Clef(높은음자리표))를 선택한 후 드래그 하여 추가한 다음 옵션 바에서 Fill(칠)을 클릭하고 색상을 #9966cc로 지정한다.

3. 레이어 패널 하단의 █fx(Add a layer style(레이어 스타일을 추가합니다.)) 아이콘을 클릭한 후 [Inner Shadow(내부 그림자)]를 선택한다.

4. 'Layer Style(레이어 스타일)' 대화상자에서 스타일 목록에서 〈OK(확인)〉를 클릭한다.

5. 레이어 패널 상단에 Opacity(불투명도)를 80%로 지정한다.

6. [Edit(편집)] → [Free Transform Path(패스 자유 변형)](Ctrl+T)를 선택한 다음 〈출력형태〉와 같이 크기를 조절한 후 배치한다. 이어서 Enter를 두 번 눌러 패스 자유 변형 상태를 해제한다.

03. ▬를 추가한 후 레이어 스타일 적용하기

1. █(Custom Shape Tool(사용자 정의 모양 도구)) (U)을 선택한 후 옵션 바에서 Shape(모양)의 목록 단추(▪) → [Legacy Shapes and More(레거시 모양 및 기타)] → [All Legacy Default Shapes(모든 레거시 기본 모양)] → [Web(웹)]을 선택한다.

2. 모양 목록에서 ▬(Tabbed button(탭이 지정된 단추))을 선택한 후 드래그 하여 추가한다.

3. 레이어 패널 하단의 █fx(Add a layer style(레이어 스타일을 추가합니다.)) 아이콘을 클릭한 후 [Gradient Overlay(그레이디언트 오버레이)]를 선택한다.

4. 'Layer Style(레이어 스타일)' 대화상자에서 Gradient(그레이디언트) 항목을 클릭한다.

5. 'Gradient Editor(그레이디언트 편집기)' 대화상자의 왼쪽 아래 Color Stop(색상 정지점)을 더블클릭한 다음 색상을 #003366으로 지정한다.

6. 'Gradient Editor(그레이디언트 편집기)' 대화상자의 가운데 아래를 클릭하여 Color Stop(색상 정지점)을 추가한다.

7. 만들어진 가운데 Color Stop(색상 정지점)을 더블 클릭한 후 색상을 #ffffff로 지정한다.

8. 'Gradient Editor(그레이디언트 편집기)' 대화상자의 오른쪽 아래 Color Stop(색상 정지점)을 더블클

릭한 다음 색상을 #3399ff로 지정한다.

9. 'Gradient Editor(그레이디언트 편집기)' 대화상자에서 〈OK(확인)〉를 클릭한다.

10. 'Layer Style(레이어 스타일)' 대화상자의 스타일 목록에서 [Stroke(획)]를 클릭한 후 Size(크기)를 2, Color(색상)를 #ffffcc로 지정한 후 〈OK(확인)〉를 클릭한다.

11. [Edit(편집)] → [Free Transform Path(패스 자유 변형)](Ctrl+T)를 선택한 다음 〈출력형태〉와 같이 크기를 조절한 후 배치한다. 이어서 Enter를 두 번 눌러 패스 자유 변형 상태를 해제한다.

12. 도구 상자에서 ✛(Move Tool(이동 도구))(V)을 클릭한 후 Alt를 누른 채 추가한 탭 모양을 다음과 같이 드래그 하여 두 번 복사한다.

⑪ 문자를 입력한 후 레이어 스타일 적용하기

> **작업 결과**
>
> • www.fruitjuice.com, 신선한 유기농 과일주스, 과즙 팡팡 새콤 달콤, 주문하기, 조회하, 공지사항을 입력한다.
> • 입력한 문자열 각각에 서식을 지정한 후 레이어 스타일을 적용한다.
> • 각각의 문자열을 〈출력형태〉와 같이 배치한다.

01. 문자 입력하기

1. 도구 상자에서 T(Horizontal Type Tool(수평 문자 도구))(T)을 클릭한다.

2. 옵션 바에서 문자를 입력하기 좋은 크기와 색상을 지정한다. 여기서는 크기를 12, 색상을 검정(#000000)으로 지정한다.

3. 입력되는 문자의 색상과 구분이 잘되는 배경을 클릭하고 다음과 같이 〈출력형태〉에 제시된 모든 문자를 입력한다.

02. 서식 및 레이어 스타일 적용하기

1. 'www.fruitjuice.com'에 서식 지정 및 레이어 스타일 적용

① 레이어 패널에서 'www.fruitjuice.com'를 선택하고 옵션 바에서 Font(글꼴)를 'Arial', Font Style(글꼴 스타일)을 'Bold', Size(크기)를 15, Color(색상)를 #0000ff로 지정한다.

② 레이어 패널 하단의 fx(Add a Layer style(레이어 스타일을 추가합니다.)) 아이콘을 클릭한 후 [Stroke(획)]를 선택한다.

③ 'Layer Style(레이어 스타일)' 대화상자에서 Size(크기)를 2, Color(색상)를 #ccffff로 지정한 후 스타일 목록에서 [Drop Shadow(드롭 섀도)]를 클릭한다.

④ 'Layer Style(레이어 스타일)' 대화상자에서 〈OK(확인)〉를 클릭한다.

2. '신선한 유기농 과일'에 서식 지정 및 레이어 스타일 적용하기

① 레이어 패널에서 '신선한 유기농 과일주스'를 선택한 후 옵션 바에서 Font(글꼴)를 '바탕', Size(크기)를 30으로 지정하고 ![](Create warped text(뒤틀어진 텍스트 만들기))를 클릭한다.

② 'Warp Text(텍스트 뒤틀기)' 대화상자에서 'Style(스타일)'을 'Bulge(돌출)'로 지정하고 〈출력형태〉와 모양이 비슷해지도록 'Bend(구부리기)' 값을 조절한 후 〈OK(확인)〉를 클릭한다.

③ 레이어 패널 하단의 ![](Add a layer style(레이어 스타일을 추가합니다.)) 아이콘을 클릭한 후 [Gradient Overlay(그레이디언트 오버레이)]를 선택한다.

④ Gradient Overlay(그레이디언트 오버레이)에서 Gradient(그레이디언트) 항목을 클릭한다.

⑤ 'Gradient Editor(그레이디언트 편집기)' 대화상자의 가운데 아래 Color Stop(색상 정지점)을 클릭하고 〈Delete(삭제)〉를 클릭한다.

⑥ 'Gradient Editor(그레이디언트 편집기)' 대화상자의 왼쪽 아래 Color Stop(색상 정지점)을 더블클릭한 다음 색상을 #ff0000으로 지정한다.

⑦ 'Gradient Editor(그레이디언트 편집기)' 대화상자의 오른쪽 아래 Color Stop(색상 정지점)을 더블클릭한 다음 색상을 #9900ff로 지정한다.

⑧ 'Gradient Editor(그레이디언트 편집기)' 대화상자에서 〈OK(확인)〉를 클릭하고 'Layer Style(레이어 스타일)' 대화상자의 스타일 목록에서 [Stroke(획)]를 클릭한다.

⑨ 'Layer Style(레이어 스타일)' 대화상자에서 Size(크기)를 3, Color(색상)를 #ffffff로 지정한 후 〈OK(확인)〉를 클릭한다.

3. '과즙 팡팡 새콤 달콤' 서식 지정 및 레이어 스타일 적용하기

① 레이어 패널에서 '과즙 팡팡 새콤 달콤'을 선택한 후 옵션 바에서 Font(글꼴)를 '궁서', Size(크기)를 24로 지정하고 ![](Create warped text(뒤틀어진 텍스트 만들기))를 클릭한다.

② 'Warp Text(텍스트 뒤틀기)' 대화상자에서 'Style(스타일)'을 'Rise(상승)'로 지정하고 〈출력형태〉와 모양이 비슷해지도록 'Bend(구부리기)' 값을 조절한 후 〈OK(확인)〉를 클릭한다.

③ 레이어 패널 하단의 ![](Add a layer style(레이어 스타일을 추가합니다.)) 아이콘을 클릭한 후 [Gradient Overlay(그레이디언트 오버레이)]를 선택한다.

④ Gradient Overlay(그레이디언트 오버레이)에서 Gradient(그레이디언트) 항목을 클릭한다.

⑤ 'Gradient Editor(그레이디언트 편집기)' 대화상자의 왼쪽 아래 Color Stop(색상 정지점)을 더블클릭한 다음 색상을 #33ffcc로 지정한다.

⑥ 'Gradient Editor(그레이디언트 편집기)' 대화상자의 오른쪽 아래 Color Stop(색상 정지점)을 더블클릭한 다음 색상을 #ffffff로 지정한다.

⑦ 'Gradient Editor(그레이디언트 편집기)' 대화상자에서 〈OK(확인)〉를 클릭하고 'Layer Style(레이어 스타일)' 대화상자의 스타일 목록에서 [Stroke(획)]를 클릭한다.

⑧ 'Layer Style(레이어 스타일)' 대화상자에서 Size(크기)를 2, Color(색상)를 #ff9933으로 지정한 후 〈OK(확인)〉를 클릭한다.

4. '주문하기', '조회하기', '공지사항'에 서식 지정 및 레이어 스타일 적용

① 레이어 패널에서 '주문하기'를 선택한 상태에서 Shift 를 누른 채 '조회하기', '공지사항'을 선택하고 옵션 바에서 Font(글꼴)를 '돋움', Size(크기)를 14, Color(색상)를 #ff0033으로 지정한다.

② '주문하기'를 선택한 후 레이어 패널 하단의 fx (Add a layer style(레이어 스타일을 추가합니다.)) 아이콘을 클릭한 다음 [Stroke(획)]를 선택한다.

③ 'Layer Style(레이어 스타일)' 대화상자에서 Size(크기)를 2, Color(색상)를 #ccffff로 지정한 후 〈OK(확인)〉를 클릭한다.

④ Alt 를 누른 채 '주문하기'에 적용된 레이어 스타일을 '조회하기'로 드래그하여 복사한다.

⑤ 같은 방법으로 '공지사항'에도 레이어 스타일을 복사한다.

03. 〈출력형태〉와 동일하게 배치하기

1. 레이어 패널에서 'www.fruitjuice.com'을 선택한다.

2. [Edit(편집)] → [Free Transform(자유 변형)] (Ctrl)+(T)을 선택한 후 〈출력형태〉와 같이 배치한다. 이어서 Enter 를 눌러 자유 변형 상태를 해제한다.

3. 나머지 글자도 위와 같은 방법으로 〈출력형태〉와 같이 배치한다.

⑫ 파일 저장 및 이미지 크기 조절

1. [File(파일)] → [Save a Copy(사본 저장)](Ctrl)+(Alt)+(S)를 선택하고 'Save a Copy(사본 저장)' 대화상자에서 저장 위치를 '모의04', 파일 이름을 '모의04-4'로, Format(형식)을 'JPEG(*.JPG;*.JPEG;*.JPE)'로 지정한 후 〈저장〉을 클릭한다.

포토샵 CS4/CS6 사용자
JPG 형식으로 저장하기 위해 [File(파일)] → [Save As(다른 이름으로 저장)](Ctrl)+(Shift)+(S)를 선택하세요.

2. 'JPEG Options(JPEG 옵션)' 대화상자에서 Quality(품질)를 8로 지정한 후 〈OK(확인)〉를 클릭한다.

3. [Image(이미지)] → [Image Size(이미지 크기)]를 선택하고 'Image Size(이미지 크기)' 대화상자에서 Width(폭)와 Height(높이)에 입력되어 있는 값에서 0을 하나씩만 제거한 후 〈OK(확인)〉를 클릭한다.

4. [File(파일)] → [Save(저장)](Ctrl)+(S)를 선택한다.

⑬ [문제 4] 답안 파일 전송

1. 포토샵 프로그램을 최소화한 후 '시험 관리 도구'에서 〈답안 전송〉을 클릭한다.

2. '고사실 PC로 답안 파일 보내기' 대화상자에서 전송할 '모의04-4.jpg'와 '모의04-4.psd' 파일을 선택한 후 〈답안 전송〉을 클릭한다.

문제 1 [기능평가] **고급 Tool(도구) 활용** (20점)

다음의 〈조건〉에 따라 아래의 〈출력형태〉와 같이 작업하시오.

출력형태

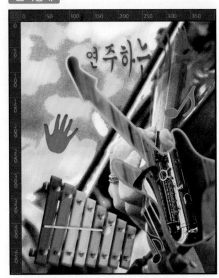

조건

원본 이미지	C:\길벗GTQ1급\모의\모의05\Image\1급-1.jpg, 1급-2.jpg, 1급-3.jpg		
파일 저장 규칙	JPG	파일명	C:\길벗GTQ1급\모의\모의05\모의05-1.jpg
		크기	400 × 500 pixels
	PSD	파일명	C:\길벗GTQ1급\모의\모의05\모의05-1.psd
		크기	40 × 50 pixels

1. 그림 효과

① 1급-1.jpg : 필터 – Film Grain(필름 그레인)
② Save Path(패스 저장) : 기타 모양
③ Mask(마스크) : 기타 모양, 1급-2.jpg를 이용하여 작성
　레이어 스타일 – Stroke(선/획)(4px, 그라디언트(#ff6600, #ffff00),
　Inner Glow(내부 광선)
④ 1급-3.jpg : 레이어 스타일 – Bevel and Emboss(경사와 엠보스)
⑤ Shape Tool(모양 도구) :
　– 손바닥 모양 (#ff6633, 레이어 스타일 – Inner Shadow(내부 그림자))
　– 음표 모양 (#009999, #990000, 레이어 스타일 – Stroke(선/획)(2px, #33cc00))

2. 문자 효과

① 연주하는 기쁨 (궁서, 35pt, 레이어 스타일 – 그라디언트 오버레이(#0000cc, #ff3366), Drop Shadow(그림자 효과))

 문제 2 [기능평가] **사진편집 응용** (20점)

다음의 〈조건〉에 따라 아래의 〈출력형태〉와 같이 작업하시오.

출력형태

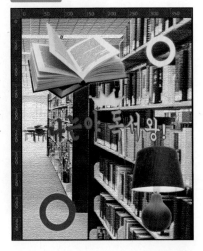

조건

원본 이미지	C:\길벗GTQ1급\모의\모의05\Image\1급-4.jpg, 1급-5.jpg, 1급-6.jpg		
파일 저장 규칙	JPG	파일명	C:\길벗GTQ1급\모의\모의05\모의05-2.jpg
		크기	400 × 500 pixels
	PSD	파일명	C:\길벗GTQ1급\모의\모의05\모의05-2.psd
		크기	40 × 50 pixels

1. 그림 효과

① 1급-4.jpg : 필터 – Texturizer(텍스처화)
② 색상 보정 : 1급-5.jpg – 파란색 계열로 보정
③ 1급-5.jpg : 레이어 스타일 – Inner Glow(내부 광선)
④ 1급-6.jpg : 레이어 스타일 – Outer Glow(외부 광선)

⑤ Shape Tool(모양 도구) :
- 원고리 모양 (#336600, #ffff99, 레이어 스타일 – Outer Glow(외부 광선))
- 왕관 모양 (#ffff00, 레이어 스타일 – Inner Shadow(내부 그림자))

2. 문자 효과

① 나는야 독서왕! (궁서, 42pt, 레이어 스타일 – 그라디언트 오버레이(#6600cc, #ffff00), Stroke(선/획)(2px, #ff0000))

 문제 3   [실무응용] **포스터 제작**   (25점)

다음의 〈조건〉에 따라 아래의 〈출력형태〉와 같이 작업하시오.

조건

원본 이미지			C:\길벗GTQ1급\모의\모의05\Image\1급-7.jpg, 1급-8.jpg, 1급-9.jpg, 1급-10.jpg, 1급-11.jpg
파일 저장 규칙	JPG	파일명	C:\길벗GTQ1급\모의\모의05\모의05-3.jpg
		크기	600 × 400 pixels
	PSD	파일명	C:\길벗GTQ1급\모의\모의05\모의05-3.psd
		크기	60 × 40 pixels

1. 그림 효과

① 배경 : #996633
② 1급-7.jpg : Blending Mode(혼합 모드) – Luminosity(광도), Opacity(불투명도)(70%)
③ 1급-8.jpg : 필터 – Crosshatch(그물눈), 레이어 마스크 – 가로 방향으로 흐릿하게
④ 1급-9.jpg : 필터 – Gaussian Blur(가우시안 흐림 효과), 레이어 스타일 – Stroke(선/획)(5px, 그라디언트(#cc0066, 투명으로))
⑤ 1급-10.jpg : 레이어 스타일 – Outer Glow(외부 광선)
⑥ 1급-11.jpg : 색상 보정 – 녹색 계열로 보정, 레이어 스타일 – Bevel and Emboss(경사와 엠보스)
⑦ 그 외 《출력형태》 참조

2. 문자 효과

① 아름조경 아카데미 회원모집 (돋움, 36pt, 레이어 스타일 – 그라디언트 오버레이(#ff6600, #ffffff, #ffff00), Stroke(선/획)(3px, #000066))
② 플로리스트에 도전해 보세요! (바탕, 15pt, #3333cc, 레이어 스타일 – Stroke(선/획)(2px, #ffffff))
③ # 토피어리 만들기 / # DIY정원 만들기 (궁서, 20pt, #336666, 레이어 스타일 – Stroke(선/획)(2px, #330000))
④ 자세한 내용 보기 (바탕, 18pt, #cc3333, 레이어 스타일 – Drop Shadow(그림자 효과))

출력형태

Shape Tool(모양 도구) 사용
#cc0000, 레이어 스타일 –
Drop Shadow(그림자 효과)

Shape Tool(모양 도구) 사용
#ffcc00, 레이어 스타일 –
Drop Shadow(그림자 효과)
Opacity(불투명도)(80%)

Shape Tool(모양 도구) 사용
#ff99ff, 레이어 스타일 –
Inner Shadow(내부 그림자)

문제 4 [실무응용] **웹 페이지 제작** (35점)

다음의 〈조건〉에 따라 아래의 〈출력형태〉와 같이 작업하시오.

조건

원본 이미지			C:\길벗GTQ1급\모의\모의05\Image\1급-12.jpg, 1급-13.jpg, 1급-14.jpg, 1급-15.jpg, 1급-16.jpg, 1급-17.jpg
파일 저장 규칙	JPG	파일명	C:\길벗GTQ1급\모의\모의05\모의05-4.jpg
		크기	600 × 400 pixels
	PSD	파일명	C:\길벗GTQ1급\모의\모의05\모의05-4.psd
		크기	60 × 40 pixels

1. 그림 효과

① 배경 : #ffff99
② 패턴(달, 잎 모양) : #99cc66, #669933
③ 1급-12.jpg : Blending Mode(혼합 모드) – Linear Light(선형 라이트), 레이어 마스크 – 세로 방향으로 흐릿하게
④ 1급-13.jpg : 필터 – Facet(단면화), 레이어 마스크 – 가로 방향으로 흐릿하게
⑤ 1급-14.jpg : 레이어 스타일 – Drop Shadow(그림자 효과), Stroke(선/획)(2px, 6600cc)
⑥ 1급-15.jpg : 필터 – Texturizer(텍스처화), 레이어 스타일 – Drop Shadow(그림자 효과)
⑦ 1급-16.jpg : 색상 보정 – 녹색 계열로 보정, 레이어 스타일 – Outer Glow(외부 광선)
⑧ 그 외 《출력형태》 참조

2. 문자 효과

① Love cooking (Times New Roman, Regular, 35pt, #0099ff, 레이어 스타일 – Stroke(선/획)(2px, #ccffff), Drop Shadow(그림자 효과))
② 가족을 사랑하는 마음, 정성스런 요리 (궁서, 20pt, 레이어 스타일 – 그라디언트 오버레이(#ff6600, #333333, #0000ff), Outer Glow(외부 광선)
③ Home Party 특별반 모집 (굴림, 15pt, #003300, 레이어 스타일 – Drop Shadow(그림자 효과))
④ 취미반 / 취업반 / 창업반 (돋움, 16pt, #ff0000, 레이어 스타일 – Stroke(선/획)(2px, #ffffff))

출력형태

Shape Tool(모양 도구) 사용
#cccccc, 레이어 스타일 –
Inner Glow(내부 광선)

Pen Tool(펜 도구) 사용
#666699, #9999cc, #000099
레이어 스타일 – Drop Shadow(그림자 효과)

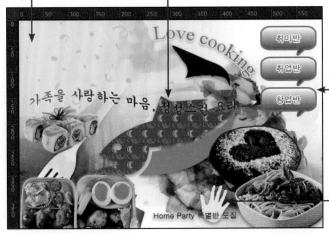

Shape Tool(모양 도구) 사용
레이어 스타일 – 그라디언트 오버레이(#336633, #ffffff), Stroke(선/획)(3px, #0099ff)

Shape Tool(모양 도구) 사용
#ffffcc, 레이어 스타일 –
Drop Shadow(그림자 효과)

실전 모의고사 풀이

 문제 **1**　[기능평가] **고급 Tool(도구) 활용**

미리보기

사용할 이미지

1급-1.jpg

1급-2.jpg

1급-3.jpg

펜 도구로 그리기

모양 도구로 추가하기

작업 과정

❶ 　'1급-1.jpg'를 복사한 후 필터를 적용한다.

❷ 　기타 모양의 패스를 그린 후 저장한다.

❸ 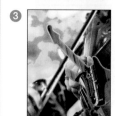　'1급-2.jpg'를 복사한 후 기타 모양을 이용해 클리핑 마스크를 수행하고, 레이어 스타일을 적용한다.

❹ 　'1급-3.jpg'에서 악기를 복사한 후 레이어 스타일을 적용한다.

❺ 　🖐, 🎵를 추가한 후 레이어 스타일을 적용한다.

❻ 　문자를 입력한 후 레이어 스타일을 적용한다.

문제 1 [기능평가] 고급 Tool(도구) 활용

따라 하기

⓪ 준비 작업

1. [File(파일)] → [New(새로 만들기)](Ctrl+N)를 선택한다.
2. 'New Document(새로운 문서 만들기)' 대화상자에서 Name(이름)을 '모의05-1', Width(폭)를 400, Height(높이)를 500, Resolution(해상도)을 72, Color Mode(색상 모드)를 'RGB Color', '8Bit', Background Contents(배경 내용)를 'White(흰색)'로 지정한 후 〈Create(만들기)〉를 클릭한다.

포토샵 CS4/CS6 사용자
'New(새 문서)' 대화상자에서 Name(이름), Witdth(폭), Height(높이) 등을 지정하세요.

3. [File(파일)] → [Save As(다른 이름으로 저장)](Ctrl+Shift+S)를 선택한 다음 'Save As(다른 이름으로 저장)' 대화상자에서 저장 위치를 '모의05', 파일 이름을 '모의05-1'로 지정한 후 〈저장〉을 클릭한다.

① 이미지를 복사한 후 필터 적용하기

작업 결과

'1급-1.jpg'를 복사한 후 Film Grain(필름 그레인) 필터를 적용한다.

1. [File(파일)] → [Open(열기)](Ctrl+O)을 선택한다.
2. '열기' 대화상자에서 찾는 위치를 'C:\길벗GTQ1급\모의\모의05\Image' 폴더로 지정한 후 '1급-1.jpg', '1급-2.jpg', '1급-3.jpg' 파일을 선택하고 〈열기〉를 클릭한다.
3. '1급-1.jpg'를 '모의05-1.psd' 파일로 복사한다.

4. [Filter(필터)] → [Filter Gallery(필터 갤러리)] → [Artistic(예술 효과)] → [Film Grain(필름 그레인)]을 선택한 후 〈OK(확인)〉를 클릭한다.
5. [Edit(편집)] → [Free Transform(자유 변형)](Ctrl+T)을 선택한 다음 〈출력형태〉와 같이 크기를 조절하고 배치한다. 이어서 Enter를 눌러 자유 변형 상태를 해제한다.

② 기타 모양 그리기

작업 결과

Pen Tool(펜 도구)로 기타 모양의 패스를 그린 후 저장한다.

1. 도구 상자에서 🖊(Pen Tool(펜 도구))(P)을 클릭하고, 옵션 바에서 Pick tool mode(선택 도구 모드)를 Shape(모양)로, Stroke(획)를 No Color(색상 없음)로, Path operations(패스 작업)을 ■(New Layer(새 레이어))로 선택한다.

2. 문제지의 〈출력형태〉에 그려 넣은 기준선을 참조하여 다음과 같이 안내선을 표시한다.

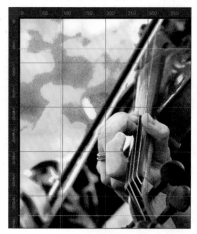

3. 패스 모양이 곡선에서 곡선으로 이어지는 경우 현재 패스의 방향이 다음 패스에 영향을 주지 않도록 Alt 를 누른 채 현재 기준점을 클릭하여 방향선을 제거한다.

4. 위와 같은 방법으로 다음과 같이 기타 모양을 완성한다.

5. [View(보기)] → [Clear Guides(안내선 지우기)] (Alt + V , D)를 선택한다.

6. 패스 패널에서 Shape 1 'Shape Path(모양 1 모양 패스)'를 더블클릭한다.

7. 'Save Path(패스 저장)' 대화상자에 Name(이름)을 **기타 모양**으로 입력한 후 〈OK(확인)〉를 클릭한다.

8. Esc 를 두 번 눌러 패스 선택 상태를 해제한다.

❸ 이미지를 복사한 후 클리핑 마스크를 수행하고 레이어 스타일 적용하기

작업 결과

• '1급-2.jpg'를 복사한 후 클리핑 마스크를 수행한다.
• 기타 모양에 Stroke(선/획)와 Inner Glow(내부 광선) 스타일을 적용한다.

1. '1급-2.jpg'를 '모의05-1.psd' 파일로 복사한다.
2. 레이어 패널에서 'Layer 2(레이어 2)'의 바로 가기 메뉴를 불러 [Create Clipping Mask(클리핑 마스크 만들기)]를 선택한다.
3. [Edit(편집)] → [Free Transform(자유 변형)] ([Ctrl]+[T])을 선택한 다음 〈출력형태〉와 같이 배치한다. 이어서 [Enter]를 눌러 자유 변형 상태를 해제한다.

4. 레이어 패널에서 'Shape 1(모양 1)'을 선택한 후 하단의 *fx*(Add a layer style(레이어 스타일을 추가합니다.)) 아이콘을 클릭한 후 [Inner Glow(내부 광선)]를 선택한다.
5. 'Layer Style(레이어 스타일)' 대화상자의 스타일 목록에서 [Stroke(획)]를 선택한다.

6. 'Layer Style(레이어 스타일)' 대화상자에서 Size(크기)를 4로 지정한 후 Position(위치)을 Outside(바깥쪽)로 선택하고, 'Fill Type(칠 유형)'을 'Gradient (그레이디언트)'로 지정하고 Gradient(그레이디언트) 항목을 클릭한다.

Gradient: [▬▬▬▬▬▬] ▾   딸깍

7. 'Gradient Editor(그레이디언트 편집기)' 대화상자의 왼쪽 아래 ■(Color Stop(색상 정지점))을 더블 클릭한 다음 색상을 #ff6600으로 지정한다.
8. 'Gradient Editor(그레이디언트 편집기)' 대화상자의 오른쪽 아래 ■(Color Stop(색상 정지점))을 더블클릭한 다음 색상을 #ffff00으로 지정한다.
9. 'Gradient Editor(그레이디언트 편집기)' 대화상자에서 〈OK(확인)〉를 클릭한다.
10. 'Layer Style(레이어 스타일)' 대화상자에서도 〈OK(확인)〉를 클릭한다.

❹ 악기를 복사한 후 레이어 스타일 적용하기

작업 결과

'1급-3.jpg'에서 악기를 복사한 후 Bevel and Emboss(경사와 엠보스)를 적용한다.

1. 복사된 악기가 'Layer 2(레이어 2)' 위쪽에 위치하기 위해 레이어 패널에서 'Layer 2(레이어 2)'를 선택한다.
2. '1급-3.jpg' 탭을 클릭하고 선택 도구를 이용하여 다음과 같이 선택한다.

3. 선택 영역을 '모의05-1.psd' 파일로 복사한다.
4. 레이어 패널 하단의 ⓕⓧ(Add a layer style(레이어 스타일을 추가합니다.)) 아이콘을 클릭한 후 [Bevel & Emboss(경사와 엠보스)]를 선택한다.
5. 'Layer Style(레이어 스타일)' 대화상자에서 〈OK(확인)〉를 클릭한다.
6. [Edit(편집)] → [Free Transform(자유 변형)]([Ctrl]+[T])을 선택한 다음 〈출력형태〉와 같이 크기를 조절한 후 배치한다. 이어서 [Enter]를 눌러 자유 변형 상태를 해제한다.

❺ 🖐, 🎵를 추가한 후 레이어 스타일 적용하기

> **작업 결과**
> • 손바닥(🖐) 모양을 추가한 후 Inner Shadow(내부 그림자) 스타일을 적용한다.
> • 음표(🎵) 모양을 추가한 후 Stroke(선/획) 스타일을 적용하고 복사한다.

 →

01. 🖐를 추가한 후 레이어 스타일 적용

1. 도구 상자에서 🖐(Custom Shape Tool(사용자 정의 모양 도구))([U])을 선택한 후 옵션 바에서 Shape(모양)를 클릭한다.
2. 옵션 바에서 Shape(모양)의 목록 단추(⚙) → [Legacy Shapes and More(레거시 모양 및 기타)] → [All Legacy Default Shapes(모든 레거시 기본 모양)] → [Objects(물건)]를 선택한다.

> **포토샵 CS4/CS6 사용자**
> Shape(모양) 목록에서 [Objects(물건)]를 선택한 후 선택한 모양으로 대치할지를 묻는 대화상자가 나타나면 〈OK(확인)〉를 클릭하세요.

3. 모양 목록에서 🖐(Right Hand(오른손))를 선택한 후 드래그 하여 추가한 다음 옵션 바에서 Fill(칠)을 클릭하고 색상을 #ff6633으로 지정한다.

> **포토샵 CS4 사용자**
> 옵션 바에서 Color(색상)를 클릭한 다음 'Pick a solid color: (단색 선택:)' 대화상자에서 색상을 지정한 후 〈OK(확인)〉를 클릭하세요.

4. 레이어 패널 하단의 ⓕⓧ(Add a layer style(레이어 스타일 추가)) 아이콘을 클릭한 후 [Inner Shadow(내부 그림자)]를 선택한다.
5. 'Layer Style(레이어 스타일)' 대화상자에서 〈OK(확인)〉를 클릭한다.

6. [Edit(편집)] → [Free Transform Path(패스 자유 변형)]([Ctrl]+[T])를 선택한 다음 〈출력형태〉와 같이 크기를 조절한 후 배치한다. 이어서 [Enter]를 두 번 눌러 패스 자유 변형 상태를 해제한다.

02. 를 추가한 후 레이어 스타일 적용하기

1. 도구 상자에서 (Custom Shape Tool(사용자 정의 모양 도구))([U])을 선택한 후 옵션 바에서 Shape(모양)를 클릭한다.

2. 옵션 바에서 Shape(모양)의 목록 단추(▾) → Legacy Shapes and More(레거시 모양 및 기타) → All Legacy Default Shapes(모든 레거시 기본 모양) → [Music(음악)]을 선택한다.

포토샵 CS4/CS6 사용자
Shape(모양) 목록에서 [Music(음악)]을 선택한 후 선택한 모양으로 대치할지를 묻는 대화상자가 나타나면 〈OK(확인)〉를 클릭하세요.

3. 모양 목록에서 ♪(Eighth Note(8분 음표))를 선택한 다음 드래그 하여 추가한 후 옵션 바에서 Fill(칠)을 클릭하고 색상을 #009999로 지정한다.

포토샵 CS4 사용자
옵션 바의 Color(색상)에서 색상을 지정하세요.

4. 레이어 패널 하단의 ▣(Add a layer style(레이어 스타일을 추가합니다.)) 아이콘을 클릭한 후 [Stroke(획)]를 선택한다.

5. 'Layer Style(레이어 스타일)' 대화상자에서 Size(크기)를 2, Fill Type(칠 유형)에서 Color(색상)를 선택하고 #33cc00으로 지정한 후 〈OK(확인)〉를 클릭한다.

6. [Edit(편집)] → [Free Transform Path(패스 자유 변형)]([Ctrl]+[T])를 선택한 다음 〈출력형태〉와 같이 크기 및 방향을 조절한 후 배치한다. 이어서 [Enter]를 두 번 눌러 패스 자유 변형 상태를 해제한다.

7. 도구 상자에서 ✛(Move Tool(이동 도구))([V])을 클릭한 후 [Alt]를 누른 채 음표 모양을 왼쪽 하단으로 드래그 하여 복사한다.

8. ✿(Custom Shape Tool(사용자 정의 모양 도구))([U])을 클릭하고, Fill(칠)을 클릭하고 색상을 #990000으로 지정한 후 〈OK(확인)〉를 클릭한다.

포토샵 CS4 사용자
옵션 바의 Color(색상)에서 색상을 지정하세요.

9. [Edit(편집)] → [Free Transform Paht(패스 자유 변형)]([Ctrl]+[T])를 선택한 다음 〈출력형태〉와 같이 크기 및 방향을 조절한 후 배치한다. 이어서 [Enter]를 두 번 눌러 패스 자유 변형 상태를 해제한다.

❻ 문자를 입력한 후 레이어 스타일 적용하기

작업 결과

연주하는 기쁨을 입력한 후 Gradient Overlay(그라디언트 오버레이)와 Drop Shadow(그림자 효과) 스타일을 지정한다.

1. 도구 상자에서 T(Horizontal Type Tool(수평 문자 도구))([T])을 선택한 후 적당한 위치를 클릭하고 **연주하는 기쁨**을 입력한다.

2. Ctrl + Enter 를 눌러 입력을 완료한 다음 옵션 바에서 Font(글꼴)를 '궁서', Size(크기)를 35로 지정하고, (Create warped text(뒤틀어진 텍스트 만들기))를 클릭한다.

3. 'Warp Text(텍스트 뒤틀기)' 대화상자에서 'Style(스타일)'을 'Arc(부채꼴)'로 'Vertical(세로)'를 선택한 후 〈출력형태〉와 모양이 비슷해지도록 'Bend(구부리기)' 값을 조절한 다음 〈OK(확인)〉를 클릭한다.

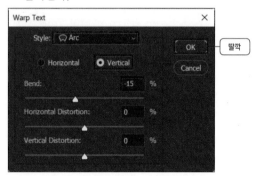

4. 레이어 패널 하단의 (Add a layer style(레이어 스타일을 추가합니다.)) 아이콘을 클릭한 후 [Gradient Overlay(그레이디언트 오버레이)]를 선택한다.

5. 'Layer Style(레이어 스타일)' 대화상자에서 Gradient(그레이디언트)를 항목을 클릭한다.

6. 'Gradient Editor(그레이디언트 편집기)' 대화상자의 왼쪽 아래 (Color Stop(색상 정지점))을 더블 클릭한 다음 색상을 #0000cc로 지정한다.

7. 이어서 'Gradient Editor(그레디언트 편집기)' 대화상자의 오른쪽 아래 (Color Stop(색상 정지점))을 더블클릭한 다음 색상을 #ff3366으로 지정한다.

8. 'Gradient Editor(그레이디언트 편집기)' 대화상자에서 〈OK(확인)〉를 클릭한다.

9. 'Layer Style(레이어 스타일)' 대화상자의 스타일 목록에서 [Drop Shadow(드롭 섀도)]를 선택한 후 〈OK(확인)〉를 클릭한다.

10. [Edit(편집)] → [Free Transform(자유 변형)] (Ctrl + T)을 선택한 후 〈출력형태〉와 같이 배치한다. 이어서 Enter 를 눌러 자유 변형 상태를 해제한다.

⑦ 파일 저장 및 이미지 크기 조절

1. [File(파일)] → [Save a Copy(사본 저장)] (Ctrl + Alt + S)를 선택하고 'Save a Copy(사본 저장)' 대화상자에서 저장 위치를 '모의05', 파일 이름을 '모의05-1'로, Format(형식)을 'JPEG(*.JPG;*. JPEG;*.JPE)'로 지정한 후 〈저장〉을 클릭한다.

> **포토샵 CS4/CS6 사용자**
> JPG 형식으로 저장하기 위해 [File(파일)] → [Save As(다른 이름으로 저장)](Ctrl + Shift + S)를 선택하세요.

2. 'JPEG Options(JPEG 옵션)' 대화상자에서 Quality(품질)를 8로 지정한 후 〈OK(확인)〉를 클릭한다.

3. [Image(이미지)] → [Image Size(이미지 크기)] (Ctrl + Alt + I)를 선택하고 'Image Size(이미지 크기)' 대화상자에서 단위를 Pixel로 변경한 뒤 Width(폭)와 Height(높이)에 입력되어 있는 값에서 0 하나씩만 제거한 후 〈OK(확인)〉를 클릭한다.

4. [File(파일)] → [Save(저장)](Ctrl + S)를 선택한다.

⑧ [문제 1] 답안 파일 전송

1. 포토샵 프로그램을 최소화한 후 '시험 관리 도구'에서 〈답안 전송〉을 클릭한다.

2. '고사실 PC로 답안 파일 보내기' 대화상자에서 전송할 '모의05-1.jpg'와 '모의05-1.psd' 파일을 선택한 후 〈답안 전송〉을 클릭한다.

미리보기

사용할 이미지

1급-4.jpg

1급-5.jpg

1급-6.jpg

모양 도구로 추가하기

작업 과정

1

'1급-4.jpg'를 복사한 후 필터를 적용한다.

2

'1급-5.jpg'에서 조명을 복사한 후 레이어 스타일을 적용하고 색상을 보정한다.

3

'1급-6.jpg'에서 책을 복사한 후 레이어 스타일을 적용한다.

4

◉, ♛를 추가한 후 레이어 스타일을 적용한다.

5

문자를 입력한 후 레이어 스타일을 적용한다.

⓪ 준비 작업

1. [File(파일)] → [New(새로 만들기)]([Ctrl]+[N])를 선택한다.

2. 'New Document(새로운 문서 만들기)' 대화상자에서 Name(이름)을 '모의05-2', Width(폭)를 400, Height(높이)를 500, Resolution(해상도)을 72, Color Mode(색상 모드)를 'RGB Color', '8Bit', Background Contents(배경 내용)를 'White(흰색)'로 지정한 후 〈Create(만들기)〉를 클릭한다.

포토샵 CS4/CS6 사용자
'New(새 문서)' 대화상자에서 Name(이름), Witdh(폭), Height(높이) 등을 지정하세요.

3. [File(파일)] → [Save As(다른 이름으로 저장)]([Ctrl]+[Shift]+[S])를 선택한 다음 'Save As(다른 이름으로 저장)' 대화상자에서 저장 위치를 '모의05', 파일 이름을 '모의05-2'로 지정한 후 〈저장〉을 클릭한다.

① 이미지를 복사한 후 필터 적용하기

작업 결과

'1급-4.jpg'를 복사한 후 Texturizer(텍스처화) 필터를 적용한다.

 →

1. [File(파일)] → [Open(열기)]([Ctrl]+[O])을 선택한다.

2. '열기' 대화상자에서 찾는 위치를 'C:\길벗GTQ1급\모의\모의05\Image' 폴더로 지정한 다음 '1급-4.jpg', '1급-5.jpg', '1급-6.jpg' 파일을 선택하고 〈열기〉를 클릭한다.

3. '1급-4.jpg'를 '모의05-2.psd' 파일로 복사한다.

4. [Filter(필터)] → [Filter Gallery(필터 갤러리)] → [Texture(텍스처)] → [Texturizer(텍스처화)]를 선택한 후 〈OK(확인)〉를 클릭한다.

5. [Edit(편집)] → [Free Transform(자유 변형)]([Ctrl]+[T])을 선택한 다음 〈출력형태〉와 같이 크기를 조절한 후 배치한다. 이어서 [Enter]를 눌러 자유 변형 상태를 해제한다.

② 조명을 복사한 후 레이어 스타일을 적용하고 색상 보정하기

작업 결과

'1급-5.jpg'에서 조명을 복사한 후 Inner Glow(내부 광선) 스타일을 적용하고, 파란색 계열로 색상을 보정한다.

 →

1. '1급-5.jpg' 탭을 클릭하고 선택 도구를 이용하여 다음과 같이 선택한다.

2. 선택 영역을 '모의05-2.psd' 파일로 복사한다.
3. 레이어 패널 하단의 🔲(Add a layer style(레이어 스타일을 추가합니다.)) 아이콘을 클릭한 후 [Inner Glow(내부 광선)]를 선택한다.
4. 'Layer Style(레이어 스타일)' 대화상자에서 〈OK(확인)〉를 클릭한다.
5. [Edit(편집)] → [Free Transform(자유 변형)] (Ctrl+T)을 선택한 다음 〈출력형태〉와 같이 크기를 조절한 후 배치한다. 이어서 Enter를 눌러 자유 변형 상태를 해제한다.

6. 선택 도구를 이용하여 다음과 같이 선택한다.

7. 레이어 패널 하단의 🔲(Create new fill or adjustment layer(새 칠 또는 조정 레이어를 만듭니다.)) 아이콘을 클릭한 후 [Hue/Saturation(색조/채도)]을 선택한다.
8. 조정 패널에서 Hue(색조)를 −150을 입력하여 파란색 계열로 보정한다.

③ 책을 복사한 후 레이어 스타일 적용하기

작업 결과

'1급-6.jpg'에서 책을 복사한 후 Outer Glow(외부 광선) 스타일을 적용한다.

1. 탭 목록에서 '1급-6.jpg'을 클릭하고 선택 도구를 이용하여 그림과 같이 선택한다.

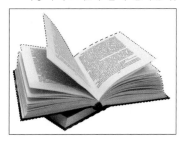

2. 선택 영역을 '모의05-2.psd' 파일로 복사한다.

3. 레이어 패널 하단의 ![fx](Add a layer style(레이어 스타일을 추가합니다.)) 아이콘을 클릭한 후 [Outer Glow(외부 광선)]를 선택한다.

4. 'Layer Style(레이어 스타일)' 대화상자에서 〈OK(확인)〉를 클릭한다.

5. [Edit(편집)] → [Free Transform(자유 변형)] (Ctrl+T)을 선택한 다음 〈출력형태〉와 같이 크기를 조절한 후 배치한다. 이어서 Enter를 눌러 자유 변형 상태를 해제한다.

❹ ◎, ♔를 추가한 후 레이어 스타일 적용하기

작업 결과
- 원 고리(◎) 모양을 추가한 후 Outer Glow(외부 광선) 스타일을 적용하고 한 번 복사한다.
- 왕관(♔) 모양을 추가한 후 Inner Shadow(내부 그림자) 스타일을 적용한다.

01. ◎를 추가한 후 레이어 스타일 적용하기

1. 도구 상자에서 ![](Custom Shape Tool(사용자 정의 모양 도구))(U)을 선택한 후 옵션 바에서 Shape(모양)를 클릭한다.

2. 옵션 바에서 Shape(모양)의 목록 단추(▪) → [Legacy Shapes and More(레거시 모양 및 기타)] → [All Legacy Default Shapes(모든 레거시 기본 모양)] → [Shapes(모양)]를 선택한다.

포토샵 CS4/CS6 사용자
Shape(모양) 목록에서 [Shapes(모양)]를 선택한 후 선택한 모양으로 대치할지를 묻는 대화상자가 나타나면 〈OK(확인)〉를 클릭하세요.

3. 모양 목록에서 ◎(Circle Frame(원 프레임)) 모양을 선택한 다음 드래그 하여 추가한 후 옵션 바에서 Fill(칠)을 클릭하고 색상을 #336600으로 지정한다.

포토샵 CS4 사용자
옵션 바에서 Color(색상)를 클릭한 다음 'Pick a solid color: (단색 선택:)' 대화상자에서 색상을 지정한 후 〈OK(확인)〉를 클릭하세요.

4. 레이어 패널 하단의 ![fx](Add a layer style(레이어 스타일을 추가합니다.)) 아이콘을 클릭한 후 [Outer Glow(외부 광선)]를 선택한다.

5. 'Layer Style(레이어 스타일)' 대화상자에서 〈OK(확인)〉를 클릭한다.

6. [Edit(편집)] → [Free Transform Path(패스 자유 변형)](Ctrl+T)를 선택한 다음 〈출력형태〉와 같이 크기를 조절한 후 배치한다. 이어서 Enter를 두 번 눌러 패스 자유 변형 상태를 해제한다.

7. 도구 상자에서 ![](Move Tool(이동 도구))(V)을 클릭한 후 Alt를 누른 채 원 프레임 모양을 오른쪽 상단으로 드래그하여 한 번 복사한다.

8. ![](Custom Shape Tool(사용자 정의 모양 도구)) (U))을 클릭한 후 Fill(칠)을 클릭하고 색상을 #ffff99로 지정한 후 〈OK(확인)〉를 클릭한다.

9. [Edit(편집)] → [Free Transform Path(패스 자유
변형)]([Ctrl]+[T])를 선택한 다음 〈출력형태〉와 같이
크기와 방향을 조절한 후 배치한다. 이어서 [Enter]를
두 번 눌러 패스 자유 변형 상태를 해제한다.

02. 👑를 추가한 후 레이어 스타일 적용하기

1. 도구 상자에서 ✿(Custom Shape Tool(사용자 정
의 모양 도구))([U])을 선택한 후 옵션 바에서 Shape
(모양)를 클릭한다.

2. 옵션 바에서 Shape(모양)의 목록 단추(▮) →
[Legacy Shapes and More(레거시 모양 및 기타)]
→ [All Legacy Default Shapes(모든 레거시 기본
모양)] → [Objects(물건)]를 선택한다.

3. 모양 목록에서 👑(Crown 1(왕관 1))을 선택한 후
드래그 하여 추가한 다음 옵션 바에서 Fill(칠)을
클릭하고 색상을 #ffff00으로 지정한다.

4. 레이어 패널 하단의 fx.(Add a layer style(레이어
스타일을 추가합니다.)) 아이콘을 클릭한 후 [Inner
Shadow(내부 그림자)]를 선택한다.

5. 'Layer Style(레이어 스타일)' 대화상자에서
〈OK(확인)〉를 클릭한다.

6. [Edit(편집)] → [Free Transform Path(패스 자유
변형)]([Ctrl]+[T])를 선택한 다음 〈출력형태〉와 같이
크기를 조절한 후 배치한다. 이어서 [Enter]를 두 번 눌
러 자유 변형 상태를 해제한다.

5 문자를 입력한 후 레이어 스타일 적용하기

작업 결과

나는야 독서왕!을 입력한 후 Gradient Overlay(그라디언트 오버
레이)와 Stroke(선/획) 스타일을 적용한다.

1. 도구 상자에서 T(Horizontal Type Tool(수평 문
자 도구))([T])을 선택한 후 적당한 위치를 클릭하고
나는야 독서왕!을 입력한다.

2. [Ctrl]+[Enter]를 눌러 입력을 완료한 다음 옵션 바에서
Font(글꼴)를 '궁서', Size(크기)를 42로 지정하고,
⬚(Create warped text(뒤틀어진 텍스트 만들기))
를 클릭한다.

3. 'Warp Text(텍스트 뒤틀기)' 대화상자에서 'Style
(스타일)'을 'Arc Upper(위 부채꼴)'로 지정하고 〈출
력형태〉와 모양이 비슷해지도록 'Bend(구부리기)'
값을 조절한 후 〈OK(확인)〉를 클릭한다.

4. 레이어 패널 하단의 (Add a layer style(레이어 스타일을 추가합니다.)) 아이콘을 클릭한 후 [Gradient Overlay(그레이디언트 오버레이)]를 선택한다.

5. 'Layer Style(레이어 스타일)' 대화상자에서 Gradient(그레이디언트)를 항목을 클릭한다.

6. 'Gradient Editor(그레이디언트 편집기)' 대화상자의 왼쪽 아래 Color Stop(색상 정지점)을 더블클릭한 다음 색상을 #6600cc로 지정한다.

7. 이어서 'Gradient Editor(그레이디언트 편집기)' 대화상자의 오른쪽 아래 Color Stop(색상 정지점)을 더블클릭한 다음 색상을 #ffff00으로 지정한다.

8. 'Gradient Editor(그레이디언트 편집기)' 대화상자에서 〈OK(확인)〉를 클릭한다.

9. 'Layer Style(레이어 스타일)' 대화상자에서 Angle(각도)을 0으로 지정하고 스타일 목록에서 [Stroke(획)]를 선택한다.

10. 'Layer Style(레이어 스타일)' 대화상자에서 Size(크기)를 2, Color(색상)를 #ff0000으로 지정한 후 〈OK(확인)〉를 클릭한다.

11. [Edit(편집)] → [Free Transform(자유 변형)]([Ctrl]+[T])을 선택한 다음 〈출력형태〉와 같이 배치한다. 이어서 [Enter]를 눌러 자유 변형 상태를 해제한다.

⑥ 파일 저장 및 이미지 크기 조절

1. [File(파일)] → [Save a Copy(사본 저장)]([Ctrl]+[Alt]+[S])를 선택하고 'Save a Copy(사본 저장)' 대화상자에서 저장 위치를 '모의05', 파일 이름을 '모의05-2'로, Format(형식)을 'JPEG(*.JPG;*.JPEG;*.JPE)'로 지정한 후 〈저장〉을 클릭한다.

포토샵 CS4/CS6 사용자
JPG 형식으로 저장하기 위해 [File(파일)] → [Save As(다른 이름으로 저장)]([Ctrl]+[Shift]+[S])를 선택하세요.

2. 'JPEG Options(JPEG 옵션)' 대화상자에서 Quality(품질)를 8로 지정한 후 〈OK(확인)〉를 클릭한다.

3. [Image(이미지)] → [Image Size(이미지 크기)]([Ctrl]+[Alt]+[I])를 선택하고 'Image Size(이미지 크기)' 대화상자에서 Width(폭)와 Height(높이)에 입력되어 있는 값에서 0 하나씩만 제거한 후 〈OK(확인)〉를 클릭한다.

4. [File(파일)] → [Save(저장)]([Ctrl]+[S])를 선택한다.

⑦ [문제 2] 답안 파일 전송

1. 포토샵 프로그램을 최소화한 후 '시험 관리 도구'에서 〈답안 전송〉을 클릭한다.

2. '고사실 PC로 답안 파일 보내기' 대화상자에서 전송할 '모의05-2.jpg'와 '모의05-2.psd' 파일을 선택한 후 〈답안 전송〉을 클릭한다.

미리보기

사용할 이미지

1급-7.jpg

1급-8.jpg

1급-9.jpg

1급-10.jpg

1급-11.jpg

모양 도구로 추가하기

작업 과정

❶ 빈 캔버스에 배경색을 지정한다.

❷ '1급-7.jpg'를 복사한 후 혼합 모드와 불투명도를 지정한다.

❸ '1급-8.jpg'를 복사한 후 필터를 적용하고 레이어 마스크를 수행한다.

❹ 를 추가한 후 레이어 스타일을 적용하고, '1급-9.jpg'를 복사한 다음 필터를 적용하고 클리핑 마스크를 수행한다.

❺ '1급-10.jpg'에서 가위를 복사한 후 레이어 스타일을 적용한다.

❻ '1급-11.jpg'에서 커피잔을 복사한 후 레이어 스타일을 적용하고 색상을 보정한다.

❼ 를 추가한 후 레이어 스타일을 적용한다.

❽ 문자를 입력한 후 레이어 스타일을 적용한다.

⓪ 준비 작업

1. [File(파일)] → [New(새로 만들기)]([Ctrl]+[N])를 선택한다.

2. 'New Document(새로운 문서 만들기)' 대화상자에서 Name(이름)을 '모의05-3', Width(폭)를 600, Height(높이)를 400, Resolution(해상도)을 72, Color Mode(색상 모드)를 'RGB Color', '8Bit', Background Contents(배경 내용)를 'White(흰색)'로 지정한 후 〈Create(만들기)〉를 클릭한다.

> **포토샵 CS4/CS6 사용자**
> 'New(새 문서)' 대화상자에서 Name(이름), Width(폭), Height(높이) 등을 지정하세요.

3. [File(파일)] → [Save As(다른 이름으로 저장)]([Ctrl]+[Shift]+[S])를 선택한 다음 'Save As(다른 이름으로 저장)' 대화상자에서 저장 위치를 '모의05', 파일 이름을 '모의05-3'으로 지정한 후 〈저장〉을 클릭한다.

❶ 배경색 지정하기

> **작업 결과**
>
> 빈 캔버스에 배경색을 지정한다.
>
>

1. [Edit(편집)] → [Fill(칠)]([Shift]+[F5])을 선택한다.

2. 'Fill(칠)' 대화상자의 Contents(내용) 목록에서 목록 단추를 클릭하여 [Color(색상)]를 선택한다.

3. 'Color Picker(Fill Color)(색상 피커(칠 색상))' 대화상자에서 색상을 #996633으로 지정하고 〈OK(확인)〉를 클릭한다. 이어서 'Fill(칠)' 대화상자에서 〈OK(확인)〉를 클릭한다.

> **포토샵 CS4/CS6 사용자**
> 'Fill(칠)' 대화상자가 표시되면 Use(사용)의 목록 단추를 클릭하여 [Color(색상)]를 선택하고 'Choose a color(색상 선택)' 대화상자에서 색상을 지정한 후 〈OK(확인)〉를 클릭하세요.

❷ 이미지를 복사한 후 혼합 모드 지정하기

> **작업 결과**
>
> '1급-7.jpg'를 복사한 후 Blending Mode(혼합 모드)를 Luminosity(광도)와 Opacity(불투명도)를 70%로 지정한다.
>
>

1. [File(파일)] → [Open(열기)]([Ctrl]+[O])을 선택한다.

2. '열기' 대화상자에서 찾는 위치를 'C:\길벗GTQ1급\모의\모의05\Image' 폴더로 지정한 다음 '1급-7.jpg', '1급-8.jpg', '1급-9.jpg', '1급-10.jpg', '1급-11.jpg' 파일을 선택하고 〈열기〉를 클릭한다.

3. '1급-7.jpg'를 '모의05-3.psd' 파일로 복사한다.

4. 레이어 패널 상단의 혼합 모드에서 [Luminosity (광도)]를 선택하고 Opacity(불투명도)를 70%로 지정한다.

5. [Edit(편집)] → [Free Transform(자유 변형)] ([Ctrl]+[T])을 선택한 후 〈출력형태〉와 같이 크기를 조절하고 배치한다. 이어서 [Enter]를 눌러 자유 변형 상태를 해제한다.

③ 이미지를 복사한 후 필터를 적용하고 레이어 마스크 수행하기

작업 결과

'1급-8.jpg'를 복사한 후 Crosshatch(그물눈) 필터를 적용하고 레이어 마스크를 수행한다.

1. '1급-8.jpg'를 '모의05-3.psd' 파일로 복사한다.

2. [Filter(필터)] → [Filter Gallery(필터 갤러리)] → [Brush Strokes(브러시 획)] → [Crosshatch(그물눈)]를 선택한 후 〈OK(확인)〉를 클릭한다.

3. 레이어 패널 하단의 ■(Add layer mask(레이어 마스크를 추가합니다.)) 아이콘을 클릭한다.

4. 도구 상자에서 ■(Gradient Tool(그레이디언트 도구))을 클릭한 다음 옵션 바에서 Gradient(그레이디언트) 항목을 클릭한다.

5. 'Gradient Editor(그레이디언트 편집기)' 대화상자의 Presets(사전 설정) 항목에서 Basics(기본 사항)의 확장 단추(■)를 클릭한 뒤 Black, White(검정, 흰색)를 클릭하고 〈OK(확인)〉를 클릭한다.

포토샵 CS4/CS6 사용자
'Gradient Editor(그라디언트 편집기)' 대화상자가 표시되면 Presets(사전 설정) 항목에서 Black, White(검정, 흰색)를 클릭하고 〈OK(확인)〉를 클릭하세요.

6. 마우스를 왼쪽에서 오른쪽으로 드래그 한다.

❹ █를 추가한 후 레이어 스타일과 필터를 적용하고 클리핑 마스크 수행하기

작업 결과

- 퍼즐(█) 모양을 추가한 후 Stroke(선/획) 스타일을 적용한다.
- '1급-9.jpg'를 복사한 후 Gaussian Blur(가우시안 흐림 효과) 필터를 적용하고 클리핑 마스크를 수행한다.

01. █를 추가한 후 레이어 스타일 적용하기

1. █(Custom Shape Tool(사용자 정의 모양 도구)) (U)가 선택된 상태에서 옵션 바에서 Shape(모양)의 목록 단추(█) → [Legacy Shapes and More(레거시 모양 및 기타)] → [All Legacy Default Shapes(모든 레거시 기본 모양)] → [Objects(물건)]를 선택한다.

포토샵 CS4/CS6 사용자
Shape(모양) 목록에서 [Objects(물건)]를 선택한 후 선택한 모양으로 대치할지를 묻는 대화상자가 나타나면 〈OK(확인)〉를 클릭하세요.

2. 모양 목록에서 █(Puzzle 4(퍼즐 4))를 선택한 후 드래그 하여 추가한다.

3. 사각형을 추가한 후 레이어 패널 하단의 █(Add a layer style(레이어 스타일 추가)) 아이콘을 클릭한 다음 [Stroke(획)]를 선택한다.

4. 'Layer Style(레이어 스타일)' 대화상자에서 Size(크기)를 5, 'Fill Type(칠 유형)'에서 Gradient(그레이디언트)를 선택한 후 색상을 지정하기 위해 Gradient(그레이디언트) 항목을 클릭한다.

Gradient: [_____] **딸깍** se

5. 'Gradient Editor(그레이디언트 편집기)' 대화상자의 Presets(사전 설정) 항목에서 Basics(기본 사항)의 확장 단추(█)를 클릭한 뒤 Foreground to Transparent(전경색에서 투명으로)를 클릭한다.

포토샵 CS4/CS6 사용자
'Gradient Editor(그레이디언트 편집기)' 대화상자가 표시되면 Presets(사전 설정) 항목에서 Foreground to Transparent(전경색에서 투명으로)를 클릭하세요.

6. 'Gradient Editor(그레이디언트 편집기)' 대화상자의 왼쪽 아래 Color Stop(색상 정지점)을 더블클릭한 다음 색상을 #cc0066으로 지정한 후 〈OK(확인)〉를 클릭한다.

7. 'Layer Style(레이어 스타일)' 대화상자에서 〈OK(확인)〉를 클릭한다.

8. [Edit(편집)] → [Free Transform Path(패스 자유 변형)]((Ctrl)+(T))를 선택한 다음 〈출력형태〉와 같이 크기를 조절한 후 배치한다. 이어서 (Enter)를 두 번 눌러 패스 자유 변형 상태를 해제한다.

02. 필터를 적용하고 클리핑 마스크 수행하기

1. '1급-9.jpg'를 '모의05-2.psd' 파일로 복사한다.

2. [Filter(필터)] → [Blue(흐림 효과)] → [Gaussian Blur(가우시안 흐림 효과)]를 선택한 후 〈OK(확인)〉를 클릭한다.

3. 레이어 패널에서 'Layer 3(레이어 3)'의 바로 가기 메뉴를 불러 [Create Clipping Mask(클리핑 마스크 만들기)]를 선택한다.

4. [Edit(편집)] → [Free Transform(자유 변형)] ([Ctrl]+[T])을 선택한 후 〈출력형태〉와 같이 크기를 조절한 후 배치한다. 이어서 [Enter]를 눌러 자유 변형 상태를 해제한다.

⑤ 가위를 복사한 후 레이어 스타일 적용하기

작업 결과

'1급-10.jpg'에서 가위를 복사한 후 Outer Glow(외부 광선) 스타일을 적용한다.

1. 탭 목록에서 '1급-10.jpg' 탭을 클릭하고 선택 도구를 이용하여 다음과 같이 선택한다.

2. 선택 영역을 '모의05-3.psd' 파일로 복사한다.

3. 레이어 패널 하단의 ⓕ(Add a layer style(레이어 스타일을 추가합니다.)) 아이콘을 클릭하여 [Outer Glow(외부 광선)]를 선택한다.

4. 'Layer Style(레이어 스타일)' 대화상자에서 〈OK(확인)〉를 클릭한다.

5. [Edit(편집)] → [Free Transform(자유 변형)] ([Ctrl]+[T])을 선택한 다음 〈출력형태〉와 같이 크기를 조절한 후 배치한다. 이어서 [Enter]를 눌러 자유 변형 상태를 해제한다.

⑥ 커피잔을 복사한 후 레이어 스타일을 적용하고 색상 보정하기

작업 결과

'1급-11.jpg'에서 커피잔을 복사한 후 Bevel and Emboss(경사와 엠보스) 스타일을 적용하고 녹색 계열로 색상을 보정한다.

1. 탭 목록에서 '1급-11.jpg' 탭을 클릭하고 선택 도구를 이용하여 다음과 같이 선택한다.

2. 선택 영역을 '모의05-3.psd' 파일로 복사한다.
3. 레이어 패널 하단의 ⏺(Add a layer style(레이어 스타일을 추가합니다.)) 아이콘을 클릭하여 [Bevel & Emboss(경사와 엠보스)]를 선택한다.
4. 'Layer Style(레이어 스타일)' 대화상자에서 〈OK(확인)〉를 클릭한다.
5. [Edit(편집)] → [Free Transform(자유 변형)] (Ctrl+T)을 선택한 다음 〈출력형태〉와 같이 크기를 조절하고 배치한다. 이어서 Enter를 눌러 자유 변형 상태를 해제한다.

6. 선택 도구를 이용하여 다음과 같이 선택한다.

7. 레이어 패널 하단의 ⏺(Create new fill or adjustment layer(새 칠 또는 조정 레이어 만들기)) 아이콘을 클릭한 후 [Hue/Saturation(색조/채도)]을 선택한다.
8. 조정 패널에서 Hue(색조)를 115로 입력하여 녹색 계열로 보정한다.

⑦ 🍃, ✂️, 🌸를 추가한 후 레이어 스타일 적용하기

작업 결과

- 나뭇잎(🍃) 모양을 추가한 후 Drop Shadow(그림자 효과) 스타일을 적용한다.
- 검색(✂️) 모양을 추가한 후 Drop Shadow(그림자 효과) 스타일을 적용하고 Opacity(불투명도)를 80%로 지정한다.
- 꽃(🌸) 모양을 추가한 후 Inner Shadow(내부 그림자) 스타일을 적용한다.

01. 🍃를 추가한 후 레이어 스타일 적용하기

1. 도구 상자에서 🔷(Custom Shape Tool(사용자 정의 모양 도구))(U)을 선택한 후 옵션 바에서 Shape(모양)를 클릭한다.

2. 옵션 바에서 Shape(모양)의 목록 단추(▮) →
   [Legacy Shapes and More(레거시 모양 및 기타)]
   → [All Legacy Default Shapes(모든 레거시 기본
   모양)] → [Ornaments(장식)]를 선택한다.

3. 모양 목록에서 🍃(Leaf Ornament 3(나뭇잎 장식
   3))을 선택한 후 드래그 하여 추가한 다음 옵션 바
   에서 Fill(칠)을 클릭하고 색상을 #cc0000으로 지정
   한다.

4. 레이어 패널 하단의 ▨(Add a layer style(레이어
   스타일을 추가합니다.)) 아이콘을 클릭한 후 [Drop
   Shadow(그림자)]를 선택한다.
5. 'Layer Style(레이어 스타일)' 대화상자에서
   〈OK(확인)〉를 클릭한다.
6. [Edit(편집)] → [Free Transform Path(패스 자유
   변형)]([Ctrl]+[T])를 선택한 후 〈출력형태〉와 같이
   크기를 조절하고 배치한다. 이어서 [Enter]를 두 번 눌
   러 패스 자유 변형 상태를 해제한다.

02. 🌐를 추가한 후 레이어 스타일 적용하기

1. ▨(Custom Shape Tool(사용자 정의 모양 도구))
   ([U])을 선택한 후 옵션 바에서 Shape(모양)의 목록
   단추(▮) → [Legacy Shapes and More(레거시 모
   양 및 기타)] → [All Legacy Default Shapes(모든
   레거시 기본 모양)] → [Web(웹)]을 선택한다.

2. 모양 목록에서 🌐(World Wide Web Search(웹 검
   색))를 선택한 후 드래그 하여 추가한 다음 옵션 바
   에서 Fill(칠)을 클릭하고 색상을 #ffcc00으로 지정
   한다.

3. 레이어 패널 상단의 혼합 모드에서 Opacity(불투명
   도)를 80%로 지정한다.
4. 레이어 패널 하단의 ▨(Add a layer style(레이어
   스타일을 추가합니다.)) 아이콘을 클릭한 후 [Drop
   Shadow(그림자)]를 선택한다.
5. 'Layer Style(레이어 스타일)' 대화상자에서
   〈OK(확인)〉를 클릭한다.
6. [Edit(편집)] → [Free Transform Path(패스 자유
   변형)]([Ctrl]+[T])를 선택한 다음 〈출력형태〉와 같이
   크기를 조절한 후 배치한다. 이어서 [Enter]를 두 번 눌
   러 패스 자유 변형 상태를 해제한다.

03. 🌸를 추가한 후 레이어 스타일 적용

1. ▨(Custom Shape Tool(사용자 정의 모양 도구))
   ([U])을 선택한 후 옵션 바에서 Shape(모양)의 목록
   단추(▮) → [Legacy Shapes and More(레거시 모
   양 및 기타)] → [All Legacy Default Shapes(모든
   레거시 기본 모양)] → [Nature(자연)]를 선택한다.

2. 모양 목록에서 🌸(Flower 2(꽃 2))를 선택한 후 드
   래그 하여 추가한 다음 옵션 바에서 Fill(칠)을 클릭
   하고 색상을 #ff99ff로 지정한다.

3. 레이어 패널 하단의 🔳(Add a layer style(레이어 스타일을 추가합니다.)) 아이콘을 클릭한 후 [Inner Shadow(내부 그림자)]를 선택한다.

4. 'Layer Style(레이어 스타일)' 대화상자에서 ⟨OK(확인)⟩를 클릭한다.

5. [Edit(편집)] → [Free Transform Path(패스 자유 변형)]([Ctrl]+[T])를 선택한 다음 ⟨출력형태⟩와 같이 크기를 조절한 후 배치한다. 이어서 [Enter]를 두 번 눌러 패스 자유 변형 상태를 해제한다.

⑧ 문자를 입력한 후 레이어 스타일 적용하기

작업 결과

• 아름조경 아카데미 회원 모집, 플로리스트에 도전해 보세요!, # 토피어리 만들기, # DIY정원 만들기, 자세한 내용 보기를 입력한다.
• 입력한 문자열 각각에 서식을 지정하고 레이어 스타일을 적용한다.
• 각각의 문자열을 ⟨출력형태⟩와 같이 배치한다.

01. 문자 입력하기

1. 도구 상자에서 ⊤(Horizontal Type Tool(수평 문자 도구))([T])을 클릭한다.

2. 옵션 바에서 문자를 입력하기 좋은 크기와 색상을 지정한다. 여기서는 크기를 12, 색상을 검정(#000000)으로 지정한다.

3. 입력되는 문자의 색상과 구분이 잘되는 배경을 클릭하고 다음과 같이 ⟨출력형태⟩에 제시된 모든 문자를 입력한다.

02. 서식 지정 및 레이어 스타일 적용하기

1. '아름조경 아카데미 회원모집'에 서식 지정 및 레이어 스타일 적용

① 레이어 패널에서 '아름조경~'을 선택한 후 옵션 바에서 Font(글꼴)를 '돋움', Size(크기)를 36으로 지정하고 🔳(Create warped text(뒤틀어진 텍스트 만들기))를 클릭한다.

② 'Warp Text(텍스트 뒤틀기)' 대화상자에서 'Style(스타일)'을 'Flag(깃발)'로 지정하고 ⟨출력형태⟩와 모양이 비슷해지도록 'Bend(구부리기)' 값을 조절한 후 ⟨OK(확인)⟩를 클릭한다.

포토샵 CS4 사용자
'Wrap Text(텍스트 변형)' 대화상자에서 Bend(구부리기) 값을 −50으로 조절하세요.

③ 레이어 패널 하단의 ▣(Add a Layer style(레이어 스타일을 추가합니다.)) 아이콘을 클릭한 후 [Gradient Overlay(그레이디언트 오버레이)]를 선택한다.

④ 'Layer Style(레이어 스타일)' 대화상자에서 Gradient(그레이디언트) 항목을 클릭한다.

⑤ 'Gradient Editor(그레이디언트 편집기)' 대화상자의 왼쪽 아래 Color Stop(색상 정지점)을 더블 클릭한 다음 색상을 #ff6600으로 지정한다.

⑥ 'Gradient Editor(그레이디언트 편집기)' 대화상자의 가운데 아래를 클릭하여 Color Stop(색상 정지점)을 추가한다.

⑦ 만들어진 가운데 Color Stop(색상 정지점)을 더블클릭한 후 색상을 #ffffff로 지정한다.

⑧ 'Gradient Editor(그레이디언트 편집기)' 대화상자의 오른쪽 아래 Color Stop(색상 정지점)을 더블클릭한 다음 색상을 #ffff00으로 지정한다.

⑨ 'Gradient Editor(그레이디언트 편집기)' 대화상자에서 〈OK(확인)〉를 클릭하고 'Layer Style(레이어 스타일)' 대화상자의 스타일 목록에서 [Stroke(획)]를 클릭한다.

⑩ 'Layer Style(레이어 스타일)' 대화상자에서 Size(크기)를 3, Fill Type(칠 유형)에서 Color(색상)를 선택하고 #000066으로 지정한 후 〈OK(확인)〉를 클릭한다.

2. '플로리스트에 도전해~'에 서식 지정 및 레이어 스타일 적용

① 레이어 패널에서 '플로리스트에 도전해~'를 선택하고 옵션 바에서 Font(글꼴)를 '바탕', Size(크기)를 15, Color(색상)를 #3333cc로 지정하고, ▣(Create warped text(뒤틀어진 텍스트 만들기))를 클릭한다.

② 'Warp Text(텍스트 뒤틀기)' 대화상자에서 'Style(스타일)'을 'Arc(부채꼴)'로 지정하고 〈출력 형태〉와 모양이 비슷해지도록 'Bend(구부리기)' 값을 조절한 후 〈OK(확인)〉를 클릭한다.

③ 레이어 패널 하단의 ▣(Add a Layer style(레이어 스타일을 추가합니다.)) 아이콘을 클릭한 후 [Stroke(획)]를 선택한다.

④ 'Layer Style(레이어 스타일)' 대화상자에서 Size(크기)를 2, Color(색상)를 #ffffff로 지정한 후 〈OK(확인)〉를 클릭한다.

3. '# 토피어리 만들기', '# DIY정원 만들기'에 서식 지정 및 레이어 스타일 적용하기

① 레이어 패널에서 '# 토피어리~', '# DIY정원 만들기'를 선택한 후 옵션 바에서 Font(글꼴)를 '궁서', Size(크기)를 20, Color(색상)를 #336666으로 지정한다.

② '# 토피어리~'를 선택한 후 레이어 패널 하단의 ▣(Add a Layer style(레이어 스타일을 추가합니다.)) 아이콘을 클릭하고 [Stroke(획)]를 선택한다.

③ 'Layer Style(레이어 스타일)' 대화상자에서 Size(크기)를 2, Color(색상)를 #330000으로 지정한 후 〈OK(확인)〉를 클릭한다.

④ 같은 방법으로 '# DIY~'에 [Stroke(획)] 스타일을 적용한다.

4. '자세한 내용 보기'에 서식 지정 및 레이어 스타일 적용

① 레이어 패널에서 '자세한~'을 선택한 후 옵션 바에서 Font(글꼴)를 '바탕', Size(크기)를 18, Color(색상)를 #cc3333으로 지정한다.

② 레이어 패널 하단의 ▣(Add a layer style(레이어 스타일을 추가합니다.)) 아이콘을 클릭한 후 [Drop Shadow(그림자)]를 선택한다.

③ 'Layer Style(레이어 스타일)' 대화상자에서 〈OK(확인)〉를 클릭한다.

03. 〈출력형태〉와 동일하게 배치하기

1. 레이어 패널에서 '아름조경 ~'을 선택한다.
2. [Edit(편집)] → [Free Transform(자유 변형)] (Ctrl + T)을 선택한 후 〈출력형태〉와 같이 배치한다. 이어서 Enter를 눌러 자유 변형 상태를 해제한다.
3. 나머지 글자도 위와 같은 방법으로 〈출력형태〉와 같이 크기 및 방향을 조절한 후 배치한다.

⑨ 파일 저장 및 이미지 크기 조절

1. [File(파일)] → [Save a Copy(사본 저장)](Ctrl + Alt + S)를 선택하고 'Save a Copy(사본 저장)' 대화상자에서 저장 위치를 '모의05', 파일 이름을 '모의05-3'으로, Format(형식)을 'JPEG(*.JPG;*.JPEG;*.JPE)'로 지정한 후 〈저장〉을 클릭한다.

포토샵 CS4/CS6 사용자
JPG 형식으로 저장하기 위해 [File(파일)] → [Save As(다른 이름으로 저장)](Ctrl + Shift + S)를 선택하세요.

2. 'JPEG Options(JPEG 옵션)' 대화상자에서 Quality(품질)를 8로 지정한 후 〈OK(확인)〉를 클릭한다.
3. [Image(이미지)] → [Image Size(이미지 크기)] ((Ctrl + Alt + I)를 선택하고 'Image Size(이미지 크기)' 대화상자에서 Width(폭)와 Height(높이)에 입력되어 있는 값에서 0 하나씩만 제거한 후 〈OK(확인)〉를 클릭한다.
4. [File(파일)] → [Save(저장)](Ctrl + S)를 선택한다.

⑩ [문제 3] 답안 파일 전송

1. 포토샵 프로그램을 최소화 한 후 '시험 관리 도구'에서 〈답안 전송〉을 클릭한다.
2. '고사실 PC로 답안 파일 보내기' 대화상자에서 전송할 '모의05-3.jpg'와 '모의05-3.psd' 파일을 선택한 후 〈답안 전송〉을 클릭한다.

문제 4   **[실무응용]** 웹 페이지 제작

미리보기

사용할 이미지

1급-12.jpg

1급-13.jpg

1급-14.jpg

1급-15.jpg

1급-16.jpg

1급-17.jpg

펜 도구로 그리기

모양 도구로 추가하기

작업 과정

❶
빈 캔버스에 배경색을 지정한다.

❷
'1급-12.jpg'을 복사한 후 혼합 모드를 지정하고 레이어 마스크를 수행한다.

❸
'1급-13.jpg'를 복사한 후 필터를 적용하고 레이어 마스크를 수행한다.

❹
Pen Tool(펜 도구)로 🐟, 〰, ➤를 그리고 각각 레이어 스타일로 적용한다.

❺
패턴을 만들어 적용한다.

❻
'1급-14.jpg'에서 쿠키를 복사한 후 레이어 스타일을 적용한다.

❼
'1급-15.jpg'에서 그릇을 복사한 후 필터와 레이어 스타일을 적용한다.

❽
'1급-16.jpg'에서 피망을 복사한 후 레이어 스타일을 적용하고 색상을 보정한다.

❾
'1급-17.jpg'에서 일부 이미지를 복사한다.

❿
■, ▢, ✋를 추가한 후 레이어 스타일을 적용한다.

⑪ 문자를 입력한 후 레이어 스타일을 적용한다.

 문제 **4**   [실무응용] **웹 페이지 제작**   따라 하기

⓪ 준비 작업

1. [File(파일)] → [New(새로 만들기)]([Ctrl]+[N])를 선택한다.
2. 'New Document(새로운 문서 만들기)' 대화상자에서 Name(이름)을 '모의05-4', Width(폭)를 600, Height(높이)를 400, Resolution(해상도)을 72, Color Mode(색상 모드)를 'RGB Color', '8Bit', Background Contents(배경 내용)를 'White(흰색)'로 지정한 후 〈Create(만들기)〉를 클릭한다.

> **포토샵 CS4/CS6 사용자**
> 'New(새 문서)' 대화상자에서 Name(이름), Width(폭), Height(높이) 등을 지정하세요.

3. [File(파일)] → [Save As(다른 이름으로 저장)]([Ctrl]+[Shift]+[S])를 선택한 다음 'Save As(다른 이름으로 저장)' 대화상자에서 저장 위치를 '모의05', 파일 이름을 '모의05-4'로 지정한 후 〈저장〉을 클릭한다.

① 배경색 지정하기

> **작업 결과**

빈 캔버스에 배경색을 지정한다.

↓

1. [Edit(편집)] → [Fill(칠)]([Shift]+[F5])을 선택한다.
2. 'Fill(칠)' 대화상자의 Contents(내용) 목록에서 목록 단추를 클릭하여 [Color(색상)]를 선택한다.
3. 'Color Picker(Fill Color)(색상 피커(칠 색상))' 대화상자에서 색상을 #ffff99로 지정한 후 〈OK(확인)〉를 클릭한다. 이어서 'Fill(칠)' 대화상자에서도 〈OK(확인)〉를 클릭한다.

> **포토샵 CS4/CS6 사용자**
> 'Fill(칠)' 대화상자가 표시되면 Use(사용)의 목록 단추를 클릭하여 [Color(색상)]를 선택하고 'Choose a color(색상 선택)' 대화상자에서 색상을 지정한 후 〈OK(확인)〉을 클릭하세요.

② 이미지를 복사한 후 혼합 모드를 지정하고 레이어 마스크 수행하기

> **작업 결과**

'1급-12.jpg'를 복사한 후 Blending Mode(혼합 모드)를 Linear Light(선형 라이트)로 지정하고, 세로 방향으로 흐릿하게 레이어 마스크를 수행한다.

1. [File(파일)] → [Open(열기)]([Ctrl]+[O])을 선택한다.
2. '열기' 대화상자에서 찾는 위치를 'C:\길벗GTQ1
   급\모의\모의05\Image' 폴더로 지정한 다음 '1
   급-12.jpg', '1급-13.jpg', '1급-14.jpg', '1급-15.
   jpg', '1급-16.jpg', '1급-17.jpg' 파일을 선택하고
   〈열기〉를 클릭한다.
3. '1급-12.jpg'를 '모의05-4.psd' 파일로 복사한다.
4. 레이어 패널 상단에서 Blending Mode(혼합 모드)
   를 Linear Light(선형 라이트)로 변경한다.
5. [Edit(편집)] → [Free Transform(자유 변형)]을 선
   택한 후 〈출력형태〉와 같이 크기를 조절한 후 배치한
   다. 이어서 [Enter]를 눌러 자유 변경 상태를 해제한다.

6. 레이어 패널 하단의 ▣(Add layer mask(레이어
   마스크를 추가합니다.)) 아이콘을 클릭한다.

7. 도구 상자에서 ▣(Gradient Tool(그레이디언트 도
   구))을 선택한 다음 옵션 바에서 Gradient(그레이
   디언트) 항목을 클릭한다.

딸깍

8. 'Gradient Editor(그레이디언트 편집기)' 대화상자
   가 표시되면 Presets(사전 설정) 항목에서
   Basics(기본 항목)의 확장 단추(▮)를 클릭한 뒤
   'Black, White(검정, 흰색)'를 클릭하고 〈OK(확
   인)〉를 클릭한다.

> **포토샵 CS4/CS6 사용자**
> 'Gradient Editor(그라디언트 편집기)' 대화상자가 표시되면
> Presets(사전 설정) 항목에서 Black, White(검정, 흰색)를 클릭
> 하고 〈OK(확인)〉를 클릭하세요.

9. 마우스를 위쪽에서 아래쪽 방향으로 드래그 한다.

드래그

③ 이미지를 복사한 후 필터 적용하고 레이어 마스크 수행하기

'1급-13.jpg'를 복사한 후 Facet(단면화) 필터를 적용하고, 가로 방향으로 흐릿하게 레이어 마스크를 수행한다.

1. '1급-13.jpg'를 '모의05-4.psd' 파일로 복사한다.
2. [Filter(필터)] → [Pixelate(픽셀화)] → [Facet(단면화)]를 선택한다.
3. [Edit(편집)] → [Free Transform(자유 변형)] (Ctrl+T)을 선택한 다음 〈출력형태〉와 같이 크기를 조절한 후 배치한다. 이어서 Enter를 눌러 자유 변형 상태를 해제한다.

4. 레이어 패널 하단의 ▣(Add layer mask(레이어 마스크를 추가합니다.)) 아이콘을 클릭한다.

5. 도구 상자에서 ▣(Gradient Tool(그레이디언트 도구))을 선택한다.
6. 마우스를 왼쪽에서 오른쪽 방향으로 드래그 한다.

④ 🐟, 🐟, 🐟를 그린 후 레이어 스타일 적용하기

Pen Tool(펜 도구)로 🐟, 🐟, 🐟를 그린 후 서식을 지정하고, 레이어 스타일을 적용한다.

1. 도구 상자에서 (Pen Tool(펜 도구))(P)을 선택한 다음 옵션 바에서 Shape(모양)를 클릭한다.

2. 문제지의 〈출력형태〉에 그려 넣은 기준선을 참조하여 다음과 같이 안내선을 표시한다.

3. 패스 모양이 곡선에서 곡선으로 이어지는 경우 현재 패스의 방향이 다음 패스에 영향을 주지 않도록 Alt를 누른 채 현재 기준점을 클릭하여 방향선을 제거한다.

4. 다음과 같이 모양을 그린 후 옵션 바에서 Fill(칠)을 클릭하고 색상을 #666699로 지정한다.

포토샵 CS4 사용자
옵션 바의 Color(색상)에서 색상을 지정하세요.

5. 옵션 바의 Fill(칠)을 클릭하여 '색상' 목록 창을 닫은 후 Esc를 한 번 눌러 패스 편집 상태를 해제한다.

6. 물고기 모양의 눈을 그리기 위해 도구 모음에서 (Ellipse Tool(타원 도구))을 클릭하고 옵션 바에서 ◻(Subtract Front Shape(전면 모양 빼기))를 선택한 후 눈을 그린다.

포토샵 CS4/CS6 사용자
Esc를 누르지 않고 Ellipse Tool(타원 도구)를 클릭한 후 옵션 바에서 ◻(Subtract from shape area(모양 영역에서 빼기))를 선택하세요.

7. Esc를 두 번 눌러 패스 선택 상태를 해제한 후 두 번째, 세 번째 모양을 새 레이어에 그린 후 Fill(칠)을 클릭하고 색상을 #9999cc, #000099로 지정한다.

포토샵 CS4 사용자
옵션 바의 Color(색상)에서 색상을 지정하세요.

8. [View(보기)] → [Clear Guides(안내선 지우기)] (Alt+V, D)를 선택해 안내선을 제거한다.

9. 레이어 패널에서 'Shape 1(모양 1)'을 선택하고, 하단의 ◻(Add a layer style(레이어 스타일을 추가합니다.)) 아이콘을 클릭한 후 [Drop Shadow(그림자)]를 선택한다.

10. 'Layer Style(레이어 스타일)' 대화상자에서 〈OK(확인)〉를 클릭한다.

11. 'Shape 2(모양 2)', 'Shape 3(모양 3)'에도 동일하게 레이어 스타일을 적용한다.

5 패턴 만들어 적용하기

패턴을 만들어 적용한 후 불필요한 부분을 제거한다.

1. [File(파일)] → [New(새로 만들기)]([Ctrl]+[N])를 선택한 후 'New Document(새로운 문서 만들기)' 대화상자에서 Width(폭)와 Height(높이)에 **30**을 입력하고 Background Contents(배경 내용)를 Transparent(투명)로 지정한 후 〈OK(확인)〉를 클릭한다.

2. [Ctrl]+[0]을 눌러 화면 배율을 화면 크기에 맞게 확대하거나 [Ctrl]+[+]를 눌러 화면을 확대한다.

3. 도구 상자에서 ⬡(Custom Shape Tool(사용자 정의 모양 도구))([U])을 선택한 후 옵션 바에서 Shape(모양)의 목록 단추(⬛) → [Legacy Shapes and More(레거시 모양 및 기타)] → [All Legacy Default Shapes(모든 레거시 기본 모양)] → [Nature(자연)]를 선택한다.

> **포토샵 CS4/CS6 사용자**
> Shape(모양) 목록에서 [Nature(자연)]를 선택한 후 선택한 모양으로 대치할지를 묻는 대화상자가 나타나면 〈OK(확인)〉를 클릭하세요.

4. 모양 목록에서 ◖(Moon(달))을 선택한 후 문제지의 〈출력형태〉에 그려 놓은 기준선을 참조하여 안내선을 표시한다.

5. 달을 추가한 후 옵션 바에서 Fill(칠)을 클릭하고 색상을 #99cc66으로 지정한다.

> **포토샵 CS4 사용자**
> 옵션 바에서 Color(색상)를 클릭한 다음 'Pick a solid color: (단색 선택:)' 대화상자에서 색상을 지정한 후 〈OK(확인)〉를 클릭하세요.

6. 레이어 패널 하단의 ⬚(Create a new layer(새 레이어를 만듭니다.)) 아이콘을 클릭한다.

7. ⬡(Custom Shape Tool(사용자 정의 모양 도구))([U])을 선택한 후 옵션 바의 Shape(모양) 목록 단추(⬛) → [Legacy Shapes and More(레거시 모양 및 기타)] → [All Legacy Default Shapes(모든 레거시 기본 모양)] → [Ornaments(장식)]를 선택한다.

> **포토샵 CS4/CS6 사용자**
> Shape(모양) 목록에서 [Ornaments(장식)]를 선택한 후 선택한 모양으로 대치할지를 묻는 대화상자가 나타나면 〈OK(확인)〉를 클릭하세요.

8. 모양 목록에서 🍃(Leaf Ornament 2(나뭇잎 장식 2))를 추가한 후 옵션 바에서 Fill(칠)을 클릭하고 색상을 #669933으로 지정한다.

9. Enter를 눌러 선택 영역을 해제한 후 [Edit(편집)] → [Define Pattern(패턴 정의)]을 선택한다.

10. 'Pattern Name(패턴 이름)' 대화상자에서 기본값을 유지한 채 〈OK(확인)〉를 클릭한다.

11. '모의05-4.psd' 파일 탭을 클릭한 후 레이어 패널 하단의 ▣(Create a new layer(새 레이어를 만듭니다.)) 아이콘을 클릭한다.

12. [Edit(편집)] → [Fill(칠)]을 선택한 후 'Fill(칠)' 대화상자에서 Contents(내용)의 목록 단추를 클릭한 후 [Pattern(패턴)]을 선택한다.

13. Custom Pattern(사용자 정의 패턴) 목록의 목록 단추를 클릭한 후 앞서 정의한 패턴(Pattern 1)을 더블클릭하여 선택한 후 〈OK(확인)〉를 클릭한다.

14. 제거할 영역을 다음과 같이 선택한다.

15. 레이어 패널에서 패턴이 적용된 'Layer 3(레이어 3)'을 선택한 후 Delete를 누른다.

16. 이어서 Ctrl+D를 눌러 선택 영역을 해제한다.

⑥ 쿠키를 복사한 후 레이어 스타일 적용하기

작업 결과

'1급-14.jpg'에서 쿠키를 복사한 후 Drop Shadow(그림자 효과)와 Stroke(선/획) 스타일을 적용한다.

1. 탭 목록에서 '1급-14.jpg' 탭을 클릭한 후 다음과 같이 선택한다.

2. 선택 영역을 '모의05-4.psd' 파일로 복사한다.

3. 레이어 패널 하단의 ▨(Add a layer style(레이어 스타일을 추가합니다.)) 아이콘을 클릭하여 [Drop Shadow(그림자)]를 선택한다.

4. 'Layer Style(레이어 스타일)' 대화상자의 스타일 목록에서 [Stroke(획)]를 선택한다.

5. 'Layer Style(레이어 스타일)' 대화상자에서 Size(크기)를 2, Color(색상)를 #6600cc로 지정한 후 〈OK(확인)〉를 클릭한다.

6. [Edit(편집)] → [Free Transform(자유 변형)] (Ctrl+T)을 선택한 다음 〈출력형태〉와 같이 크기를 조절한 후 배치한다. 이어서 Enter를 눌러 자유 변형 상태를 해제한다.

❼ 그릇을 복사한 후 필터와 레이어 스타일 적용하기

작업 결과

'1급-15.jpg'에서 그릇을 복사한 후 Texturizer(텍스처화) 필터와 Drop Shadow(그림자 효과) 스타일을 적용한다.

↓

1. 탭 목록에서 '1급-15.jpg' 탭을 클릭한 후 다음과 같이 선택한다.

2. 선택 영역을 '모의05-4.psd' 파일로 복사한다.

3. [Filter(필터)] → [Filter Gallery(필터 갤러리)] → [Texture(텍스처)] → [Texturizer(텍스처화)]를 선택한 후 〈OK(확인)〉를 클릭한다.

4. 레이어 패널에서 ▨(Add a layer style(레이어 스타일을 추가합니다.)) 아이콘을 클릭하여 [Drop Shadow(그림자)]를 선택한다.

5. 'Layer Style(레이어 스타일)' 대화상자에서 〈OK(확인)〉를 클릭한다.

6. [Edit(편집)] → [Free Transform(자유 변형)] (Ctrl+T)을 선택한 다음 〈출력형태〉와 같이 크기를 조절한 후 배치한다. 이어서 Enter를 눌러 자유 변형 상태를 해제한다.

⑧ 도시락을 복사한 후 레이어 스타일을 적용하고 색상 보정하기

작업 결과

1급-16.jpg'에서 도시락을 복사한 후 Outer Glow(외부 광선) 스타일을 적용하고, 녹색 계열로 색상을 보정한다.

1. 탭 목록에서 '1급-16.jpg' 탭을 클릭한 후 다음과 같이 선택한다.

2. 선택 영역을 '모의05-4.psd' 파일로 복사한다.

3. 레이어 패널에서 ▨(Add a layer style(레이어 스타일을 추가합니다.)) 아이콘을 클릭하여 [Outer Glow(외부 광선)]를 선택한다.

4. 'Layer Style(레이어 스타일)' 대화상자에서 〈OK(확인)〉를 클릭한다.

5. [Edit(편집)] → [Free Transform(자유 변형)] (Ctrl+T)을 선택한 다음 〈출력형태〉와 같이 크기를 조절한 후 배치한다. 이어서 Enter를 눌러 자유 변형 상태를 해제한다.

6. 선택 도구를 이용하여 다음과 같이 선택한다.

7. 레이어 패널 하단의 ◗(Create new fill or adjustment layer(새 칠 또는 조정 레이어를 만듭니다.)) 아이콘을 클릭한 후 [Hue/Saturation(색조/채도)]을 선택한다.

8. 조정 패널에서 Colorize(색상화)를 체크한 후 Hue(색조)에 **125**, Saturation(채도)에 **40**을 입력하여 색상을 녹색 계열로 보정한다.

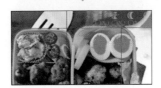

⑨ 일부 이미지 복사하기

'1급-17.jpg'에서 일부 이미지를 복사한다.

1. 탭 목록에서 '1급-17.jpg' 탭을 클릭한 후 다음과 같이 선택한다.

2. 선택 영역을 '모의05-4.psd' 파일로 복사한다.

3. [Edit(편집)] → [Free Transform(자유 변형)] (Ctrl+T)을 선택한 다음 〈출력형태〉와 같이 크기를 조절한 후 배치한다. 이어서 Enter를 눌러 자유 변형 상태를 해제한다.

⑩ ■, □, ✋를 추가한 후 레이어 스타일 적용하기

• 색종이(■) 모양을 추가한 후 Inner Glow(내부 광선) 스타일을 적용한다.
• 말풍선(□) 모양을 추가한 후 Gradient Overlay(그라디언트 오버레이)와 Stroke(선/획) 스타일을 적용하고 두 번 복사한다.
• 손바닥(✋) 모양을 추가한 후 Drop Shadow(그림자 효과) 스타일을 적용한다.

01. ■를 추가한 후 레이어 스타일 적용하기

1. (Custom Shape Tool(사용자 정의 모양 도구)) (U)을 선택한 후 옵션 바에서 Shape(모양)의 목록 단추(■) → [Legacy Shapes and More(레거시 모양 및 기타)] → [All Legacy Default Shapes(모든 레거시 기본 모양)] → [Objects(물건)]를 선택한다.

2. 모양 목록에서 ■(Confetti(색종이 조각))를 선택한 후 드래그 하여 추가하고, 옵션 바에서 Fill(칠)을 클릭하고 색상을 #cccccc로 지정한다.

3. 레이어 패널 하단의 fx(Add a layer style(레이어 스타일을 추가합니다.)) 아이콘을 클릭한 후 [Inner Glow(내부 광선)]를 선택한다.

4. 'Layer Style(레이어 스타일)' 대화상자에서 스타일 목록에서 〈OK(확인)〉를 클릭한다.

5. [Edit(편집)] → [Free Transform Path(패스 자유 변형)]([Ctrl]+[T])를 선택한 다음 〈출력형태〉와 같이 크기를 조절한 후 배치한다. 이어서 [Enter]를 두 번 눌러 패스 자유 변형 상태를 해제한다.

02. ⬜를 추가한 후 레이어 스타일 적용하기

1. 🎨(Custom Shape Tool(사용자 정의 모양 도구))([U])을 선택한 후 옵션 바에서 Shape(모양)의 목록 단추(▪) → [Legacy Shapes and More(레거시 모양 및 기타)] → [All Legacy Default Shapes(모든 레거시 기본 모양)] → [Talk Bubbles(말 풍선)]를 선택한다.

> **포토샵 CS4/CS6 사용자**
> Shape(모양) 목록에서 [Talk Bubbles(말 풍선)]를 선택한 후 선택한 모양으로 대치할지를 묻는 대화상자가 나타나면 〈OK(확인)〉를 클릭하세요.

2. 모양 목록에서 ⬜(Talk 9(대화 9))을 선택한 후 드래그 하여 추가한다.

3. 레이어 패널 하단의 fx(Add a layer style(레이어 스타일을 추가합니다.)) 아이콘을 클릭한 후 [Gradient Overlay(그레이디언트 오버레이)]를 선택한다.

4. Gradient Overlay(그레이디언트 오버레이)에서 Gradient(그레이디언트) 항목을 클릭한다.

5. 'Gradient Editor(그레이디언트 편집기)' 대화상자의 왼쪽 아래 Color Stop(색상 정지점)을 더블클릭한 다음 색상을 #336633으로 지정한다.

6. 'Gradient Editor(그레이디언트 편집기)' 대화상자의 가운데 아래 Color Stop(색상 정지점)을 클릭하고 〈Delete(삭제)〉를 클릭한다.

7. 'Gradient Editor(그레이디언트 편집기)' 대화상자의 오른쪽 아래 Color Stop(색상 정지점)을 더블클릭한 다음 색상을 #ffffff로 지정한다.

8. 'Gradient Editor(그레이디언트 편집기)' 대화상자에서 〈OK(확인)〉를 클릭한다.

9. 'Layer Style(레이어 스타일)' 대화상자에서 Angle(각도)을 90으로 지정하고 스타일 목록에서 [Stroke(획)]를 클릭한다.

10. 'Layer Style(레이어 스타일)' 대화상자에서 Size(크기)를 3, Color(색상)를 #0099ff로 지정한 후 〈OK(확인)〉를 클릭한다.

11. [Edit(편집)] → [Free Transform Path(패스 자유 변형)]([Ctrl]+[T])를 선택한 다음 〈출력형태〉와 같이 크기를 조절한 후 배치한다. 이어서 [Enter]를 두 번 눌러 패스 자유 변형 상태를 해제한다.

12. 도구 상자에서 ✛(Move Tool(이동 도구))([V])을 클릭한 후 [Alt]를 누른 채 말 풍선 모양을 하단으로 드래그하여 두 번 복사한다.

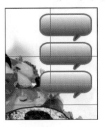

03. ✋를 추가한 후 레이어 스타일 적용하기

1. 🎨(Custom Shape Tool(사용자 정의 모양 도구))([U])을 선택한 후 옵션 바에서 Shape(모양)의 목록 단추(▪) → [Legacy Shapes and More(레거시 모양 및 기타)] → [All Legacy Default Shapes(모든 레거시 기본 모양)] → [Objects(물건)]를 선택한다.

2. 모양 목록에서 ✋(Right Hand(오른손))를 선택한 후 드래그 하여 추가하고, 옵션 바에서 Fill(칠)을 클릭하고 색상을 #ffffcc로 지정한다.

3. 레이어 패널 하단의 ✄(Add a layer style(레이어 스타일을 추가합니다.)) 아이콘을 클릭한 후 [Drop Shadow(그림자)]를 선택한다.

4. 'Layer Style(레이어 스타일)' 대화상자에서 스타일 목록에서 〈OK(확인)〉를 클릭한다.

5. [Edit(편집)] → [Free Transform Path(패스 자유 변형)]([Ctrl]+[T])를 선택한 다음 〈출력형태〉와 같이 크기를 조절한 후 배치한다. 이어서 [Enter]를 두 번 눌러 패스 자유 변형 상태를 해제한다.

⑪ 문자를 입력한 후 레이어 스타일 적용하기

작업 결과

• Love cooking, 가족을 사랑하는 마음, 정성스런 요리, Home Party 특별반 모집, 취미반, 취업반, 창업반을 입력한다.
• 입력한 문자열 각각에 서식을 지정하고 레이어 스타일을 적용한다.
• 각각의 문자열을 〈출력형태〉와 같이 배치한다.

01. 문자 입력하기

1. 도구 상자에서 **T**(Horizontal Type Tool(수평 문자 도구))([T])을 클릭한다.

2. 옵션 바에서 문자를 입력하기 좋은 크기와 색상을 지정한다. 여기서는 크기를 12, 색상을 검정(#000000)으로 지정한다.

3. 입력되는 문자의 색상과 구분이 잘되는 배경을 클릭하고 다음과 같이 〈출력형태〉에 제시된 모든 문자를 입력한다.

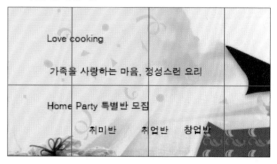

02. 서식 지정 및 레이어 스타일 적용하기

1. 'Love cooking'에 서식 지정 및 레이어 스타일 적용
   ① 레이어 패널에서 'Love~'를 선택한 후 옵션 바에서 Font(글꼴)를 'Time New Roman', Font Style(글꼴 스타일) 'Regular', Size(크기)를 35, Color(색상)를 #0099ff로 지정하고 ⬧(Create warped text(뒤틀어진 텍스트 만들기))를 클릭한다.
   ② 'Warp Text(텍스트 뒤틀기)' 대화상자에서 'Style(스타일)'을 'Arc(부채꼴)'로 지정하고 〈출력형태〉와 모양이 비슷해지도록 'Bend(구부리기)' 값을 조절한 후 〈OK(확인)〉를 클릭한다.

③ 레이어 패널 하단의 ■(Add a Layer style(레이어 스타일을 추가합니다.)) 아이콘을 클릭한 후 [Stroke(획)]를 선택한다.

④ 'Layer Style(레이어 스타일)' 대화상자에서 Size(크기)를 2, Color(색상)를 #ccffff로 지정한다.

⑤ 'Layer Style(레이어 스타일)' 대화상자의 스타일 목록에서 [Drop Shadow(드롭 섀도)]를 선택한 후 〈OK(확인)〉를 클릭한다.

2. '가족을 사랑하는 ~'에 서식 및 레이어 스타일 적용

① 레이어 패널에서 '가족을 사랑하는 ~'을 선택하고 Font(글꼴)를 '궁서', Size(크기)를 20, 지정하고, ■(Create warped text(뒤틀어진 텍스트 만들기))를 클릭한다.

② 'Warp Text(텍스트 뒤틀기)' 대화상자에서 'Style(스타일)'을 'Flag(깃발)'로 지정하고 〈출력 형태〉와 모양이 비슷해지도록 'Bend(구부리기)' 값을 조절한 후 〈OK(확인)〉를 클릭한다.

포토샵 CS4 사용자
'Wrap Text(텍스트 변형)' 대화상자에서 Bend(구부리기) 값을 −100으로 조절하세요.

③ 레이어 패널 하단의 ■(Add a layer style(레이어 스타일을 추가합니다.)) 아이콘을 클릭한 후 [Gradient Overlay(그레이디언트 오버레이)]를 선택한다.

④ Gradient Overlay(그레이디언트 오버레이)에서 Gradient(그레이디언트) 항목을 클릭한다.

⑤ 'Gradient Editor(그레이디언트 편집기)' 대화상자의 왼쪽 아래 Color Stop(색상 정지점)을 더블 클릭한 다음 색상을 #ff6600으로 지정한다.

⑥ 'Gradient Editor(그레이디언트 편집기)' 대화상자의 가운데 아래를 클릭하여 Color Stop(색상 정지점)을 추가한다.

⑦ 만들어진 가운데 Color Stop(색상 정지점)을 더블클릭한 후 색상을 #333333으로 지정한다.

⑧ 'Gradient Editor(그레이디언트 편집기)' 대화상자의 오른쪽 아래 Color Stop(색상 정지점)을 더블클릭한 다음 색상을 #0000ff로 지정한다.

⑨ 'Gradient Editor(그레디언트 편집기)' 대화상자에서 〈OK(확인)〉를 클릭한다.

⑩ 'Layer Style(레이어 스타일)' 대화상자에서 Angle(각도)을 0으로 지정하고, 스타일 목록에서 [Outer Glow(외부 광선)]를 선택한다.

⑪ 'Layer Style(레이어 스타일)' 대화상자에서 〈OK(확인)〉를 클릭한다.

3. 'Home~'에 서식 및 레이어 스타일 적용

① 레이어 패널에서 'Home~'을 선택하고 옵션 바에서 Font(글꼴)를 '굴림', Size(크기)를 15, Color(색상)를 #003300으로 지정한다.

② 레이어 패널 하단의 ■(Add a Layer style(레이어 스타일을 추가합니다.)) 아이콘을 클릭한 후 [Drop Shadow(그림자)]를 선택한 후 〈OK(확인)〉를 클릭한다.

4. '취미반', '취업반', '창업반'에 서식 지정 및 레이어 스타일 적용

① 레이어 패널에서 '취미반'을 선택한 상태에서 Shift를 누른 채 '취업반', '창업반'을 선택하고 옵션 바에서 Font(글꼴)를 '돋움', Size(크기)를 16, Color(색상)를 #ff0000으로 지정한다.

② '취미반' 레이어를 선택하고 레이어 패널 하단의 ■(Add a Layer style(레이어 스타일을 추가합니다.)) 아이콘을 클릭한 후 [Stroke(획)]를 선택한다.

③ 'Layer Style(레이어 스타일)' 대화상자에서 Size(크기)를 2, Color(색상)를 #ffffff로 지정한 후 〈OK(확인)〉를 클릭한다.

④ Alt를 누른 채 '취미반'에 적용된 레이어 스타일을 '취업반'으로 드래그하여 복사한다.

⑤ 같은 방법으로 '창업반'에도 레이어 스타일을 복사한다.

03. 〈출력형태〉와 동일하게 배치하기

1. 레이어 패널에서 'Love cooking'을 선택한다.
2. [Edit(편집)] → [Free Transform(자유 변형)] (Ctrl+T)을 선택한 후 〈출력형태〉와 같이 배치한다. 이어서 Enter를 눌러 자유 변형 상태를 해제한다.
3. 나머지 글자도 위와 같은 방법으로 〈출력형태〉와 동일하게 방향이나 크기를 조절한 후 배치한다.

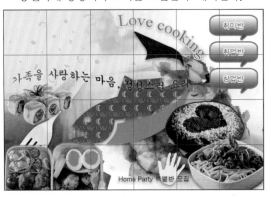

⑫ 파일 저장 및 이미지 크기 조절

1. [File(파일)] → [Save a Copy(사본 저장)] (Ctrl+Alt+S)를 선택하고 'Save a Copy(사본 저장)' 대화상자에서 저장 위치를 '모의05', 파일 이름을 '모의05-4'로, Format(형식)을 'JPEG(*.JPG;*.JPEG;*.JPE)'로 지정한 후 〈저장〉을 클릭한다.

> **포토샵 CS4/CS6 사용자**
> JPG 형식으로 저장하기 위해 [File(파일)] → [Save As(다른 이름으로 저장)](Ctrl+Shift+S)를 선택하세요.

2. 'JPEG Options(JPEG 옵션)' 대화상자에서 Quality (품질)를 8로 지정한 후 〈OK(확인)〉를 클릭한다.
3. [Image(이미지)] → [Image Size(이미지 크기)] (Ctrl+Alt+I)를 선택하고 'Image Size(이미지 크기)' 대화상자에서 Width(폭)와 Height(높이)에 입력되어 있는 값에서 0 하나씩만 제거한 후 〈OK(확인)〉를 클릭한다.
4. [File(파일)] → [Save(저장)](Ctrl+S)를 선택한다.

⑬ [문제 4] 답안 파일 전송

1. 포토샵 프로그램을 최소화한 후 '시험 관리 도구'에서 〈답안 전송〉을 클릭한다.
2. '고사실 PC로 답안 파일 보내기' 대화상자에서 전송할 '모의05-4.jpg'와 '모의05-4.psd' 파일을 선택한 후 〈답안 전송〉을 클릭한다.

문제 1 [기능평가] 고급 Tool(도구) 활용 (20점)

다음의 〈조건〉에 따라 아래의 〈출력형태〉와 같이 작업하시오.

출력형태

조건

원본 이미지		C:\길벗GTQ1급\모의\모의06\Image\1급-1.jpg, 1급-2.jpg, 1급-3.jpg	
파일 저장 규칙	JPG	파일명	C:\길벗GTQ1급\모의\모의06\모의06-1.jpg
		크기	400 × 500 pixels
	PSD	파일명	C:\길벗GTQ1급\모의\모의06\모의06-1.psd
		크기	40 × 50 pixels

1. 그림 효과

① 1급-1.jpg : 필터 – Watercolor(수채화 효과)
② Save Path(패스 저장) : 화분 모양
③ Mask(마스크) : 화분 모양, 1급-2.jpg를 이용하여 작성
　　레이어 스타일 – Stroke(선/획)(3px, 그라디언트(#003399, #ffffff)),
　　Inner Shadow(내부 그림자)
④ 1급-3.jpg : 레이어 스타일 – Bevel and Emboss(경사와 엠보스)
⑤ Shape Tool(모양 도구) :
　　– 물고기 모양 (#9999cc, #336600, 레이어 스타일 – Inner Glow(내부 광선))
　　– 튀긴 자국 모양 (#ffcc99, 레이어 스타일 – Inner Shadow(내부 그림자))

2. 문자 효과

① Summer Story (Times New Roman, Bold, 42pt, #333333, 레이어 스타일 – Stroke(선/획)(2px, 그라디언트(#ff9900, #ffffff)),
　　Outer Glow(외부 광선))

 문제 2 [기능평가] 사진편집 응용 (20점)

다음의 〈조건〉에 따라 아래의 〈출력형태〉와 같이 작업하시오.

출력형태

조건

원본 이미지		C:\길벗GTQ1급\모의\모의06\Image\1급-4.jpg, 1급-5.jpg, 1급-6.jpg	
파일 저장 규칙	JPG	파일명	C:\길벗GTQ1급\모의\모의06\모의06-2.jpg
		크기	400 × 500 pixels
	PSD	파일명	C:\길벗GTQ1급\모의\모의06\모의06-2.psd
		크기	40 × 50 pixels

1. 그림 효과

① 필터 : 1급-4.jpg – Paint Daubs(페인트 덥스/페인트 바르기)
② 색상 보정 : 1급-5.jpg – 파란색 계열로 보정
③ 1급-5.jpg : Drop Shadow(그림자 효과)
④ 1급-6.jpg : 레이어 스타일 – Inner Shadow(내부 그림자)

⑤ Shape Tool(모양 도구) :
- 장식 모양 (#ff3333, 레이어 스타일 - Stroke(선/획)(2px, #ffcccc))
- 봉투 모양 (#339933, #663300, 레이어 스타일 - Inner Glow(내부 광선))

2. 문자 효과

① 친구에게 편지쓰기 (궁서, 37pt, 레이어 스타일 - 그라디언트 오버레이(#ff6600, #330033), Drop Shadow(그림자 효과))

 문제 3　[실무응용]　**포스터 제작**　(25점)

다음의 〈조건〉에 따라 아래의 〈출력형태〉와 같이 작업하시오.

조건

원본 이미지			C:\길벗GTQ1급\모의\모의06\Image\1급-7.jpg, 1급-8.jpg, 1급-9.jpg, 1급-10.jpg, 1급-11.jpg
파일 저장 규칙	JPG	파일명	C:\길벗GTQ1급\모의\모의06\모의06-3.jpg
		크기	600 × 400 pixels
	PSD	파일명	C:\길벗GTQ1급\모의\모의06\모의06-3.psd
		크기	60 × 40 pixels

1. 그림 효과

① 배경 : #ffcc00
② 1급-7.jpg : Blending Mode(혼합 모드) - Difference(차이), Opacity(불투명도)(50%)
② 1급-8.jpg : 필터 - Texturizer(텍스처화), 레이어 마스크 - 세로 방향으로 흐릿하게
③ 1급-9.jpg : 필터 - Dry Brush(드라이 브러시), 레이어 스타일 - Stroke(선/획)(5px, 그라디언트(#663300, 투명으로))
④ 1급-10.jpg : 레이어 스타일 - Inner Glow(내부 광선), Drop Shadow(그림자 효과)
⑤ 1급-11.jpg : 색상 보정 - 녹색 계열로 보정, 레이어 스타일 - Inner Shadow(내부 그림자)
⑥ 그 외 《출력형태》 참조

2. 문자 효과

① 한 여름 밤의 축제 (궁서, 40pt, 레이어 스타일 - 그라디언트 오버레이(#ff6699, #33ccff), Stroke(선/획)(2px, #663333))
② Mid Summer Night Festival (Times New Roman, Italic, 16pt, #ffffff, 레이어 스타일 - Outer Glow(외부 광선))
③ 장소 : 여의도 한강 공원 (돋움, 20pt, #330066, 레이어 스타일 - Stroke(선/획)(2px, #cccccc))
④ #불꽃축제 #야시장 #푸드트럭 (굴림, 16pt, #ffcc00, 레이어 스타일 - Stroke(선/획)(1px, #000000))

출력형태

Shape Tool(모양 도구) 사용
레이어 스타일 -
그라디언트 오버레이
(#993333, #ffffcc)
Drop Shadow(그림자 효과)

Shape Tool(모양 도구) 사용
#993366, 레이어 스타일 -
Drop Shadow(그림자 효과),
Opacity(불투명도)(60%)

Shape Tool(모양 도구) 사용
#ff6699, 레이어 스타일 -
Stroke(선/획)(1px, #cccccc)

다음의 〈조건〉에 따라 아래의 〈출력형태〉와 같이 작업하시오.

조건

원본 이미지	C:\길벗GTQ1급\모의\모의06\Image\1급-12.jpg, 1급-13.jpg, 1급-14.jpg, 1급-15.jpg, 1급-16.jpg, 1급-17.jpg		
파일 저장 규칙	JPG	파일명	C:\길벗GTQ1급\모의\모의06\모의06-4.jpg
		크기	600 × 400 pixels
	PSD	파일명	C:\길벗GTQ1급\모의\모의06\모의06-4.psd
		크기	60 × 40 pixels

1. 그림 효과

① 배경 : #99cccc

② 패턴(해, 물결 모양) : #66cc00, #66ccff

③ 1급-12.jpg : Blending Mode(혼합 모드) – Hard Light(하드 라이트), 레이어 마스크 – 가로 방향으로 흐릿하게

④ 1급-13.jpg : 필터 – Paint Daubs(페인트 덥스/페인트 바르기), 레이어 마스크 – 대각선 방향으로 흐릿하게

⑤ 1급-14.jpg : 레이어 스타일 – Stroke(선/획)(2px, #3300ff), Bevel and Emboss(경사와 엠보스)

⑥ 1급-15.jpg : 필터 – Cutout(오려내기), 레이어 스타일 – Inner Glow(내부 광선)

⑦ 1급-16.jpg : 색상 보정 – 파란색 계열로 보정, 레이어 스타일 – Drop Shadow(그림자 효과)

⑧ 그 외 《출력형태》 참조

2. 문자 효과

① 국제 관광박람회 (바탕, 32pt, 레이어 스타일 – 그라디언트 오버레이(#cc9966, #ffffff), Stroke(선/획)(2px, #663333), Drop Shadow(그림자 효과))

② International Travel Exhibition (Arial, Bold, 20pt, #cc6633, 레이어 스타일 – Outer Glow(외부 광선))

③ 가족과 연인 또는 혼자 떠나는 여행! (돋움, 14pt, #ffcc00, 레이어 스타일 – Stroke(선/획)(2px, #000000))

④ 테마관광 레저관광 체험관광 (궁서, 16pt, #ffffff, 레이어 스타일 – Stroke(선/획)(1px, #993300))

출력형태

Shape Tool(모양 도구) 사용
#3300cc, 레이어 스타일 –
Outer Glow(외부 광선)

Pen Tool(펜 도구) 사용
#ffcc99, #cccccc, #666666,
레이어 스타일 – Drop Shadow(그림자 효과)

Shape Tool(모양 도구) 사용
#cc9966, 레이어 스타일 –
Drop Shadow(그림자 효과),
Opacity(불투명도)(60%)

Shape Tool(모양 도구) 사용
레이어 스타일 –
그라디언트 오버레이
(#666699, #996666),
Stroke(선/획)(2px, #ffffff)

실전 모의고사 06회부터는 〈출력형태〉를 보고 수험생이 판단해야 하는 설정 값을 제외한 기본적인 작업 과정에 대한 설명은 생략합니다. 해설을 이해하기 힘들면 실전 모의고사 01~05회를 다시 한번 공부하고 오세요.

 문제 1　[기능평가]　**고급 Tool(도구) 활용**

사용할 이미지

1급-1.jpg

1급-2.jpg

1급-3.jpg

펜 도구로 그리기

모양 도구로 추가하기

 문제 1　[기능평가]　**고급 Tool(도구) 활용**　따라 하기

⓪ 준비 작업

다음에 제시된 파일 저장 규칙에 맞게 캔버스를 만든 후 PSD 형식으로 저장한다.

파일명	모의06-1.psd
크기	400 × 500 pixels

❶ 이미지를 복사한 후 필터 적용하기

> **작업 결과**

'1급-1.jpg'를 복사한 후 Watercolor(수채화 효과) 필터를 적용한다.

• Watercolor(수채화 효과) 필터 : [Filter(필터)] → [Filter Gallery(필터 갤러리)] → [Artistic(예술 효과)]

❷ 화분 모양 그리기

> **작업 결과**

Pen Tool(펜 도구)로 화분 모양의 패스를 그린 후 저장한다.

1. 도구 상자에서 ✒(Pen Tool(펜 도구))(P)을 클릭하고, 옵션 바의 Pick tool mode(선택 도구 모드)를 Shape(모양), Stroke(획)를 No Color(색상 없음)로 선택한다.

2. 문제지의 〈출력형태〉에 그려 놓은 기준선을 참조하여 다음과 같이 안내선을 표시한다.

3. 다음과 같이 잎 부분을 그린다.

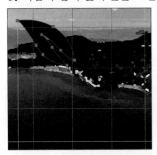

4. 옵션 바의 Path operations(패스 작업)을 🔳(Combine Shapes(모양 결합))로 선택하고, 다음과 같이 화분을 완성한다.

5. 안내선을 지우고 패스를 저장한다.

③ 이미지를 복사한 후 클리핑 마스크를 수행하고 레이어 스타일 적용하기

작업 결과

- '1급-2.jpg'를 복사한 후 화분 모양을 이용해 클리핑 마스크를 수행한다.
- 화분 모양에 Stroke(선/획) Inner Shadow(내부 그림자)와 스타일을 적용한다.

- Stroke(획) 스타일 : Position(위치) Outside(바깥쪽), Angle(각도) 0°

④ 돌고래를 복사한 후 레이어 스타일 적용하기

작업 결과

'1급-3.jpg'에서 돌고래를 복사한 후 Bevel and Emboss(경사와 엠보스) 스타일을 적용한다.

⑤ , ■를 추가한 후 레이어 스타일 적용하기

- 물고기() 모양을 추가한 후 Inner Glow(내부 광선) 스타일을 적용하고 한 번 복사한다.
- 튀긴 자국(■) 모양을 추가한 후 Inner Shadow(내부 그림자) 스타일을 적용한다.

- : [Animals(동물)]
- ■ : [Objects(물건)]

⑥ 문자를 입력한 후 레이어 스타일 적용하기

Summer Story를 입력한 후 Stroke(선/획)와 Outer Glow(외부 광선) 스타일을 적용한다.

- 'Summer Story'
  - Stroke(획) : Angle(각도) 90°
  - 텍스트 뒤틀기

 문제 2 　　[기능평가]　사진편집 응용

사용할 이미지

1급-4.jpg　　　1급-5.jpg　　　1급-6.jpg　　　모양 도구로 추가하기

ⓞ 준비 작업

다음에 제시된 파일 저장 규칙에 맞게 캔버스를 만든 후 PSD 형식으로 저장한다.

파일명	모의06-2.psd
크기	400 × 500 pixels

❶ 이미지를 복사한 후 필터 적용하기

> **작업 결과**

'1급-4.jpg'를 복사한 후 Paint Daubs(페인트 덥스/페인트 바르기) 필터를 적용한다.

- Paint Daubs(페인트 덥스/페인트 바르기) 필터 : [Filter(필터)] → [Filter Gallery(필터 갤러리)] → [Artistic(예술 효과)]

❷ 우편함을 복사한 후 레이어 스타일을 적용하고 색상 보정하기

> **작업 결과**

'1급-5.jpg'에서 우편함을 복사한 후 Drop Shadow(그림자 효과) 스타일을 적용하고, 일부를 파란색 계열로 색상을 보정한다.

- 색상 보정 : Colorize(색상화)를 체크한 후 Hue(색조) +240, Saturation(채도) +100으로 조절

❸ 인형을 복사한 후 레이어 스타일 적용하기

> **작업 결과**

'1급-6.jpg'에서 인형을 복사한 후 Inner Shadow(내부 그림자) 스타일을 적용한다.

❹ ▨, ✉을 추가한 후 레이어 스타일 적용하기

> **작업 결과**

- 장식(▨) 모양을 추가한 후 Stroke(선/획) 스타일을 적용한다.
- 봉투(✉) 모양을 추가한 후 Glow(내부 광선) 스타일을 적용하고 한 번 복사한다.

- ▨ : [Ornaments(장식)]
- ✉ : [Objects(물건)]

⑤ 문자를 입력한 후 레이어 스타일 적용하기

친구에게 편지쓰기를 입력한 후 Gradient Overlay(그라디언트 오버레이)와 Drop Shadow(그림자 효과) 스타일을 적용한다.

• '친구에게 편지쓰기'
  - Gradient Overlay(그레이디언트 오버레이) : Angle (각도) 0°
  - 텍스트 뒤틀기

문제 3   [실무응용] **포스터 제작**

사용할 이미지

1급-7.jpg   1급-8.jpg   1급-9.jpg   1급-10.jpg   1급-11.jpg

모양 도구로 추가하기

문제 3   [실무응용] **포스터 제작**   따라 하기

⓪ 준비 작업

다음에 제시된 파일 저장 규칙에 맞게 캔버스를 만든 후 PSD 형식으로 저장한다.

파일명	모의06-3.psd
크기	600 × 400 pixels

① 배경색 지정하기

빈 캔버스에 배경색을 지정한다.

② 이미지를 복사한 후 혼합 모드와 불투명도 지정하기

'1급-7.jpg'를 복사한 후 Blending Mode(혼합 모드)를 Difference(차이)로 Opacity(불투명도)를 50%로 지정한다.

③ 이미지를 복사한 후 필터를 적용하고 레이어 마스크 수행하기

'1급-8.jpg'를 복사하고 Texturizer(텍스처화) 필터를 적용한 후 세로 방향으로 흐릿하게 레이어 마스크를 수행한다.

- Texturizer(텍스처화) 필터 : [Filter(필터)] → [Filter Gallery(필터 갤러리)] → [Texture(텍스처)]
- 세로 방향으로 흐릿하게 레이어 마스크 수행

④ ◖◗을 추가한 후 필터와 레이어 스타일을 적용하고 클리핑 마스크 수행하기

- ◖◗ 모양을 추가한 후 Stroke(선/획) 스타일을 적용한다.
- '1급-9.jpg'를 복사한 후 Dry Brush(드라이 브러시) 필터를 적용하고, 클리핑 마스크를 수행한다.

- ◖◗ : [Symbols(기호)]
- Dry Brush(드라이 브러시) 필터 : [Filter(필터)] → [Filter Gallery(필터 갤러리)] → [Artistic(예술 효과)]

⑤ 개와 사람을 복사한 후 레이어 스타일 적용하기

'1급-10.jpg'에서 개와 사람을 복사한 후 Inner Glow(내부 광선)와 Drop Shadow(그림자 효과) 스타일을 적용한다.

⑥ 텍스트를 복사한 후 색상 보정과 레이어 스타일 적용하기

'1급-11.jpg'에서 텍스트를 복사한 후 Inner Shadow(내부 그림자) 스타일을 적용하고, 녹색 계열로 색상을 보정한다.

- 색상 보정 : Hue(색조) +145, Saturation(채도) +45로 조절

⑦ ■, 🔈, ✅를 추가한 후 레이어 스타일 적용하기

- 색종이(■) 모양을 추가한 후 Gradient Overlay(그라디언트 오버레이)와 Drop Shadow(그림자 효과) 스타일을 적용한다.
- 스피커(🔈) 모양을 추가한 후 Drop Shadow(그림자 효과) 스타일을 적용하고, Opacity(불투명도)를 60%로 지정한다.
- 체크(✅) 모양을 추가한 후 Stroke(선/획) 스타일을 적용한다.

⬇

- ■ : [Objects(물건)]
  - Gradient Overlay(그레이디언트 오버레이) : Angle(각도) 90°
- 🔈 : [Web(웹)]
- ✅ : [Symbols(기호)]

⑧ 문자를 입력한 후 레이어 스타일 적용하기

- 한 여름 밤의 축제, Mid Summer Nights Festival, 장소 : 여의도 한강 공원, #불꽃축제 #야시장 #푸드트럭을 입력한다.
- 입력한 문자열 각각에 서식을 지정하고 스타일을 적용한다.
- 각각의 문자열을 〈출력형태〉와 같이 배치한다.

⬇

- '한 여름 밤의 축제' 텍스트 뒤틀기

- 'Mid Summer ~' 텍스트 뒤틀기

사용할 이미지

1급-12.jpg

1급-13.jpg

1급-14.jpg

1급-15.jpg

1급-16.jpg

1급-17.jpg

펜 도구로 그리기

모양 도구로 추가하기

문제 **4** [실무응용] 웹 페이지 제작 · 따라하기

⓪ 준비 작업

다음에 제시된 파일 저장 규칙에 맞게 캔버스를 만든 후 PSD 형식으로 저장한다.

파일명	모의06-4.psd
크기	600 × 400 pixels

① 배경색 지정하기

▶ 작업 결과

빈 캔버스에 배경색을 지정한다.

↓

② 이미지를 복사한 후 혼합 모드를 지정하고 레이어 마스크 수행하기

▶ 작업 결과

'1급-12.jpg'를 복사한 후 Blending Mode(혼합 모드)를 Hard Light(하드 라이트)로 지정하고, 가로 방향으로 흐릿하게 레이어 마스크를 수행한다.

• 가로 방향으로 흐릿하게 레이어 마스크 수행

드래그

③ 이미지를 복사한 후 필터를 적용하고 레이어 마스크 수행하기

> **작업 결과**

'1급-13.jpg'를 복사한 후 Paint Daubs(페인트 덥스/페인트 바르기) 필터를 적용하고, 대각선 방향으로 흐릿하게 레이어 마스크를 수행한다.

• Paint Daubs(페인트 덥스/페인트 바르기) 필터 :
  [Filter(필터)] → [Filter Gallery(필터 갤러리)] →
  [Artistic(예술 효과)]
• 대각선 방향으로 흐릿하게 레이어 마스크 수행

드래그

④ ☁, ●, ＼를 그린 후 레이어 스타일 적용하기

> **작업 결과**

• Pen Tool(펜 도구)로 ☁ ●＼를 그린다.
• 각각 Drop Shadow(그림자 효과) 스타일을 적용한다.

1. 도구 상자에서 잠깐, 펜 도구를 클릭하고, 옵션 바의 Pick tool mode(선택 도구 모드)를 Shape(모양), Stroke(획)를 No Color(색상 없음)로 선택한다.

2. 문제지의 〈출력형태〉에 그려 놓은 기준선을 참조하여 다음과 같이 안내선을 표시한다.

3. 다음과 같이 ☁를 그린다.

4. 다음과 같이 ☁를 그린다.

5. 다음과 같이 막대를 하나 그린다.

6. 도구 상자에서 ▶(Path Selection Tool(패스 선택 도구))(A)를 선택하고 Alt 를 누른 채 드래그 하여 세 번 복사한다.

7. [Edit(편집)] → [Free Transform Path(패스 자유 변형)](Ctrl+T)로 방향과 위치를 조절하여 완성한다.

8. 안내선을 제거한다.

⑤ 패턴 적용하기

작업 결과

패턴을 만들어 ☁에 적용한 후 불필요한 부분을 제거한다.

• 패턴 만들기

– ≈, ✳ : [Nature(자연)]

• 불필요한 부분 제거하기

1. 선택 도구를 이용하여 다음과 같이 선택한다.

2. Delete를 눌러 삭제한 후 Ctrl+D를 눌러 선택 영역을 해제한다.

⑥ 비행기를 복사한 후 레이어 스타일 적용하기

작업 결과

'1급-14.jpg'에서 비행기를 복사한 후 Stroke(선/획)와 Bevel and Emboss(경사와 엠보스) 스타일을 적용한다.

⑦ 건물을 복사한 후 필터와 레이어 스타일 적용하기

작업 결과

'1급-15.jpg'에서 건물을 복사한 후 Cutout(오려내기) 필터와 Inner Glow(내부 광선) 스타일을 적용한다.

• Cutout(오려내기) 필터: [Filter(필터)] → [Filter Gallery (필터 갤러리)] → [Artistic(예술 효과)]

⑧ 가면을 복사한 후 레이어 스타일을 적용하고 색상 보정하기

작업 결과

'1급-16.jpg'에서 가면을 복사한 후 Drop Shadow(그림자 효과) 스타일을 적용하고 일부를 파란색 계열로 색상을 보정한다.

- 색상 보정 : Hue(색조) −155로 조절

⑨ 가방 복사하기

'1급−17.jpg'에서 가방을 복사한다.

⑩ ℹ️, ▭, 🚗을 추가한 후 레이어 스타일 적용하기

- i(ℹ️) 모양을 추가한 후 Outer Glow(외부 광선) 스타일을 적용한다.
- 배너(▭) 모양을 추가한 후 Gradient Overlay(그라디언트 오버레이)와 Stroke(선/획) 스타일을 적용하고, 두 번 복사한다.
- 자동차(🚗) 모양을 추가한 후 Drop Shadow(그림자 효과) 스타일을 적용하고 Opacity(불투명도)를 60%로 지정한다.

⬇

- ℹ️, 🚗 : [Symbols(기호)]
- ▭ : [Banners and Awards(배너 및 상장)]

⑪ 문자를 입력한 후 레이어 스타일 적용하기

- 국제 관광박람회, International Travel Exhibition, 가족과 연인 또는 혼자 떠나는 여행!, 테마관광, 레저관광, 체험관광을 입력한다.
- 입력한 문자열 각각에 서식을 지정하고 스타일을 적용한다.
- 각각의 문자열을 〈출력형태〉와 같이 배치한다.

• '가족과 연인 또는 혼자~' 텍스트 뒤틀기

• '국제 관광박람회' 텍스트 뒤틀기

EXAMINATION 07회 실전 모의고사

 문제 1 [기능평가] **고급 Tool(도구) 활용** (20점)

다음의 〈조건〉에 따라 아래의 〈출력형태〉와 같이 작업하시오.

출력형태

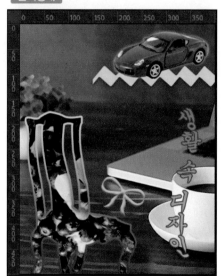

조건

원본 이미지			C:\길벗GTQ1급\모의\모의07\Image\1급-1.jpg, 1급-2.jpg, 1급-3.jpg
파일 저장 규칙	JPG	파일명	C:\길벗GTQ1급\모의\모의07\모의07-1.jpg
		크기	400 × 500 pixels
	PSD	파일명	C:\길벗GTQ1급\모의\모의07\모의07-1.psd
		크기	40 × 50 pixels

1. 그림 효과

① 1급-1.jpg : 필터 – Crosshatch(그물눈)
② Save Path(패스 저장) : 의자 모양
③ Mask(마스크) : 의자 모양, 1급-2.jpg를 이용하여 작성,
　레이어 스타일 – Stroke(선/획)(4px, 그라디언트(#ff0000, #ffff00)),
　Inner Shadow(내부 그림자)
④ 1급-3.jpg : 레이어 스타일 – Outer Glow(외부 광선)
⑤ Shape Tool(모양 도구) :
　– 지그재그 모양 (#ffff00, 레이어 스타일 – Drop Shadow(그림자 효과))
　– 리본 모양 (#cccccc, 레이어 스타일 – Bevel and Emboss(경사와 엠보스))

2. 문자 효과

① 생활 속 디자인 (궁서, 45pt, 레이어 스타일 – 그라디언트 오버레이(#ffcc00, #3399cc), Stroke(선/획)(2px, #006633))

 문제 2 [기능평가] **사진편집 응용** (20점)

다음의 〈조건〉에 따라 아래의 〈출력형태〉와 같이 작업하시오.

출력형태

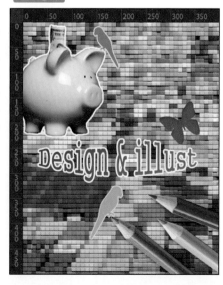

조건

원본 이미지			C:\길벗GTQ1급\모의\모의07\Image\1급-4.jpg, 1급-5.jpg, 1급-6.jpg
파일 저장 규칙	JPG	파일명	C:\길벗GTQ1급\모의\모의07\모의07-2.jpg
		크기	400 × 500 pixels
	PSD	파일명	C:\길벗GTQ1급\모의\모의07\모의07-2.psd
		크기	40 × 50 pixels

1. 그림 효과

① 필터 : 1급-4.jpg – Patchwork(패치워크/이어붙이기)
② 색상 보정 : 1급-5.jpg – 보라색 계열로 보정
③ 1급-5.jpg, Drop Shadow(그림자 효과)
④ 1급-6.jpg : 레이어 스타일 – Stroke(선/획)(3px, #ffffff)

⑤ Shape Tool(모양 도구) :
- 나비 모양 (#6666cc, 레이어 스타일 – Inner Shadow(내부 그림자))
- 새 모양 (#cccc00, #0099ff, 레이어 스타일 – Stroke(선/획)(2px, #ccffff))

2. 문자 효과

① Design & illust (궁서, 40pt, 레이어 스타일 – 그라디언트 오버레이(#9933cc, #ff6600), Stroke(선/획)(3px, #ffffff))

 문제 3 [실무응용] **포스터 제작** (25점)

다음의 〈조건〉에 따라 아래의 〈출력형태〉와 같이 작업하시오.

조건

원본 이미지			C:\길벗GTQ1급\모의\모의07\Image\1급-7.jpg, 1급-8.jpg, 1급-9.jpg, 1급-10.jpg, 1급-11.jpg
파일 저장 규칙	JPG	파일명	C:\길벗GTQ1급\모의\모의07\모의07-3.jpg
		크기	600 × 400 pixels
	PSD	파일명	C:\길벗GTQ1급\모의\모의07\모의07-3.psd
		크기	60 × 40 pixels

1. 그림 효과

① 배경 : #9999ff
② 1급-7.jpg : Blending Mode(혼합 모드) – Multiply(곱하기), Opacity(불투명도)(70%)
③ 1급-8.jpg : 필터 – Plastic Wrap(플라스틱 포장/비닐랩), 레이어 마스크 – 가로 방향으로 흐릿하게
④ 1급-9.jpg : 필터 – Spatter(뿌리기)
⑤ 1급-10.jpg : 레이어 스타일 – Bevel and Emboss(경사와 엠보스)
⑥ 1급-11.jpg : 색상 보정 – 주황색으로 보정, 레이어 스타일 – Stroke(선/획)(5px, #ffffcc)
⑦ 그 외 《출력형태》 참조

2. 문자 효과

① 그래픽 디자인 배우기 (궁서, 36pt, 레이어 스타일 – 그라디언트 오버레이(#ff0099, #ffffff, #ffcc99), Stroke(선/획)(2px, #330000), Drop Shadow(그림자 효과))
② GRAPHIC DESIGN (Arial, Bold, 22pt, 레이어 스타일 – 그라디언트 오버레이(#ccffff, #ffff99, #ccccff), Stroke(선/획)(2px, #330000))
③ Photoshop / illustrator (Arial, Regular, 22pt, #ffcc99, 레이어 스타일 – Drop Shadow(그림자 효과))
④ 기본과정 / 실무과정 / 전문가과정 (궁서, 18pt, #0000cc, 레이어 스타일 – Stroke(선/획)(1px, #ffffff))

출력형태

Shape Tool(모양 도구) 사용
#ffcc00, 레이어 스타일
Stroke(선/획)(3px,#ffffff),
Drop Shadow(그림자 효과)

Shape Tool(모양 도구) 사용
#ff0099, 레이어 스타일 –
Inner Shadow(내부 그림자),
Opacity(불투명도)(70%)

Shape Tool(모양 도구) 사용
레이어 스타일 –
그라디언트 오버레이
(#ff99ff, #993300),
Stroke(선/획)(3px,#3333cc)

문제 4　[실무응용]　웹 페이지 제작　(35점)

다음의 〈조건〉에 따라 아래의 〈출력형태〉와 같이 작업하시오.

조건

원본 이미지	C:\길벗GTQ1급\모의\모의07\Image\1급-12.jpg, 1급-13.jpg, 1급-14.jpg, 1급-15.jpg, 1급-16.jpg, 1급-17.jpg		
파일 저장 규칙	JPG	파일명	C:\길벗GTQ1급\모의\모의07\모의07-4.jpg
		크기	600 × 400 pixels
	PSD	파일명	C:\길벗GTQ1급\모의\모의07\모의07-4.psd
		크기	60 × 40 pixels

1. 그림 효과

① 배경 : #ffff66

② 패턴(집, 자동차 모양) : #336699, #ff6600

③ 1급-12.jpg : Blending Mode(혼합 모드) – Luminosity(광도), 레이어 마스크 – 가로 방향으로 흐릿하게

④ 1급-13.jpg : 필터 – Dry Brush(드라이 브러시), Opacity(불투명도)(70%), 레이어 마스크 – 세로 방향으로 흐릿하게

⑤ 1급-14.jpg : 레이어 스타일 – Inner Glow(내부 광선), Drop Shadow(그림자 효과)

⑥ 1급-15.jpg : 필터 – Texturizer(텍스처화), 레이어 스타일 – Outer Glow(외부 광선)

⑦ 1급-16.jpg : 색상 보정 – 녹색 계열로 보정, 레이어 스타일 – Bevel and Emboss(경사와 엠보스)

⑧ 그 외 《출력형태》 참조

2. 문자 효과

① 현대 생활 디자인 공모전 (바탕, 32pt, #000000, 레이어 스타일 – Stroke(선/획)(2px, 그라디언트(#99cc00, #ffff99)), Drop Shadow(그림자 효과))

② Design Festival (Arial, Regular, 24pt, 레이어 스타일 – 그라디언트 오버레이(#ff6600, #0000ff), Drop Shadow(그림자 효과))

③ 생활 소품을 이용한 디자인 아이디어 (바탕, 16pt, #ffffff, 레이어 스타일 – Stroke(선/획)(2px, #333399))

④ 공모주제 응모방법 진행일정 문의사항 (돋움, 14pt, #ffffff, 레이어 스타일 – Stroke(선/획)(2px, #990000))

출력형태

Shape Tool(모양 도구) 사용
#ccff33, 레이어 스타일 –
Inner Shadow(내부 그림자)

Shape Tool(모양 도구) 사용
레이어 스타일 – 그라디언트 오버레이(#ffccff, #ffffff),
Drop Shadow(그림자 효과)

Pen Tool(펜 도구) 사용
#ccccff, 레이어 스타일 –
그라디언트 오버레이
(#3333ff, #ffcc99),
Stroke(선/획)(3px, #ffffff)

Shape Tool(모양 도구) 사용
#ffffcc, 레이어 스타일 –
Stroke(선/획)(3px, #3333ff)

실전 모의고사 풀이

사용할 이미지

1급-1.jpg

1급-2.jpg

1급-3.jpg

펜 도구로 그리기

모양 도구로 추가하기

문제 1 [기능평가] 고급 Tool(도구) 활용

따라 하기

⓿ 준비 작업

다음에 제시된 파일 저장 규칙에 맞게 캔버스를 만든 후 PSD 형식으로 저장한다.

파일명	모의07-1.psd
크기	400 × 500 pixels

❶ 이미지를 복사한 후 필터 적용하기

작업 결과

'1급-1.jpg'를 복사한 후 Crosshatch(그물눈) 필터를 적용한다.

• Crosshatch(그물눈) 필터 : [Filter(필터)] → [Filter Gallery(필터 갤러리)] → [Brush Strokes(브러시 획)]

❷ 의자 모양 그리기

작업 결과

Pen Tool(펜 도구)로 의자 모양의 패스를 그린 후 저장한다.

1. 도구 상자에서 (Pen Tool(펜 도구))(P)을 클릭하고, 옵션 바의 Pick tool mode(선택 도구 모드)를 Shape(모양), Stroke(획)를 No Color(색상 없음)로 선택한다.

2. 문제지의 〈출력형태〉에 그려 놓은 기준선을 참조하여 다음과 같이 안내선을 표시한다.

3. 다음과 같이 의자를 그린다.

4. Esc 를 한 번 눌러 패스 편집 상태를 해제한다.
5. 옵션 바에서 ▣(Subtract Front Shape(전면 모양 빼기))를 클릭하고, 다음과 같이 의자를 완성한다.

6. 안내선을 지우고 패스를 저장한다.

③ **이미지를 복사한 후 클리핑 마스크를 수행하고 레이어 스타일 적용하기**

작업 결과

- '1급-2.jpg'를 복사한 후 의자 모양을 이용해 클리핑 마스크를 수행한다.
- 의자 모양에 Stroke(선/획)와 Inner Shadow(내부 그림자) 스타일을 적용한다.

- Stroke(획) : Position(위치) Outside(바깥쪽)

④ **자동차를 복사한 후 레이어 스타일 적용하기**

작업 결과

'1급-3.jpg'에서 자동차를 복사한 후 Outer Glow(외부 광선) 스타일을 적용한다.

⑤ ▬▬, ✄를 추가한 후 레이어 스타일 적용하기

- 지그재그(▬▬) 모양을 추가한 후 Drop Shadow(그림자 효과) 스타일을 적용한다.
- 리본(✄) 모양을 추가한 후 Bevel and Emboss(경사와 엠보스) 스타일을 적용한다.

- ▬▬ : [Ornaments(장식)]
- ✄ : [Objects(물건)]

⑥ 문자를 입력한 후 레이어 스타일 적용하기

생활 속 디자인을 입력한 후 Gradient Overlay(그라디언트 오버레이)와 Stroke(선/획) 스타일을 적용한다.

- '생활 속 디자인' 텍스트 뒤틀기

포토샵 CS4 사용자
'Wrap Text(텍스트 변형)' 대화상자에서 Bend(구부리기) 값을 +58로 조절하세요.

 문제 2   [기능평가] **사진편집 응용**

사용할 이미지

1급-4.jpg

1급-5.jpg

1급-6.jpg

모양 도구로 추가하기

ⓞ 준비 작업

다음에 제시된 파일 저장 규칙에 맞게 캔버스를 만든 후 PSD 형식으로 저장한다.

파일명	모의09-2.psd
크기	400 × 500 pixels

① 이미지를 복사한 후 필터 적용하기

> **작업 결과**
>
> '1급-4.jpg'를 복사한 후 Patchwork(패치워크/이어붙이기) 필터를 적용한다.

- Patchwork(이어붙이기) 필터 : [Filter(필터)] → [Filter Gallery(필터 갤러리)] → [Texture(텍스처)]

② 색연필을 복사한 후 레이어 스타일을 적용하고 색상 보정하기

> **작업 결과**
>
> '1급-5.jpg'에서 색연필을 복사한 후 Drop Shadow(그림자 효과) 스타일을 적용하고 일부를 보라색 계열로 색상을 보정한다.

- 색상 보정 : Hue(색조) -110으로 조절

③ 저금통을 복사한 후 레이어 스타일 적용하기

> **작업 결과**
>
> '1급-6.jpg'에서 저금통을 복사한 후 Stroke(선/획) 스타일을 적용한다.

④ 🦋, 🐦을 추가한 후 레이어 스타일 적용하기

> **작업 결과**
>
> - 나비(🦋) 모양을 추가한 후 Inner Shadow(내부 그림자) 스타일을 적용한다.
> - 새(🐦) 모양을 추가한 후 Stroke(선/획) 스타일을 적용하고 한 번 복사한다.

- 🦋 : [Nature(자연)]
- 🐦 : [Animals(동물)]

⑤ **문자를 입력한 후 레이어 스타일 적용하기**

> **작업 결과**

Design & illust를 입력한 후 Gradient Overlay(그라디언트 오버레이)와 Stroke(선/획) 스타일을 적용한다.

- 'Design & illust'
  - Gradient Overlay(그레이디언트 오버레이) : Angle(각도) 0°
  - 텍스트 뒤틀기

문제 3   [실무응용]   **포스터 제작**

사용할 이미지

1급-7.jpg   1급-8.jpg   1급-9.jpg   1급-10.jpg   1급-11.jpg

펜 도구로 그리기   모양 도구로 추가하기

문제 3   [실무응용]   **포스터 제작**

따라
하기

ⓞ 준비 작업

다음에 제시된 파일 저장 규칙에 맞게 캔버스를 만든 후 PSD 형식으로 저장한다.

파일명	모의07-3.psd
크기	600 × 400 pixels

❶ 배경색 지정하기

빈 캔버스에 배경색을 지정한다.

❷ 이미지를 복사한 후 혼합 모드와 불투명도 지정하기

'1급-7.jpg'를 복사한 후 Blending Mode(혼합 모드)를 Multiply(곱하기), Opacity(불투명도)를 70%로 지정한다.

❸ 이미지를 복사한 후 필터를 적용하고 레이어 마스크 수행하기

'1급-8.jpg'를 복사한 후 Plastic Wrap(플라스틱 포장/비닐랩) 필터를 적용하고 가로 방향으로 흐릿하게 레이어 마스크를 수행한다.

- Plastic Wrap(플라스틱 포장/비닐랩) 필터 : [Filter(필터)] → [Filter Gallery(필터 갤러리)] → [Artistic (예술 효과)]
- 가로 방향으로 흐릿하게 레이어 마스크 수행

④ 컴퓨터를 복사한 후 레이어 스타일 적용하기

작업 결과

'1급-10.jpg'에서 컴퓨터를 복사한 후 Bevel and Emboss(경사와 엠보스) 스타일을 적용한다.

↓

⑤ ■을 그린 후 필터를 적용하고 클리핑 마스크 수행하기

작업 결과

- Pen Tool(펜 도구)로 ■ 모양을 그린다.
- '1급-9.jpg'를 복사한 후 Spatter(뿌리기) 필터를 적용하고, 클리핑 마스크를 수행한다.

↓

1. 도구 상자에서 ✎(Pen Tool(펜 도구))(P)을 클릭하고, 옵션 바의 Pick tool mode(선택 도구 모드)를 Shape(모양), Stroke(획)를 No Color(색상 없음)로 선택한다.
2. 문제지의 모니터 화면에 맞춰 그린다.

- Spatter(뿌리기) 필터 : [Filter(필터)] → [Filter Gallery(필터 갤러리)] → [Brush Strokes(브러시 획)]

⑥ 물감을 복사한 후 레이어 스타일을 적용하고 색상 보정하기

작업 결과

'1급-11.jpg'에서 물감을 복사한 후 Stroke(선/획) 스타일을 적용하고 뚜껑을 주황색 계열로 색상을 보정한다.

↓

- 색상 보정 : Colorize(색상화)를 체크한 후 Hue(색조) +25, Saturation(채도) +100으로 조절

❼ , , 를 추가한 후 레이어 스타일 적용하기

작업 결과

- 얼룩() 모양을 추가한 Stroke(선/획)와 Drop Shadow(그림자 효과) 스타일을 적용한다.
- 꽃() 모양을 추가한 후 Gradient Overlay(그라디언트 오버레이)와 Stroke(선/획) 스타일을 적용한다.
- 붓() 모양을 추가한 후 Inner Shadow(내부 그림자) 스타일을 적용하고, Opacity(불투명도)를 70%로 지정한다.

⬇

- : [Shapes(모양)]
- : [Ornaments(장식)]
  - Gradient Overlay(그레이디언트 오버레이) : Angle(각도) 90°

- : [Objects(물건)]

❽ 문자를 입력한 후 레이어 스타일 적용하기

작업 결과

- 그래픽 디자인 배우기, GRAPHIC DESIGN, Photoshop / illustrator, 기본과정 / 실무과정 / 전문가과정을 입력한다.
- 입력한 문자열 각각에 서식을 지정하고 스타일을 적용한다.
- 각각의 문자열을 〈출력형태〉와 같이 배치한다.

⬇

- '그래픽 디자인 배우기'
  - Gradient Overlay(그레이디언트 오버레이) : Angle(각도) 0°
  - 텍스트 뒤틀기

- 'GRAPHIC DESIGN' 텍스트 뒤틀기

사용할 이미지

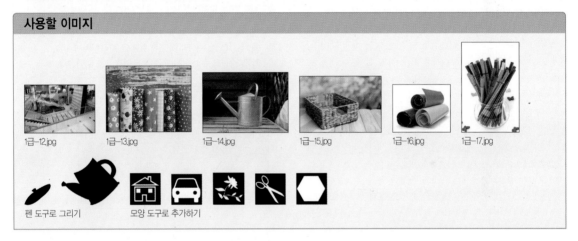

1급-12.jpg   1급-13.jpg   1급-14.jpg   1급-15.jpg   1급-16.jpg   1급-17.jpg

펜 도구로 그리기   모양 도구로 추가하기

 문제 **4**   [실무응용]   웹 페이지 제작   따라 하기

ⓞ 준비 작업

다음에 제시된 파일 저장 규칙에 맞게 캔버스를 만든 후 PSD 형식으로 저장한다.

파일명	모의07-4.psd
크기	600 × 400 pixels

① 배경색 지정하기

> **작업 결과**

빈 캔버스에 배경색을 지정한다.

② 이미지를 복사한 후 혼합 모드를 지정하고 레이어 마스크 수행하기

작업 결과

'1급-12.jpg'를 복사한 후 Blending Mode(혼합 모드)를 Luminosity(광도)로 지정하고 가로 방향으로 흐릿하게 레이어 마스크를 수행한다.

- 가로 방향으로 흐릿하게 레이어 마스크 수행

③ 이미지를 복사한 후 필터를 적용하고 레이어 마스크 수행하기

작업 결과

- '1급-13.jpg'를 복사한 후 Dry Brush(드라이 브러시) 필터를 적용하고, Opacity(불투명도)를 70%로 지정한다.
- 세로 방향으로 흐릿하게 레이어 마스크를 수행한다.

- Dry Brush(드라이 브러시) 필터 : [Filter(필터)] → [Filter Gallery(필터 갤러리)] → [Artistic(예술 효과)]

• 세로 방향으로 흐릿하게 레이어 마스크 수행

④ ✏️, 🫖를 그린 후 레이어 스타일 적용하기

작업 결과

• Pen Tool(펜 도구)로 ✏️, 🫖를 그린다.
• Stroke(선/획) 스타일과 Gradient Overlay(그라디언트 오버레이) 스타일을 적용한다.

1. 도구 상자에서 🖊️(Pen Tool(펜 도구))(P)을 클릭하고, 옵션 바의 Pick tool mode(선택 도구 모드)를 Shape(모양), Stroke(획)를 No Color(색상 없음)로 선택한다.
2. 문제지의 〈출력형태〉에 그려 놓은 기준선을 참조하여 다음과 같이 안내선을 표시한다.

3. 다음과 같이 주전자 뚜껑을 그린다.

4. 다음과 같이 주전자 몸통을 그린다.

5. Esc를 한 번 눌러 패스 편집 상태를 해제한다.
6. 옵션 바에서 🔲(Subtract Front Shape(전면 모양 빼기))를 클릭하고, 다음과 같이 완성한다.

7. 안내선을 제거한다.

❺ 패턴 적용하기

패턴을 만들어 ✏️, 🖌️에 적용한 후 불필요한 부분을 제거한다.

⬇️

• 패턴 만들기

- 🏠 : [Web(웹)]
- 🚗 : [Symbols(기호)]

• 불필요한 부분 제거하기
1. 선택 도구를 이용하여 다음과 같이 선택한다.

2. Delete를 눌러 삭제한 후 Ctrl+D를 눌러 선택 영역을 해제한다.

❻ 물뿌리개를 복사한 후 레이어 스타일 적용하기

'1급-14.jpg'에서 물뿌리개를 복사한 후 Inner Glow(내부 광선)와 Drop Shadow(그림자 효과) 스타일을 적용한다.

⬇️

❼ 바구니를 복사한 후 필터와 레이어 스타일 적용하기

'1급-15.jpg'에서 바구니를 복사한 후 Texturizer(텍스처화) 필터와 Outer Glow(외부 광선) 스타일을 적용한다.

⬇️

- Texturizer(텍스처화) 필터 : [Filter(필터)] → [Filter Gallery(필터 갤러리)] → [Texture(텍스처)]

⑧ 색지를 복사한 후 레이어 스타일을 적용하고 색상 보정하기

- '1급-16.jpg'에서 색지를 복사한 후 Bevel and Emboss(경사와 엠보스) 스타일을 적용한다.
- 일부를 녹색 계열로 색상을 보정한다.

- 색상 보정 : Hue(색조) +55로 조절

⑨ 펜꽂이 복사하기

'1급-17.jpg'에서 펜꽂이를 복사한다.

⑩ 🌸, ✂, ⬡을 추가한 후 레이어 스타일 적용하기

- 꽃(🌸) 모양을 추가한 후 Stroke(선/획) 스타일을 적용한다.
- 가위(✂) 모양을 추가한 후 Inner Shadow(내부 그림자) 스타일을 적용한다.
- 육각형(⬡) 모양을 추가한 후 Gradient Overlay(그라디언트 오버레이)와 Drop Shadow(그림자 효과) 스타일을 적용하고, 세 번 복사한다.

- : [Nature(자연)]
- : [Objects(물건)]
- ☐ : [Shapes(모양)]

⑪ 문자를 입력한 후 레이어 스타일 적용하기

- 현대 생활 디자인 공모전, Design Festival, 생활 소품을 이용한 디자인 아이디어, 공모주제, 응모방법, 진행일정, 문의사항을 입력한다.
- 입력한 문자열 각각에 서식을 지정하고 스타일을 적용한다.
- 각각의 문자열을 〈출력형태〉와 같이 배치한다.

- '현대 생활 디자인 공모전' 텍스트 뒤틀기

- 'Design Festival' 텍스트 뒤틀기

EXAMINATION
08 회

실전 모의고사

 문제 1 [기능평가] **고급 Tool(도구) 활용** (20점)

다음의 〈조건〉에 따라 아래의 〈출력형태〉와 같이 작업하시오.

출력형태

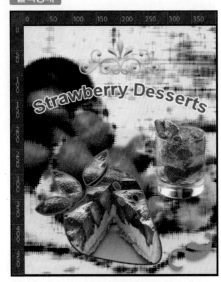

조건

원본 이미지	C:\길벗GTQ1급\모의\모의08\Image\1급-1.jpg, 1급-2.jpg, 1급-3.jpg		
파일 저장 규칙	JPG	파일명	C:\길벗GTQ1급\모의\모의08\모의08-1.jpg
		크기	400 × 500 pixels
	PSD	파일명	C:\길벗GTQ1급\모의\모의08\모의08-1.psd
		크기	40 × 50 pixels

1. 그림 효과

① 1급-1.jpg : 필터 – Water Paper(물 종이)
② Save Path(패스 저장) : 딸기 모양
③ Mask(마스크) : 딸기 모양, 1급-2.jpg를 이용하여 작성
    레이어 스타일 – Stroke(선/획)(3px, 그라디언트(#cc0000, #669933)),
    Inner Shadow(내부 그림자)
④ 1급-3.jpg : 레이어 스타일 – Outer Glow(외부 광선)
⑤ Shape Tool(모양 도구) :
    – 장식 모양 (#ffccff, 레이어 스타일 – Bevel and Emboss(경사와 엠보스))
    – 나뭇잎 모양 (#6699cc, 레이어 스타일 – Drop Shadow(그림자 효과))

2. 문자 효과

① Strawberry Desserts (Arial, Bold, 35pt, 레이어 스타일 – 그라디언트 오버레이(#cc00cc, #6666cc), Stroke(선/획)(2px, #ffffff))

 문제 2 [기능평가] **사진편집 응용** (20점)

다음의 〈조건〉에 따라 아래의 〈출력형태〉와 같이 작업하시오.

출력형태

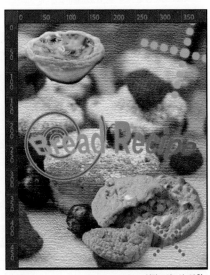

조건

원본 이미지	C:\길벗GTQ1급\모의\모의08\Image\1급-4.jpg, 1급-5.jpg, 1급-6.jpg		
파일 저장 규칙	JPG	파일명	C:\길벗GTQ1급\모의\모의08\모의08-2.jpg
		크기	400 × 500 pixels
	PSD	파일명	C:\길벗GTQ1급\모의\모의08\모의08-2.psd
		크기	40 × 50 pixels

1. 그림 효과

① 1급-4.jpg : 필터 – Texturizer(텍스처화)
② 색상 보정 : 1급-5.jpg – 녹색, 파란색 계열로 보정
③ 1급-5.jpg : 레이어 스타일 – Drop Shadow(그림자 효과)
④ 1급-6.jpg : 레이어 스타일 – Bevel and Emboss(경사와 엠보스)

⑤ Shape Tool(모양 도구) :
- 타일 모양(#66ff99, #cc6666, 레이어 스타일 – Outer Glow(외부 광선))
- 나선형 모양(#ff00cc, 레이어 스타일 – Stroke(선/획)(2px, #33ff33))

2. 문자 효과

① Bread Recipe (Arial, Bold, 50pt, 레이어 스타일 – 그라디언트 오버레이(#99cc00, #cc33ff), Outer Glow(외부 광선))

 문제 3　[실무응용]　**포스터 제작**　(25점)

다음의 〈조건〉에 따라 아래의 〈출력형태〉와 같이 작업하시오.

조건

원본 이미지		C:\길벗GTQ1급\모의\모의08\Image\1급-7.jpg, 1급-8.jpg, 1급-9.jpg, 1급-10.jpg, 1급-11.jpg	
파일 저장 규칙	JPG	파일명	C:\길벗GTQ1급\모의\모의08\모의08-3.jpg
		크기	600 × 400 pixels
	PSD	파일명	C:\길벗GTQ1급\모의\모의08\모의08-3.psd
		크기	60 × 40 pixels

1. 그림 효과

① 배경 : #cc6633
② 1급-7.jpg : Blending Mode(혼합 모드) – Pin Light(핀 라이트), 레이어 마스크 – 대각선 방향으로 흐릿하게
③ 1급-8.jpg : 필터 – Add Noise(노이즈 추가), 레이어 마스크 – 가로 방향으로 흐릿하게
④ 1급-9.jpg : 필터 – Sprayed Strokes(스프레이 획), 레이어 스타일 – Stroke(선/획)(8px, 그라디언트(#cc3366, 투명으로))
⑤ 1급-10.jpg : 레이어 스타일 – Drop Shadow(그림자 효과), Opacity(불투명도)(60%)
⑥ 1급-11.jpg : 색상 보정 – 녹색 계열로 보정, 레이어 스타일 – Bevel and Emboss(경사와 엠보스)
⑦ 그 외 《출력형태》 참조

2. 문자 효과

① 브레드공작소 (돋움, 50pt, 레이어 스타일 – 그라디언트 오버레이(#0033cc, #ff6666), Stroke(선/획)(2px, #ffffff))
② 균형잡힌 아침을 위한 제안 (돋움, 16pt, #000000, 레이어 스타일 – Stroke(선/획)(2px, #ffcc33))
③ Macaron, Coffee, Bread (Arial, Regular, 18pt, #006666, 레이어 스타일 – Stroke(선/획)(2px, #99cccc))
④ Sweet Desserts (궁서, 25pt, #ffff99, 레이어 스타일 – Stroke(선/획)(2px, #333666))

출력형태

Shape Tool(모양 도구) 사용
#006600, 레이어 스타일 –
Inner Shadow(내부 그림자)

Shape Tool(모양 도구) 사용
레이어 스타일 –
Inner Shadow(내부 그림자),
그라디언트 오버레이
(#666633, #0000ff)

Shape Tool(모양 도구) 사용
#cc9999, 레이어 스타일 –
Outer Glow(외부 광선)

문제 **4**　[실무응용] **웹 페이지 제작**　(35점)

다음의 〈조건〉에 따라 아래의 〈출력형태〉와 같이 작업하시오.

조건

원본 이미지	C:\길벗GTQ1급\모의\모의08\Image\1급-12.jpg, 1급-13.jpg, 1급-14.jpg, 1급-15.jpg, 1급-16.jpg, 1급-17.jpg		
파일 저장 규칙	JPG	파일명	C:\길벗GTQ1급\모의\모의08\모의08-4.jpg
		크기	600 × 400 pixels
	PSD	파일명	C:\길벗GTQ1급\모의\모의08\모의08-4.psd
		크기	60 × 40 pixels

1. 그림 효과

① 배경 : #ff66ff
② 패턴(개, 별 무늬) : #ffffff, #0000ff
③ 1급-12.jpg : Blending Mode(혼합 모드) – Luminosity(광도), 레이어 마스크 – 대각선 방향으로 흐릿하게
④ 1급-13.jpg : 필터 – Poster Edges(포스터 가장자리), 레이어 마스크 – 가로 방향으로 흐릿하게
⑤ 1급-14.jpg : 레이어 스타일 – Stroke(선/획)(3px, #ccffcc), Inner Shadow(내부 그림자)
⑥ 1급-15.jpg : 색상 보정 – 보라색 계열로 보정, 레이어 스타일 – Drop Shadow(그림자 효과)
⑦ 1급-17.jpg : 필터 – Dry Brush(드라이 브러시), 레이어 스타일 – Inner Glow(내부 광선)
⑧ 그 외 《출력형태》 참조

2. 문자 효과

① CAFE Bakery Delicious (Arial, Bold, 30pt, 레이어 스타일 – 그라디언트 오버레이(#ffffff, #ffcc33), Drop Shadow(그림자 효과))
② MACARON CAKE BREAD COFFEE (Times New Roman, Bold, 14pt, #003333, 레이어 스타일 – Stroke(선/획)(2px, #00ffff))
③ 당일생산 당일판매 신선한 빵 (궁서, 16pt, #ffffff, 레이어 스타일 – Outer Glow(외부 광선))
④ 향긋한 즐거움이 가득한 곳 (돋움, 20pt, #ffff00, 레이어 스타일 – Stroke(선/획)(2px, #660066), Drop Shadow(그림자 효과))

출력형태

EXAMINATION
08 회

실전 모의고사 풀이

 문제 1 [기능평가] 고급 Tool(도구) 활용

사용할 이미지

1급-1.jpg　　　1급-2.jpg　　　1급-3.jpg　　　펜 도구로 그리기　모양 도구로 추가하기

 문제 1 [기능평가] 고급 Tool(도구) 활용 　　　따라하기

⓪ 준비 작업

다음에 제시된 파일 저장 규칙에 맞게 캔버스를 만든 후 PSD 형식으로 저장한다.

파일명	모의08-1.psd
크기	400 × 500 pixels

① 이미지를 복사한 후 필터 적용하기

작업 결과

'1급-1.jpg'를 복사한 후 Water Paper(물 종이) 필터를 적용한다.

- Water Paper(물 종이) 필터 : [Filter(필터)] → [Filter Gallery(필터 갤러리)] → [Sketch(스케치 효과)]

② 딸기 모양 그리기

작업 결과

Pen Tool(펜 도구)로 딸기 모양의 패스를 그린 후 저장한다.

1. 도구 상자에서 ◢(Pen Tool(펜 도구))(P)을 클릭하고, 옵션 바의 Pick tool mode(선택 도구 모드)를 Shape(모양), Stroke(획)를 No Color(색상 없음)로 선택한다.
2. 문제지의 〈출력형태〉에 그려 놓은 기준선을 참조하여 다음과 같이 안내선을 표시한다.

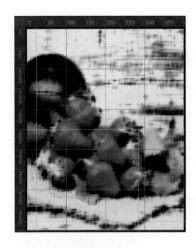

3. 다음과 같이 딸기 부분을 그린다.

4. 옵션 바에서 ◉(Combine Shapes(모양 결합))를 클릭하고, 꼭지를 부분을 그린다.

5. Esc 를 한 번 눌러 패스 편집 상태를 해제한다.

6. 도구 상자에서 ◉(Ellipse Tool(타원 도구))(U)을 클릭한 후 옵션 바에서 ◉(Subtract Front Shape (전면 모양 빼기))를 클릭하고, 다음과 같이 그린다.

7. 도구 상자에서 ▸(Path Selection Tool(패스 선택 도구))(A)을 클릭한 후 딸기 씨를 클릭하여 선택한다.

8. 딸기 씨를 Alt 를 누른 상태로 드래그 하여 두 번 복사한다.

9. 안내선을 지우고 패스를 저장한다.

③ 이미지를 복사한 후 클리핑 마스크를 수행하고 레이어 스타일 적용하기

> **작업 결과**
>
> • '1급-2.jpg'를 복사한 후 딸기 모양을 이용해 클리핑 마스크를 수행한다.
> • 딸기 모양에 Stroke(선/획)와 Inner Shadow(내부 그림자) 스타일을 적용한다.

 ➡

• Stroke(획) : Position(위치) Outside(바깥쪽)

④ 음료를 복사한 후 레이어 스타일 적용하기

> **작업 결과**
>
> '1급-3.jpg'에서 음료를 복사한 후 Outer Glow(외부 광선) 스타일을 적용한다.

 ➡

⑤ , ▨를 추가한 후 레이어 스타일 적용하기

- 장식(▨) 모양을 추가한 후 Bevel and Emboss(경사와 엠보스) 스타일을 적용한다.
- 나뭇잎(▨) 모양을 추가한 후 Drop Shadow(그림자 효과) 스타일을 적용한다.

 →

- ▨, ▨ : [Ornaments(장식)]

⑥ 문자를 입력한 후 레이어 스타일 적용하기

Strawberry Desserts를 입력한 후 Gradient Overlay(그라디언트 오버레이)와 Stroke(선/획)와 스타일을 적용한다.

 →

- 'Strawberry Desserts'
  - Gradient Overlay(그레이디언트 오버레이) : Angle(각도) 0°
  - 텍스트 뒤틀기

문제 2 [기능평가] 사진편집 응용

사용할 이미지

1급-4.jpg   1급-5.jpg   1급-6.jpg   모양 도구로 추가하기

ⓞ 준비 작업

다음에 제시된 파일 저장 규칙에 맞게 캔버스를 만든 후 PSD 형식으로 저장한다.

파일명	모의08-2.psd
크기	400 × 500 pixels

❶ 이미지를 복사한 후 필터 적용하기

작업 결과

'1급-4.jpg'를 복사한 후 Textruizer(텍스처화) 필터를 적용한다.

- Texturizer(텍스처화) 필터 : [Filter(필터)] → [Filter Gallery(필터 갤러리)] → [Texture(텍스처)]

❷ 쿠키를 복사한 후 레이어 스타일을 적용하고 색상 보정하기

작업 결과

'1급-5.jpg'에서 쿠키를 복사한 후 Drop Shadow(그림자 효과) 스타일을 적용하고 일부를 녹색, 파란색 계열로 색상을 보정한다.

- 색상 보정1 : Hue(색조) +60으로 조절
- 색상 보정2 : Hue(색조) +165로 조절

❸ 타르트를 복사한 후 레이어 스타일 적용하기

작업 결과

'1급-6.jpg'에서 타르트를 복사한 후 Bevel and Emboss(경사와 엠보스) 스타일을 적용한다.

❹ ▨, ◉을 추가한 후 레이어 스타일 적용하기

작업 결과

- 타일(▨) 모양을 추가한 후 Outer Glow(외부 광선) 스타일을 적용하고 한 번 복사한다.
- 나선형(◉) 모양을 추가한 후 Stroke(선/획) 스타일을 적용한다.

- ▨ : [Tiles(타일)]
- ◉ : [Ornaments(장식)]

⑤ 문자를 입력한 후 레이어 스타일 적용하기

Bread Recipe를 입력한 후 Gradient Overlay(그라디언트 오버
레이)와 Outer Glow(외부 광선) 스타일을 적용한다.

 ➡

• 'Bread Recipe' 텍스트 뒤틀기

문제 3 [실무응용] **포스터 제작**

사용할 이미지

1급-7.jpg

1급-8.jpg

1급-9.jpg

1급-10.jpg

1급-11.jpg

모양 도구로 추가하기

문제 3 [실무응용] **포스터 제작**

따라
하기

⓪ 준비 작업

다음에 제시된 파일 저장 규칙에 맞게 캔버스를 만든
후 PSD 형식으로 저장한다.

파일명	모의08-3.psd
크기	600 × 400 pixels

① 배경색 지정하기

빈 캔버스에 배경색을 지정한다.

② 이미지를 복사한 후 혼합 모드를 지정하고 레이어 마스크 수행하기

'1급-7.jpg'를 복사한 후 Blending Mode(혼합 모드)를 Pin Light(핀 라이트)로 지정하고 대각선 방향으로 흐릿하게 레이어 마스크를 수행한다.

• 세로 방향으로 흐릿하게 레이어 마스크 수행

③ 이미지를 복사한 후 필터를 적용하고 레이어 마스크 수행하기

'1급-8.jpg'를 복사한 후 Add Noise(노이즈 추가) 필터를 적용하고 가로 방향으로 흐릿하게 레이어 마스크를 수행한다.

• Add Noise(노이즈 추가) 필터 :
[Filter(필터)] → [Noise(노이즈)] → [Add Noise(노이즈 추가)]

• 가로 방향으로 흐릿하게 레이어 마스크 수행

④ ❊을 추가한 후 필터와 레이어 스타일을 적용하고 클리핑 마스크 수행하기

• 토끼풀(❊) 모양을 추가한 후 Stroke(선/획) 스타일을 적용한다.
• '1급—9.jpg'를 복사한 후 Sprayed Strokes(스프레이 획) 필터를 적용하고, 클리핑 마스크를 수행한다.

• ❊ : [Nature(자연)]
• Sprayed Strokes(스프레이 획) 필터 : [Filter(필터)] → [Filter Gallery(필터 갤러리)] → [Brush Strokes (브러시 획)]

⑤ 케이크를 복사한 후 레이어 스타일을 적용하고 불투명도 지정하기

'1급—10.jpg'에서 케이크를 복사한 후 Drop Shadow(그림자 효과) 스타일을 적용하고 Opacity(불투명도)를 60%로 지정한다.

⑥ 커피를 복사한 후 레이어 스타일을 적용하고 색상 보정하기

'1급—11.jpg'에서 커피를 복사한 후 Bevel and Emboss(경사와 엠보스) 스타일을 적용하고 일부를 녹색 계열로 색상을 보정한다.

- 색상 보정 : Hue(색조) +50으로 조절

⑦ 🐾, 🕐, �📎를 추가한 후 레이어 스타일 적용하기

- 나뭇잎(🐾) 모양을 추가한 후 Inner Shadow(내부 그림자) 스타일을 적용한다.
- 시계(🕐) 모양을 추가한 후 Inner Shadow(내부 그림자)와 Gradient Overlay(그라디언트 오버레이) 스타일을 적용한다.
- 클립(📎) 모양을 추가한 후 Outer Glow(외부 광선) 스타일을 적용한다.

⬇

- 🐾 : [Ornaments(장식)]
- 🕐 : [Web(웹)]
- 📎 : [Objects(물건)]

⑧ 문자를 입력한 후 레이어 스타일 적용하기

- 브레드공작소, 균형잡힌 아침을 위한 제안, Macaron Coffee Bread, Sweet Desserts를 입력한다.
- 입력한 문자열 각각에 서식을 지정하고 스타일을 적용한다.
- 각각의 문자열을 〈출력형태〉와 같이 배치한다.

⬇

- '브레드 공작소' 텍스트 뒤틀기

- 'Sweet Desserts' 텍스트 뒤틀기

사용할 이미지

1급-12.jpg

1급-13.jpg

1급-14.jpg

1급-15.jpg

1급-16.jpg

1급-17.jpg

 펜 도구로 그리기

    모양 도구로 추가하기

문제 4　[실무응용]　웹 페이지 제작　　따라 하기

ⓞ 준비 작업

다음에 제시된 파일 저장 규칙에 맞게 캔버스를 만든 후 PSD 형식으로 저장한다.

파일명	모의08-4.psd
크기	600 × 400 pixels

① 배경색 지정하기

작업 결과

빈 캔버스에 배경색을 지정한다.

↓

② 이미지를 복사한 후 혼합 모드를 지정하고 레이어 마스크 수행하기

작업 결과

'1급-12.jpg'를 복사한 후 Blending Mode(혼합 모드)를 Luminosity(광도)로 지정하고 대각선 방향으로 흐릿하게 레이어 마스크를 수행한다.

• 대각선 방향으로 흐릿하게 레이어 마스크 수행

드래그

③ **이미지를 복사한 후 필터를 적용하고 레이어 마스크 수행하기**

'1급-13.jpg'를 복사한 후 Poster Edges(포스터 가장자리) 필터를 적용하고 가로 방향으로 흐릿하게 레이어 마스크를 수행한다.

• Poster Edges(포스터 가장자리) 필터 : [Filter(필터)] → [Filter Gallery(필터 갤러리)] → [Artistic(예술 효과)]
• 가로 방향으로 흐릿하게 레이어 마스크 수행

드래그

④ ⬛, ⬛, ⬛, 를 그린 후 레이어 스타일 적용하기

• Pen Tool(펜 도구)로 ⬛, ⬛, ⬛를 그린다.
• 각각 Drop Shadow(그림자 효과) 스타일을 적용한다.

1. 도구 상자에서 도구 상자에서 (Pen Tool(펜 도구))(P)을 클릭하고, 옵션 바의 Pick tool mode(선택 도구 모드)를 Shape(모양), Stroke(획)를 No Color(색상 없음)로 선택한다.

2. 문제지의 〈출력형태〉에 그려 놓은 기준선을 참조하여 다음과 같이 안내선을 표시한다.

3. 다음과 같이 를 그린다.

4. 이어서 ■를 그린다.

5. ■를 그린다.

6. Esc를 한 번 눌러 패스 편집 상태를 해제한다.

7. 옵션 바에서 ■(Subtract Front Shape(전면 모양 빼기))를 클릭하고, 다음과 같이 완성한다.

8. 안내선을 제거한다.

⑤ 패턴 적용하기

작업 결과

패턴을 만들어 ■, 에 적용한 후 불필요한 부분을 제거한다.

- 패턴 만들기

- ⭐ : [Shapes(모양)]
- 🐕 : [Animals(동물)]

- 불필요한 부분 제거하기
  1. 선택 도구를 이용하여 다음과 같이 선택한다.

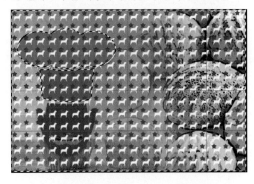

  2. Delete 를 눌러 삭제한 후 Ctrl + D 를 눌러 선택 영역을 해제한다.

⑥ 머핀을 복사한 후 레이어 스타일 적용하기

　작업 결과　

'1급-14.jpg'에서 머핀을 복사한 후 Stroke(선/획)와 Inner Shadow(내부 그림자) 스타일을 적용한다.

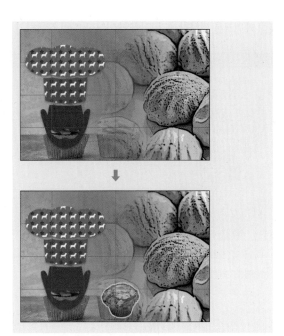

⑦ 마카롱을 복사한 후 레이어 스타일을 적용하고 색상 보정하기

　작업 결과　

'1급-15.jpg'에서 마카롱을 복사한 후 Drop Shadow(그림자 효과) 스타일을 적용하고 보라색 계열로 색상을 보정한다.

- 색상 보정 : Hue(색조) −75로 조절

⑧ 케이크를 복사한 후 필터와 레이어 스타일 적용하기

작업 결과

'1급-17.jpg'에서 케이크를 복사한 후 Dry Brush(드라이 브러시) 필터와 Inner Glow(내부 광선) 스타일을 적용한다.

↓

• Dry Brush(드라이 브러시) 필터 : [Filter(필터)] → [Filter Gallery(필터 갤러리)] → [Artistic(예술 효과)]

⑨ 꽃 복사하기

작업 결과

'1급-16.jpg'에서 꽃을 복사한다.

↓

⑩ 🌙, ⬆️, ❄️를 추가한 후 레이어 스타일 적용하기

작업 결과

• 달(🌙) 모양을 추가한 후 Outer Glow(외부 광선) 스타일을 적용하고 한 번 복사한다.
• 표지판(⬆️)을 추가한 후 Gradient Overlay(그라디언트 오버레이)와 Stroke(선/획) 스타일을 적용하고, Opacity(불투명도)를 60%로 지정한다.
• 꽃(❄️)을 추가한 후 Drop Shadow(그림자 효과) 스타일을 적용한다.

↓

• 🌙 : [Shapes(모양)]
• ⬆️ : [Symbols(기호)]
• ❄️ : [Nature(자연)]

⑪ 문자를 입력한 후 레이어 스타일 적용하기

작업 결과

- CAFE Bakery Delicious, MACARON CAKE BREAD COFFEE, 당일생산 당일판매 신선한빵, 향긋한 즐거움이 가득한 곳을 입력한다.
- 입력한 문자열 각각에 서식을 지정하고 스타일을 적용한다.
- 각각의 문자열을 〈출력형태〉와 같이 배치한다.

- 'CAFE Bakery Delicious'
  - Gradient Overlay(그레이디언트 오버레이) : Angle(각도) −90°

- 텍스트 뒤틀기

포토샵 CS4 사용자
'Wrap Text(텍스트 변형)' 대화상자에서 Bend(구부리기) 값을 −50으로 조절하세요.

- '향긋한 즐거움이 가득한 곳' 텍스트 뒤틀기

실전 모의고사

 문제 1 [기능평가] **고급 Tool(도구) 활용** (20점)

다음의 〈조건〉에 따라 아래의 〈출력형태〉와 같이 작업하시오.

출력형태

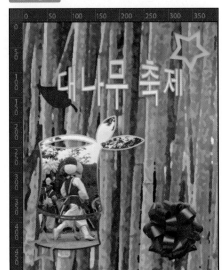

조건

원본 이미지	C:\길벗GTQ1급\모의\모의09\Image\1급-1.jpg, 1급-2.jpg, 1급-3.jpg		
파일 저장 규칙	JPG	파일명	C:\길벗GTQ1급\모의\모의09\모의09-1.jpg
		크기	400 × 500 pixels
	PSD	파일명	C:\길벗GTQ1급\모의\모의09\모의09-1.psd
		크기	40 × 50 pixels

1. 그림 효과

① 1급-1.jpg : 필터 – Sponge(스폰지 효과)
② Save Path(패스 저장) : 대나무 모양
③ Mask(마스크) : 대나무 모양, 1급-2.jpg 파일을 이용하여 작성,
　레이어 스타일 – Stroke(선/획)(3px, 그라디언트(#990066, #99ffff)),
　Drop Shadow(그림자 효과)
④ 1급-3.jpg : 레이어 스타일 – Bevel and Emboss(경사와 엠보스)
⑤ Shape Tool(모양 도구) :
　– 잎 모양 (#993333, 레이어 스타일 – Inner Shadow(내부 그림자))
　– 별 모양 (#66cccc, #ccff00, 레이어 스타일 – Drop Shadow(그림자 효과))

2. 문자 효과

① 대나무 축제 (돋움, 50pt, 레이어 스타일 – 그라디언트 오버레이(#ffffff, #ffff00), Stroke(선/획)(2px, #00cccc), Drop Shadow(그림자 효과))

 문제 2 [기능평가] **사진편집 응용** (20점)

다음의 〈조건〉에 따라 아래의 〈출력형태〉와 같이 작업하시오.

출력형태

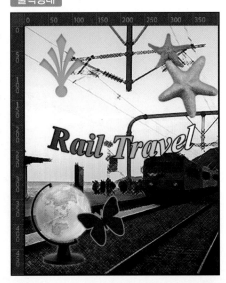

조건

원본 이미지	C:\길벗GTQ1급\모의\모의09\Image\1급-4.jpg, 1급-5.jpg, 1급-6.jpg		
파일 저장 규칙	JPG	파일명	C:\길벗GTQ1급\모의\모의09\모의09-2.jpg
		크기	400 × 500 pixels
	PSD	파일명	C:\길벗GTQ1급\모의\모의09\모의09-2.psd
		크기	40 × 50 pixels

1. 그림 효과

① 1급-4.jpg : 필터 – Crosshatch(그물눈)
② 색상 보정 : 1급-5.jpg – 빨간색 계열로 보정
③ 1급-5.jpg : 레이어 스타일 – Inner Shadow(내부 그림자)
④ 1급-6.jpg : 레이어 스타일 – Outer Glow(외부 광선)

⑤ Shape Tool(모양 도구) :
  – 장식 모양 (#66cc33, 레이어 스타일 – Inner Shadow(내부 그림자))
  – 나비 모양 (#660033, 레이어 스타일 – Stroke(선/획)(2px, #00cccc))

2. 문자 효과

① Rail Travel (Times New Roman, Bold Italic, 65pt, 레이어 스타일 – 그라디언트 오버레이(#cc0066, #66ccff, #ffffff), Stroke(선/획)(2px, #000033))

 문제 3 [실무응용] **포스터 제작** (25점)

다음의 〈조건〉에 따라 아래의 〈출력형태〉와 같이 작업하시오.

조건

원본 이미지			C:\길벗GTQ1급\모의\모의09\Image\1급-7.jpg, 1급-8.jpg, 1급-9.jpg, 1급-10.jpg, 1급-11.jpg
파일 저장 규칙	JPG	파일명	C:\길벗GTQ1급\모의\모의09\모의09-3.jpg
		크기	600 × 400 pixels
	PSD	파일명	C:\길벗GTQ1급\모의\모의09\모의09-3.psd
		크기	60 × 40 pixels

1. 그림 효과

① 배경 : #ccffff
② 1급-7.jpg : Blending Mode(혼합 모드) – Linear Burn(선형 번), Opacity(불투명도)(70%)
③ 1급-8.jpg : 필터 – Film Grain(필름 그레인), 레이어 마스크 – 가로 방향으로 흐릿하게
④ 1급-9.jpg : 필터 – Cutout(오려내기), 레이어 스타일 – Stroke(선/획)(5px, 그라디언트(#003366, 투명으로))
⑤ 1급-10.jpg : 레이어 스타일 – Outer Glow(외부 광선), Drop Shadow(그림자 효과)
⑥ 1급-11.jpg : 색상 보정 – 보라색 계열로 보정, 레이어 스타일 – Bevel and Emboss(경사와 엠보스)
⑦ 그 외 《출력형태》 참조

2. 문자 효과

① 어린이날 이벤트 (궁서, 42pt, 레이어 스타일 – 그라디언트 오버레이(#cc99ff, #006666, #ff9900), Stroke(선/획)(2px, #003366), Drop Shadow(그림자 효과))
② Happy Children's Day (Arial, Regular, 23pt, #003366, 레이어 스타일 – Stroke(선/획)(2px, #ffffff))
③ 딸기 따기 체험 (돋움, 18pt, 레이어 스타일 – 그라디언트 오버레이(#66cc00, #ffcc00), Stroke(선/획)(2px, #333333))
④ 참가신청서 / 양식다운로드 (돋움, 16pt, #ffffff, 레이어 스타일 – Stroke(선/획)(2px, #330000))

출력형태

Shape Tool(모양 도구) 사용
레이어 스타일 – 그라디언트
오버레이(#cc00cc, #ff9900),
Drop Shadow(그림자 효과),
Opacity(불투명도)(80%)

Shape Tool(모양 도구) 사용
#003333, 레이어 스타일 –
Bevel and Emboss(경사와 엠
보스)

Shape Tool(모양 도구) 사용
#3333ff, 레이어 스타일 –
Inner Shadow(내부 그림자)

다음의 〈조건〉에 따라 아래의 〈출력형태〉와 같이 작업하시오.

조건

원본 이미지	C:\길벗GTQ1급\모의\모의09\Image\1급-12.jpg, 1급-13.jpg, 1급-14.jpg, 1급-15.jpg, 1급-16.jpg, 1급-17.jpg		
파일 저장 규칙	JPG	파일명	C:\길벗GTQ1급\모의\모의09\모의09-4.jpg
		크기	600 × 400 pixels
	PSD	파일명	C:\길벗GTQ1급\모의\모의09\모의09-4.psd
		크기	60 × 40 pixels

1. 그림 효과

① 배경 : #999966
② 패턴(별, 음표 모양) : #006633, #990000, Opacity(불투명도)(60%)
③ 1급-12.jpg : Blending Mode(혼합 모드) – Hard Light(하드 라이트), 레이어 마스크 – 세로 방향으로 흐릿하게
④ 1급-13.jpg : 필터 – Dry Brush(드라이 브러시), 레이어 마스크 – 대각선 방향으로 흐릿하게
⑤ 1급-14.jpg : 레이어 스타일 – Bevel and Emboss(경사와 엠보스), Drop Shadow(그림자 효과)
⑥ 1급-15.jpg : 필터 – Texturizer(텍스처화), 레이어 스타일 – Bevel and Emboss(경사와 엠보스)
⑦ 1급-16.jpg : 색상 보정 – 녹색 계열로 보정, 레이어 스타일 – Outer Glow(외부 광선)
⑧ 그 외 《출력형태》 참조

2. 문자 효과

① Spring Summer Fall Winter FESTIVAL (Times New Roman, Italic, 23pt, #330066, 레이어 스타일 – Stroke(선/획)(2px, #ffffff))
② 축제 한마당 (궁서, 45pt, 레이어 스타일 – 그라디언트 오버레이(#3300ff, #ff6600), Stroke(선/획)(3px, #ffffcc))
③ 기차를 타고 떠나보세요 (굴림, 17pt, #ffff00, 레이어 스타일 – Drop Shadow(그림자 효과))
④ 와인축제 대나무축제 눈꽃축제 (돋움, 18pt, #000000, 레이어 스타일 – Stroke(선/획)(2px, #66cc66))

출력형태

Shape Tool(모양 도구) 사용
#0000ff, 레이어 스타일 –
Inner Glow(내부 광선),
Opacity(불투명도)(80%)

Pen Tool(펜 도구) 사용
#99cccc, #cccc99,
레이어 스타일 – Drop
Shadow(그림자 효과)

Shape Tool(모양 도구) 사용
#ff00cc, 레이어 스타일 –
Inner Shadow(내부 그림자)

Shape Tool(모양 도구) 사용
레이어 스타일 – 그라디언트
오버레이(#99cccc, #ffffff),
Stroke(선/획)(2px, #339999)

실전 모의고사 풀이

문제 1 　 [기능평가] 고급 Tool(도구) 활용

사용할 이미지

1급-1.jpg　　　1급-2.jpg　　　1급-3.jpg　　　펜 도구로 그리기　모양 도구로 추가하기

문제 1 　 [기능평가] 고급 Tool(도구) 활용 　 따라 하기

⓪ 준비 작업

다음에 제시된 파일 저장 규칙에 맞게 캔버스를 만든 후 PSD 형식으로 저장한다.

파일명	모의09-1.psd
크기	400 × 500 pixels

① 이미지를 복사한 후 필터 적용하기

작업 결과

'1급-1.jpg'를 복사한 후 Sponge(스폰지 효과) 필터를 적용한다.

 →

- Sponge(스폰지 효과) 필터 : [Filter(필터)] → [Filter Gallery(필터 갤러리)] → [Artistic(예술 효과)]

② 대나무 모양 그리기

작업 결과

Pen Tool(펜 도구)로 대나무 모양의 패스를 그린 후 저장한다.

 →

1. 도구 상자에서 ✍(Pen Tool(펜 도구))(P)을 클릭하고, 옵션 바의 Pick tool mode(선택 도구 모드)를 Shape(모양), Stroke(획)를 No Color(색상 없음)로 선택한다.
2. 문제지의 〈출력형태〉에 그려 놓은 기준선을 참조하여 다음과 같이 안내선을 표시한다.

3. 다음과 같이 대나무 부분을 그린다.

4. 옵션 바에서 🔳(Combine Shapes(모양 결합))을 클릭하고, 나머지 부분을 그린다.

5. [Esc]를 한 번 눌러 패스 편집 상태를 해제한다.

6. 옵션 바에서 🔳(Subtract Front Shape(전면 모양 빼기))를 클릭하고, 다음과 같이 대나무를 완성한다.

7. 안내선을 지우고 패스를 저장한다.

③ 이미지를 복사한 후 클리핑 마스크를 수행하고 레이어 스타일 적용하기

작업 결과

- '1급-2.jpg'를 복사한 후 대나무 모양을 이용해 클리핑 마스크를 수행한다.
- 대나무 모양에 Stroke(선/획)와 Drop Shadow(그림자 효과) 스타일을 적용한다.

- Stroke(획) : Position(위치) Outside(바깥쪽)

④ 리본을 복사한 후 레이어 스타일 적용하기

작업 결과

'1급-3.jpg'에서 리본을 복사한 후 Bevel and Emboss(경사와 엠보스) 스타일을 적용한다.

⑤ , 를 추가한 후 레이어 스타일 적용하기

- 잎() 모양을 추가한 후 Inner Shadow(내부 그림자) 스타일을 적용한다.
- 별() 모양을 추가한 후 Drop Shadow(그림자 효과) 스타일을 적용하고 한 번 복사한다.

- : [Nature(자연)]
- : [Shapes(모양)]

⑥ 문자를 입력한 후 레이어 스타일 적용하기

대나무 축제를 입력한 후 Gradient Overlay(그라디언트 오버레이)와 Stroke(선/획), Drop Shadow(그림자 효과) 스타일을 적용한다.

- '대나무 축제' 텍스트 뒤틀기

문제 2   [기능평가] **사진편집 응용**

사용할 이미지

1급-4.jpg

1급-5.jpg

1급-6.jpg

모양 도구로 추가하기

⓪ 준비 작업

다음에 제시된 파일 저장 규칙에 맞게 캔버스를 만든 후 PSD 형식으로 저장한다.

파일명	모의09-2.psd
크기	400 × 500 pixels

① 이미지를 복사한 후 필터 적용하기

작업 결과

'1급-4.jpg'를 복사한 후 Crosshatch(그물눈) 필터를 적용한다.

- Crosshatch(그물눈) 필터 : [Filter(필터)] → [Filter Gallery(필터 갤러리)] → [Brush Strokes(브러시 획)]

② 불가사리를 복사한 후 레이어 스타일을 적용하고 색상 보정하기

작업 결과

'1급-5.jpg'에서 불가사리를 복사한 후 Inner Shadow(내부 그림자) 스타일을 적용하고, 빨간색 계열로 색상을 보정한다.

- 색상 보정 : Hue(색조) -25로 조절

③ 지구본을 복사한 후 레이어 스타일 적용하기

작업 결과

'1급-6.jpg'에서 지구본을 복사한 후 Outer Glow(외부 광선) 스타일을 적용한다.

④ 🧭, 🦋을 추가한 후 레이어 스타일 적용하기

작업 결과

- 장식(🧭) 모양을 추가한 후 Inner Shadow(내부 그림자) 스타일을 적용한다.
- 나비(🦋) 모양을 추가한 후 Stroke(선/획) 스타일을 적용한다.

- 🧭 : [Ornaments(장식)]
- 🦋 : [Nature(자연)]

⑤ 문자를 입력한 후 레이어 스타일 적용하기

Rail Travel을 입력한 후 Gradient Overlay(그라디언트 오버레이)와 Stroke(선/획) 스타일을 적용한다.

- 'Rail Travel'
  - Gradient Overlay(그레이디언트 오버레이) : Angle(각도) 0°
  - 텍스트 뒤틀기

문제 3   [실무응용]   포스터 제작

사용할 이미지

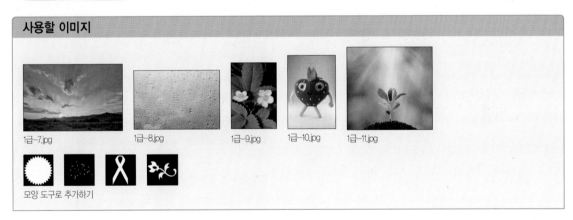

1급-7.jpg   1급-8.jpg   1급-9.jpg   1급-10.jpg   1급-11.jpg

모양 도구로 추가하기

⓪ 준비 작업

다음에 제시된 파일 저장 규칙에 맞게 캔버스를 만든 후 PSD 형식으로 저장한다.

파일명	모의09-3.psd
크기	600 × 400 pixels

① 배경색 지정하기

작업 결과

빈 캔버스에 배경색을 지정한다.

⬇

② 이미지를 복사한 후 혼합 모드 지정하기

작업 결과

'1급-7.jpg'를 복사한 후 Blending Mode(혼합 모드)를 Linear Burn(선형 번), Opacity(불투명도)를 70%로 지정한다.

③ 이미지를 복사한 후 필터를 적용하고 레이어 마스크 수행하기

작업 결과

'1급-8.jpg'를 복사한 후 Film Grain(필름 그레인) 필터를 적용하고 가로 방향으로 흐릿하게 레이어 마스크를 수행한다.

⬇

• Film Grain(필름 그레인) 필터 : [Filter(필터)] → [Filter Gallery(필터 갤러리)] → [Artistic(예술 효과)]

• 가로 방향으로 흐릿하게 레이어 마스크 수행

❹ ⬭을 추가한 후 필터와 레이어 스타일을 적용하고 클리핑 마스크 수행하기

• 도장(⬭) 모양을 추가한 후 Stroke(선/획) 스타일을 적용한다.
• '1급-9.jpg'를 복사한 후 Cutout(오려내기) 필터를 적용하고, 클리핑 마스크를 수행한다.

↓

• ⬭ : [Banners and Awards(배너 및 상장)]
• Stroke(획) : Angle(각도) 0°
• Cutout(오려내기) 필터 : [Filter(필터)] → [Filter Gallery(필터 갤러리)] → [Artistic(예술 효과)]

❺ 인형을 복사한 후 레이어 스타일 적용하기

'1급-10.jpg'에서 인형을 복사한 후 Outer Glow(외부 광선)와 Drop Shadow(그림자 효과) 스타일을 적용한다.

↓

❻ 식물을 복사한 후 레이어 스타일을 적용하고 색상 보정하기

'1급-11.jpg'에서 식물을 복사한 후 Bevel and Emboss(경사와 엠보스) 스타일을 적용하고 보라색 계열로 색상을 보정한다.

↓

- 색상 보정 : Hue(색조) +175로 조절

❼ ■, ✂, ✿를 추가한 후 레이어 스타일 적용하기

- 폭죽(■) 모양을 추가한 후 Gradient Overlay(그라디언트 오버레이)와 Drop Shadow(그림자 효과) 스타일을 적용하고 Opacity(불투명도)를 80%로 지정한다.
- 리본(✂) 모양을 추가한 후 Inner Shadow(내부 그림자) 스타일을 적용한다.
- 꽃(✿) 모양을 추가한 Bevel and Emboss(경사와 엠보스) 스타일을 적용한다.

- ■ : [Objects(물건)]
- ✂ : [Banners and Awards(배너 및 상장)]
- ✿ : [Ornaments(장식)]

❽ 문자를 입력한 후 레이어 스타일 적용하기

- 어린이날 이벤트, Happy Children's Day, 딸기 따기 체험, 참가신청서 / 양식다운로드를 입력한다.
- 입력한 문자열 각각에 서식을 지정하고 스타일을 적용한다.
- 각각의 문자열을 〈출력형태〉와 같이 배치한다.

- '어린이날 이벤트' 텍스트 뒤틀기

- '딸기 따기 체험'
  - Gradient Overlay(그레이디언트 오버레이) : Angle(각도) 90°

– 텍스트 뒤틀기

 문제 4 [실무응용] 웹 페이지 제작

사용할 이미지

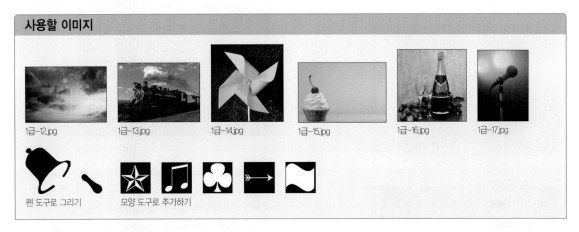

1급-12.jpg 1급-13.jpg 1급-14.jpg 1급-15.jpg 1급-16.jpg 1급-17.jpg

펜 도구로 그리기   모양 도구로 추가하기

 문제 4 [실무응용] 웹 페이지 제작   따라 하기

⓪ 준비 작업

다음에 제시된 파일 저장 규칙에 맞게 캔버스를 만든 후 PSD 형식으로 저장한다.

파일명	모의09-4.psd
크기	600 × 400 pixels

① 배경색 지정하기

작업 결과

빈 캔버스에 배경색을 지정한다.

② 이미지를 복사한 후 혼합 모드를 지정하고 레이어 마스크 수행하기

'1급-12.jpg'를 복사한 후 Blending Mode(혼합 모드)를 Hard Light(하드 라이트)로 지정하고 세로 방향으로 흐릿하게 레이어 마스크를 수행한다.

• 세로 방향으로 흐릿하게 레이어 마스크 수행

③ 이미지를 복사한 후 필터를 적용하고 레이어 마스크 수행하기

'1급-13.jpg'를 복사한 후 Dry Brush(드라이 브러시) 필터를 적용하고 대각선 방향으로 흐릿하게 레이어 마스크를 수행한다.

• Dry Brush(드라이 브러시) 필터 : [Filter(필터)] → [Filter Gallery(필터 갤러리)] → [Artistic(예술 효과)]
• 대각선 방향으로 흐릿하게 레이어 마스크 수행

④ 🔔, ✏️를 그린 후 레이어 스타일 적용하기

- Pen Tool(펜 도구)로 🔔, ✏️를 그린다.
- 각각 Drop Shadow(그림자 효과) 스타일을 적용한다.

↓

1. 도구 상자에서 🖊️(Pen Tool(펜 도구))(P)을 클릭하고, 옵션 바의 Pick tool mode(선택 도구 모드)를 Shape(모양), Stroke(획)를 No Color(색상 없음)로 선택한다.

2. 문제지의 〈출력형태〉에 그려 놓은 기준선을 참조하여 다음과 같이 안내선을 표시한다.

3. 다음과 같이 🔔를 그린다.

4. 이어서 ✏️를 그린다.

5. 안내선을 제거한다.

⑤ **패턴 적용하기**

패턴을 만들어 🔔에 적용한 후 Opacity(불투명도)를 60%로 지정하고 불필요한 부분을 제거한다.

↓

• 패턴 만들기

- ⭐ : [Symbols(기호)]
- 🎵 : [Music(음악)]

• 불필요한 부분 제거하기

1. 선택 도구를 이용하여 다음과 같이 선택한다.

2. Delete 를 눌러 삭제한 후 Ctrl + D 를 눌러 선택 영역을 해제한다.

⑥ 바람개비를 복사한 후 레이어 스타일 적용하기

작업 결과

'1급-14.jpg'에서 바람개비를 복사한 후 Bevel and Emboss(경사와 엠보스)와 Drop Shadow(그림자 효과) 스타일을 적용한다.

⑦ 케이크를 복사한 후 필터와 레이어 스타일 적용하기

작업 결과

'1급-15.jpg'에서 케이크를 복사한 후 Texturizer(텍스처화) 필터와 Bevel and Emboss(경사와 엠보스) 스타일을 적용한다.

• Texturizer(텍스처화) 필터 : [Filter(필터)] → [Filter Gallery(필터 갤러리)] → [Texture(텍스처)]

⑧ 와인을 복사한 후 레이어 스타일을 적용하고 색상 보정하기

작업 결과

'1급-16.jpg'에서 와인을 복사한 후 Outer Glow(외부 광선) 스타일을 적용하고 녹색 계열로 색상을 보정한다.

• 색상 보정 : Colorize(색상화)를 체크한 후 Hue(색조) +150, Saturation(채도) +75로 조절

⑨ 마이크 복사하기

작업 결과

'1급-17.jpg'에서 마이크를 복사한다.

⑩ 를 추가한 후 레이어 스타일 적용하기

작업 결과

• 클럽( ) 모양을 추가한 후 Inner Glow(내부 광선) 스타일을 적용하고, Opacity(불투명도)를 80%로 지정한다.
• 화살표( )을 추가한 후 Inner Shadow(내부 그림자) 스타일을 적용한다.
• 깃발( ) 모양을 추가한 후 Gradient Overlay(그라디언트 오버레이)와 Stroke(선/획) 스타일을 적용하고 두 번 복사한다.

• : [Shapes(모양)]
• : [Arrows(화살표)]
• : [Banners and Awards(배너 및 상장)]

⓫ 문자를 입력한 후 레이어 스타일 적용하기

- Spring Summer Fall Winter FESTIVAL, 축제 한마당, 기차를 타고 떠나보세요, 와인축제, 대나무축제, 눈꽃축제를 입력한다.
- 입력한 문자열 각각에 서식을 지정하고 스타일을 적용한다.
- 각각의 문자열을 〈출력형태〉와 같이 배치한다.

- 'Spring Summer Fall Winter~' 텍스트 뒤틀기

포토샵 CS4 사용자
'Wrap Text(텍스트 변형)' 대화상자에서 Bend(구부리기) 값을 +58로 조절하세요.

- '축제 한마당'
  - Gradient Overlay(그레이디언트 오버레이) : Angle(각도) 0°
- '기차를 타고 떠나보세요' 텍스트 뒤틀기

실전 모의고사

 문제 1　[기능평가]　**고급 Tool(도구) 활용**　　　　　　　(20점)

다음의 〈조건〉에 따라 아래의 〈출력형태〉와 같이 작업하시오.

출력형태

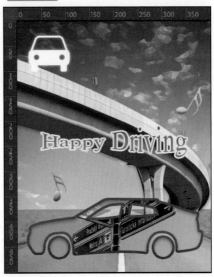

조건

원본 이미지	C:\길벗GTQ1급\모의\모의10\Image\1급-1.jpg, 1급-2.jpg, 1급-3.jpg		
파일 저장 규칙	JPG	파일명	C:\길벗GTQ1급\모의\모의10\모의10-1.jpg
		크기	400 × 500 pixels
	PSD	파일명	C:\길벗GTQ1급\모의\모의10\모의10-1.psd
		크기	40 × 50 pixels

1. 그림 효과

① 1급-1.jpg : 필터 – Dry Brush(드라이 브러시)
② Save Path(패스 저장) : 자동차 모양
③ Mask(마스크) : 자동차 모양, 1급-2.jpg를 이용하여 작성
　레이어 스타일 – Stroke(선/획)(5px, 그라디언트(#cc0000, #0000ff)),
　Inner Shadow(내부 그림자)
④ 1급-3.jpg : 레이어 스타일 – Drop Shadow(그림자 효과)
⑤ Shape Tool(모양 도구) :
　– 자동차 모양 (#ffffff, 레이어 스타일 – Outer Glow(외부 광선))
　– 음표 모양 (#99ffff, #3399ff, 레이어 스타일 – Bevel and Emboss(경사와 엠보스))

2. 문자 효과

① Happy Driving (Times New Roman, Regular, 50pt, 레이어 스타일 – 그라디언트 오버레이(#ff66ff, #0066ff), Stroke(선/획)(3px,#ffffcc))

 문제 2　[기능평가]　**사진편집 응용**　　　　　　　(20점)

다음의 〈조건〉에 따라 아래의 〈출력형태〉와 같이 작업하시오.

출력형태

조건

원본 이미지	C:\길벗GTQ1급\모의\모의10\Image\1급-4.jpg, 1급-5.jpg, 1급-6.jpg		
파일 저장 규칙	JPG	파일명	C:\길벗GTQ1급\모의\모의10\모의10-2.jpg
		크기	400 × 500 pixels
	PSD	파일명	C:\길벗GTQ1급\모의\모의10\모의10-2.psd
		크기	40 × 50 pixels

1. 그림 효과

① 필터 : 1급-4.jpg – Accented Edges(강조된 가장자리)
② 색상 보정 : 1급-5.jpg – 파란색 계열로 보정
③ 1급-5.jpg : 레이어 스타일 – Drop Shadow(그림자 효과)
④ 1급-6.jpg : 레이어 스타일 – Inner Glow(내부 광선)

⑤ Shape Tool(모양 도구) :
  – 폭발 모양 (#66cc33, 레이어 스타일 – Inner Shadow(내부 그림자))
  – 포인터 모양 (#ccff00, #ffffff, 레이어 스타일 – Outer Glow(외부 광선))

2. 문자 효과

① 자동차 고르기 (돋움, 50pt, 레이어 스타일 – 그라디언트 오버레이(#0033cc, #ffcc66), Drop Shadow(그림자 효과))

 문제 3   [실무응용] **포스터 제작**   (25점)

다음의 〈조건〉에 따라 아래의 〈출력형태〉와 같이 작업하시오.

조건

원본 이미지			C:\길벗GTQ1급\모의\모의10\Image\1급-7.jpg, 1급-8.jpg, 1급-9.jpg, 1급-10.jpg, 1급-11.jpg
파일 저장 규칙	JPG	파일명	C:\길벗GTQ1급\모의\모의10\모의10-3.jpg
		크기	600 × 400 pixels
	PSD	파일명	C:\길벗GTQ1급\모의\모의10\모의10-3.psd
		크기	60 × 40 pixels

1. 그림 효과

① 배경 : #669999
② 1급-7.jpg : Blending Mode(혼합 모드) – Overlay(오버레이), Opacity(불투명도)(60%)
③ 1급-8.jpg : 필터 – Fresco(프레스코), 레이어 마스크 – 세로 방향으로 흐릿하게
④ 1급-9.jpg : 필터 – Film Grain(필름 그레인), 레이어 스타일 – Stroke(선/획)(5px, 그라디언트(#006633, 투명으로))
⑤ 1급-10.jpg : 레이어 스타일 – Drop Shadow(그림자 효과)
⑥ 1급-11.jpg : 색상 보정 – 녹색 계열로 보정, 레이어 스타일 – Bevel and Emboss(경사와 엠보스)
⑦ 그 외 《출력형태》 참조

2. 문자 효과

① 논스톱 자동차 서비스 (궁서, 42pt, 레이어 스타일 – 그라디언트 오버레이(#cc33ff, #006666, #ff0099), Stroke(선/획)(2px, #99ccff), Drop Shadow(그림자 효과))
② Premium Membership Service (Arial, Regular, 18pt, #003366, 레이어 스타일 – Stroke(선/획)(2px, #ccccff))
③ www.lovecarservice.com (돋움, 18pt, 레이어 스타일 – 그라디언트 오버레이(#66cc00, #00ccff), Stroke(선/획)(2px, #333333))
④ 다양한 혜택을 제공합니다! (돋움, 16pt, #ffffff, 레이어 스타일 – Stroke(선/획)(2px, #666633))

출력형태

Shape Tool(모양 도구) 사용
#cccccc, 레이어 스타일 –
Inner Shadow(내부 그림자),
Opacity(불투명도)(80%)

Shape Tool(모양 도구) 사용
#ff66ff, 레이어 스타일 –
Outer Glow(외부 광선),
Opacity(불투명도)(60%)

Shape Tool(모양 도구) 사용
레이어 스타일 – 그라디언트
오버레이(#66cc00, #ff0099),
Drop Shadow(그림자 효과)

다음의 〈조건〉에 따라 아래의 〈출력형태〉와 같이 작업하시오.

조건

원본 이미지		C:\길벗GTQ1급\모의\모의10\Image\1급-12.jpg, 1급-13.jpg, 1급-14.jpg, 1급-15.jpg, 1급-16.jpg, 1급-17.jpg	
파일 저장 규칙	JPG	파일명	C:\길벗GTQ1급\모의\모의10\모의10-4.jpg
		크기	600 × 400 pixels
	PSD	파일명	C:\길벗GTQ1급\모의\모의10\모의10-4.psd
		크기	60 × 40 pixels

1. 그림 효과

① 배경 : #009900

② 패턴(지구, 꽃) : #ffffff, #ff66ff

③ 1급-12.jpg : Blending Mode(혼합 모드) – Pin Light(핀 라이트), 레이어 마스크 – 세로 방향으로 흐릿하게

④ 1급-13.jpg : 필터 – Film Grain(필름 그레인), 레이어 마스크 – 대각선 방향으로 흐릿하게

⑤ 1급-14.jpg : 레이어 스타일 – Bevel and Emboss(경사와 엠보스), Outer Glow(외부 광선)

⑥ 1급-15.jpg : 필터 – Angled Strokes(각진 획), 레이어 스타일 – Outer Glow(외부 광선)

⑦ 1급-16.jpg : 색상 보정 – 녹색 계열로 보정, 레이어 스타일 – Drop Shadow(그림자 효과)

⑧ 그 외 《출력형태》 참조

2. 문자 효과

① "Science and Technology!!" (Arial, Bold Italic, 20pt, #99ffcc, 레이어 스타일 – Stroke(선/획)(3px, 그라디언트(#0033cc, #cc6600)))

② 과학기술이 만나는 녹색 미래 (궁서, 40pt, 레이어 스타일 – 그라디언트 오버레이(#00ffff, #ffff00), Stroke(선/획)(2px, #006666), Drop Shadow(그림자 효과))

③ Motor Development Center (Times New Roman, Regular, 27pt, #336633, 레이어 스타일 – Stroke(선/획)(2px, #ffccff), Drop Shadow (그림자 효과))

④ 사업소개 녹색기술 서비스 (돋움, 17pt, #993300, 레이어 스타일 – Stroke(선/획)(2px, #ffffff))

출력형태

Shape Tool(모양 도구) 사용
#cccc66, 레이어 스타일 –
Inner Shadow(내부 그림자),
Opacity(불투명도)(60%)

Shape Tool(모양 도구) 사용
레이어 스타일 – 그라디언트 오버레이
(#9999cc, #ffcccc),
Stroke(선/획)(3px, #339999)

Pen Tool(펜 도구) 사용
#ffcccc, #006633,
레이어 스타일 –
Drop Shadow(그림자 효과)

Shape Tool(모양 도구) 사용
#006633, 레이어 스타일 –
Drop Shadow(그림자 효과)

실전 모의고사 풀이

 문제 1 [기능평가] 고급 Tool(도구) 활용

사용할 이미지

1급-1.jpg

1급-2.jpg

1급-3.jpg

펜 도구로 그리기

모양 도구로 추가하기

 문제 1 [기능평가] 고급 Tool(도구) 활용

따라 하기

⓪ 준비 작업

다음에 제시된 파일 저장 규칙에 맞게 캔버스를 만든 후 PSD 형식으로 저장한다.

파일명	모의10-1.psd
크기	400 × 500 pixels

① 이미지를 복사한 후 필터 적용하기

작업 결과

'1급-1.jpg'를 복사한 후 Dry Brush(드라이 브러시) 필터를 적용한다.

- Dry Brush(드라이 브러시) 필터 : [Filter(필터)] → [Filter Gallery(필터 갤러리)] → [Artistic(예술 효과)]

② 자동차 모양 그리기

작업 결과

Pen Tool(펜 도구)로 자동차 모양의 패스를 그린 후 저장한다.

1. 도구 상자에서 (Pen Tool(펜 도구))(P)을 클릭하고, 옵션 바의 Pick tool mode(선택 도구 모드)를 Shape(모양), Stroke(획)를 No Color(색상 없음)로 선택한다.

2. 문제지의 〈출력형태〉에 그려 놓은 기준선을 참조하여 다음과 같이 안내선을 표시한다.

3. 다음과 같이 자동차 부분을 그린다.

4. [Esc]를 한 번 눌러 패스 편집 상태를 해제한다.

5. 옵션 바에서 ■(Subtract Front Shape(전면 모양 빼기))를 클릭하고, 창문을 그린다.

6. [Esc]를 한 번 눌러 패스 편집 상태를 해제한다.

7. 도구 상자에서 ◙.(Ellipse Tool(타원 도구))([U])을 클릭하고 옵션 바에서 ■(Combine Shapes(모양 결합))를 클릭한 후 바퀴를 그린다.

8. 도구 상자에서 ▶(Path Selection Tool(패스 선택 도구))을 클릭한 후 앞바퀴를 클릭하여 선택한다.

9. 바퀴를 [Alt]를 누른 상태로 드래그하여 복사한다.

10. 안내선을 지우고 패스를 저장한다.

❸ 이미지를 복사한 후 클리핑 마스크를 수행하고 레이어 스타일 적용하기

> **작업 결과**

- '1급-2.jpg'를 복사한 후 자동차 모양을 이용해 클리핑 마스크를 수행한다.
- 자동차 모양에 Stroke(선/획)와 Inner Shadow(내부 그림자) 스타일을 적용한다.

- Stroke(획) : Position(위치) Outside(바깥쪽)

❹ 다리를 복사한 후 레이어 스타일 적용하기

> **작업 결과**

'1급-3.jpg'에서 다리를 복사한 후 Drop Shadow(그림자 효과) 스타일을 적용한다.

⑤ , ♪를 추가한 후 레이어 스타일 적용하기

• 자동차(🚗) 모양을 추가한 후 Outer Glow(외부 광선) 스타일을 적용한다.
• 음표(♪) 모양을 추가한 후 Bevel and Emboss(경사와 엠보스) 스타일을 적용하고 한 번 복사한다.

 ➡

• 🚗 : [Symbols(기호)]
• ♪ : [Music(음악)]

⑥ 문자를 입력한 후 레이어 스타일 적용하기

Happy Driving을 입력한 후 Gradient Overlay(그라디언트 오버레이)와 Stroke(선/획) 스타일을 적용한다.

 ➡

• 'Happy Driving' 텍스트 뒤틀기

🕵 **문제 2**　　[기능평가]　**사진편집 응용**

사용할 이미지

1급-4.jpg　　　1급-5.jpg　　　1급-6.jpg　　　모양 도구로 추가하기

문제 2   [기능평가]   사진편집 응용   따라 하기

⓪ 준비 작업

다음에 제시된 파일 저장 규칙에 맞게 캔버스를 만든 후 PSD 형식으로 저장한다.

파일명	모의10-2.psd
크기	400 × 500 pixels

① 이미지를 복사한 후 필터 적용하기

> **작업 결과**

'1급-4.jpg'를 복사한 후 Accented Edges(강조된 가장자리) 필터를 적용한다.

- Accented Edges(강조된 가장자리) 필터 : [Filter(필터)] → [Filter Gallery(필터 갤러리)] → [Brush Strokes(브러시 획)]

② 자동차를 복사한 후 레이어 스타일을 적용하고 색상 보정하기

> **작업 결과**

'1급-5.jpg'에서 자동차를 복사한 후 Drop Shadow(그림자 효과) 스타일을 적용하고, 일부를 파란색 계열로 색상을 보정한다.

- 색상 보정 : Colorize(색상화)를 체크한 후 Hue(색조) +210, Saturation(채도) +80으로 조절

③ 바퀴를 복사한 후 레이어 스타일 적용하기

> **작업 결과**

'1급-6.jpg'에서 바퀴를 복사한 후 Inner Glow(내부 광선) 스타일을 적용한다.

④ ✸, ◤를 추가한 후 레이어 스타일 적용하기

> **작업 결과**

- 폭발(✸) 모양을 추가한 후 Inner Shadow(내부 그림자) 스타일을 적용한다.
- 포인터(◤) 모양을 추가한 후 Outer Glow(외부 광선) 스타일을 적용하고 한 번 복사한다.

- ✸, ◤ : [Symbols(기호)]

⑤ **문자를 입력한 후 레이어 스타일 적용하기**

> **작업 결과**

자동차 고르기를 입력한 후 Gradient Overlay(그라디언트 오버레이)와 Drop Shadow(그림자 효과) 스타일을 적용한다.

• '자동차 고르기' 텍스트 뒤틀기

 문제 3   [실무응용]   **포스터 제작**

사용할 이미지

 문제 3   [실무응용]   **포스터 제작**   따라하기

⓪ 준비 작업

다음에 제시된 파일 저장 규칙에 맞게 캔버스를 만든 후 PSD 형식으로 저장한다.

파일명	모의10–3.psd
크기	600 × 400 pixels

① 배경색 지정하기

작업 결과

빈 캔버스에 배경색을 지정한다.

② 이미지를 복사한 후 혼합 모드 지정하기

작업 결과

'1급-7.jpg'를 복사한 후 Blending Mode(혼합 모드)를 Overlay(오버레이), Opacity(불투명도)를 60%로 지정한다.

③ 이미지를 복사한 후 필터를 적용하고 레이어 마스크 수행하기

작업 결과

'1급-8.jpg'를 복사한 후 Fresco(프레스코) 필터를 적용하고 세로 방향으로 흐릿하게 레이어 마스크를 수행한다.

- Fresco(프레스코) 필터 : [Filter(필터)] → [Filter Gallery(필터 갤러리)] → [Artistic(예술 효과)]
- 세로 방향으로 흐릿하게 레이어 마스크 수행

4 ☐를 추가한 후 필터와 레이어 스타일을 적용하고 클리핑 마스크 수행하기

• 기호(☐) 모양을 추가한 후 Stroke(선/획) 스타일을 적용한다.
• '1급-9.jpg'를 복사한 후 Film Grain(필름 그레인) 필터를 적용하고, 클리핑 마스크를 수행한다.

↓

• ☐ : [Symbols(기호)]
• Film Grain(필름 그레인) 필터 : [Filter(필터)] → [Filter Gallery(필터 갤러리)] → [Artistic(예술 효과)]

5 부품을 복사한 후 레이어 스타일 적용하기

'1급-10.jpg'에서 부품을 복사한 후 Drop Shadow(그림자 효과) 스타일을 적용한다.

↓

6 자동차를 복사한 후 레이어 스타일을 적용하고 색상 보정하기

'1급-11.jpg'에서 자동차를 복사한 후 Bevel and Emboss(경사와 엠보스) 스타일을 적용하고, 일부를 녹색 계열로 색상을 보정한다.

↓

• 색상 보정 : Colorize(색상화)를 체크한 후 Hue(색조) +130, Saturation(채도) +50으로 조절

⑦ ⟩, ⬛, 大을 추가한 후 레이어 스타일 적용하기

작업 결과

- 화살표(⟩) 모양을 추가한 후 Gradient Overlay(그라디언트 오버레이)와 Drop Shadow(그림자 효과) 스타일을 적용한다.
- 자동차(⬛) 모양을 추가한 후 Inner Shadow(내부 그림자) 스타일을 적용하고 Opacity(불투명도)를 80%로 지정한다.
- 사람(大) 모양을 추가한 후 Outer Glow(외부 광선) 스타일을 적용하고 Opacity(불투명도)를 60%로 지정한다.

↓

- ⟩ : [Arrows(화살표)]
- ⬛, 大 : [Symbols(기호)]

⑧ 문자를 입력한 후 레이어 스타일 적용하기

작업 결과

- 논스톱 자동차 서비스, Premium Membership Service, www.lovecarservice.com, 다양한 혜택을 제공합니다!를 입력한다.
- 입력한 문자열 각각에 서식을 지정하고 스타일을 적용한다.
- 각각의 문자열을 〈출력형태〉와 같이 배치한다.

↓

- '논스톱 자동차 서비스'
  - Gradient Overlay(그레이디언트 오버레이) : Angle(각도) 0°
  - 텍스트 뒤틀기

포토샵 CS4 사용자
'Wrap Text(텍스트 변형)' 대화상자에서 Bend(구부리기) 값을 +88로 조절하세요.

- 'Premium ~' 텍스트 뒤틀기

문제 4 [실무응용] **웹 페이지 제작**

사용할 이미지

 1급-12.jpg

 1급-13.jpg

 1급-14.jpg

 1급-15.jpg

 1급-16.jpg

1급-17.jpg

펜 도구로 그리기

모양 도구로 추가하기

 문제 4 [실무응용] **웹 페이지 제작**

따라 하기

⓪ 준비 작업

다음에 제시된 파일 저장 규칙에 맞게 캔버스를 만든 후 PSD 형식으로 저장한다.

파일명	모의10-4.psd
크기	600 × 400 pixels

① 배경색 지정하기

작업 결과

빈 캔버스에 배경색을 지정한다.

↓

② 이미지를 복사한 후 혼합 모드를 지정하고 레이어 마스크 수행하기

작업 결과

'1급-12.jpg'를 복사한 후 Blending Mode(혼합 모드)를 Pin Light(핀 라이트)로 지정하고 세로 방향으로 흐릿하게 레이어 마스크를 수행한다.

↓

• 세로 방향으로 흐릿하게 레이어 마스크 수행

③ 이미지를 복사한 후 필터를 적용하고 레이어 마스크 수행하기

'1급–13.jpg'를 복사한 후 Film Grain(필름 그레인) 필터를 적용하고 대각선 방향으로 흐릿하게 레이어 마스크를 수행한다.

↓

• Film Grain(필름 그레인) 필터 : [Filter(필터)] → [Filter Gallery(필터 갤러리)] → [Artistic(예술 효과)]
• 대각선 방향으로 흐릿하게 레이어 마스크 수행

④ 📍, ⤴를 그린 후 레이어 스타일 적용하기

• Pen Tool(펜 도구)로 📍, ⤴를 그린다.
• 각각 Drop Shadow(그림자 효과) 스타일을 적용한다.

↓

1. 도구 상자에서 ✒(Pen Tool(펜 도구))(P)을 클릭하고, 옵션 바의 Pick tool mode(선택 도구 모드)를 Shape(모양), Stroke(획)를 No Color(색상 없음)로 선택한다.
2. 문제지의 〈출력형태〉에 그려 놓은 기준선을 참조하여 다음과 같이 안내선을 표시한다.

3. 다음과 같이 ◖를 그린다.

4. Esc를 한 번 눌러 패스 편집 상태를 해제한다.

5. 옵션 바에서 ◲(Subtract Front Shape(전면 모양 빼기))를 클릭하고, 다음과 같이 그린다.

6. Esc를 한 번 눌러 패스 편집 상태를 해제한다.

7. 옵션 바에서 ◼(New Layer(새 레이어))를 클릭하고, 다음과 같이 완성한다.

8. 안내선을 제거한다.

❺ 패턴을 적용한 후 불투명도 지정하기

패턴을 만들어 ◖, ↰에 적용한 후 불필요한 부분을 제거한다.

• 패턴 만들기

- ◉ : [Web(웹)]
- ✹ : [Nature(자연)]

- 불필요한 부분 제거하기
  1. 선택 도구를 이용하여 다음과 같이 선택한다.

  2. Delete를 눌러 삭제한 후 Ctrl+D를 눌러 선택 영역을 해제한다.

⑥ 자동차를 복사한 후 레이어 스타일 적용하기

작업 결과

'1급-14.jpg'에서 자동차를 복사한 후 Bevel and Emboss(경사와 엠보스)와 Outer Glow(외부 광선) 스타일을 적용한다.

⑦ 충전기를 복사한 후 필터와 레이어 스타일 적용하기

작업 결과

'1급-15.jpg'에서 충전기를 복사한 후 Angled Strokes(각진 획) 필터와 Outer Glow(외부 광선) 스타일을 적용한다.

- Angled Strokes(각진 획) 필터 : [Filter(필터)] → [Filter Gallery(필터 갤러리)] → [Brush Strokes(브러시 획)]

⑧ 플러그를 복사한 후 레이어 스타일을 적용하고 색상 보정하기

작업 결과

'1급-16.jpg'에서 플러그를 복사한 후 Drop Shadow(그림자 효과) 스타일을 적용하고, 일부를 녹색 계열로 색상을 보정한다.

- 색상 보정 : Colorize(색상화)를 체크한 후 Hue(색조) +95, Saturation(채도) +50으로 조절

❾ 신호등 복사하기

'1급-17.jpg'에서 신호등을 복사한다.

❿ ▭, ♻, 🔍을 추가한 후 레이어 스타일 적용하기

- 탭(▭) 모양을 추가한 후 Gradient Overlay(그라디언트 오버레이)와 Stroke(선/획) 스타일을 적용하고 두 번 복사한다.
- 순환(♻) 모양을 추가한 후 Inner Shadow(내부 그림자) 스타일을 적용하고, Opacity(불투명도)를 60%로 지정한다.
- 검색(🔍) 모양을 추가한 후 Drop Shadow(그림자 효과) 스타일을 적용한다.

- ▭, 🔍 : [Web(웹)]
  - 탭 모양 Gradient Overlay(그레이디언트 오버레이) : Angle(각도) 0°
- ♻ : [Symbols(기호)]